都 市 文 化 研 究 译 丛

上海高校高峰学科建设规划
“中国语言文学”项目阶段性成果

识字的用途

工 人 阶 级 生 活 面 貌

[英] 理查德·霍加特 著

李冠杰 译

上海人民出版社

出版说明

都市文化研究是一门新兴的前沿学科，主要研究现代都市文化的缘起、变化和发展的规律。它与文化研究、都市研究、社会学、地理学、历史学、文学等学科紧密相关。都市文化研究在中国的兴起，也与中国经济、社会、文化的发展密不可分，我们期待着这门学科在中国生根、发展，能以中国经验为基础，放眼世界，取得新的突破，并积极参与到中国的都市文化建设中去。为达到此目的，大规模地译介国外的都市文化研究成果，不仅是必需的，而且也是很紧迫的。他山之石，可以攻玉，学科的自主和创新，必定要建立在全面了解已有成果的基础之上。

都市文化研究译丛不仅包括一批都市文化研究、文化理论的经典著作，也包括显示出最新发展动向的近作，我们注重在理论方法上有重要启示意义的名家名著，也注重对某种现象作实证性研究的学术专著，同时计划译介一些概论性的著作。总之，只要是对中国的都市文化研究有参考价值的作品，都在我们译介的范围内。我们吁请海内外的学者、专家对我们的工作提出意见和建议，吁请更多的翻译家加入到我们的行列中。

上海师范大学中文系

2018 年 6 月

把爱献给玛丽

受到大众愚笨和大众专政的刺激，我们时代的那些批判现实主义之人对于普通民众已经到了丧失所有直接知识和远见的地步提出了抗议……也或许——奇怪的是应该让我来进行评论——他们并未过多地深受到其民族的影响，因为他们不够爱它。

——路德维希·莱维松(Ludwig Lewishohn)

以及当心不要陷入浪漫主义：

我血管里流着农民的血，你无法用农民的美德来让我感到震惊。

——契诃夫

目录

致　　谢 10

我希望对以下朋友和同事表达最衷心的感谢，在成书过程中，他们给予全面、详尽、慷慨的帮助。我几乎毋需补充的是，书中的错误和不足之处均由我本人负责：

阿特金森（A.Atkinson）、比尔斯（H.L.Beales）、布里格斯（A.Briggs）、卡梅伦（J. M. Cameron）、查尔顿（D. G. Charlton）、哈里森（J. F. C. Harrison）、已故的克林根德（F. D. Klingender）、梅菲尔德（G. E. T. Mayfield）、内特尔（R.Nettel）、雷布尔德（S.G.Raybould）、肖（R.Shaw）、肖恩菲尔德（A.Shonfield）、廷斯利（E.J.Tinsley）、我的兄长汤姆和我的妻子。

我也非常感激在大量文秘工作上提供帮助之人：克莱顿夫人（E.Clayton）、唐斯小姐（M.Downs）、格雷夫斯夫人（J.Graves）、尼克尔森先生（F.Nicholson）、沃特豪斯先生（V.Waterhouse）、伍德黑德小姐（J.Woodhead）、扬小姐（N.Young）。

在提供查阅的几个图书馆中，特别值得一提的是赫尔公共图书馆（Hull Public Library），该图书馆的管理人员一直以来都非常乐意提供最为实质性的帮助。

我还希望向所引著作的全部作者和出版商表示感谢。这些引用的出处分别在注释和参考书目中得以确认。如果实在有任何遗漏的话，我向有关作者和出版商致以歉意，并在今后的所有版本中非常愿意弥补这些缺失。

注释与引文说明

一、所引用的言语

棘手的问题差不多是城市工人阶级的说话发音，这种发音既不能让读者感到困惑，也不能给出一种误导性的稀奇古怪气氛。第一个不便之处会是音标拼写，第二个则是方言。因此，我所使用的拼写形式基本近似于口音，而且应该让人立即就能理解。因此，“you”通常被写成“y”，尽管有可能更加接近所需要的发音拼写的会是“yĕ”或者“yŭ”。“Yer”被用于以元音开头的词语前。此外，在工人阶级的言语中，“I”听起来就像是“æ”（就像在“apple”中的那样）。“Ah”存在着这样的缺陷，它稍微有点暗示着是南方腹地的口音，但与“æ”相比很少让人感到困惑，也比“I”更加准确，因此不得不凑合着使用。几乎每个字母“h”都被删除了，一些读者会反对说，在工人阶级中并非每个人都漏掉“h”。可是，几乎每个人都会漏掉，一般来讲，删掉“h”要比把它放进来更为准确。但在这里，就像“you”和“I”一样，我有意让它前后不一，偶尔使用一下标准形式。

二、读者的详细情况

除非在别处做了说明，否则在正文和注释中，关于读者的所有详细情况都直接取自《赫尔顿读者调查》(*Hulton Readership Survey*)的数据表或者建立在这些数据表的基础之上。

《赫尔顿读者调查》采取了一种社会经济的方法来划分5个类别。编者在1955年非常谨慎地指出："划分主要是从社会上而非经济上来进行的。然而，社会阶层和收入之间存在着某种关联，因此，对于各阶级中典型的一家之主的收入范围，我们在下面提供了非常粗略的指南。"这些类别是：

（一）富人占提供信息之人的4%
（年薪可能在1 300镑以上）
（二）中产阶级占提供信息之人的8%
（年薪可能在800镑到1 300镑之间）
（三）下层中产阶级占提供信息之人的17%
（年薪可能在450镑到800镑之间）
（四）工人阶级占提供信息之人的64%
（年薪可能在250镑到450镑之间）
（五）穷人占提供信息之人的7%
（年薪可能低于250镑）

这样一种分类所能提供的只是一种粗略的指南，以说明诸如在本书中所讨论的那些读者类型，特别是在第四类/第五类中，这会涵盖工人阶级和很多正如我所使用的术语下层中产阶级之人。但是，我使用这些统计数据只是作为二手支撑证据，因为这些数据会有某些价值。

从正文看，发行量(实际销售量)和读者数(所估计的实际读者人数)之间的区别应该是一目了然的。几位权威人士估计，每份售出的出版物被3.5人阅读；其他人认为2.5人更符合事实。《赫尔顿读者调查》中的数据是对年龄在16岁以上读者所估计的实际人数；据估计，年龄在16岁以上的有3 700万人。

三、《德比民意调查》

在正文和注释中，该短语的使用参考了科特尔(Cauter)和唐汉姆(Downham)所著的《观念的传播》(*The Communication of Ideas*)。

《德比民意调查》按照这种方式划分人口：

上层阶级	3%
中产阶级	25%
工人阶级	72%

四、其他杂项说明

(一) 如果在参考书目中给出了完整的书籍出处，在注释和引言中则使用其缩略形式。

(二) A.B.C.是发行量审计局(Audit Bureau of Circulations)的缩写。

序　　言 11

本书讲的是过去三四十年间工人阶级文化所发生的变革，特别是因为这些变革正在受到大众出版物的鼓舞。我认为，如果一些其他形式的娱乐——特别是电影院和商业广播——被拿来进行举证的话，那会得出类似的结果。

我倾向于认为，那些论述大众文化的书籍常常丧失了某些力量，因为它们并未充分澄清“人民”到底指的是谁，因为它们并未充分把对“人民”生活特定方面的考察与他们过着的那种更加宽泛的生活联系起来，并未与他们带到娱乐活动中去的态度联系起来。因此，我想方设法给出这样一种背景，而且尽我所能，去描述那些独具特色的工人阶级之关系和态度。在描述背景之处，本书在很大程度上是建立在个人经验的基础之上，并未标榜说会具有社会学调查的那种经过科学检验的特性。这样明显存在着一种从有限经验中进行概括归纳的风险。因此，在看起来有必要的地方，主要是在注释中，我纳入了社会学家的一些研究结果，要么作为对正文的支撑，要么作为对正文的限定。我还特别提到了一两种案例，在这种例子中，他人的经验与我的类似，但看法却不同。

人们将会看到，在接下来的篇章中会找到两种类型的写作风格：一种是上面所描述的那种类型，另一种是对于大众出版物所进行的更加具体的文学分析。乍一看，这两种类型可能看起来就像是不相配的伙伴，而且在第二部分中，方法之变化一定是非常突然的；但我希望读者会发现这两种方法，因为在我看来，这两种方法是相互启发的。

我认为自己首先要对付的是来自各个阶级的那种严肃认真的“普通读者”和“聪明睿智的外行人”。就这一点而言，我并不是说我尝试着采取任何特定的语调，也并不是说我避免使用任何专业术语而几乎全都使用最让人一目了然的典故。但是，我尽可能把我对所谈话题的理解清楚明白地写下来，只有在那些专业术语和典故看起来可能是、以往也知道能够证明是有用的和具有启发性的情况下，我才会使用它们。“聪明睿智的外行人”是一种难以名状的人物，而且大众化是一项危险的事业，但在我看来，当我们中的一些人感到为这种人写作是件当务之急必须要做的事情之时，就必须继续想方设法去接近他。因为我们当前文化形势的最明显、最不妙的特点之一便是，在专家的技术性语言和非常低级的大众传播渠道之间存在着隔阂。

理查德·霍加特

赫尔大学

1952年6月

第一部分
“旧”　秩　序

第一章

谁是“工人阶级”? 15

第一节　方法问题

常言道：现在，英格兰没有工人阶级了，过去发生过的“不流血的革命”①消除了社会差异，我们中的大多数人生活在从下层中产阶级到中产阶级这么一个几近平坦的空间。在恰当的语境下，我能理解这种观点所讲述的事实，但我不想低估近来很多社会变革的范围和价值。这些变革尤其对工人阶级人民产生了影响，重新审视这些变革的范围，我们只需把一项社会调查，或大约20世纪初以来写的几本小说拿来读一读。吸引我们的可能是，工人阶级人民不但改善了他们的生活条件，获得了更多权力和财产，而且他们不再感到自己是“下层”人士。而按照其他阶层的看法，在这个世界所划分的层次中，每一层都在他们之上，每一层都优于他们。这种看法仍有存留，但已大为弱化。

尽管有这些变化，但态度转变比我们经常认识到的要慢得多，正如本书前半部分所要讲的那样。态度转变非常缓慢，但显然很多复杂的力量也正在推动变革；本书后半部分将探讨正在发生的、通往文化“无阶级”社会的变革路径。

有必要对我所说的“工人阶级”的涵义进行比较明确的界定，但与

---

① 这里指的是1688年发生在英格兰的“光荣革命”，这次革命是一场非暴力政变，因未流血被称为“不流血的革命”。——译者注

那些避开浪漫主义——它吸引着每个探讨“工人”或“普通民众”的人——的困难相比，定义的难度要小很多。但首先应提一提这些浪漫主义。因为浪漫主义往往过分强调工人阶级文化早期的那些值得赞赏的品质和当前的糟糕状况。这两种过分强调往往彼此强化，如此一来，前后对比经常会被夸大。我们可以非常怀疑当今工人阶级的生活质量，尤其怀疑其看似退化的速度。但那些退化的诉求获得成功只是
16 因为它们能够诉诸既有的、不全是持称赞的态度；尽管确实存在一些特别能从表面打动观察者的当代病痛，但病痛的效果经常不像从表面诊断的那样严重，只不过是因为工人阶级人民仍保持着长期以来的内心反抗。

毫无疑问，强烈赞美工人阶级人民拥有的潜力和相应地怜悯其所处的境况，常常推动人们去过分强调。与这种过分强调相关的是一种更加积极的过度预期，在那些带有强烈社会良知的中产阶级知识分子身上，人们经常能看到这种期望。很多这种类型的人长久以来往往把任何一个二等工人阶级之人看作是“费列克斯·霍尔特”(Felix Holt)或“无名的裘德”(Jude the Obscure)①。或许这是因为他们密切关注的广大工人阶级人民都属于那种非同一般、自己选定的类型，在特殊情况下，他们所关注的人便是诸如夏日学校中的青年男女，那些由于出身问题被剥夺了适当的知识传承并尽最大努力去获得传承的例外个体。当然，我并不想以任何方式来限定他们作为个体的重要性。他们是例外的，在本质上是非典型的工人阶级人民；他们出现在夏日学校，参加学术团体的会议和讲座课程，这正是他们离开家园的结果，在他们的家园里，大多数人生活在一个没有明显出身的环境里。在任何阶级中，他们都是例外之人：与自身相比，他们的阶级性彰显得比较少。

从“要是……他们该多好啊！”这种惋惜之声，到“只是因为……他们多好啊！”这种赞扬之音：在此我们遇到了田园式的神话和“巴斯

---

① 费列克斯·霍尔特是英国作家乔治·艾略特小说中的人物，“无名的裘德”来自英国作家托马斯·哈代的作品。——译者注

夫人”①那般的羡慕。工人阶级生活在底层但体格健壮——于是田园式的描述便开始了，他们比其他阶级之人的身体更加结实；他们可能土里土气，但还是穿戴着钻石首饰；他们衣着粗糙耐用，但也“值几个钱”；他们没有教养，没有知识，但脚踏实地；他们纵情欢笑，心慈面善，坦诚直率。还有，他们说话粗俗不雅，略带风趣，但常常是老实话。从很多重要小说家那里对工人阶级古朴生活的略加强调，到当代流行作家那些老掉牙的怪想，这些过分强调在力度上不尽相同。有多少英国作家没有过度刻画而是略微描述了工人阶级生活的粗俗特征呢？乔治·艾略特(George Eliot)②便是这样做的，然而她对工人阶级的观察非常精妙；在哈代(Hardy)③那里，倾向则更为明显。当来到我们自己这个更被有意操纵的时代，我们会碰到那些流行小说家，他们屈尊俯就地奉承那些小男人，说他们头戴鸭舌帽，讲话干脆；门庭整洁，妻子 17
收拾得干净利落；家畜膘肥体壮——也太有趣了！即使像乔治·奥威尔(George Orwell)④这样犀利且似乎不浪漫的作家，也从未完全丢掉通过爱德华音乐厅的惬意温情来观察工人阶级的习惯。诸如此类的看法非常普遍，包括星期日报纸的专栏作家对民间风情的大肆炒作，那些新闻记者常常带着羡慕之情去引用最近他们所称的狐朋狗友“阿尔夫”(pub-pal ‘Alf’)这样的诙谐话语。我想，这类观点必然会遭到强烈反对，因为它们所言有些道理，但很可惜言过其实了。

再者，人们有时候必须谨慎看待研究工人阶级运动的历史学家给出的解释。这一主题很吸引人，也能打动人；关于工人阶级社会和政治

① 巴斯夫人(Wife of Bath)是乔叟在《坎特伯雷故事集》中塑造的人物形象，描写她如何摆脱丈夫权势的压迫。——译者注

② 乔治·艾略特(George Eliot，1819—1880 年)，英国女作家，原名为玛丽·安·埃文斯(Mary Ann Evans)，她开创了现代小说心理分析的创作方法，其主要著作有《亚当·比德》、《弗洛斯河上的磨坊》等。——译者注

③ 托马斯·哈代(Thomas Hardy，1840—1928 年)，英国小说家、诗人，早中期主要从事小说创作，后期转向诗歌，其主要著作有《德伯家的苔丝》、《无名的裘德》、《列王》等。——译者注

④ 乔治·奥威尔(George Orwell)是埃里克·亚瑟·布莱尔(Eric Arthur Blair，1903—1950 年)的笔名，20 世纪英国著名的小说家、散文家、记者、批判家，其主要作品有《1984》、《动物庄园》等。——译者注

抱负的那些启迪灵感的重要素材也大量存在。但这往往把读者导向至少是一种部分假设：那些是工人阶级的历史，而非从根本上讲是少数人行动——以及对几乎工人阶级的每个成员产生非常重要影响——的历史。或许这些作家并未明确为工人阶级人民呼吁，这些目标也足够重要。但就这类书籍来说，我有时的确产生了一种印象，即这些著作的作者高估了工人阶级生活中政治行动的地位，他们常常对那种生活中的草根民众没有足够的感知。

身为中产阶级的马克思主义者对工人阶级的看法常常包含着上述各类错误的某些方面。他同情背叛失信、人格低下的工人，他认为他们的过错几乎完全是由于控制他们的那种令人难以承受的体制所致。他称赞残存下来的高贵的野蛮人，对那些艺术中“最好的”种类、乡村民间艺术或纯正的城市大众艺术含有一种乡愁，对这些零零碎碎的东西含有一种特殊的热情，因为他认为他能在今天观察到这些。他同情和称赞工人的那种无名衮德的样子。通常，他超越了任何现实表象，成功地以半同情半屈尊俯就的态度对待工人阶级人民。

毕竟，有些小说能让我们真正接近工人阶级生活的品质——比如至少像劳伦斯(Lawrence)①的《儿子与情人》这样的小说，而非那种更为大众化、更加有意识的无产阶级小说。这在社会学家按照其自身方式在过去20年所做的关于工人阶级生活的一些详细调查中也能见到。对于想要全面具体了解的观察者来说，这些作品强烈表达了工人阶级生活所造成的复杂、幽闭恐怖的印象。我所指的印象是：人海茫茫，遍地
18 都是最微不足道的琐事，一切都是那么不同但一切都是那么相似；有各种各样的面孔、喜好和行动，但显然大多没有真正意义。对我而言，这种印象是对的也是错的：说它对是因为它展现了工人阶级生活的那种杂乱无章、各式各样、极其详细的特征，给人一种千篇一律的感受，让

① 劳伦斯(D.H.Lawrence，1885—1930年)，20世纪英国小说家、诗人、剧作家、文学批评家，其著作有《儿子与情人》、《恋爱中的女人》、《查泰莱夫人的情人》，由于其对性爱露骨的描写，曾被人称为“性爱小说家”。——译者注

人感到常常身处人山人海、川流不息的人群中，一切都那么相似，即使在最重要的事情和私人事务上也是如此，这种感觉常常让局外人感到压抑。 如果这种印象引导我们只是从社会学作品的各种统计数据叠加中、从做此事或不做彼事之人的数量中、从相信上帝之人或认为自由性爱是“无可厚非的”之人的比例中构建出一种工人阶级人民的形象，我认为它是错误的。 在此，社会学的调查研究可能对我们有所帮助也可能没有帮助，但显然我们必须超越这些习惯去理解其所表示的内容，透过这些说法去探究其所真正表达的涵义（可能与这些说法本身相反），洞察习语和惯例背后不同的情感压力。

工人阶级出身的作家有犯错的自身诱因，这和其他阶级出身的作家有些不同，但也差不太多。 我出身工人阶级，甚至现在我还感觉既是他们中的一员又与他们不同。 有那么几年，我以为这种双重身份关系对我来说不是很明显；但它注定会影响到我所讲的那些东西。 它使我近距离体验到了工人阶级的生活，避免了局外人产生的很多明显误解。另外，正是这种感情纠结蕴含着诸多风险。 因此在我看来，本书下半部分所述的变革目前来看正在导致工人阶级在文化上失去很多有价值的东西，而与其应有的新地位相比得到的却更少。 在某种程度上，我能客观评判事物，这是我的信念。 但在写作过程中我发现，与我有意识地去理解那些支撑材料相比，自己一直在抵制旧比新更好、新更该被谴责这样一种强烈的内心压力。 想必是某种乡愁事先把材料上了色：我已尽我所能消除这种影响。

在本书的两个部分中，由于研究主题是我出生成长中的一大部分，我发觉对于自己不赞同的工人阶级生活中的特征往往无故刻薄。 与此相关的便有一种让人放弃灵魂的冲动；最糟糕的是，它能让人“放下”阶级，以一种按捺不住的模棱两可的态度去对待它。 相反，我发现对 19
于我所赞同的工人阶级生活中的特征往往评价过高，这会让人故作多情，把我的身世浪漫化，就像正在对我面前的熟人说——瞧瞧，不管怎么说，这种童年经历比你丰富多了。

作家必须应对他遇到的这些风险，在写作过程中，他要努力弄清真正要说的东西。我想他不可能永远做得非常成功。但读者所处的位置更好些，正像康拉德(Conrad)的《黑暗之心》一书中马洛(Marlowe)①的听众：

> 当然在这里，你们大伙儿所看到的比我能看到的要多。你们看到了我。

读者看见了那些意欲表达的东西，而且从语气、不经意的强调等方面，他开始对说话之人有所了解。

第二节　大致界定

在本项调查研究选定谁是“工人阶级”上，正如所见的那样，我的问题是：我从中获取材料的大量作品比我近距离了解到的那些工人阶级群体影响更大；实际上，至于那些往往会成为“无阶级立场的”作品，它们影响到了社会中的各个阶级。但为了讨论这些作品对态度的影响途径，为了避免在谈及“普通民众”时几乎必会产生的模棱两可，找到核心关键是必需的。因此，我选取了工人阶级人民这个相当同质的群体，通过描述其境况和态度试图再现他们生活的环境和质量。比照这种背景将会看到：大众作品中大量广泛流传的诉求是如何与那些被普遍接受的态度相关联起来的，它们是如何正在改变这些态度的，以及它们是如何遭到抵制的。除非我犯了错，否则第一部分所描述的态度与许多其他人用来构建“普通民众”的态度完全相同，以使分析具有更广泛

---

① 约瑟夫·康拉德(Joseph Conrad，1857—1924年)，波兰裔英国作家，其代表作《黑暗之心》(*Heart of Darkness*)成书于1899年，马洛(Marlowe)是作者塑造的英雄人物形象。——译者注

的关联性。尤其是，我用来描述“工人阶级”的许多态度也同样属于常常被称作是“下层中产阶级”的态度。我不知道该如何避免这种重叠，但希望读者像我一样会感受到，这样做不会削弱我论证的主线。

关于态度的背景和证据主要取材于北部城市的经验，取自20世纪 20
20和30年代的童年经验和自那以来即便有点不同但几乎是持续相连的经验。

之前我认为，工人阶级人民可能不会像一代人或两代人以前那样强烈感到他们是“下层”群体中的一员。然而我印象中的那些人在相当大程度上仍旧保留着一种属于他们自身群体中的感觉，必定不属于这个群体暗含着一切自卑或傲慢的感受；他们的确感到，在他们喜好和厌恶的事物上，在“归属”上，他们是“工人阶级”。这种区分不太明显，却很重要；附带补充的是，他们中的任何人并非决定性的，但每个人都有助于给出所需要的更深层次的定义。

这里所描述的“工人阶级”生活在以下区域，例如利兹的汉斯莱特(Hunslet)，曼彻斯特的安科思(Ancoats)，谢菲尔德的布莱特赛德和阿特科里夫(Brightside and Attercliffe)，以及赫尔的赫斯尔和霍德尼斯公路(Hessle and Holderness Roads)附近。我最为感同身受的，是生活在利兹地区那些炊烟袅袅、杂乱拥挤的工人阶级房子中的人们。在城镇中，很容易识别出这些人自己生活的区域；几乎在每个城市里，他们的房子都有其自身易于识别的风格——这边的房子背对着背，那边的房子烟囱对着背；他们的房子通常是租来的，而非自有的。如今他们逐渐移居到新住宅区，但目前这似乎对我而言并未强烈影响到我关于他们态度的主要论点。

这些地区的大部分被雇居民是为工钱而工作，而非薪金，工钱是每周给付：大多数人没有其他收入来源。有些人是自己经营的；他们可以为群体成员经营一家小店铺，从文化层面讲他们属于这个群体，或者为这个群体服务，例如当个“修鞋匠”、“理发师”、“食品杂货商”、“自行车修理工”或者“二手服装交易商”。你很难根据赚钱多少把工人和其他人区别开来，因为工人阶级人民的工钱有很大波动；例如，大多数炼钢工人明显是工人阶级，虽然他们其中的一些人比许多非工人阶级的教师挣钱多。但是我想，对于这里所描述的大部分家庭而言，按照1954年的价格，为首的工薪者一周大约9镑或10镑的工钱被认为基本上是正常的。

他们大多数人是在今天被称之为现代中学(secondary modern school)的机构接受教育，但这种学校仍被普遍认为是“小”学。在职业中，他们常常是有技能或无技能的体力劳动者，或者是工匠，也可能是受训的学徒。因此，那些被经常称作是做“苦力”的和其他户外体力活儿
21 的人，商业的和公共交通的工人，工厂中做日常工作的男人和姑娘们，还有训练有素的技工，从管子工到重工业部门从事更为复杂工作的那些人，都包括在这个松散的界限内。工头也包含于其中，至于大商店中的职员和雇员，尽管他们可能生活在这些地区，但总体上他们最好被看作是下层中产阶级中的成员。

因本文涉及文化变革，所以比起上面提到的界定，我的主要定义方式要少一些工人阶级生活方式的具体特征。言语表明了大量的东西，特别是那些大量的常用语。说话的方式——城市话语、口音、语调的使用——可能暗示更多。有些四十多岁的妇女操着一副刺耳但很热心的嗓门，言语从满嘴整齐的假牙中轻声吐出。喜剧演员常用这种声音；它表明一颗心对生活没有幻想或遗憾，但端正善良。我也时常听到、也只有在那里听到更为粗俗的工人阶级姑娘们身上的那种嘶哑嗓音；在比较“体面的”工人阶级中间，这种声音被看做是一种“常见的”声音。但很可惜，我没有足够的知识去跟踪考察这些说话方式。

批量生产的便宜服装降低了一眼就能看得出的阶级间差异，但这种差异并非像很多人认为的那样大。星期六晚上，在市中心，离开电影院的人群从表面上看可能都是一样的。在性别专家、在对服装特别感兴趣的中产阶级女人或男人看来，想要把周围的大多数人“放在恰当位置”，近距离扫视经常是非常必要的，甚至在今天对他们来说也是

如此。

正如将要看到的那样，来自日常经验中成千上万的其他事物能帮助我们辨认这种容易识别的工人阶级生活，例如一点点分期月月付款的习惯；或者，几乎每个工人都在当地医生的“保健名单上”，如今除了老人之外，每个人都会记得这种情况；以及诸如此类的事情。

用这种简单方式把工人阶级割裂开来并非忘记了工人阶级本身内部存在着诸多不同，存在着细微的差异，存在着阶级差别。对于居民而言，街与街之间在声望上存在着众多细微差别。在单一街区内，房子本身之间在地位上、在“名望”上的差异非常繁琐细致；一所房子有个独立厨房，或者坐落在排房的尽头，或者有个小院子，便是稍微好一点儿的房子，于是这房子的租金在一周九便士以上。居民之间存在等级差异；这个家庭很不错，因为丈夫是位技术人员，在工作上接了 22
个大单；这家的妻子也是位好管家，非常爱收拾房子，相反则是个邋遢的女人；这些都是世世代代的“汉斯莱特家庭”，属于街区中的世袭贵族。

在某种程度上，街区的任何一类群体中也都存在着专业化的等级体系。[1]这个男人被认为是带着某种“书生气”，他有一套装订成册的百科全书，当人们请教他的时候，总喜欢旁征博引；那个男人写得一手“好字”，在填写表格方面非常愿意帮忙；另外一个则在木材或金属加工上特别“拿手”，或者是位全能修理师；这个女人做得一手好针线活儿，特殊场合总会被叫去帮忙。在成为专业服务工作之前，所有这些都是群体服务，即使有些工人可能整天专业性地从事某种同样的工作。可是，在我所了解到的、甚至在我小时候就已知道的大型城市的工人阶级中心，这种类型的专业化正在消失。对西赖丁地区（West Riding）较小的城市工人阶级中心——比如基斯利（Keighley）、宾利（Bingley）、亥克蒙德威克（Heckmondwike）——非常了解的一位朋友认为，这种类型的专业化在那里仍旧非常强大。

然而，对于没有暗含着说每个工人阶级之人在工作、婚姻、宗教方面信仰这个或做这个的态度，人们可以客观公正地做出归纳（或许在此我应补充一点，我的经验主要是新教地区的）。在本书中，我所指的普遍化更确切地说是：这个东西或大多数工人阶级人民所认为的这个东西，应该是被人们所相信或者要去做的这类事情。尤其是，我正在写那些大多数人，他们过着这样的生活大多是因为他们找到了这种生活，这样一来他们便与其他阶级中的大多数人没有差别了；我正在写那些“广大无动于衷的群众”，一些工会领导者痛惜他们缺乏从事运动的兴趣之时这样称他们；我正在写那些“普普通通的民众”，作曲家通过恭维的方式这样称他们；我正在写“平头老百姓”，工人阶级更加符合实际地这样来描述他们自己。在那个大多数人当中，明显存在着非常广泛的态度，但也存在着大多数人被代表的中心点。

接下来，对于比如说像工人阶级中的那些目标明确、投身政治、信仰虔诚、自我提高的少数人，我很少去关注。这并非因为我低估了他们的价值，而是因为大批时事评论员所提出的诉求并非主要针对他们的
23 这种思想类型。对于不同的态度，我也未给予充分关注，如果本研究旨在全面说明工人阶级生活，则需要关注这些不同态度。我把重点放在了大批时事评论员专门挖掘出来的（正如我将要说的那样）那些要素上。因此，人们在大多数人身上常常发现了某些性格倾向——例如自尊、节俭，尽管这些性格倾向被赋予了地位，但并未像其他性格倾向那样给予同样分量的关注，比如说宽容，或者说人们能够过上好日子所需的那种性格禀赋。

把“老”态度和“新”态度严格区分开来，主要是为了清晰易懂，这并非意味着一种严格的时间先后顺序。显然，像态度那样微妙的元素从来不属于一代人或一个十年。至于那些被认为是“老的”态度，它们的一些特征已经存在很长时间了，在几乎每片土地上，在每代人中，这些“老”态度是“普通民众”思想观念的真正组成部分。英格兰在从乡村转向城市的过程中，一些态度存留了下来，很少发生改变；另

外一些则由于城市化的挑战予以特别重视。然而在描述“老”态度时，在很大程度上，我依据的是大约20年前我孩童时代的记忆，因为在我还是孩子时，我亲眼看到了这些态度，它们在那一代成年人身上表现得最为强烈。这是在城市环境中成长起来的一代，虽然举步维艰，但他们在成长中没有经历过像今天众所周知的大众媒体的抨击，没有经历过收音机和电视的冲击，没有经历过到处都是廉价电影院的侵袭，以及诸如此类的事情。但显然，这些“老”态度不仅仅是存在于中年人或老年人身上；它们为年轻人生活中的很多方面提供了背景。自始至终我所质疑的是，这些态度像现在这样强势的状态将会持续多久，它们以什么样的方式正在被改变着。

同样，在这里被称作是“新”诉求和由“新”诉求所助长态度中，大部分在更早的那代人中或者在他们之前已经很明显了。其实，后面所指出的为强化这些诉求而误用的三种思想有一段很长的欧洲历史。我的观点并非是这样的：在一代人以前的英格兰，城市文化在很大程度上还是“全民的”，如今仅仅是一种大众城市文化了。相反，我的论点是这样的：与之前相比，今天大批时事评论员提出的诉求是出于众多原因更加持续地、有效地并且以一种全面和集中的形式而提出；我们正在迈向大众文化的开创世界；那些至少部分上属于“全民的”城市文化之残余正在遭到毁灭；与正在被替代的、往往是粗俗的文化相比，在某些 24
重要方面，新的大众文化更不健康。

因此，尽管“老”态度和“新”态度之间的区别并不明确，但把它们区别开来似乎非常有用。尤其是，在一开始就应坚决澄清，在我谈到“老”态度时，我并非正在唤起那些心中非常模糊不清的田园生活传统来攻击当下。[2]

简要回忆一下一个家庭的历史可能会让年代背景更加清晰，我自己的家庭史或许像其他人的一样有用。人们普遍认为，大约到19世纪30年代，英格兰城市化过程中关于未来发展的主要模式业已清晰。[3]我的家庭步入这一进程稍晚一些。我的祖母和她的表兄结了婚，那时他们的家还在农村，生活在离利兹约有十几英里的村子里。在19世纪70年代的某个时候，她和她年轻的丈夫被吸引到这个蓬勃发展的城市，在南边的炼钢厂做工。在汉斯莱特的新砖盖起的辽阔土地上，她开始养育一个大家庭，共生了十个孩子，但有些孩子“死掉”了。整个北部和中部地区发生着同样的事情，村中正在丧失年轻人，城市用遍地便宜简陋的房屋在农村周围着上了颜色。它们不能提供医疗、教育和其他社会设施；它们的街区不整洁也不明亮，那些很大程度上仍是农村生活类型的家庭充斥在其中。很多人年纪轻轻就死去了(霍乱流行病的纪念匾还立在铁路转轨处，上中学的路上我每天都经过那里)；“结核病”造成了严重伤亡。

我的祖母经历过这一切，她经历了一战，活到差不多二战开始之时；她学着成为城市居民。她身上的每一道皱纹和她的很多态度都诉说着她的农村出身。她住的房子还算不上真正属于城市的，在1939年仍交每周9先令的房租。用干草制作的家用报纸袋垂挂在洗涤间的天花板上；那里的架子上一直放着一壶鹅油，以防有人“胸部不适”。她具有强大的精神动力，拥有很强的语言活力，有时还带些农民习气的幽默感，她的孩子们则没有，他们时常对此表现出某种老于世故的、城市化了的“百般挑剔”(多少有点神经质)。她把你叫做“小牛头”(corf-eerd)，而没有丝毫老套的感觉；她满腹精辟的格言，比如“老公鸡啼鸣，小公鸡学舌”(as t'owd cock crows，t'yung un larns)(对于一个调皮
25 男孩子，他妈妈管不住他)；她在紧要关头总借助于各种迷信话和土方。有时候，当谈论到街坊邻居生了个私生子时，她会在工人阶级生活区津津有味地述说着那件丢人的事，我觉得，她在谢菲尔德过了好些年，在那里，在教堂的小讲坛背后，不定期的交流变得流行起来。她只是临时上过女子学校。在我上六年级的时候，她不戴眼镜，阅读了我带回家的很多书籍。我尤其记得她对D·H·劳伦斯的反应；很多地方她都很欣赏，但并未感到震惊。不过对于作者关于肉体性爱的描写，她说道：“他对这事儿大惊小怪、装腔作势。”

对于我们的家庭而言，她是第一代城里人，因此只在一定程度上是城里人。与此同时，她的孩子们作为第二代人正在长大。他们的成长从颁布《第三次改革法案》的时代开始，经历了系列《教育法案》、各种《住房法案》、《工厂法案》和《公共卫生法案》，目睹了布尔战争；最小的孩子完全够年龄在一战中服役。男孩子去了“公立”学校，所以进了炼钢厂，或者因为我们有白领学识，所以有跻身上流社会的更好开端，在城市商店中担任食品杂货店助手或销售人员，不过这几乎被看作是一种阶层提升。姑娘们接二连三地淹没在经常需要人手的服装工大军中，因为这些人员经常会变动。利兹成为以成品服装作为主导的中心，过去和现在都是建立在这些姑娘们的基础之上的。

尽管此刻有一种思乡情结，但我父母、叔叔、姑姑这代人身上的确有些服从父母的农村习气，因为父母“知道终究什么是对的”；这种服从不是骨子里的，而是针对一些记忆犹新的事情，后悔一些东西没有把握住，于是略微有意识地去抓住。更进一步说，在此他们对父母的态度常常是愉快惬意的，他们属于崭新的世界。那个世界有很多优势可以提供；服装价廉还款式多样，食品便宜且种类繁多；冷冻肉一磅几便士，菠萝罐头不值几个钱，罐装咸菜价格低廉，炸鱼薯条满大街都有。新的有轨电车价格便宜、乘坐方便，盒装专利药品在街头店铺就能买到。[4]

第二代人生孩子很少，因为他们倍感更复杂的城市生活体系所带来的压力：他们感觉到“这孩子的人生机会”增强了，但他们开始担忧他是否拿到奖学金。我和我的兄弟姐妹便是“这孩子”及其姐妹。我们 26
从一开始就完完全全地属于城市，乘坐的是有轨电车和公共汽车，社会服务体系完备，还有连锁店、电影院，也能到海边游玩。对于我们而言，乡村毕竟不是家园；甚至父母健康成长的地方也不是家园。那是一幅偶然想起的幕景，一个你有时想去看看的地方。

注释：

［1］阿萨·布里格斯教授(Asa Briggs)对较小的西赖丁城市中心非常了解，他让我想起这个特点。我倾向于认为，工人阶级生活在这些地方比在大城市里可以更加容易找到尊严。在一种相当不错的行业中(通常是纺织业的某些方面)，很多男人和女人都是熟练技工。小山依旧恰巧就坐落在石头房子的街道背后，与上述住在农村里的几代人之联系更为明显。我觉得，在各种不同的重工业厂中，人们不太可能在内心深处感到自己属于大型的、在社会上被分割开来的工人群体的一部分。布里格斯教授还认为，在这些地区的工人阶级人民可能要比在城市里的工人阶级人民更加容易去搬迁。或许与城市里的大型工人区域相比，这里则很少有种终于“安家落户”的感觉。

［2］在我看来，某些作家通过夸大工业革命以前穷人生活的惬意来抹黑我们自己的时代。在此，多萝西·马歇尔(Dorothy Marshall)的《18世纪的英国穷人》(*The English Poor in the Eighteenth Century*)是一本有用的纠偏书籍。在研究了一些18世纪的乡村居民的日记之后，莱奥纳多·伍尔夫(Leonard Woolf)把他们的生活概括成为一种“辛辛苦苦受雇、刻板枯燥乏味和热闹粗野蛮横”的生活[《洪水泛滥之后》(*After the Deluge*)，第1卷，第152页]。当然，的确存在着一些更加“好些”的特征。

［3］米德尔斯堡是个19世纪新兴城市的好例子。在1821年之时，它是一个只有40个居民的村庄；到1841年，那里有5 500人；到1861年，有19 000人；到1881年，有56 000人；到1901年，有91 000人。这种增长并不只是由于从乡下来的移民所致；总人口正在迅速增加。到1861年，总人口为2 000万，这是1801年人口的两倍多。

［4］人们仍然非常相信盒装专利药品。到目前为止，一些药品在工人阶级人民心目中奠定了良好的声誉，它们不再被当作是专利产品，而几乎被看作是天然疗药。

第二章

人物全貌——背景 27

"那紧紧抓住的根是什么……?"[1]

第一节　口头传统：反抗与适应——人生常态

现代"大众交流媒体"对工人阶级的影响已有大量论述。但如果我们聆听工人阶级人民在工作中和在家里的声音，一下子能就吸引住我们的并非是大众报纸和电影这些50年的证据，而是这些事物对日常话语的轻微影响，以及工人阶级人民在说话上、在话语所指向的假定上仍依赖口头传统和地方习俗的程度。无疑，这种传统正在减弱，但要想理解工人阶级的目前处境，我们一定不要在这种传统仍具鲜活生命力之时说它过时了。

这些例子全部收录在一段故意选定的短暂时刻里，首先是来自一个儿童诊所的候诊室，室内光线充足，墙上刷着淡雅的背景涂料，布局呈管形。几个黯淡无光、邋里邋遢的母亲正在和她们的孩子一起等候，哩哩啦啦的谈话毫无目的，但往往折射出她们的习惯。三分钟内，两名妇女使用了这些话语：

"不管怎么说，他表现不错。"(说的是营养良好的孩子)

"要是不在那儿，就不要填在那儿。"(说的是需要通过奖学金

资格考试的智力问题）

“是啊，他们是准点闹钟，是吧？”（说的是一早被孩子吵醒）

“你躺在有小孩的地方没法睡觉。”

“哎呀，饥饿是最好的调料。”

隔不久，在家庭妇女早上会面的几个商店里，所说如下：

“她意味深长地瞅了我一下。”

“我们不像以前那样能填饱肚子；我们没有足够的东西去填。”（说的是肉食品短缺，特别是英式牛肉）

“你听说过那个校长吗？他变得神秘兮兮的。”

28 “今天我全身都打扮打扮。把自己整得挺虚伪。”（说的是短上衣那骗人的外表）

围绕着人生基本问题——出生、结婚、交媾、孩子、死亡，俗语最为繁多。关于性的如下：

“切过的蛋糕再切下一片从来不会失误。”（说的是一些已婚女人轻松的性生活）

“捅火不要看炉壁。”（女人在和她喜欢的人性交时不必长得好看）

“我宁愿天天吃好吃的。”（揭穿那种针对一位身体太过于引起所有人去注意的女人之评论的真相）

“你伺候了一个男人一辈子。”（出于性和家务原因——对一位卧病在床的已婚少妇所说，并感到有点对不起她自己）

“不，他们为了一片面包不会打开烤箱。”（一位中年母亲对一位希望要第一个孩子的年轻妻子讲，这位年轻妻子曾言道，她很

高兴只要一个孩子）

这些大部分话语是彪悍说话传统的残余；例如，“虚伪”一词的使用明显取决于一种自然而然了解日常生活的道德感。我几乎没有证据证明这类话语是新近所造。二战时期，服务性机构创造了一些话语，但难得的是，一种话语已进入到日常话语中。有段时间里，大众化的无线节目中定期使用了这类话；从“妈妈，你能听到我吗？”（Can yer'ear me，Muther?）①到“对，捣蛋鬼！”（Right，Munkey!）②，这些话已经伴随我们 20 年了。在其他方面，年轻的工人阶级人民除了运用那些古老的话语之外，似乎渐渐凑合着使用几个通用修饰语：把喜欢的大部分事物都叫做“很好”（luvly），把不喜欢的大部分事物都叫做“讨厌”（awful）；把特别喜欢的事物叫做“好极了”（grand），或者最近叫做“绝了”（smashing）（尽管这最后一个词属于新兴“无阶级”人士的用语）。

中年人仍然坚决保持着古老的说话方式，他们比我们经常认为的那些年轻人更加坚定。他们并没有坚持用一种不雅的或活泼的方式来说话，而是坚持使用正式的说话方式：这些词语使起来像放鞭炮一样，“啪、啪、啪”。如果单听他们的腔调，我们会得出结论说，这些词语被简单机械式地使用，枯燥乏味，没有意义，它们跟鲜活的人生方式毫无关联，它们被拿来使用，不知怎么的，总是衔接不起来。如果只注意到他们的题材——接受死亡、笑话婚姻可还是接受了婚姻、最好地享受你的人生，我们会联想到一幅美好的画面，在这里面，老态度毫发未损，很简单但很健康。真理存在于两种极端之间：执意使用一些古老说话方式并非暗示着从前的传统有种强大的、充满活力的连续性，但传统也并不完全是死气沉沉的。在一个现在很难理解的世界里，人们反 29

① 在 20 世纪 30 年代，“妈妈，你能听到我吗？”这句话在英国广为流传，它由英国喜剧演员桑迪·鲍威尔（Sandy Powell）所创，并在考文垂的一家剧院首次说过这句话。——译者注

② 在 20 世纪 50 年代，“对，捣蛋鬼！”这句话由英国广播喜剧节目主持人阿尔·瑞德（Al Read）在节目秀中使用，在当时广为人知。——译者注

复提到传统，往往把它作为一个依然非常可信的固定参考领域。使用格言是一种慰藉；人们说，“哎呀！ 风水轮流转！”这句话有十几种不同的说法。这些谚语经常互相矛盾，在任何冗长的谈话中，人们用它们来证明相反的观点：它们通常不是知识结构的组成部分，我们对此不应感到奇怪，而且从言语起到的效果层面看也并不矛盾。

迷信和传说也差不多是这样。在每个点上，特别是在临近重大节点的地方，经验的世界都用两种颜色把事物分为“好运的”和“坏运的”。人们每天都不由自主地进行这种分类。把鞋放桌子上、从梯子下方走、把盐弄撒、把某些花放在室内、烧掉“绿色料子”、圣诞节前把冬青摆在屋里、打碎镜子、给别人一把刀并未收到一枚硬币①、在桌子上把刀交叉着放，这些都是坏运；有只黑猫横穿某人正在走的小路、以不正确的方式穿着袜子出门、圣诞节和新年那天黑人先进房子、在招来厄运后触摸木头，这些都是好运。新娘在结婚庆典前一定不要看见新郎，应该穿戴——通常也这样穿戴——“旧的东西，新的东西/借的东西，蓝色的东西”。婴儿洗礼时应该哭，因为那意味着好运；出生的日子和婴儿的身体特征还会促使每个人说出一些押韵的口头禅，例如“脸上有酒窝/生活不发愁”。梦没有被忽略掉，不只是因为梦帮助解释过去发生的事情，或者暗示某些暗藏于内心深处的担忧，还因为梦具有预见作用，而且梦“是反的”；如果你在梦里哭，那就意味着会有一些愉快的事情。但你必须真的哭了，而不是只梦到你在哭而醒来眼睛干干的。

迷信尤其与关乎健康的任何事情黏结在一起。“我不信医生”依然是一句常见的表述，支撑它的是一堆过去的格言和现在的事件，大多数不足为信。小孩偶有小病，大部分情况下是用硫磺和糖浆来治疗，我这一代人可能是最后这样做的，但这种偏方仍有人用。其他的事情更

① 在英格兰传统习俗中，如果有人给你一把刀，你必须还一枚硬币给他，否则，刀将斩断友谊。——译者注

加离奇。我听说过最近发生在城市里的两宗实验：用马鬃和牛排去除瘊子，把牛排用马鬃绑起来埋于地下，瘊子便会萎缩，并最终脱落；用 30
自己的尿洗衣服对气色有好处，这个故事几年前在利兹的一些服装厂流行开来。人们还经常认为，幼儿体弱是因为头发长得太长、太密；头发的“养分”损耗了身体。每种不同的行为，无论多么微小，都有民间传说：例如，在惠斯特牌戏会①中，有的女人经常携带她们出生那年发行的硬币，有的只用红色铅笔记分，有的则不穿黑色的鞋。[2]

大多数传说已存在很长时间了，一些正在慢慢失传；但不时又有一些新的被创造出来。我特别注意到了那些关于外部世界伟大人物的传说：在工人阶级中流行的更为朴素的民间传说中，因为与他们的滑稽艺术明显不同，伟大的公众人物更可能会被拿来吹捧，而非贬低。这个电影明星怎么死的(她站在冰箱里想减肥，结果被冻死了)，那个公主怎样活的，有很多这样的精彩故事。人们都在说，斯大林“靠注射”维持生命，能活150岁。有时反着说也起作用：据说“他们”下令，批量生产的避孕套，10个中有1个会留个小洞；以及“他们”把镇静剂放在军人的茶里，以降低性欲。

在某种意义上，其他阶级也相信这一切，特别是好运和坏运的事情。在哪些方面可以确切地说工人阶级人民相信它了呢？他们反复说着这些句子，但经常加一个补救性的开头：“他们说……”他们不会理智地加以辨别；反而在某些场合，他们毫不犹豫地嘲笑这些话是“老掉牙的事儿”。但他们通常会小心遵循它们的指示。他们会说，“哎，全都是迷信”，也会看通俗杂志上贬低它们的文章；但他们仍把它们口耳相传，这对年轻人和老年人几乎同样有效。工人阶级的杂志有不涉及星象算命的吗？变革非常缓慢，人民不会被前后矛盾所困扰；他们相信也不相信。他们继续重复着古老的格言，做着他们所禁止和允许的事情：口头传统依然强大。

---

① 惠斯特牌戏会(Whist drives)是17世纪起源于英格兰的纸牌游戏，其规则非常简单，在18世纪和19世纪非常流行。——译者注

工人阶级生活的其他部分也是如此。许多工人阶级中年夫妇很大程度上依然生活在爱德华时代的世界里，他们的起居室从建造好或从父母手中接管过来之后几乎没有改变，只是增添了一点临时装饰品或椅
31 子。年轻夫妇在“成家立业”之后喜欢往外面跑，喜欢买任何新东西，家具推销员经常费尽心机说服他们通过分期付款的方式去购买崭新而非所需的家具。尽管家具自诩是现代的，也可能用新材料做成，但它必须具备布置一个“真正像家一样的”房间所需要的前提假定，就像消费者的祖父母买的老物件那样。陶瓷生意、游乐场、流行歌曲创作的情况也大致如此。

这不单单是一种消极反抗的力量，也是一种积极的东西，尽管很难说清。工人阶级具有一种很强的在变革中生存的天然能力，他们适应或接受新事物中他们想要的东西，忽略其余的东西。

在工人阶级中，活着甚至在今天还属于一种包罗万象的文化。在某些方面，这种文化和其他——比如说属于上层阶级的——文化一样，都是正常的和格式化的。工人阶级的人会忧虑在一顿七道菜的饭桌上正确的举止：中产阶级上层的人在周围都是工人阶级的情况下，当然正好通过没话找话（不仅是谈话的内容或用语，还有说话的节奏）、举手投足、叫饮料或试图请人喝饮料的方式，显露一下他的异质背景。回想一下工人阶级的日常生活：服装方面，坚持穿星期日套装，孩子们穿着在圣灵降临节新买的“最好的衣服”，在圣灵降临节早晨出门转转，向亲戚展示一下这些衣服，并收到现金礼物，使用“店铺票据”改换衣服的程序非常复杂。礼节仪式的详尽细节，从简单的“消磨时间”、邻居去世在葬礼上立在墓碑前“以示敬意”，到“野牛会”（Buffs）①和怪人

① “野牛会”（Buffs）是英国最大的社会互助组织之一，1822年成立，其名字取自当时流行的歌曲《我们追赶野牛》（We'll chase the Buffalo），该组织的座右铭是“聪明一世糊涂一时”（No Man Is At All Hours Wise），“野牛会”为其成员及家庭提供帮助，也援助其他慈善组织。——译者注

会(Odd Fellows)①的仪式规程。再来看海滨明信片②50年的版式风格，“体面的”工人阶级人民在一年中的大部分时间里很难接受它们，但在节假日他们可能“放开点儿”，发几个给亲朋好友，明信片上画的是肥肥的婆母、胖胖的警察、骨瘦如柴的小男人带着大屁股的妻子，无处不在的啤酒瓶和尿壶。没完没了地重复着他们那“啤酒—肥臀—浴室”的幽默，他们竟然丝毫未变。

因此，对于工人阶级人民而言，很多新方式并未深入影响他们。与今天只是考虑他们深受影响的严重程度所得出的假定相比，他们实际受到的影响要小得多。在对“彻底麻木不仁的广大平民百姓”的讨论中，可能也会有一些预言性的真实。但就目前来看，工人阶级人民绝 32
不像那句话所说的那样受到了负面影响，因为和平民百姓中的大部分人一样，工人阶级人民确实“不在那里”，他们生活在其他地方，他们凭着直觉而活，按照习惯而活，靠着口头而活，利用传说、格言和仪式而活。这就把他们从当前方式的最坏影响中拯救出来；在其他方面，这也让他们更容易成为那些方式的臣民。如果说他们受到了现代环境的影响，那么他们也只是在沿着古老传统为其开辟的最开放、没有防御措施的道路上受到了影响。

第二节　“哪儿都不如家”

我们观察工人阶级生活越多，就越想触及工人阶级态度的核心，它

① “怪人会”(Odd Fellows)是最早、最古老的社会互助组织，其早期发展状况已不可考，18世纪中叶，“怪人会”在英国得以快速发展，约翰·威尔克斯(John Wilkes，1725—1797年)、乔治·萨维尔(Sir George Savile，8th Baronet，1726—1784年)等著名政治人物都是“怪人会”成员。鲁迅曾在小说《肥皂》中提到它，并称之为“共济讲社”，可见其影响之广泛。——译者注

② 1894年，英国出版商被皇家邮政准许发行带有图片的明信片，20世纪30年代早期，卡通式的不雅明信片流行起来，最高每年卖出1600万张。海滨明信片的图画主要取景于海边，有些画面衣着暴露，成为当时人们追求的时尚，在一定程度上也促进了英国海边旅游业的发展。——译者注

表现出来的内核也就越确定，即这种内核是个人的、具体的、当地的感受：它具体体现在家庭第一、邻里第二的思想观念中。尽管遭遇多方反对，但这种观念还是保留了下来，一定程度上也是因为有如此多的反对。

在给工人阶级的姑娘们和家庭妇女看的杂志中，经常用到“罪”(Sin)这个词。今天，在更加成熟的文学作品中几乎不用这个词，除非作者特别想让读者想起“人的抽象状态”。但工人阶级的杂志在抽象意义上不使用“罪”，它们并未思考人的堕落本性和对上帝的义务。“罪”就是婚前和一位姑娘有了孩子，后来没有和她结婚，罪就是任凭你自己陷入这种状态中，“给你自己惹麻烦”(很少提议堕胎，在现实中堕胎也从未被宽恕)，“罪”就是到处勾搭其他男人或女人让你自己的婚姻有破裂的风险，“罪”就是破坏他人的婚姻。尽管几乎其他所有都受到外在支配，都充满风险，都可能在你最意想不到的时候把你击倒，但家是你的，是真实的：最温暖的欢迎语仍然是“就当在自家一样”。

工人阶级人民总是厌恶“老死在济贫院中”的想法，好的理由有几个，其中最深层的原因是意识到家庭生活那不可分割的品质。一名寡妇宁愿当清洁工“工作到老”，也不愿接受为她提供的住所，即便能让她的孩子住上舒服的孤儿院。如果她死了，即便家庭的一些人之前从未给她做些什么，有多么不想照顾孩子，但还会在家庭成员之间把孩子分了。父亲撒手人寰留给我母亲三个孩子，一个一岁，一个三岁，一个五岁；当母亲在与病魔抗争五年后去世时，我记得以前从不认识的远
33 房姑母说：“如今孤儿院大不一样了。”她的话没用，之后我们被一个个分开，由家庭的不同成员抚养，他们每个人都比她穷。

坚持要有家庭隐私源于这种感觉，也由如下观念得以强化，即尽管邻居是“你那样的人”，在遇到困难时也会过来帮一把，但他们总是动不动就说三道四，那些流言蜚语还可能会刻薄故意。“邻居会怎么想?”通常他们会认为二加二等于六；他们的议论可能“并无恶意”，但会极其残忍。他们可能会隔墙“听到正在发生的一切事情”，但你可以把大

门一关，“过你自己的生活”，“坚持自我”——也就是说，向家庭直系亲属——包括婚后在附近街区同其家人一起居住的儿女们——关闭正门，甚至向“顺便到访”的几个朋友关闭正门。你想有些好邻居，但好邻居并不总是“进进出出”：如果她这样做了，她会不得不“被疏远”。半拉花边窗帘挡住了几缕阳光，但却为你营造了隐私空间：窗台门阶擦洗得干干净净，用水洗石装饰得金光灿灿，这进一步表明你是个“体面的”家庭，你认为每周要对房子进行“大扫除”。

在室内，一叶兰不见了，取而代之的是衣衫褴褛的乡村男孩正吃樱桃的图画，以及小姑娘身穿裙子面带羞涩的画面，或者画中的大姑娘戴着帽子抱着两只苏俄猎狼犬或一只德国牧羊犬。现代主义风格的连锁店，全用质量差的木板装修而成，喷上清漆以着色，正在取代旧式的红木装修；各种颜色的塑料和铬料制成的饼干桶和鸟笼流行了起来。这不只是为了与人攀比；这些事物对家庭价值、充足和富裕很有帮助。因此，很多预制建筑的主人如今定制了铅条嵌边和彩色窗玻璃：在老式的房子里，深窗台可以增添外部色彩，窗台上可以摆放一盆茂盛的、五颜六色的旱金莲，甚至摆上绚丽的天竺葵。

回顾在一所房子里生活的岁月，我要说，一个好的“客厅”必须提
供三件主要东西：群居性、暖和以及很多好吃的食品。客厅是家庭的
温暖之心，因此对中产阶级客人而言经常感到有点闷。它不是社会中
心，而是家庭中心；那里或前屋几乎不用来款待客人，如果在那里招待
人，你不要奢求各个方面都能做得像中产阶级意义上的款待。在晾衣
绳上、在街头店铺内、在适度距离内偶尔走走亲戚中，或者不时陪着丈
夫一起到酒馆或俱乐部里，都能找到妻子在其当前家庭之外的社会生
活。丈夫有自己的酒馆和俱乐部，有自己的工作，有自己的足球比 34
赛。所有这些地方的朋友不全都知道他们的房子里像个什么样子，也
可能从未“登门造访”。壁炉边是为家人而留，无论是住在家里的还是
在附近居住的，是为那些“对我们重要”的人顺便过来说个话或只是坐
一坐而留。男人和妻子通常在壁炉边渡过大部分闲暇时光。“就待在家

里”仍是打发休闲时光的最常见的一种方式。

这是个嘈杂拥挤的环境，是远离外部世界的深洞。这里没有电话铃声，晚上很少有敲门声。尽管受到限制，这群人不是私密的：它是个群居性团体，此中大多数事物是共有的，包括个性；“我们的爸爸”、“我们的妈妈”、“我们的爱丽丝”都是常见的称呼。很难一个人待着，很难独自思考，很难安静地阅读。这里有收音机和电视，播放着各种各样的比赛，或者有一阵一阵的谈话(很少有持续不断的谈话)；[3]锅碗瓢盆发出噼里啪啦的声响，狗儿挠着痒痒、打着哈欠，猫儿发出喵喵的叫声；[4]儿子吹着口哨，靠近炉火拿着家庭共用毛巾擦干身体，或者沙沙地翻弄放在壁炉台上姐姐结婚照后面参军哥哥给家里写的信件；小姑娘突然哭了起来，因为她太累了，根本站不起来，虎皮鹦鹉啁啾地叫着。

在一些细心的家庭，这种整体效果还会具体体现在剪制壁炉前的地毯上。准备些剪下来的破衣服碎片，按照颜色大致分成几组，用一条粗布(麻袋布)逐个串起来。图案传统而简单，通常中间是个圆形或菱形，其余的是单调的海军蓝(除了饰边之外)，或者经常用简单配置而成的灰蓝色；多年前，我们大多数人在军用毯子中能够看到它。这条地毯将会换掉炉边那条很久以前制作的地毯，也不会花费太多，只是买些粗布而已，除非想要把地毯中间弄得鲜艳些，颜色再少点。那样的话，备用的裁剪布料，比如说红色，大约用一个半克朗硬币就能买到。

结了婚的儿女需要经过好几年才能从母亲的壁炉边断奶，这难道奇怪吗？儿女带着他们大大小小的孩子晚上都会来转转，直到他们自己孩子所需致使在现实中无法晚上到访为止，而这又会经历很长的时间，直到母亲从健康养育孩子的角度认为这样做是合理的。女婿往往一下班就来，在多半是已摆好的饭桌前吃饭。他会很好地加入祖父祖母之
35 中，他们是固定的常驻人员(尽管大多数老年人厌恶“把我扔在家里”的这种观念，但他们只是不愿把这儿当成最后一个常来的地方；他们非常喜欢年轻人及其孩子们加入他们)。

暖和，就“像虫子躺在地毯里一样舒服”，是最最重要的。70年来煤炭一直很便宜，这让大多数人学会毫无节制地使用，按照大多数国外标准可以这么说。精明的家庭妇女都知道，她必须“要生一把好火”，比起买些质量好的保暖羊毛内衣，可能更注意保证有火：火是可以分享和看得见的。

“好餐桌”也是同等重要的，这依然指的是满满的一桌，而非表示平衡饮食。因此，很多家庭买的牛奶似乎比他们所需的要少，人们也不喜欢吃色拉。围绕着这个，积聚起一大堆的态度，其中有的是显而易见的，有的建立在神话基础之上的。“在家做饭”常常比其他都好；咖啡食品几乎经常是掺着东西吃。卖甜点的小店知道，如果把“家制面包和蛋糕”贴在窗台上，就会销量不错；在某种意义上，这种标榜也可能是真的，尽管巨型电烤箱可能已替代了曾经是商店后面家用厨房中的原有款式。他们无论如何也很难买得起的这种认识强化了对咖啡馆的不信任，但廉价的工人食堂里也会引起一些类似的抵制。丈夫抱怨食物“没个样子”，妻子必须“把东西打包起来”，这通常指的是在三明治里面放“些好吃的东西”，她还要准备一大顿晚上吃的热餐。

“好吃的东西”是用餐的关键话语：这些东西是固体的，最好是有肉的，还有一种出了名堂的味道。大量使用一些酱汁和泡菜，特别是番茄酱和酸辣泡菜，味道才得以提升。我过去经常注意到，在婚后红红火火的早期生活中，我的亲戚经常在喝下午茶时炸排骨、炸牛排、炸腰花、炸薯条。相比之下，贫穷年迈、靠领取养老金生活的人有时常把一便士的奥克斯欧(Oxo)[①]放在温水中溶解来仿做一顿美味佳肴，就着面包吃。肉类开始变得真正便宜后，还是非常有指望吃上的。任何懂得日子不好过的工人阶级的妻子都非常了解哪些是既便宜又有营养还好吃的肉块。即使不是每天也是在周末，在需要弄些“茶点”之时，最容易突出好吃本身了。有非常多的开胃菜，通常是些副产品——黑

① 一种牛肉制品汤料。——译者注

布丁、猪蹄、猪肝、牛筋、肚子、红肠、“鸭肉”、猪小肠(在特别场合有猪肉馅饼，它极其受欢迎)；鱼店的开胃菜有——虾、鱼子、熏鲱鱼和贻
36 贝。[5]在我们家，一周中的大多数时间里生活简单；早饭常常是面包和牛油，晚饭是些好吃的简式炖饭；好吃的东西是在下午茶时间为工作之人而准备的，但也值不了几个铜板。周末，像除了非常穷的人之外的其他人一样，我们过着奢侈的生活，周日喝茶达到了顶峰。那天晚上，到了6点钟，房子后面的垃圾堆上，空的鲑鱼罐头盒和水果罐头盒为其披上一件精致的外衣。[6]菠萝是最受欢迎的，因为在那个我们今天看似非常便宜的罐装水果时代，花几便士就能买到(菠萝真的就是加了味道的芜菁，这个故事反复流传着)。桃和杏比较贵，在过生日或几里外的亲戚突然来访时，这种场合需要这些东西。鲑鱼味道很美，特别是中间红色的肉块；我还发现它比淡水鲑鱼“好吃”得多。

在肉类短缺的年代，新型酱肉产品似乎被广大民众所接受。我知道，在一个五人之家，他们买的肉糕是四磅重的罐装品；女婿在那里吃饭不会吃到鲜肉，只有斯帕姆(Spam)牌子的午餐肉，或凉拌或煎炸。这不是一种便宜食品，不像受到高度欢迎的熟火腿或炸鱼薯条那样便宜。

坚决要求吃一些让人很享受的固体食物往往受到称赞——“肚里有佳肴，牢骚发不了”；你必须保障干重活的工人吃饭的量和蛋白质，尽可能做到好吃。毫无疑问，比起目标来，实效并不那么好。在我还是孩子的时候，我的姑姑叔叔们三四十岁似乎全都坏了牙。难道这仅仅是因为忽视所致吗(因多年来鞋不合脚，他们还长了鸡眼)？我还记得，交谈的常见话题就是这个人便秘了，那个人“烧心”了：我们经常买小苏打，就像买木柴一样。这可能是种遐想，但经常能引起我注意的是，在不同阶级中肥胖存在着明显差异，比如说在工人阶级的中年妇女和富裕的中年商人之间的差异。一个是苍白、黯淡的样子，另一个是紧紧圆圆、光鲜亮丽的；一个让我想到几加仑茶、一大堆面包、几盆炸鱼薯条；另一个让我想到车站酒店里的牛排。

我可以继续几乎没完没了地回想起其他的个人细节——这些细节可以让人认识到这种家庭生活的品质；洗衣日，那水蒸气—苏打水—肉丝的气味，或者那炉边烘干衣服的气味；星期天，那《世界新闻报》的声 37
音混杂着烤牛肉的气味；时不时翻看一下洗漱间的几张旧报纸；星期日下午无所事事，偶尔走走亲戚或到公墓看看以寻求宽慰，公墓的大门侧面有卖花的店铺和出售昂贵墓碑的作坊。像任何有固定中心的生活一样，它拥有着强大的影响力：工人阶级人民自身经常对它很有情感。在烙花品的边上或豪华装饰的卡片和手帕上，这些物品甚至今天在游乐场和海边货摊上仍有出售，上面还刻着或绣着“家，甜美的家”、或“家——我们抱怨最多也是乐趣最多的地方”等这样的字眼。

正如我所说的那样，这种描述和本章后面的描述性段落在很大程度上是基于20年前的记忆。我几乎没有谈到工人阶级人民购买力的增强，也很少谈到诸如家中省力设备等产生的效果。这主要因为今天我们中的大多数人认为，这些变革对我们态度的影响比它们本身要大。因此，首先强调工人阶级生活的基本方式在多大程度上保留了下来以作为多年来的生活方式，这似乎是重要的。

在许多方面，这都是一种美好、标致的生活，它建立在关爱、情感、即便不是个体感觉也是小群体感觉的基础之上。它是详尽的，是凌乱的，然而却是有节制的：它不俗气，不做作，不古怪，也不“女性化”。父亲是家庭内部生活的一部分，而非只是花大部分时间在数里之外挣钱养家之人：母亲是工作中心，经常有非常多的事情要做，她的看法几乎完全是围着这个家庭住所而转动（卧室不过是你睡觉的地方）。正如她说的那样，她的“一大心愿”便是儿女们“早日找到漂亮姑娘或如意郎君，建立他们自己的家庭”。

尽管可能看似混乱和散乱，但这种安排可以被察觉到，对家是用来做什么的那种天真的、下意识的但却很强烈的感觉为这种安排提供了保障。比较一下今天可以在一些咖啡馆或小旅店中见到的公共房间——墙壁涂料是几种强烈对比的颜色，其中心的旁边是搭配不当的彩色条纹；冰冷又丑陋的塑料门把手；花里胡哨且毫无意义的墙上灯座；金属桌子吸引不住任何人，其颜色过于耀眼，还被踢来踢去，到处都有刮痕：一切都俗气便宜、质量低劣。材料不会造成效果；但当那些否认其有一种整体感的人使用这些材料、并对新材料毫无感情之时，这显然
38 是要失败的。在家里，新事物被融入到天然一体的事物中去。在这里，就像在其他许多领域一样，旧传统正在被侵蚀。但对家之重要性的强烈感受必然让这种变革缓慢发生：反对主要家庭破坏者——酗酒——的一代又一代人，已经帮忙建立起了一道抵制新的潜在破坏者的坚固防线。

第三节　母亲

我知道她那洗干净还带有酸味的卑微双手
……这个纪念碑
诉说着那凿刻之音，手势……[7]

讲述一位工人阶级母亲会冒些风险。我们知道，如果只是从纪实的1930年代期间出版的大量小说中来看，她在大多数描述工人阶级孩童时代时有着一种崇高的地位。她自己的男人大部分时间里似乎并不关心她，但就像是买了个上面刻着“没妈的家是个什么样”的装饰品一样，在她“走”后的那些年里，会深情地说着“我妈妈”。

然而，人们只是羡慕这样一位母亲自然而然被认为在家庭中的位置，仅此而已。我正在思考的是，她主要在中年早期或中年时期、在完全被当作家庭母亲时、在自我实现时的情形。那时，她是家庭的中心，因为家几乎是她的全部世界。她比一位父亲更能维系家庭完整；她给参军的儿子或在外工作的女儿写信很费劲。她和其他住在附近的

家庭成员、和祖父母、和兄弟姐妹、和表兄妹保持紧密联系；她偶尔会去他们那里或邻居那里坐个把小时。她远离了外部的政治世界，甚至远离了她丈夫的“消息”；她几乎不了解他的工作；因为她是从外面来的，这些朋友经常都是他的，自从结了婚，她放下了她自己的朋友。

这扯得太远了，但有必要首先确立贴近和近距离观察所得的大多数工人阶级母亲生活的本质。在那些遇到特殊麻烦或极差天赋的人中，可以想象能够呈现出一个内向的世界，涉及家庭的任何东西都无法进入其中，因此压力非常之大。

这是一种艰苦的生活，人们认为母亲从早到晚都会“在家”：她要做饭、缝补、扫擦、洗刷、看孩子、购物，还要满足丈夫的欲望。即使在今天，它往往是一种几乎没有现代辅助设备的生活，比如真空吸尘器和电动洗衣机等，与生活在更加繁荣的区域相比，要清理的脏东西更多些。窗帘很难维持“一种好看的颜色”，甚至经常在洗衣板上洗成蓝色
或淡黄色；壁炉和炉灶可能需要刷上石墨和彻底“保养”。到处都是附 39
近工厂的烟气和煤烟，铁路线蜿蜒曲折，大多数妇女“无法忍受让污垢有一席之地的想法”。

缝缝补补占用了很多空闲时间，几乎没空为孩子们做新衣服。母亲们没有几个在做成品服装上受过训练，即便是那些在制衣厂工作的也是如此。不管怎么说，缝纫机价格昂贵，工人阶级人民似乎不愿像购买更容易为整个家庭带来欢乐的衣物那样去购买它们，即便分期付款也不买。成品服装不贵还很吸引人。丈夫的衣服在工作中磨破了，于是不停地缝缝补补，期间也会买些新衣服，但这些衣服便宜就不实惠，很快便显旧了。

部分原因是丈夫在工作，但也是因为女人确实希望打理这些事情，因此在公共场合长时间进行等待的人、在诊所“拿奶瓶喂奶”的人、孩子眼睛有问题带去候诊的人、去市政厅办事处看电费单上分期付款情况的人，一准是母亲。

这一切做起来更难，因为在大多数情况下，或许直到最近几年以

前，财务上几乎没有可供调配的空间，仅仅只够“挪一挪”；家务开支经常“抵上”一便士左右。像这样在一条绷紧的弦上去管理需要大量技巧，日子经常很苦，但必须这样，否则家庭可能遇到麻烦。妻子很快就理所当然地认为——实际上伴随着结婚而认定，她会不得不“成功”让收支相抵。几年前，朗特里(Rowntree)[8]指出，在孩子长大到领取养老金期间，通常会有那么一段时间更容易遇到麻烦事。但大体上这就是一种“缺钱吃紧”和“节俭持家”的生活。我常常注意到，那些比别人快乐的妻子，是因其丈夫比街坊邻居平均挣到的钱只多几先令，但在其他方面和其他人一样以同样的生活方式在生活。如果丈夫是个体面人，且给妻子额外一先令或两先令，那么她会从精打细算中解脱出来；她不再为突然需要个电灯泡、要补鞋子或者为儿子要的童子军全套服装而忧心忡忡了。部分原因是任何一大笔现钱都很难弄到，部分原因是家庭妇女经常对逐渐增长的债务让她们置身于一种实在非常尴尬的处境视而不见，于是可怜巴巴地专心实施精心策划的变换和策略。
40 我知道一位家庭妇女，她现在一周在食品杂货店里花 8 英镑，在生活比较安逸的日子里每周都清账：但 20 世纪 30 年代的生活习惯无法改掉，她从未强迫自己去结清它；与一次性支付相比，她比较喜欢“清账”体系。在祖母家里，我们像身边许多人一样不“靠救济”生活，但“有些拮据”。在 20 世纪 30 年代初的几年里，周五晚上我排队购买家庭食品杂货；每周的账单在 15—20 先令之间，通常我们会把一些东西转入下次结算。在十几岁有自我意识时，我经常会非常羡慕那些爽快付清账的人，每周都忍受那句惯用语句——“奶奶说下周会留出 5 先令”，我感到无比羞愧。前不久，我认识一位妇女，她在肉铺慢慢积攒了 1 镑左右的债务，然后突然意识到这太多了。她没办法一下子弄到额外的钱，于是干脆停止去买肉。但她家仍向那个屠夫进行了登记，因此她肯定会感受到，在 1952 年冬肉品供应紧张之时，会很难管理。与此同时，那位屠夫会很高兴看见她，并提出一项解决办法，但他明白她不会来了。任何一个像这样的店主都可以提供出很多其他的例子。这就是充分就业和福利国家方案花大力气去改变了的状态，但改变并不像认为的那么多；旧习惯继续存在。

通常情况下，妻子不得不独自掌控这个紧巴巴的每周财政体系。这也是为什么小店主之间竞争仍然很激烈的原因，他们对这个东西打一便士的折扣，或者愿意对那个东西补上一小份；这些事情会影响销售。买两便士一磅的肉似乎不值一提，但它可以让每周的计划飘忽不定；突然要“打扮”儿子参加学校野营或女儿参加主日学校[①]音乐会，或者为将要结婚的兄弟姐妹准备一份礼物，这些也能影响到每周计划。经常有一些俱乐部或者布店和花哨商品店，无论它们有没有代理认证，都会比镇上的大商店便宜 1 先令，这会让你花一点钱就能买走物品。在绝大多数情况下，它们的物件绝对不会像那些的确价值只有 1 先令多的物件好：礼物是劣质的和破损的，薄薄的一层铬，很容易脱落。这些俱乐部，或者由顾客分期偿还本息，容易养成一种习惯，上门推销员善于说服客户反复“开放账户”，因此在很多情况下，每周以这种方式流出的钱比能够真正省下来的钱要多。周而复始：一旦家里突然拮据，通常母亲会缺钱用，也会在吃穿上“省吃俭用”。

生活真的是一周一周过的事情，几乎不可能“指望”省下来一大堆 41
钱。壁炉台上可能放着一个金属盒子，省下的钱存在里面以便节假日用，但不会经常有。没有银行账户，没有病假津贴，除了“国民医疗”补助的之外，可能俱乐部会有一些，但这些都是杯水车薪。每周二 8 点 45 分，你仍会看到家庭妇女在邮局外面排队领家庭津贴。如果“一家之主下岗了”，这会是真正的苦恼。照顾好挣钱的人，特别是在食物方面，这种旧习惯仍继续存在；[9]注重所有人的需求以使大家“齐心协力”也是这样，否则可能马上就会翻船。如果妻子能够“维持生活”或“和睦相处”，她会感到快乐；如果周末发现还剩下些东西，她

---

① 主日学校(Sunday school)是基督教的一种教育机构。英格兰早在 18 世纪 50 年代就开始建立主日学校，到 1785 年，大约有 25 万儿童参加主日学校。主日学校主要面向儿童和年轻人，其目标是教孩子们阅读、写作、算术和圣经知识。在教育尚未普及的时代，主日学校在知识传承和提高人们素养上起到了很大的作用。——译者注

会非常满足。

在此，就像在家庭生活中的大多数方面上，妻子往往是要负责的；丈夫外出挣钱。回到家里，他要吃东西，要有自己的放松方式。我想这能够解释为什么在我看来妻子往往理应对避孕行为负责。大多数非天主教的工人阶级家庭愿意避孕，认为这明显是一种便利之举，但丈夫们和妻子们不愿去诊所听从建议，除非感到快要绝望了，才被迫去那里。丈夫的害羞加上认为这就是她的事情的想法，常常会让他希望她注意避孕，他“不能被此事所烦扰”。在结婚前，她几乎没有被告知任何事情，她在工作中或在附近从年龄大些的姑娘或已婚妇女那里获得的信息迥然不同。她必须一早就采取她能接受的建议，否则孩子将会比她或她丈夫想要的要多。在采取措施时，她对可选择方法的了解可能只限于体外射精，这是最有名的一种子宫帽和避孕套。丈夫往往不喜欢避孕套——“它们夺走了快感”；她可能在买子宫帽还是避孕套上感到纠结，但两者都很贵；体外射精可能是最常见的做法。

但使用这些方法的任何一种都需要有严格的纪律，也即一直坚持的能力程度，这种能力许多妇女很难达到。她正好忘了一次或者“放纵一下”，或者避孕套廉价而破，或者丈夫在俱乐部过了一晚之后提出了难为情的要求。因此，人们认为第一个或第二个孩子之后的任何孩子都是“无意要的”，这真是太正常了。我倾向于认为，比如说，在下层中产阶级中，那些“无意要的”孩子通常会在父母四十岁左右的时候出
42 生。他们在三十岁左右已经有了两三个孩子，之后他们的避孕措施开始生效。或许到了四十岁的时候，他们感到更安全，开始疏忽了。虽然都是工人阶级，但方式看似有所不同：除非进行流产，第一个无意要的孩子可能在上个孩子出生后一两年来到人间。“从哲学上讲”，通常是可以接受的。毕竟，“你结婚是干什么的呢？”这是一种“哲学意义上的”接受，但这种接受没有太多的情感；“孩子是个麻烦”；他们意味着每个人分的工作更多，钱更少了。但他们同样得到溺爱和过多关注。

有证据表明，工人阶级母亲老得快，30 岁之时，在有两三个孩子之

后，她会失去大部分的性吸引力；在35岁到40岁之间，她会迅速变得难看，被家人称作“我们的妈妈”。和其他阶级的姑娘相比，她进入社会要更早，16岁就开始和男孩子们混在一起，18岁可能“正式恋爱了”。那时，她自愿开始使用便宜的、范围有限的化妆品——口红，“胭脂”，以及一些便宜的香水、化妆粉和乳霜。结婚后，她会按照这种简单化妆套路摆弄一段时间，但很快就终止了，除非在特殊场合胡乱涂上厚厚一层“胭脂”——“涂上胭脂”让脸还不足以达到小丑那样的难看样子，有些人在节假日看到他们时，便把这些看作是工人阶级粗俗的证据。

到了45岁或50岁，就开始生个小病：在更加贫困的时期，你会听到目前她“身体还凑合”的话语。可能还会有风湿病，或者因为20年都没有检查出的器官下垂导致经常腰酸背痛。非常可怕的是肿瘤，人们在交谈中一直反复提到它，可以想象到那些大面积、不断扩散的癌变机体；或者是“结石”，可以想象到一个非常坚硬的鹅卵石。我记得在一个周五曾看着一位中年母亲挎着一个装满物品的购物篮穿过汉斯莱特节日(Hunslet Feast)(游乐场)，明显“身体不适”，忧心忡忡。草药铺中的富裕女人大声粗鲁地叫喊着招揽生意，中年母亲被这个声音吸引住了。她思虑再三之后，凑近低声交谈她的问题。她把一包大大小小的水晶卖了6先令……“亲爱的，别在意那些医生给你说的。用杯子把这些泡在温水里，一天两次，就会冲掉石头。你不用再管它。它会全部掉在马桶里，亲爱的。”

几乎没空“看医生”；如果事情严重，她会被门诊医生训斥一顿，但经常需要在那里等很长时间，或者不愿一直麻烦医生(有点怀疑医生是否能够真的有很大帮助)，让他要保证说，大多情况下什么都不需要 43
做。有时，会尝试些推荐的专利药品。工人阶级街区的大部分医生都明白，通常几乎没有他们可以做的事情。他们的中年家庭妇女病人无法照顾好自己，工作时间很长或很繁重，她们不知道如何放松，睡眠不足，饮食习惯不好。她们希望必须一直生活下去，“取得成功”，但经常一片混乱，因为需求复杂且沉重，可是必须以某种方式加以满足。通常在妻子思想深处是这样一种认识，尽管这种认识可能不是自觉的，即如果丈夫“出了事”，她必须“提起劲儿来”，独自维持生活，寻找她能干的任何“清洁工作”以增补年金收入。

在我母亲独自带三个孩子的岁月里，因为患有严重的支气管疾病，她一点儿也不结实，干不动任何户外工作。她以惊人的技巧每周从“监护委员会”(the Guardians)那里获得大约20先令以维持生活(这些钱的一部分是通过赠货券的方式而得，这些赠货券可以在特定杂货店进行兑换)。对于旁观者来讲非常惊讶，但对她而言则稀松平常：我觉得，她曾是个快乐的小姑娘，但到这个时候，高兴的神情黯然失色。她很好地忍受住了那些对她的境况说三道四的态度，尽管喜欢穿旧鞋子或大衣，但她感谢没有人对此表示同情或欣赏；她并不感伤自己的处境，除了忍受之外，她从未装腔作势过。生活的担子从未有所减轻，艰辛太多了，根本无法快乐起来。与她能承受的相比，三个小孩子经常渴望更多的食物和快乐，他们没有得到呵护，偶尔会有一些。她越来越靠偷偷地抽“忍冬牌”香烟使自己好过些，以防“他们”发现：我哥哥若从商店回来发现家中有客，便把两便士一盒的香烟放在抽屉里而只字不提，他被教导成这个样子。房子小而潮湿，到处都是蟑螂；遇到坏天气，厕所变成了臭气熏天的泥潭。食物是一成不变的，但与处在这种状态下许多母亲所做的相比，要有营养多了。我母亲坚定、睿智，足以能够抵制住我们对炸鱼薯条和下午茶的任何要求，除了可可粉，我们什么也不喝。每周从头到尾，我们一顿接一顿地吃便宜的炖菜：我记得有人到我们家时带了一小盒什锦饼干(那时我肯定差不多6岁了)，我们是那么地为之神魂颠倒！在享受下午茶的时间里，我们有时候在面包上放些甜味的浓缩牛奶。整个家庭的零用钱是一周一便
44 士，因此我们每三个星期才能单独轮到一次。我们经常被建议买一些能够分享的东西，但我们经常拒绝这样做。我们经常“被打扮得漂漂亮亮的”，一年到头都穿缝缝补补的衣服，在圣灵降临节穿新衣裳；我

最后记得的是两个男孩子穿着水手服吹着口哨的场景。

有一次，我母亲刚发了钱，买了些东西自己享用，这些食物肯定是对先前享受的回忆——一两片熟火腿或几只虾。我们像麻雀一样注视着她，整个下午茶时间都把她团团围住，直到她真正发了怒吓到我们为止。没有补偿；她只是不想把那个给我们，在给予方面不会轻易慷慨。我们懂了些事，尽管我们意识到自己已经跌跌撞撞地触碰到了某些超出我们理解范围的东西。

这是个极端的案例，尽管它属于传统的真正范围内。在那些实际上过着这种生活的人民中间(有男人，也有女人)，我们必须避开英雄主义意识的任何主张。这是一种挑战，工人阶级妇女脸上的皱纹常常是具有崇高意义的——但她们很难赢得这些意义。我们不应试图在这样一张脸上添加些魅力；在没有任何人造光线的情况下，它有自身的优雅。那张脸上有鱼鳞般的纹理，细看之下，那些皱纹间满是污垢；双手是瘦骨嶙峋的爪子，上面的皮肤是密密麻麻的线条，也是堆满了污垢，很难弄掉：这些是长年累月用冷水匆匆洗漱所致。脸上有两条明显的线痕——从鼻子两边往下到紧缩的双唇部位；它们诉说着“精打细算”的岁月。或者会注意到，许多工人阶级老年妇女都有一种习惯性手势，阐释着她们生活背后的岁月。D·H·劳伦斯在描述他的母亲时曾对此有过评论。我祖母的手势则是用手指在椅子扶手上不停地轻敲，敲打的同时脑袋在没完没了地盘算事情；她已经开列出了多年来在非常细小的事情上的巨大数字。另外，你会看到她的手有节奏地在椅子扶手上捋来捋去，仿佛捋平了一切事情，让它变得切实可行；此外，还会有嘴唇抽动或持续不断地摇晃。任何这些动作都不能被称作神经官能症的姿势，它们也不是异常害怕的症状；它们对不停地盘算很有帮助。

如今，如果我听到某些人随便使用诸如“悲伤”(sorrow)和“凄惨”(misery)这样的词语，它们通常听起来略显过时；它们在特定场合会被保留下来。对于我的祖母而言，这些都是正常词汇，它们和“烦恼”(care)与“艰辛”(hardship)一起用，在今天我所了解的很多人中间，常常并且在意思上就像“麻烦”(nuisance)和“棘手”(awkward)一样用。当我祖母说某人“正抢她饭碗”时，她不是在做戏剧表演或只
45 是用来比喻；她正在以一种未被打破的、仍有现实意义的传统来说话，在这种情况下，她的讲话带有一些盎格鲁—萨克逊诗歌的基本品质：

> 我能唱出描述我自己的真正歌曲……在那些辛苦的日子里，我常常如此忍受着艰难时世，在我的心里如此承受着苦楚伤痛。[10]

因此工人阶级母亲继续撑了下去。她偶尔有自己的“乐趣”，像男人所做的那样。正如茨威格博士(Dr.Zweig)指出的那样[11]，她最大的快乐是以某种方式被“伺候”；这种方式可能会是女儿们或父亲接管一天家，也可能是旅游一天，中间吃一顿刀叉大餐：还可能会简单到由父亲给她拍照片。但大体上讲，她继续工作下去直至成为祖母，那时会有让她帮忙的新要求。

有些人变得斤斤计较，让这种方式变成了严格的仪式，她们的辛苦变成了可怕的荣誉勋章；有些人则得过且过；对于大多数人而言，尽管程度各异，但这是一种固定不变的、忘我无私的常规生活，一个人超脱自尊，献身家庭。在这背后的是对于非常多的、围绕着她们转的知识所拥有的自豪感，而与任何含糊不清的怜悯之情毫无关联。这能够让最没有出息、最不起眼的年轻妇女到了中年之时，当在家和家庭中时，她光辉亮丽地“站在那里”，承受着一切麻烦的压力，但却心满意足。她丈夫是一家之“主”，但她也不是受气包；如果她以其特有的方式成为一位“好母亲”，他和她都知道她的价值和美德。在真正的大众艺术中，唠叨的妻子仍然是主要的反面角色之一。

但人们可能会问，需要有多长时间才能把这一切传递到那些晚上还在逛街的少女的身上呢？从学校毕业到结婚，她们一周三次到影剧院

去看“音乐剧”和“浪漫戏剧”，看一些幻想的爱情故事，去光顾“巴黎大皇宫”、“麦加”、“落迦诺”或罗马公共浴场(Public Baths)，以此来填补这段空间。她们的工作很少与其性格相契合，哪怕是一小部分，她们似乎对工会活动不感兴趣，对家庭也很少感兴趣。想必，她们是喜欢幻想、无忧无虑、空洞无聊的那批人中的一大部分人吧?

在后面的章节中，我会探讨那个方面。在此，所强调的重点在于另外一个方面上，在于事情为什么不会总是像刚一出现时的那样糟糕上。像这样的姑娘只有短暂的花季，她们无须承担责任且有些闲钱的时间只有几年。考虑到那些让人泄气的力量，她们参加健康户外活动 46
的比例高得惊人。对于大多数人而言，方便的、持续提供的东西非常之多，这些都是室内活动。这些姑娘们常常厌烦她们的工作；很多人懂得拿一些更简便的方法从她们身上挣钱放进自己腰包。她们仿佛很快被裹在梦幻青春期的蛹壳里。她们选择去做的任何事情似乎都是城里的事情，而且是微不足道的；对于不属于梦想的任何事物，很难长期引起她们的注意。

然而，即便是对家庭可能没有什么明显积极的反应，那也很少有任何反叛家庭的行为。家是“不错的”(这个形容词常用来表示你接受一些东西但对它没有热情)；你住在那里；你通常不会离开它；如果能晚上外出，你既不会想家，也不想待在那里。但似乎对我而言，这种十几岁时的快乐生活在很多方面都是快乐的，但不能认为这是最终的“真实生活”，不能认为这就是真正的人生事务。它是快活的、无怨无悔的；它几乎没有影响到这样一种感觉——毕竟，真正的人生事务是结婚和建立家庭。在某种意义上，这当然是一种“人生”，而学校从来不属于这种生活；通过闲言碎语和工作中的交谈，在这一时期，对于什么是真正的人生和人生真正意味着什么的问题，你学到了很多；你过得非常开心。但除了快乐之外，真正的人生是结婚：在工人阶级生活中，对于两性而言，主要的分界线就是结婚，而非换份工作，或者换个城市；不是要去上大学，也不是获得职业资格。对女人而言，结婚便是这种短暂自由的终点和人生的开端，在这种人生中，“磕磕绊绊”会是常态。这种模式中的大部分事物都被看作是理所当然的；自由时光是蝴蝶翩翩起舞的那种，它足以让人眼花缭乱，但却是短暂的。姑娘一找到她要嫁的男人便说，“现在我要稳定下来了”，这种话有丰富的含义。

一旦结婚了，她开始动用老本。她吸取某些惨痛的教训，而且在最终稳定下来之前，注定会是一段段艰难时期。当孩子们脏兮兮地跑来跑去时，她更加漫不经心地去拒绝学习，拒绝继续抽烟，拒绝“去看电影”了。大多数人重新开始了一种节奏，这种节奏可以追溯到舞曲和看电影的情人身上。[12]考虑到一个女孩子的品味被华而不实和琐碎事物所侵袭的程度，她应该对风格拥有惊人的意识，请观察一下她的方式，她甚至把她购买的丑陋的个人物件也强加上对在客厅消遣非常重要的那种意识。请观察一下她处置孩子的方式；这并不是指那些更加显而易见的特点、对卫生的毫不在乎以及鸡毛蒜皮的小事，而是指在臂弯处或者在炉火旁洗澡时孩子所接受的情况。

47 在从学校毕业之前，她通常接受了一些训练，帮忙在家打扫卫生，照看年幼的弟弟们，接生她们自己的或邻居家的婴儿。但总计不会太多，在下定决心要让自己变得平凡的六七年之后，惊人的事实是，她办起事来是那么的好。这是因为琐事从未断过，而且偶尔还要全面覆盖。那些年轻的妻子一直工作到有了孩子，或者如果由祖母或托儿所照看孩子们，她们也能在生孩子后继续工作。通常，她们不反对结婚的需求，而是推迟这些需求，因为她们明白这个时段一定是有限的，在这段时间内，她们能花钱买些点儿奢侈品——很常见的是她们花 2 先令买带一条腿的大块熟火腿，或者一周有两三个晚上吃炸鱼薯条。那段时光过去也就过去了：大多数工人阶级的姑娘们对失去自由并无太多的怀念；她们一直认为那是短暂的。

根据“被教育”的标准，她们的确胡乱对待她们的孩子；我说的标准一般是指现代书本中主张的有关儿童保育的标准。不仅对孩子而且对年轻人完全纵容，一直到结婚为止，这是工人阶级长期以来坚持的传统习俗。婴孩受到溺爱，被过多地关注，不允许哭啼，给吃得饱饱的直到有点肚疼为止，然后给吃疗效让人怀疑的六便士盒装药品；即使到了今天，很多孩子没有“橡皮奶嘴”很难放下，奶嘴还可能在糖浆里蘸蘸，他们被放在漂亮的婴儿车里不断地摇动，他们几乎很难不被母亲、下班回家的父亲和祖父母所惊扰，一直保持着这种状态到非常晚的时候。后来，尽管预计女孩子会在打扫屋子上帮点忙，男孩子可以上门送个报纸，但是，鉴于母亲必须要做的事情是那么的多，多余的钱却少得可怜，明显的做法是，他们被要求做的事情非常少，闲暇时间赚钱经常被认为是充实他们自己的腰包。[13]孩子们多久才洗洗刷刷？多长时间才买一些不合比例的贵重礼物——最好的自行车和几乎全尺寸的童车——给他们？父母几乎不希望、也不鼓励孩子们在体力或财力上去养家，甚至到青春期也是如此。工人阶级的姑娘了解到的关于婚后如何持家的大部分知识通常是不知不觉学到的。她可能会“挣大钱”，可能会大把花钱来维持生活，但比起母亲花费在她身上的成本，她偿还的可能少些。如果这是一种盲目的自私自利，那也是一种父母容忍和支持的自私自利；要面对剩下的一切人生，你无法对那些做得太多；你必须让他们“在能够拥有的时候度过一段美好的时光”；毕竟，“年轻对你们而言只有一次”。

第四节　父亲 48

在我看来，像妻子一样，工人阶级的男人通常从体格上几乎一眼就能分辨出来。他常常个头小而黑，过了三十岁便满脸皱纹、皮肤蜡黄。那时，脸部和脖子的骨架清晰可见，对此会让人联想到惠比特犬①。一般来讲，这些身体特征很早就能显现出来，并伴随其一生。

① 惠比特犬(whippet)是一种中型猎犬，原产自英格兰，四肢修长，身体瘦小，但却是世界上速度最快的猎狗。——译者注

因此，尽管这是微小的记号，但如果我或者几个工人阶级出身的专业熟人就像“世家子弟”那样戴上低顶圆帽、围上围巾，或者如果我们敞着衣领，那非常合身的帽子和围巾，或者脖子周围的骨骼结构都让我们看起来只像休息日里的工人，而不像堂堂正正的中产阶级。

理解工人阶级父亲在家中地位的起点是，他就是那里的老板，是“他自己家里的主人”。这就是传统意义上的他，他和他妻子都不想改变传统。她在别人面前经常叫他“长官大人”（Mr.W.）或“主人”。这并不是说他在任何方面都是绝对统治者，或者也不是说他在任何事情上都按照或要求用他自己的方式。这常常附带着一种关心，一种帮助和“体贴”的意愿，希望是“一位好丈夫”。在懒惰或冷漠的情况下，它可能是指一种极大的自私或类似一种暴虐。以上两种状况中，即便这些假设在现在看来也不一定对，但这可能是对他作为主要养家糊口之人和干重活之人的尊重。他保持着与外部世界的主要联络，带钱回家。

通常，他的行为举止粗鲁，中产阶级妻子会觉得难以忍受。事情出了岔子，妻子会说她有多么担心，“主人”回到家“会疯掉”；他会言辞刻薄地“叫你走开”，或者在有些情况下可能甚至“打”你，特别是如果他在下班回家的路上喝了几杯啤酒的话。或者，中年妻子会对年轻妻子说：“他对你好，不是吗？”意思是说，他不可能在语言或行动上变得粗暴，或者差不多每天晚上都不会留下妻子一个人，或者如果她在家务开支上陷入困境，他会“和她过一辈子”。在某种程度上，这是生活沉重的农民在个人关系上的粗鲁行为和言语表达，显然，这并不一定说缺乏爱意，或者丝毫不管妻子的职责。会怒吼的男人也会提供保护；他有点儿当头头的味道。因此，粗鲁的男孩子经常受到称赞；向他们摇摇头就像对他们感到悔恨一样都是一种骄傲的意思——“他是个真正的小伙子”，人们说道。

49 所以，丈夫并不真的想帮着收拾家务。如果他这么做了，妻子会高兴；但如果他不做，她也不可能怀恨于心。“说到底”，收拾家的大多数事情是女人的事儿，“哎呀，那不是男人干的活儿”，女人会说。她不想让他做那些事情太多，因为害怕他被当成个娘娘腔。或者，会采取这种形式给予最高的赞扬，“他一直很善于干家务活儿。就像个娘儿们”：如果他的确帮忙做得太多，他就会顶替女人的位置，那是女人应该干的活儿；家务杂活并不是共同的责任。

因此，如果他决定帮着洗刷或照看孩子，那便是帮忙的积极行动。大多数情况下，妻子既“从没想过”让他帮忙刷洗，也不觉得他在家时她能“随便洗东西”。通常，晾干空间是个难题，特别是在雨天。收晾衣物的复杂程序加重了这种困难：把湿衣物搭在围着炉火摆放的晾衣架上，丈夫想“看见炉火”时，还要把它取下重新放进篮子里或锌质浴缸里。

作为丈夫，很多人认为所有的家庭钱财事务都是一种共同关切，他们在周五晚上上交工资钱包，交由妻子处置。但依我的经验，工资钱包是丈夫的，他每周会拿出定额钱款给妻子来管理家庭，这是一种推断，也是个特点。[14]在很多家庭中，妻子不知道丈夫赚多少。这不一定是说她遭受了不好的对待。她会说，“哎呀，他非常理解我，”或者“他待我很好”，意思是说，她不缺钱，但话语本身暗示说，工资分配在于他。除了这些定额钱款外，妻子常常负责置换物件——陶器餐具、家具等等；更加体贴一些的丈夫会听取建议，会许诺些东西，费用从下次的加班费中出。非常常见的情况是，妻子分享任何加班费只能是堂吉诃德式的结果。有时，她感到不能和丈夫讨论家庭财务问题，这可能甚至会延伸到诸如是否可能送孩子去文法学校这样的问题。这会是一种勉为其难的讨论，特别是在一旦必须决定孩子在16岁之后是否继续留在文法学校的问题讨论上，但是，通常不会详细讨论财务上的方式方法，不会详细讨论这方面如何被取消或者如何减少那方面的娱乐。

如果他领失业救济金，同样的推论自然适用，无论是因为身体有病，或是运气不好、还是得过且过让他处于那种状态，丈夫和妻子都认 50

为他仍旧必须要有零花钱。这牵涉自尊的问题；“男人口袋里不能没钱”；那样的话，他会感到自己不像个男人，感到“受制于”妻子，地位不如她，这种状态是违反自然的。他必须要有钱买香烟和啤酒，可能甚至偶尔打个赌；每周照常花一些钱，甚至失业的男人也如此，在很多情况下，这似乎对比如说从事专业工作的中产阶级而言也都是过分的。一天抽15支便宜的香烟似乎是很正常的，那样一周大约要花13先令；对于失业靠领取救济金的男人而言，一周1镑零花钱是时至今日我听到的最常见的数字。普遍认为，像烟酒这种东西是生活的一部分；没有它们，生活不再是生活；很少有其他主要的兴趣能让这些乐趣失去意义，能让人们甘愿放弃它们。我觉得，人们认为，这些事情是最低限度的生活必需品，这让很多家庭，甚至在那些丈夫工作得不错、口袋里有很多钱的家庭，也都保持着这种过去的做法，妻子在买“食品杂货的同时”——也就是说除了家务开支外，还要每周给丈夫买些香烟。[15]

我说过，父母经常纵容女孩子，但期望她们能比哥哥弟弟们多做些家务活儿，特别是在她们从学校毕业之前。男孩子很快就会感觉到，“这对男人来说是不一样的”，长大后，他会更强烈地感受到这些。在从学校毕业后，这种态度很快得以强化；他可能第一次接近父亲，发现他的父亲准备和他走近：此刻他们共同享有那个工作的和男人娱乐的真实世界。

基本上，所有这一切仍旧是真实的，而且是必须放在首位的，但它太过于强烈地暗示说，丈夫是自私自利的，他把所有的麻烦留给了妻子。男人是一家之主，这是基本的假定。这种假定的一些措辞，以及那些不很罕见的表述，看起来可能似乎对女人极不公平。然而，也有很多体贴和乐于帮忙的丈夫，他们把大多数空余时间花在了家里，做这干那、修东补西。即使是这样，有种观念认为，父亲拥有一种特殊的位置。有些事情是高难度的，是属于男人的事情，只有他能干——比如劈柴；也有其他的事情，只要不破坏秩序，他也可以做，比如给自己请假歇个班，或者偶尔给床上的妻子端杯茶。

在一些年轻的丈夫中，基本的态度有些显著改变的迹象。有些妻子竭力主张改变，发觉丈夫准备调整他们从父辈那里继承来的世界观。51 在此，就像其他地方一样，毫无疑问，教育的改进在那些准备接受其影响的人们中间潜移默化地助长了一种不同的态度。更特别的是，有些丈夫和妻子可能受到一些专业的、年轻的、下层中产阶级丈夫之影响，这些下层中产阶级丈夫特别是在战后学会了帮助妻子，部分替代了他们的阶级不再总是能够付得起钱的日常服务。如果妻子外出工作，一些工人阶级丈夫会共同分担洗刷任务，或者如果他们放工早且不是太累的话，会轮流照看婴儿。但很多妻子下班回家时就像丈夫一样累，不需他们的帮忙就“着手”去做所有的家务活儿。没有几个工人阶级丈夫愿意帮助妻子带着孩子推着婴儿车在街上逛游。这仍然被认为是“柔性的”，大多数妻子赞同这种观点。

如果妻子刻意期望，这可能是不赞同丈夫干这些事儿，而是要他继续做一个多半是过去意义上的丈夫，但却是一个在过去意义上的“好丈夫”，他要“沉稳点儿”，是“个好工人”，他不可能突然让她陷入贫困，假如要解雇人他可能继续被留用，他要经常把钱拿回家，他要在奖金上慷慨解囊。

在感情上，他最大的贡献就是不要变成柔性的或者带着“女人味儿”，要一口答应，按照幸福婚姻生活是“相互忍让之事”的观念而生活。很多丈夫、也可能是大多数丈夫都这样做了：工人阶级人民对婚姻开了一大堆的玩笑，但他们不反对婚姻。他们没有被那些比较有自我意识之人的矛盾心理所困扰，那些人对这种想法感到震惊——他们可能最终会到达他们父母的那种资产阶级的满足状态，而这会让他们花上几年时间认识到，他们喜欢成家立业，甚至乐于承担通常的责任和每天必须要做的事情。工人阶级的男男女女仍然认为结婚是正常的和“正确的”，而且要在20岁出头的时候结婚。凡是能在21岁挣钱的丈夫，到51岁可能也在挣钱；他可能和一个完全来自他自己阶级的姑娘结婚，他们开始“得到一个属于他们俩的家”，在里面过着他们自己的生活。

第五节　邻居

家是私人的，但正门开在客厅的外面，且朝向大街，在一个惬意的夜晚，当你迈步走下那个台阶或者把它当个位置来坐，那么你就成了邻里生活的一部分。

52 对于一位到访者而言，这些理所当然都是些不景气的、聚集着无产阶级的区域；房子简陋，千篇一律，幽暗的小巷和过道(胡同)与院子纵横相连，这样的普通街区一个挨着一个；破旧、肮脏，而且永远都是烟雾缭绕；就像一幅用暗淡的灰色画出的习作，没有天空之绿或天空之蓝；这程度比这个城市北部或西部要黑一些，与“稍好的那一头”相比也要黑。砖砌结构和木制结构都很便宜；隔很长时间才对木料进行重新刷漆——房东不像业主居住者那样急于维护房产的价值。距离最近的公园或绿色开放地带相当远，但排房的隔缝间是一些伴着酸臭味的和砖块遍地的小块荒地，半英里之外有一片空地，被人称为“荒野”(t' Moor)[16]。这是个勾起人们回忆的名字：那是一块6亩大小的煤渣地，被工厂和肮脏的酒馆包围着，在它的边上有一个大大的红砖盖成的小便厕所。

房屋被安置在庞大的工厂和经常光顾的服务场所之间黑暗、阴沉的谷地上；哈蒙德一家称它们是“工厂营房”。货物流水线到达了河堤两岸及其附近，和很多卧室窗户齐平，把人们制造的产品运送到南非、尼日利亚、澳大利亚。高架桥与铁路线、与下面的运河交织在一起；煤气厂设立在它们中间的某个地方，酒馆和丑陋的卫理公会教堂到处见缝插针。在贫瘠的田地上，一块块绿色的东西在能够生长的地方——几乎每个地方——挤出自己的道儿。野草从石子儿缝中钻出来，满身烟尘；在一片片荒地的角落里，在高低不平、被人随意踩踏的土堆上，酸模和荨麻一生坚持反抗，没有被“狗粪”、香烟盒以及长年累月的灰烬所吓倒；芜生蔓长的接骨木、脏兮兮的女贞以及柳兰，它们也要在房屋的“后面”或公共浴场(Corporation Baths)后面用墙隔开的空间里占据一片立足之地。辖区里面的噪音和气味——工厂的鸣笛声、火车换轨声、煤气厂难闻的气味——夜以继日地向你诉说着：生活就是轮班作业和打卡上下班。孩子们看着饮食不得当、衣着不得体，仿佛有了更多的阳光和绿地，他们就行了。

但对于知情者而言，这些都是一个个小世界，每一个都像村庄那样是同类的和界限分明的。再往下观看，在通往城里的笔直道路上，在5点钟，老板们开着车呼啸着驶向十里开外的、在山里改建的农场住宅；男人们一个个地来到他们的辖区。像所有这里的居民一样，他们对这里了如指掌——不假思索地溜进这儿的一个过道，或穿过那边的一个共用厕所；他们认为这里就像部落地带群。皮特街(Pitt Street)当然是我们的一条街；就像隔壁的阿尔伯特亲王街(Prince Consort Street)超过了 53
界限就当然不属于另一个教区一样。在利兹我自己的那块地方，我在十岁的时候——像所有我的同龄人一样——就知道我们周围所有街区的亲属关系情况，也知道哪地方是互融互通的。我们帮派的斗争是部落斗争，是街区之间或街区群之间的斗争。

同样，人们了解几乎每一个人，知道涉及个人的详细隐私——这家的儿子“发了迹”或移民了；那家的女儿犯了错，或者女儿嫁掉了、做得不错；那个老头靠养老金一个人生活，他光顾镇上卖马肉的地方，抽6便士一盒混合材料制成的香烟；这个上年纪的家庭妇女是个爱挑剔的人，一周把窗户和台阶擦两次[17]，膝盖都磨出了些老茧来，甚至冲洗砖墙一直到齐肩的地方；这位年轻的女人在几年前每年都去看马戏表演，之后生了个黑孩子；这个妇女的白痴孩子跑个腿儿能靠得住了；出于“某种考虑”，那个老妇人准备关注伤残人士；这个男人是技术特别好的工人，很长一段时间以来都干得不错，因此每年夏天他都带着家人到布莱克浦(Blackpool)过上一周的奢侈生活，比其他任何人买电视机都早；他们每周都在帝国剧院(Empire Theatre)预定位置，孩子吃冰激凌比任何一个小伙伴都吃得多，得到的圣诞节礼物和生日礼物通常都要贵。

这纯粹是一种地方生活，其中任何事物都非常相仿。我说过，房子朝着大街开；与那些郊区或新住宅区相比，这里的街道狭窄；对面的房子只不过在石子路的另一边，商店不是很远。对于那些只想定期需要的东西，你可以往下走两三百码到电车主轨道旁的店铺就能买到，也可以到城里去：日常的服务站就在路对面或角落旁，实际上，每个街道都有街头店铺，通常都是普通食品杂货商的店或报纸零售店。报纸零售店的窗户是一片杂乱；如果晚上开着灯，孩子们就把这里当作聚会的场地；在一面墙上张贴整版广告一周几乎花不了六便士，但它成了这一带的交易和贸易场所，上面全是这样的条目：“完好无损”或者“便宜甩卖”或者“几乎全新”：“蓝色球鞋，几乎全新，十先令整”；“男童花呢外套(适合14岁穿)，十二先令六便士”；“三英尺长的沙发式矮床(价值十二镑)，四镑出售——适合7岁以上”。

食品杂货商的街头店铺是家庭妇女们的俱乐部，因为它处在最好的区域，除非食品杂货商尊重邻居的习俗，否则他很难发达。新来者可能在柜台背后的架子上钉着当地零件印刷商印制的一种布告牌，“请别
54 提赊欠，拒绝伤感情”，但不论布告牌在不在了，不久之后，他们大多数人不得不开始给“赊购”。很多家庭妇女都记得在不景气的时期如何责怪食品杂货商：他知道她们没有足够的钱每周结账，他可能不得不等几个月；但如果他不向她们提供服务，那里会没有顾客，所以他继续赊账，经受住困难，要不过段时间就关门大吉。现在，他继续提供服务，几乎天天如此，星期日上午是最忙的时候；如果你碰到关门了，可以绕过去到住所大门处。

对于所有不靠谱的把戏，他可能是坦诚的或心知肚明的，但他与顾客的关系和中产阶级地区店主与顾客的关系不同。在中产阶级地区那

里，他往往认为要比他的顾客低一等级，至少在礼貌上如此；他可能比她们很多人挣的钱都多，但行为举止像她们的仆人，并称她们为“夫人”。在这里，店主是他自己阶级中的一员，尽管其收入可能有时在街坊邻居的平均水平之上。在这种情况下，因为他拥有邻居的品味和习惯，所以他是个幸运的男人，是“富人”中的一员；他住同样的房子，把孩子送到同样的学校，穿着也差不多，但他有存款或者额外消遣的钱。

除非搬进市建住宅，否则工人阶级的男人可能一辈子都会住在当地，甚至在结婚前可能住在晚上才“有钥匙”的房子里。如果他是个普通工人，几乎没有必要挪动，如果他是个技术工，可能也很少有更多的搬动，因为他的技术可能属于在附近几个工厂或者只能坐有轨电车去的工厂才有职位的行业。在当地做这种工作的绝不可能只有他一个人。比起更换居住地而言，换工作的可能性更大：他属于一个地区而非一个工厂。他可能会有个教书的堂兄弟，娶了个诺丁汉的姑娘，在此定居了；他也可能有个兄弟战时在苏格兰遇到一位姑娘，把她带到这里来了。但大体而言，家人住得都很近，“总是”住得很近：到了圣诞节，他们都去祖母家喝茶。

他也不去到处周游，尽管过去50年来交通有了很大变化[18]。有“乘坐旅游车”出行，足球远足，可能还有个年假[19]，以及偶尔坐火车到四五十里开外的地方去参加家族分支成员的葬礼或婚礼。在结婚前，他可能会去欧洲大陆，或者骑着脚踏车到英格兰远处的地方看看；他可能在战争服役或服兵役期间四处走动。但结婚后，如果我们抛开刚刚提到的情况不谈，他出行的速度和范围和30年前的没有太大差 55
别。对他而言，小轿车并未缩短距离；火车比75年前快不了多少。的确，如果非要旅行，他常常会坐公共汽车去，但核心问题是，通常情况下他不得不出行的次数非常之少，一两里地之内的出行除外。他仍旧会推着手推车或破婴儿车，步履艰难地穿过半个城市，搬运一张便宜的多次转手厨房用桌，这个桌子是从熟人的熟人那里得来的。这种方式很好地说明了工人阶级男人日常生活的地方特征。这会消耗掉晚上最好的那段时间，但似乎是正常的程序。人们会想到德伯家的苔丝从一个山谷到另一个山谷的情景，对她自己而言，就像从一个国家到了另一个国家一样。这种对比不是特别强烈，但在这个例子中，与开车走7英里去打场高尔夫的城市法务官相比，工人更像苔丝。对工人阶级的许多人来说，乘坐公共汽车穿越半个国家去走亲戚依然是个慎重考虑和折腾人的事情。

公共交通给他们的感受经常是非常紧张忙碌的。如果去上班，他可能要乘坐挤满工人的火车；或者他乘坐同样拥挤的有轨电车去看足球比赛。如果妻子到城里去购物，她通常只会在很多邻居有空购物的时候才去——也即，星期六下午；如果家人去海边，他们会在人群拥挤的“行程”中出行，或者乘坐银行假日时候的火车。工人阶级男人只有在他们生病不上班时才可能遇到安静的交通，其他时候一直在工作。

生活集中在知名街道群那里，集中在他们复杂积极的群体生活中。比如，想一想那些在房子和房子之间、在收保险者之间、在服装店之间、在“摸彩”（diddlems）[20]之间、在圣诞俱乐部之间、在“雪球”（Snowballs）之间、在各种各样的“抽奖”（draws）之间大量的资金交易安排。给一个认识多年的男人一周六便士，这个人穿着旧雨衣骑着自行车来到这里，记住问问风湿病怎么样了。前面第三家的那个妇女每周得到一先令，要求从一个彩色目录簿中挑出铬制灯具，或者拿着“寄放牌”到外面为某人取一套衣服。存放方案可能由城里的或50里开外的一家营业所经营；这里的人知道的就是那位杰克逊夫人，她是多年的邻居，现在正干这事，“说这事不错”。

这里有男人们组成的共济会类型的组织，有野牛会和怪人会，这些组织有复杂的义务和会费体系。也有数不清的惠斯特牌戏会，由各种
56 各样的组织来筹备；35岁以上的家庭妇女似乎对此特别感兴趣，她们的孩子能够单独行动，或者丈夫过世了，她们孑然一身。她们非常高兴地到场参与，休息时间聊聊天，享受着那种有机会获奖的淡淡喜悦。

通常会有眼尖的妇女，她完全出局了，她表现出一种焦躁不安的节奏，如果她的搭档犯傻到去藏牌，她可能会“数落”她们。她们一回到家，你几乎可以肯定会听到有人说，“你看到那个穿深蓝色衣服的女人了吗？她不是很敏感吗？哎呀，为了公司吧，哎呀，喜欢游戏啊……哎呀，受不了那些敏感女人。”还有加冕和胜利派对，由单一街道筹备。村里可能会有一个加冕典礼节，仍然差不多当作一个单位来管理；在城市里，自治市市议会会在公园组织庆典，工人阶级会参与其中。但他们从来没有觉得那真的是他们的表演活动；它可能是组织机构的一个民主项目，但不是真正的集体表演：要成为真正的集体表演，在这些城市里，人们必须按照街区来思考。

通过孩子的那双在早年间匆匆一瞥的双眼，我们可以更细致入微地进行观察。比如，他是个11岁的男孩子，正在去报纸零售店拿他星期六的杂志——《魔法师》（*Wizard*）或《热刺》（*Hotspur*）①。这时，他经过一家店铺，店主从来不抱怨被顾客要求只卖几便士的糖果；在这里，一哥们儿的父亲在上了周末前的最后一班之后只穿着衬衫在门口抽烟；在这里，一个木栅栏坏掉了，缺口处，招惹来了一些大蜘蛛；在这里，外卖酒店的门铃叮叮地响着，有个人买了一小瓶醋出来了。

他会认识到光线变化的各种色调：在一个非常晴朗的下午，太阳挪动着它的脚，一直照到一楼的窗户上；11月，石板瓦和烟囱上笼罩着一层雾茫茫、灰蒙蒙的颜色；3月，在薄雾弥漫的夜晚，被踢蹬和刮擦了的煤气灯发出淡黄色的光，一帮人聚集在灯光下。或者也会闻到各种味道：星期六晚上，男人的身上都是啤酒和忍冬牌香烟的气味；长大成人的姐姐身上散发着便宜化妆粉和乳霜的气味；炸鱼薯条的气味；圣灵降临节新衣服上淡淀粉浆的气味；狗儿、猫儿和人的身上弥漫着一股尿

① 《魔法师》（*Wizard*）和《热刺》（*Hotspur*）都是汤姆森公司（D.C.Thomson & Co.）出版的儿童故事杂志，分别于1922年和1933年创刊，是当时深受男孩子们欢迎的杂志。——译者注

骚味。最吸引人的是那混杂着声音、光色和气味的场面——在一个阳光明媚的星期日，上午11点到12点，所有门都开着，大部分道路都被占了；几乎每所房子里都散发出烤牛肉的气味，收音机发出的声音与他们的声音相互搅拌在一起，你能听到家家户户的谈话声，或者欢笑声，或者吵架声。但此时此刻几乎没有争吵声了；一种安逸、娱乐和美食来到的感觉几乎遍及各处。

57 几年前，他已知道了“手风琴”（‘tingle-aireys’，手摇风琴或街头钢琴）；它们被一些低俗下流的老男人们从城里的一家供应站按天租用，在收音机能够播放娱乐节目（Light Programme）和卢森堡电台（Radio Luxembourg）之前，向工人阶级家庭妇女带来晨歌。他们的演出充满着怪想，带有明显的不确定风格，所有的演奏中，都有固定的一系列节奏非常强劲的旋律；每首曲子都被转变为演奏嘟嘟的和长笛般的声音，转变成荡妇调情和咯咯欢笑的风流事，在每一乐章结束总会有个特别的轻浮转身。现在如果我听到《巴伦西亚》（*Valencia*）或者《我把心遗留在阿瓦隆》（*I left my heart in Avalon*），不管怎么演，我听见它就强烈感到像是街头钢琴在演奏。街头钢琴消失了，但马车上的那些几乎不用手动操作的转盘依然再次出现，叮叮当当的美妙铃声诉说着它的存在；收废品的人仍然大声叫卖着以旧衣服和果酱罐换金鱼的生意。

有一些男孩子玩的、更加稀奇古怪的味觉乐趣，这并不是指的有很多常见的太妃糖和硬糖，甚至也不是指雪酪、花生、洋茴香丸，而是每一代男孩子传播秘密的那些东西：一便士一根的甘草棍，或者从药剂师那里得来的一些肉桂根，价值两便士的断腿蝗虫，一份“请带些碎屑的”炸薯条[21]，用盐和醋完全浸泡，吃得只剩下一片报纸，最后再舔一舔。用这种方法吃东西，就像你晚上漫步走在人行道上一样，感觉好极了。

动物进入到邻里生活中：有一群群的家庭宠物，还有人们最感兴趣的混种狗，尽管猫在数量上比狗要多。椋鸟占据了城市中的公共建筑物，但在这儿麻雀很多，偶尔有鸽子突然落在石子路上；在共用垃圾堆上，会发现老鼠的踪迹；常有瓢虫落在后花园肮脏的地方；在院子的尽头，可能摆放着一个橙木箱，里面养了几只兔子，或者精心设计了一个分层隔开的大木箱，里面养几只虎皮鹦鹉。

有一些偶发的、刺激神经的特殊场合——在街上举行葬礼或婚礼，烟囱着了火，送煤工的马躺在冷冰冰的石子路上，试着往厨房烤箱里加煤气，家庭争吵声在街道两边隔六七个门都能听到。最吸引男孩子的是街头游戏，路灯杆取代了村镇公用绿地上种的树木。在5岁到13岁之间，大体上，你和同性伙伴玩耍。随着一年中时间的前行，游戏不断变化，或者跟随着季节产品(比如“康克戏”①)而变，或者只是由于男孩子本能去追随的节奏而变。曾经有段时间，人人都玩“石弹游戏”，根据年龄和杀伤力来对他的弹子排名；弹子悄无声息地突然过时 58
了，人人都想要个三便士的射豆枪。有时候，新的消遣工具流行起来，比如20世纪30年代的溜溜球，但通常它们只是一时的。通常情况下，除了球或棍，游戏不需要什么工具；它们利用现成的材料，利用路灯杆、石板、房子后面的平地。滚铁环和打羽毛球几乎完全过时了，抽陀螺现在也不流行了；但“用手掌轮流击球”、“捉人游戏”、跳着跨越旗子，以及涉及绕着路灯杆跑的或者在壁橱周围出来进去的大量游戏仍然流行，比如“牛仔和印第安人”。女孩子依然喜欢跳绳，化妆打扮的游戏几乎是她们特有的——穿着大人的旧衣服和旧饰带磨磨蹭蹭地走在大街上，就像是“一场婚礼”。有时，两三个男孩子在后院开始工作，他们把几个木板和从破婴儿车上卸下来的轮子组装成一个“转向车”：之后他们顺着有铺面的路或附近的一段柏油路往下赛跑，在接近电车轨道时，操作那个木头手刹车。

押韵的歌曲保存了下来，为游戏伴奏——“由谁来当鬼呢？请按照神的旨意吧！”：“一、二、三、啦啦啦”：“锅匠—裁缝—士兵—水手”：“我喜欢咖啡，我喜欢茶，我喜欢坐在黑人腿上”。除此之外，还

---

① “康克戏”(conkers)是一种儿童游戏，双方用系在绳子上的七叶果轮流互击，以击破对方的七叶果。——译者注

有一些歌曲只在不多几个场合唱——投票歌，“投、投、投……先生的票”；在篝火之夜的特殊场合搜集歌曲；在门口唱了几首赞美诗后，单调反复地唱着圣歌：

圣诞就要到了；鹅越来越肥了，
请把一便士放在老人的帽子里。
如果没有一便士，半便士也行，
如果没有半便士，上帝保佑你。

或者

我们祝你圣诞快乐；我们祝你圣诞快乐；
我们祝你圣诞快乐；还有祝你新年快乐。

至于“短途旅行”，这些娱乐涉及花几个铜板或离开自己的地盘。出行次序几乎完全由季节所决定。有的出行带着果酱瓶，到一英里外被污染的小河里，去捉刺鱼和红腮鱼(red-throats)；穿过有鲸骨拱门的教堂，去甚至更远的地方摘黑莓，也带着果酱瓶；劫掠附近的大黄和芜菁地，或者袭击几个鸟窝。那些可以从他们母亲那里得到几个铜板的孩子可以去公共浴室；或者有时候坐电车去城市边远地带，据说那里的儿童游乐场很好，在那里待上一整天，吃点三明治，从整个饮料堆里挑
59 瓶汽水喝。秋天，看着摆好的“盛宴”，推算着这种“盛宴”继续下去的可能情景，就这样一整天一整天地过去了。

一天接一天、一周接一周都这样，经常会感到无聊和黯淡无光，但各种各样的娱乐活动让人感到宽慰。这是一种韵律，只不过是一种砖头世界的韵律，那些季节性的和重大宗教节庆的东西对它而言都只是附带次要的。或许，在每个周末，周五晚上都会和母亲一起去购物，顺着购物街往下走，整个场面熙熙攘攘，消费过程也充满了热情和友情，

电车喀嚓喀嚓地往前走，亮光不断闪过。后面就是一个完整的周末，周六去看电影，或者去看教堂的音乐会，在主日学校的房间里吃一顿热餐；星期日早上吃培根和鸡蛋，下午喝一大杯茶。之后，一年从头到尾，薄饼星期二(Pancake Tuesday)，投票日(Voting Day)——通常也是个节日，耶稣受难节那天的十字面包，秋天的“盛宴”，恶作剧之夜，为篝火之夜而花整整几周去乞求和搜集。这是真正的城市之火，很少用木头生火——最近几年来一直认为那是树的木头，用的是旧床垫和椅子——如今被换成了在某人的俱乐部中轮流举行——或者被分期付款的现代沙发所替换掉了的一套马鬃沙发。一旦烟火表演结束，你就可以在火边烤土豆了。

因为适合所有年龄阶段的人，所以这种生活能有一种特别吸引人的完整性，25 岁之后，对工人阶级人民而言，迁移到另外一种类型的区域或这样类型的其他区域都是有难度的。我们都知道工人阶级人民移居到政府统建的新住房的难度。大多数人本能地反对有意规划的群体活动；他们适应群体生活，但这种群体生活已经从家庭开始了，从表面上看，它的运行是为了应对稠密拥挤的邻居们的那些普遍需求和娱乐活动。住在那些砖头和混凝土材料里，一开始他们感到毫无安全感可言，感到冷冰冰的，他们忍受着恐旷症的折磨；他们没有一种“这是在家里一样的”或者“邻居般的”感觉，而是感到“离任何东西都太远了”，远离了他们的亲戚，远离了商店；他们不太喜欢从事园艺活动，除非他们过去经常经营小块园地，即使是那样，他们也不总是喜欢；他们渴望搭个鸡窝，他们希望养狗养猫。

在对那些泡在公共图书馆[22]各分部的老头儿们报以最大的同情之时，这种对家和邻居的强烈意识或许才能找到。通常，那些老头是独居者，他们的家人长大了，离开了他们，他们的妻子要么死了，要么长期卧病在床，他们不再上班了。如果幸运，他们会仍然居住在自己的 60
老房子里，或者跟着儿子或女儿居住；在普通出租房屋里或在老区公寓大楼的一个房间里，一些人靠养老金勉强度日。即使那些在自己区域居住的人，在工作日中，当街上只有婴幼儿和几个忙碌的、即使是很友善的家庭妇女之时，他们也会特别失落。行为更加古怪的人常到火车站与一些精神上有缺陷的人待在一起。很多人天天去阅览室，那里很温暖，还有座位。这都让人伤感地回想起，在那些隐蔽的水湾里，河流中小小的岩石碎片最后冲到了那里，与那泛起泡沫的浮垢——枯枝条、碎纸片、几片枯萎的叶子、一个火柴盒——为伍。但阅览室本身有一种干净的、跟工场一样的空气（我在想那些老阅览室，它们中很多保持着这个样子）：报纸光秃秃地铺在墙上，厚厚地夹在一起，体育版被小心翼翼地粘住了，以便让赌博之人感到沮丧；杂志放在深色橡树木的桌子上，绿色灯罩的灯散发着微光，下午晚些时候，整个房间肘部以上的高度永远都是阴影。

这种阴影帮助柔化了许多公告牌的要求，这些公告牌都是白底黑字，内容都是禁止的，大多数是祈使句，这些与墙上的报纸交相辉映。在我知道的一个地方，有八个主要的禁令，从“肃静”——字母 9 英寸高、4 英寸宽，到“禁止任何人带阅读材料到此房间翻阅，只限此处摆放的书刊以供读者阅读”，长度大小各异。语气从粗鲁强硬型到冗赘制止型都有。过了一会儿，气氛非常压抑，你开始想到“禁止喧哗”的警示就是在官僚作风中的一种温暖人心的案例，它合情合理地承认了很多正式职工他们自己交头接耳的这种事实。

对于不适应环境者和残余之人来说，对于那些凹陷的脸颊、水汪汪的眼睛、衣衫褴褛，以及独自伤心的人来说，阅览室都是特殊的避难所。一位沉浸于偏狂仪式的古怪之人，坐在一位苍白清瘦的未婚哥们儿和一位上了年纪的寡妇中间，那哥们儿为了得到战争抚恤金由其结了婚的姐姐看护，那寡妇住在一间便宜的租屋或房子里，身上永远都带着一股陈年老茶和平底煎锅的味道。他们在冷水龙头下洗洗刷刷后，把围巾围在没有领子的脖子上，走到大街上来，之后离开大街进入到这里；他们散了一会儿步，瞅瞅在做事情的、在别处居住的其他人，然后来到这里。在地上有纸屑的广场上，如果长凳太凉，他们盼着暖和一些，过一会儿便进来了。有些人转向新闻报刊的一个栏目，继续他们那无休无止的疯狂阅读；有些人机智灵敏、神情紧张地观察发现，或者用一种乏味、鲁莽的技巧，谋划如何赢得足球彩票，或者瘪着嘴嚼着一块口味极差的三明治；有些人漫无目的地翻看，或者神情茫然地盯着一页看十分钟；有些人只是坐坐，什么都不看，掏掏鼻孔。他们存在于生活的边缘之上，每天看着其他人但没有联系。生活被降低到只有几件衣服和一些必需品，还一直缺这少那，他们与生活的唯一本质割裂了，他们曾是这种生活的一部分，是不自觉就接受了的那一部分；他们不具备有意识的社会交往艺术。 61

通常有人来到这个没有所有权的常去之处，仿佛这个地方是个保守者俱乐部(Conservative Club)，他是镇上的高级市政官。破旧不堪但无忧无虑，他顺着过道来到自己喜欢的座位上，点点头、笑一笑，不过是确认无所不知。他厚着脸皮硬顶住周围环境的条件，在他自己眼中，他是个幸福的人。大多数人内心深处渴望一种梦想生活，就像这样一种场景：温暖的炉火，定期的大餐，妻子爱听你说话，有买烟酒的钱，有点“地位”。到阅览室的人得到了尊重，这毫不奇怪；时至今日，他们中的有些人已放弃了自尊，以便保持着那种既无权憎恨他、也无权在他面前趾高气扬的状态。

注 释：

[1] T · S · 艾略特：《荒原》，费伯出版社(Faber and Faber)。

[2] 惠斯特牌戏会的民间传说，根据一位主持过 3 000 场牌戏比赛之人的讲述(《起床号》[*Reveille*]，1953 年 10 月 2 日)。

[3] 在那很不错的收音机和电视机出现以前，家庭纸牌游戏非常流行，还有特别让人喜爱的惠斯特牌。甚至在这些纸牌的欢迎度丧失之后，一个人玩的“单人纸牌游戏”仍旧受到强烈追捧。我有个姑母在 20 世纪 30 年代经常玩这种“单人纸牌游戏”。

[4] 《1955 年赫尔顿读者调查》显示，狗在上层阶级中要比在中产阶级和下层阶级中更受人喜欢，但从比例上看，下层阶级(第四类/第五类分组)要比其他阶级更喜欢猫。

[5] 我的一个朋友最近听说，一对年轻的工人阶级夫妇在讨论猪肉店铺窗口，女人含情脉脉地说：“嗯，你是吃猪肉馅饼的狂热分子，难道不是吗？”

[6] 为喝茶准备的罐装鲑鱼，有时候感到这是一种奢侈品。“他们现在都给他带了鲑鱼来”，这句话曾经用来表明，求婚者已经被父母接受了。

[7] 迪伦 · 托马斯：《葬礼之后》(*After the Funeral*)，邓特[新方向，美国纽约(New Directions，N.Y.，U.S.A.)]。

[8] 朗特里区分了工人阶级日常生活中的三个贫困低谷，也即：一生下来就贫困；在孩子们正在成长时期再次处于贫困之中；最后，在孩子们结了婚之后和父亲退休之后处于贫困之中。

[9] 例如，很多妻子把她们的那份肉食和腊肉给了丈夫，因为他们“非常喜欢吃带肉的”。

[10] 转引自《水手》(*The Seafarer*)，戈登(R.K.Gordon)译，凡人出版社(Everyman)，1926年[顿达股份有限公司，美国纽约(E.P.Dutton and Co.，Inc.，N.Y.，U.S.A.)]。

[11] 参见茨威格(F.Zweig)：《妇女的生活和劳作：英国工人》(*Women's Life and Labour*，*The British Worker*)和《劳动、生活和贫困》(*Labour*，*Life and Poverty*)。在整个本节中，茨威格博士的书籍是有用的、全面提醒人们的东西。

[12] 到舞厅跳舞是这个国家中的第二大娱乐行业，仅次于电影行业。大概有450家到500家舞厅，还有很多娱乐场，用于其他目的的跳舞活动。到场的人数估计一年有2亿人次，所牵涉的资金大约在2 500万镑(是去看电影所涉金额的1/4)。年龄段大约在17岁到25岁之间(详情参见“星期六晚上的舞场”，《经济学人》，1953年2月14日。这位观察者还特别指出了大多数娱乐场“体面的”格调和跳舞者对这种消遣娱乐感兴趣的真心实意)。

[13] 茨威格博士在《妇女的生活和劳作》中指出了这一点。

[14] 北方的一些其他地区存在着差异；例如在兰开夏，很多情况下，由结了婚的编织女工来管钱。

[15] 《赫尔顿读者调查》确认了通过观察所揭示出来的东西，也即，抽卷烟是工人阶级人民中间最受欢迎的抽烟方式。在工人阶级男人中，有68%的人抽卷烟，只有17%的人抽烟斗；与其他阶级相比，工人阶级中抽卷烟者的比例相当高。抽烟上的开销在所有阶级中看起来大体上是一致的；因此，总体来说，这会在工人阶级收入中占了更高的比例。关于英国消费者开支的报告(参见第三章的注释)表明，因为饮酒上的开支下降了，在所有阶级中，抽烟(特别是抽卷烟)上的开支上升了。

[16] “荒野”：我最初是指在利兹的汉斯莱特和霍尔贝克(Holbeck)的“荒野”。我相信，现在这两个地方已经被转变成土地、灌木和花卉了。

[17] “一周把窗户和台阶擦两次”，事实上，城市与城市之间存在着非常有趣的差别。利兹南部的妇女使用的是黄色的水洗石；我认为，在谢菲尔德的妇女用的是白色的水洗石。

[18] 《德比民意调查》(第113页)支持这种观点。在那些受访者中间，在中产阶级中，四个人中有一个人在1952年到德比之外去旅行，但在工人阶级中，十个人中只有一个人出了德比(不包括一两天的出行)。

[19] 这很可能是和亲戚待在一起，因为这种安排不仅便宜，而且更像待在家里一样。

[20] “摸彩”，俱乐部或者“抽奖”的一种开展形式，通常所有成员通过每周付款来进行，通常每周由一名成员取走钱款，一般用抽签来决定(“我的摸彩时间到了”)。

[21] 我的一个朋友，在青少年时期，他的家庭非常不幸福，有一次他怀疑，对于他的法语老师而言，人生是否值得那样过。那位老师来自曼彻斯特，是个贫穷的犹太人，他“命令我回味一下洒些醋在上面的炸鱼薯条的气味，我为了生存做到了，这千真万确就和歌德笔下的浮士德听到复活节赞美诗的场景一样”。

[22] 在20世纪30年代，这些都是比较惨淡的地方。在其他别的图书馆中，报纸推销员——失业的办事员和售货员以及为数不多的研究生——把它们当作是吃吃三明治、编造编造清单的地方。

在此，萨尔盖森(Sargaison)小姐的《公共住所的衰老》(*Growing Old in Common Lodgings*)是密切相关且很有价值的。她在谈到贝尔法斯特阅览室的老头儿们时指出：“一些大龄学生偷偷找机会在热管子上烘干袜子，但是一经发现，他们将被驱逐到冰冷的门外以示惩罚。”

第三章

“他们”和“我们” 62

第一节 “他们”：“自尊”

想必，大多数群体是从其排外性当中、从意识到外边不属于“我们”的人当中来增强自身力量的。这种表述本身用在工人阶级人民身上会怎么样呢？我着重谈到家庭和邻居的力量，认为这种力量部分来自这样一种感觉：外面的世界是陌生的，经常是无助的；大部分筹码都堆放在它那边；按照它自己的条件让它满意是很困难的。人们会把这称之为，用工人阶级常用的一个词表述就是，“他们”的世界。“他们”是个复合的戏剧性符号，是农村的农民大家庭关系的现代都市形式的主要特征。“他们”的世界是老板的世界，无论那些老板是个体户还是政府官员，是政府官员的情况今天正在增多。“他们”可以因形势所需是外面阶级的任何人，除了工人阶级人民认作是个体的不多几个其他阶级的个体户。普通的医师，如果他通过服务病人获得职位，作为一名普通医师，他不是“他们”中的一员；但作为社会动物，他和他的妻子便是了。堂区长(parson)可能被认为也可能不被认为是“他们”中的一员，这要根据其行为而定。“他们”包括警察和那些工人阶级接触到的公务员或地方机构雇员——教师、学校值班人员、“法人”、地方议员。曾经，资产测试官(Means Test Official)、“监护委员会”的人以及劳工介绍所官员在此都是有名的人物。特别是对于穷困潦倒的人来说，他们形成了一个模糊不清、但数量居多且有权有势的群体，几乎在任何一个方面都影响着他们的生活：世界被分成了“他们”和“我们”。

“他们”是“上层人民”，是“上级”，是给你失业救济金的人，号召你的人，告诉你去打仗的人，罚你款的人，迫使你在30岁的时候分家以免降低资产测试津贴，“到头来让你愤怒的人”，“不是真正能信任的人”，“谈吐优雅”，“都是真正的骗子”，“从来不告诉你任何事情”（比如关于在医院的一位亲戚），“啪啪为你鼓掌的人”，“如果他们能打倒你就会把你打倒”，“召唤你的人”，“都在一个派系里”，“把你像粪便一样对待”。

63 在英格兰，有很多官方发起的暴力行动，特别是在19世纪上半叶里。但整体上，特别是在20世纪，工人阶级对“他们”的感知不是一种暴力或苛刻的事物。这种感觉不是一些欧洲“无产阶级”观念中的“他们”，不是秘密警察、公开行凶、突然消失了的“他们”。可是，出于某些原因，工人阶级人民心中存在着这样一种感觉：他们经常处在不利地位；比起其他人而言，在某些事情上，法律正是准备好来对付他们的；与其他群体相比，细枝末节的法律对他们更不利。人们常说，在街角打赌是件危险的事情；如果他们与“赌注登记经纪人”共用一个账户，便不会打赌。如果他们庆祝什么或喝醉了，就可能会在公共酒馆打赌，被拘捕的风险比在家喝醉酒的人要大得多。与中产阶级相比，他们与警察的关系往往会有很大不同。通常情况下，警察是好的，但无论好坏，他们往往把警察主要看作是正在监视他们的人，他们代表了官方盯着他们，而不是把他们看作是以帮助和保护他们为职责的公共服务机构的成员。他们和警察走得很近，知道那些偶尔存在的仗势欺人和一小点腐败。“哦，警察一直以来只关心他们自己。他们不管怎样都沆瀣一气，地方法官总是相信他们”，他们这样说了好多年，而且还在继续这么讲。

一般而言，看待“他们”，就像看待警察一样，基本的态度与其说是害怕，倒不如说是不信任；与这种不信任相伴而生的是，人们对以下事情不抱幻想：“他们”会为一个人做些什么，会以那种复杂的方式——显然是不必要的复杂方式——做些什么，而且在这种复杂的方式里，如果接触到他们，“他们”就决定了一个人的生活。多年来，工人阶级人民体验到了在劳工介绍所里、在咨询医生那里、在医院里的排队等候。无论是有理还是无理，他们都通常抱怨那些专家，以便得到他们自己背后的某些东西，如果事情出了差错——“啊，要是那个医生知道他在做什么，就绝对不会失去那个孩子了”。他们怀疑，公共服务不会非常轻易、有效地提供给他们，不会像那些能够打打电话或发封语气强硬的信函之人所享受到的那样。

他们通常与下级官员打交道，那些人是在穿着制服、领年金的工作中较为低级的人。还是像警察一样，他们对其他阶级而言可能是仆人，但对于工人阶级而言，他们似乎是“他们”的代表，而且不被信任，即使他们可能会亲切友善、很乐意效劳。如果不愿处理，他们可以向工人阶级人民展示下级官员任何形式的傲慢无礼，展示穿制服的心胸狭窄之人的粗鲁之举；他们有时是“老板们的人”。因此，当工人阶 64
级人民被问到是否愿意成为工头或士官(N.C.O.s)时，他们经常会犹豫不决。无论他们的动机如何，现在他们被看作是“他们”那边的人。一些下级官员有一种双重态度。他们对待工人积极的态度是刻薄的，因为他们乐意与之区分开来，这样感到更安全些；他们内心明白他们几乎没有被分开，也不愿承认自己正在落伍。他们对中产阶级的敬仰暗藏敌意；他们愿意成为中产阶级中的一员，但认识到他们自己不是。

所有这一切都容易让工人阶级妇女感到不高兴，她们也通常比男人们更加恭敬地对待下级官员。男人更有可能动粗，这种动粗经常采用越发真正“粗野”的形式。如果被逼无奈，他可能会“痛打他一顿，如果他喋喋不休而停不下来的话”。

或许没有地方像典型的北部地方法庭(North Country Magistrates' Court)[1]更好地说明“他们”和“我们”的划分。从一进门便有一股石炭酸的臭气扑面而来，穿过依然带着男女标识的洗手间，到光线透过高而狭窄的窗户投洒在巨大的油松长凳上，通常都有一种阴郁的氛围，到处擦洗得都很干净，并带着一股乡土清教主义和禁欲的气息。警察可能都神经紧张地感到自己处在高级官员的监视之下，但对于身在法院律师席上的工人阶级而言，他们看起来像那个法官代表着的无名机构雇来威吓人——如今在他们自己的领域里、把帽盔放下则更具威慑力——的助手。地方法庭的书记员可能是有点儿喜欢“结交人民”的人；法官席上的人物似乎从一个注重中产阶级的安全和地方的重要性这样的遥远世界来仔细地向下俯视着。听了诸多案子，我常常感到自己很佩服法官们能成功识破工人阶级无力的、通常是含糊其辞的证据，并以一种真实的人性视角看待这些案子。他们不得不展示最大限度的体谅，因为涉案的工人阶级人民几乎什么都不明白，他们只了解那些不知为什么就抓住他们的广大政府机构组织，而他们无法理解这些机构组织。

对于看待“他们”的那些主要态度，可能还要添加上一两种不太重要的、但反复出现的态度。首先是一种“奥立克”(Orlick)①精神[2]，“你瞧，我又不是个绅士”；拒绝任何高于自己水平的回应，这是一种愚笨的、尸位素餐式的拒绝，它抛弃了使用权威的体面尝试，用其他一切手段来贬低它们。或者是那种让人感到不舒服的、卑鄙的欺骗形式，
65 这种形式伴随着工人阶级逆来顺受的某些形式，来自其他阶级的、明显是“微不足道的”某个人，他随时准备说“先生”这个词，但在实践过程中非常明显地认为这全都是一种鄙视人的把戏，认为一个人可以仗着对中产阶级的反感，制造一种场景去让这个人很容易地实施行骗。或者是这样的态度，也即当一个人自尊低下时所逐渐形成的态度，以及导致说一连串“他们应该”等这样的态度。就像远古时期的国王一样，“他们应该”在需要的时候带来雨水，如果雨水来得不是时候，将会归咎于他们；毕竟，“那就是**他们**在那个位置上要做的事情”。当你遇到

① “奥立克”是英国著名作家查尔斯·狄更斯(Charles John Huffam Dickens，1812—1870年)在《远大前程》(*Great Expectations*)中塑造的人物道奇·奥立克(Dolge Orlick)的名字，奥立克(Orlick)是个拟声词，形容脚在泥水中发出的声音，意思指肮脏；道奇(Dolge)是作者造的词语，意思是公开冒犯体面的人。——译者注

麻烦时，“他们”应该照顾你，应该“为此做点什么”，应该“负责处理尚未发生的那类事情”，应该“把他们投入监狱”。与那种更为常见的态度——在完全被强迫时，就会致使工人阶级人民只使用“他们”这个词语——相比起来，则是泾渭分明的：如果事情出了问题，于是人民感受到了，容忍了他们：不要落到当权者手中，如果你必须要人帮助，只“相信你自己那样的人”。

在我看来，“他们/我们”的态度最为强烈的似乎是那些超过35岁的人，是那些对20世纪30年代的失业情况有记忆的人，是记得那些日子里所有的“他们”的人。年轻人即使不积极参加工会，今天他们也生活在与父辈成长环境不同的氛围里：至少，这种氛围有不同的情感热度。基本上，这种划分仍然存在，划分强度几乎没有改变。年轻人对于老板们的世界可能几乎没有主动去仇恨，或者几乎没有主动去鄙视，或者几乎没有感到恐惧；但他们可能也不再服从了。但这不全是因为他们比他们父母能够更好地应对那个世界，而是他们以一种他们父母没有的方式适应了这个伟大的外部世界：他们经常似乎只是忽略了这个世界，似乎“摆脱约定俗成的”任何相信这个世界重要性的观念；他们已经进入了他们自己的世界，现在受到很多娱乐性的、让人赏心悦目的东西之鼓舞，这种东西比他们父母知道的要多。当他们突然与另一个世界相遇时，比如在结婚后的很多场合，他们常常尽最大努力去继续忽视它，或者使用与他们父母的态度差不多的态度。在儿科诊所问一问工人阶级的母亲们，问一问甚至到了今天她们能够被说服充分利用医疗服务的比例是多少。我知道一些人不会“靠近”诊所，甚至不去喝他们的橙汁；他们不相信官方提供的任何事物，而是喜欢到药房去，即使价格更贵些。

所有这一切的背后隐藏着一个我们今天强烈意识到的问题——人人都希望有一个双重眼光，一种眼光是他作为个体的个人所承担的责任，另一个眼光则是作为民主制度中的公民所承担的责任。我们中的大部 66

分人、甚至几乎所有知识分子都发现，很难把这些世界相互联系在一起。工人阶级人民如此强烈地扎根于家庭、个人和地方之中，在概括性思维上几乎没有得到训练，他们甚至不太可能有能力清晰地注意到这两个世界。如果他们认识到了它，他们会寝食不安；这个复杂的第二世界不容易引起人们的注意，它太宽泛了，远远“超出”了他们之外。他们的确尽力把它放在自己的理解范围内，通常被简化了：除此之外，他们就像其祖父母们所说的那样继续说道，“我不知道即将到来的世界会是什么样的”。

与此相比，工人阶级人民在对待权威之时所采取的一种传统宣泄形式要更加积极主动。我说的是他们那揭穿真相的艺术，他们挫一挫官方的气势，嘲弄权势，对当权者指指点点。警察有时可能也是一种麻烦；他也会唱那些述说他双脚的歌曲。我的印象是，与过去相比，这种反应的强度减弱了。毫无疑问，发生改变的部分原因在于，工人阶级人民在社会中的地位大大提升了。这种改变也是前面提到的“摆脱约定俗成”的表现方式，也是那种“我们就像我们应有的那样过得不错”的感觉；我们无求于“他们”，对他们没有特别憎恨的感觉。今天所提供的名目繁多的娱乐活动可能激励着这种态度。这些娱乐活动属于这样一种类型：它们几乎不可能制造出包含揭穿真相的艺术于其中的、具有讽刺意味的激情抗议。

在某种程度上，这种老态度继续存在于军队中，在那里，“他们”和“我们”之间的划分依然非常明显和正规。在那里，大多数揭穿真相的歌曲听了至少40年了。我印象中的歌曲诸如，“离开，离开，在我离开的时候就有了一份好工作”，“当这场血腥战争结束时”，以及“我不想当兵”。

外部世界采取了坚持“保持自尊”的形式，在面对外部世界的压力所作出的反应不止是一种热情，更是一种显而可见的尊严。在“自尊”、“自立”这种观念深入脑海的一刹那，它开始让所涉及的观念盛开绽放：首先是“体面”的观念，这种观念本身向外和向上延展开来，从某些薄嘴皮的形式，穿过技术工人的自豪，来到这样一些人的诚实正直——这些人除了决心不让自己受到环境影响而堕落外，他们实际上什么都没有。其核心便是下定决心坚持人们理所当然引以为豪的事情； 67
在一个很多绊脚石挡道的世界里，下定决心至少坚持“自尊”。“至少，我有自尊”；能够那样说的权利起到了很大的弥补作用，尽管有时被寒酸地说出口来。在“上教区的”仇恨中，在对保住病假工资的忧虑中，在避开教区葬礼所支付的巨额保险费上，在节俭和酷爱干净的习惯上，它一直在起作用。我认为，在一些记述工人阶级的作家中，有一种趋势认为，所有像模仿下层中产阶级的那些人，其目标在于节俭和干净，在某种程度上他们就是自己阶级的背叛者，他们渴望摆脱它。反过来，人们容易认为，那些在这方面不去努力的人比那些努力去做的人要更忠诚、更少些奴性。但干净、节俭和自尊更多是源自对不愿堕落、不愿屈服于环境的一种关切，而非源自对向上的一种渴望；在那些完全忽视这些标准的人中，无拘无束、慷慨大方、了无牵挂的精神被懒散邋遢和不思进取所压倒——这些人的住所和习惯反映了他们缺乏内在控制力。就连督促孩子们“进步”和对“书本知识”价值的尊重也不是最主要地出自希望到达另一个阶级的势利行为。它更大程度上和这样的想法相关，即减少穷人必然会碰到的不计其数的麻烦，只因他们是穷人：

> 我看见他垂头丧气的，他垂头丧气的：你要把心思放在书本
> 上。我已经看到他摆脱了强迫劳动：瞧！没有东西能胜过书本。

“差距如此之小，机会如此之少”，为的是保持橡皮筏漂起来，为的是能够“问心无愧地直面人民”。因此，拥有独立的意识非常之重要，这种独立意识源于对自己的尊重，因为这正是从身体上夺不走的东西。人们会说，“我努力工作了一辈子，我不欠任何人任何东西”。他们也

没有拥有东西，除了几件家具外，但他们从来不想拥有更多的东西。因此，特别是在今天超过50岁的那些人身上，各种各样明显是奇奇怪怪的东西存活了下来。我了解到几个家庭，他们选择“往插槽里投先令”的系统来供电。他们更多地是以那种方式付款，经常会发现自己家黑灯瞎火的，因为没有人有一先令；如今，他们有足够的收入轻松支付季度账单。但他们无法忍受超过一周还没有把债务还清的做法（服装店“开票据”，杂货店账单经常按照另一个类别进行——他们似乎不喜欢欠“他们”的账）。

这也是出于要抓住“一点点东西”的缘故，无论困窘的人民深陷何
68 种状态，而在他们有了自己的品味和自由向他们招手之时，这“一点点东西”诉说着一个时代。毫无疑问，这些东西如今被安排得很好，但在我小时候，我们当地的人被监护委员会（Board of Guardians）①的一名来访者的雷人之举所震倒，他建议一位老太太，因为她靠慈善生活，她应该卖掉那个从来不用但经常拿出来当摆设的精致茶壶。“真是想不到”，人们到处这样说，没有必要进一步去分析。人人都知道，那个人犯了错，他侮蔑了人类尊严，麻木不仁……“啊！不要跟我说什么需要不需要[3]，……人生除了天然的需要以外，要是没有其他的享受，那和畜类的生活有什么分别。”②

我们可以理解为什么工人阶级人民经常似乎不“直接面对”社会工作人员，似乎回避问题，准备给出的答案也是在打算敷衍了事而非澄清事实。声称“我独自相处”的背后可能是一种受伤的自尊。很难相信一位出身其他阶级的来访者会身临其境地体会到一个人所遇困难的全部细节——人们所担忧的并非是“使你自己难堪”，而是保卫自己以抵制恩赐。

---

① 监护委员会（Boards of Guardians）是1835—1930年英国根据《济贫法》设立的众多专门机构，其成员由选举出来的监护人员组成。根据《1929年地方政府法案》，1930年取消了监护委员会，其权力和责任转交给地方政府。——译者注

② 这是莎士比亚的《李尔王》第二幕第四场中的经典对白。此处参考了朱生豪先生的译文。——译者注

“有门手艺”仍然是非常重要的，这不只是因为直到最近熟练的技工才几乎总是赚得更多。有技术的工人比没有技术的劳力能够更为坚定地说他“和后面的那个家伙一样好”。他已经不再是那些遇到大幅裁员首先感到震惊之人中的一员了；他身上尚有一丝出师学徒工自豪的气息。他可能从未认真想过挪挪地方，但他的思想背后是这样一种观念：他能自由地携带工具离开。那些为其儿子“做对事情”感到担忧的父亲们，他们依然试图让他们当学徒。

第二节　“我们”：最好的和最坏的

在对工人阶级态度的讨论中，说得很多的是群体意识，与其说这是通过“一种方式去塑造”的个体之感受，不如说是在一个群体中的个人感受，在这个群体中，大家都基本处在同一级别，而且可能继续保持着这种水平。在此我避开使用“共同体”(community)这个词，因为它的弦外之音似乎过于简单乐观了；它们可能致使低估了工人阶级群体的那些更加强烈的张力和限制。

工人阶级人民的确有一种作为群体成员的强烈意识，当然，这种意识涉及一种假定，即它对友善、协同、睦邻很重要。“我们全都在一条船上”；“互斗是没有用的”；但“团结就是力量”。人们的脑海中回想
起了 19 世纪的许多运动，回想起了成百上千的“友好”社团，回想起 69
了很多会社的箴言：工程师统一会社，其箴言是“保持团结和勤劳”：全国煤气工人和普通工人联盟之临时委员会[4]，在 19 世纪 90 年代晚期，选用的是“爱、团结与忠诚”。后者中，“爱”唤起了力量，这种团结的感觉源于基督教背景。

在我看来，这种友好的群体传统最初从那个始终存在的证据中得到力量，即在那种亲密的、挤在一起的、私密的生活条件下，实际上，我们都置身于相同的处境中。比如说，你注定会和同一个院子里共用一

个厕所的人显得亲密。人们不自觉地就会使用"亲爱的"这个词，它依然是最常见的说话语句，不仅向他们自己阶级中的人说这句话，电车和公共汽车售票员、以及店主也这样说。但是，这个词还暗含着一些东西。称某人"邻居一般"或者"完全合群"是给予此人高度赞美的话；人们会称赞俱乐部，因为它是"真正社交的场所"；推荐租房或海边"寄宿"最重要的理由是，这些住所是"社交性的"，这比过度拥挤更重要；在相同的情况下，教堂可能也同样重要。"埃尔西(Ar' Elsie)在众神面前结了婚"，他们会说，他们从附近几家教堂中选了一个，而不选把他们称作教区居民的那个教堂——"这是个非常友善的教堂"。在附近小酒馆举行圣诞节派对的故事将会终止，"这是个美好的夜晚。每个人都真的很友善"。好邻居不仅在于"相互之间彬彬有礼"，还在于"乐于助人"或"时刻准备帮助别人"。如果在一个新地方的邻居们看起来缺乏那种恰当的邻里性，新来者会坚持认为，她"根本就无法定居下来"。

群体温暖的感觉具有强大的影响力，当一个人在经济上、也可能在地理上离开工人阶级之时，他会继续怀念这种感觉。我留意到，那些白手起家如今生活在豪宅里的人——那些做得非常好、在当地拥有几家小型连锁店的杂货商；那些甚至已预付购买私人"半独立式住宅"的散工建筑工人——喜欢加入观看足球比赛的人群中去。他们如今开上了车，穿上了富人们穿的毛绒哈里斯花呢，但他们很多人依旧会去露天阶梯看台，而不是一般的看台。我想，他们喜欢重新体验阶级间友善的东西，就像在未获得授权的酒馆中，在集体舞中，经常会发现有走马上任的军需官。

这不是一种非常自觉的共同体意识；它是这样的世界，远离了一些社会性强的活动所秉持的"服务活动中的友谊"(fellowship in service)。
70 它不是从以下观念中汲取主要力量的，事实上它先于这种观念存在，比之更加原始：这种观念认为，需要联合起来增进相互之间的生活状况，由此产生了一些诸如合作运动的组织。它主要源自这样一种认知：由于出生在一起亲密生活的环境中，一个人不可避免地是群体的一部分；源自这种认知能够赋予的温暖和安全；源自群体中缺乏变革；源自无法经常购买服务而常常需要“求助于邻居”。它从这样一种感觉开始，即生活是艰难的，“我们这类人”通常是“柴火棍儿那肮脏的末端”。在大多数人中，不会自觉感受到是“工人阶级运动”的一部分：与那些服务于几条街的小型私有产权的街头店铺相比，“合作社”（Co-ops）今天不再作为工人阶级主体人群世界观的典型特征。从大量的正式场合用语的表达中会找到这种态度——“你得有福共享”；“你得相互帮助”；“你得帮助一下瘸腿狗”；“我们必须齐心协力”；“这是同舟共济”。但对大多数人而言，实际上，这些只是在特殊的场合、在歌咏会和节日庆典上才讲的话。

雄心壮志缺乏施展的空间有助于团结一致。[5]在11岁之后，当获得奖学金的男孩女孩到文法学校去上学时，剩下的人逐渐过上了一种真正的人生——这种人生将会从15岁开始，和年龄大些的那群男男女女一起生活，从学校毕业后的最初几年，这个年龄大些的群体成为他们所知道的最强大的教育力量。对大多数人而言，刚一踏入工作，就没有一种职业感，也感觉不到晋升的可能。工作是水平状态分散开来，而非垂直型的；没有把生活看作是一种攀登，也没有把工作当成这项攀登中的主要兴趣。对一名好技工，人们仍会尊敬。但在接下来的工作平台上，技工不会被认为是实际或潜在的竞争对手。因此，不难理解人们带着强烈情感去秉持的这样一种态度，也即“慢慢来——别让其他人丢了饭碗”。工人阶级人民数落着在其职业态度中的几种不道德行为，但那些“有闯劲的人”或者“富有进取心的人”不在此列，那些“这个城市用得着的、成功的笑容可掬之人”也不在此列；“精明的那种人”不被人们信任。

无论一个人怎么做，眼界可能受到限制；无论如何，工人阶级人民又马上补充说道，金钱似乎无法让人们快乐，权力也一样。“真正的”事情是人情之事和友情之事——是家和家人的感情、友谊、以及能够

“让你自得其乐”的事情：“金钱不是真正的事情，”他们说道，“如果你把所有时间都花在额外赚钱上，人生便不值得活。”工人阶级的歌曲常常歌唱爱情、朋友、善良人家；通常，他们坚信金钱并不重要。

也有例外的情况，那便是那些仍旧和马修·阿诺德（Matthew
71 Arnold）①站在同一条线上的人，马修·阿诺德讽刺挖苦地说道：“我亲爱的丹，永远要记住，你应该盼着在那家公司当一天的经理。”[6]在一些更渴望得到尊敬的人看来，这在某种程度上指的是，男孩子们被催促着要“学习进步”，赢取奖学金，注意他们的“书写字迹”，因为在办公室工作的先生们喜欢“一双干净利落的手”。也有一些目光敏锐的小男人，其余的人菩萨心肠地把他们看作是固执己见的人，他们“从来不放过一便士”。他们晚上和周末都在加班加点，在别人享受时光之时，他们总在为一个小时赚额外一二先令而感到发愁。这些人通常不会朝向他们阶级上层攀升，或者也不会摆脱他们的阶级；他们焦躁不安地在那个阶层内部奔波游走，收集那些总是关乎鸡毛蒜皮的东西。

对单身汉的态度可能像对待任何事物那样显得宽容，这种宽容让群体内既有的例外情况扩大了。街坊邻居中偶尔出现的单身汉可能和寡母一起居家生活，或者住在已婚姐妹家中。在当地酒馆或俱乐部的固定角落里，大多数晚上都能经常见到这样的单身汉，因为他可能会安静地待着，习惯经常来此光顾。或许一种特有的害羞促使他成了单身汉；从某些方面讲，他就是个孤独的鸟，但不能叫他孤家寡人。他在邻居中受到尊重。不能认为他是个游手好闲的人，因此不能把他当作是蕴含潜力的唐璜②。相反，他被当作是一位上了年纪的、毫无恶意的大叔，此人“总是非常礼貌”，“轻声说话”，据说对他母亲和姐妹特别好。这种态度有时会有一种拿人消遣的感觉，仿佛在它背后是这样一

① 马修·阿诺德（Matthew Arnold，1822—1888年），英国诗人、文学评论家，针对当时英国的社会问题进行犀利批判，引导读者，在英国文学史上占据重要地位。其主要著作有：《诗集》、《评论集》、《文化与无政府状态》等。——译者注

② 唐璜是西班牙知名的传说人物，以英俊和风流著称。唐璜的传说故事成为很多文学创作者的描写题材，比如莫里哀、拜伦等。——译者注

种感觉，即那个某某老男人有些害怕结婚所牵涉的必然与女人发生的肉体关系。但通常来讲，它所表达的不是鄙视；这样的单身汉不可能被认为是自私自利的，或者是古怪异常的，或者是反社会的。人们感到，一些男人生来就是单身汉；因此他们是邻居关系中真实存在的一部分。

人们往往会含混不清地对待那些对阶级界限有清醒认识并学着做一些教育活动——以便“为他们的阶级出力”或者“改善他们自己”——的少数人。在某种程度上，对“学者”（就像对待医生或堂区长那样）的尊重仍旧维持不变。我还记得，在我获得奖学金不久，在一个工人阶级俱乐部里，坐在我身边的一位单身的中年矿工。在喝了朗姆牛奶酒结账时，他从找零中递给我一个半克朗硬币。我努力去拒绝，他说：“拿着吧！小伙子，把它用到你的学习上，就像所有矿工一样，我只是浪费了这该死的东西。”另一方面，经常会对“读书识字”持怀疑态度。它给你带来了什么好处呢？当个职员，你就好(例如更幸福一些)起来了吗？或者当个教师就好起来了吗？那些拒绝让孩子从事学 72
术的父母——数量不多的父母仍旧这么做——并不总是在考虑这样的事实，即父母必须花更长的时间提供吃饭穿衣；在这背后是一种对教育价值的怀疑，这种怀疑含糊其辞但力度很强。这种怀疑从群体感身上获得了某种力量：因为群体追求的是保存，它会阻止其任何成员想要进行变革、离开群体、与众不同的苗头。

我认为，群体是用来反对变革思想的。它所起的作用不限于此：它强加给其成员一种巨大的、有时是苛刻的压力以使之服从。那些通过教育和其他一两条途径变得与众不同的人通常会被允许这样做，我并非在暗示说有一种强烈自动敌视任何一种脱离群体的行为或这样的态度。其实，工人阶级群体的显著品质之一便是对一些事物的广泛容忍；但只有在与主流阶级的假定看法一致时，这种容忍才畅通无阻。

群体是封闭的：多年来，人们可能把原本居住在40英里以外的城里人不当作“我们中的一员”；一直以来，我认为人们下意识地、冷漠无情地残酷对待一位从异国他乡来的妻子——当然在许多方面也很友善。群体经常带着一种低级性禁止、带着一种无法想象的残忍监视着，这种残忍能够制造出很多不愉快。“我琢磨着那对她而言意味着什么？”“哎呀，别把事情传开！”“别让其他人知道得太多”，这些都是常见话语。琢磨着邻居会怎么说，在这里就像在其他地方一样很常见；或许从其本身的方式来讲，这里比其他地方更为常见。工人阶级人民以一种方式观察着和被观察着，因为见识水平有限，这种方式经常导致误解以及低层次去理解邻居的所作所为。工人阶级妇女被称作是在她天天打扫之地的“坐在那里的人”；但如果有人深夜陪伴她回家，她可能请求在离家几条大街开外的地方就独自离去。要是邻居们看见一个男人跟她回家，他们会怎么说呢？

群体不喜欢从内部受到冲击或攻击。可能几乎没有攀比性的驱动力让人们与左邻右舍比阔气，但那种不愿活得最差的压力也同样很有力量。因此，在很久以前广告商创造大量价值之时，向普通人和不极端化之人呼吁的常用语便是，“任何体面之人都会……”“这不是自然而然的”“我喜欢他，他一直都那样”。如果你想成为群体中的一员，你必
73 须不要试图“改变人们的方式”，如果你自己用与众不同的行动暗示着对他们的方式进行批判，你会让人很反感；如果你触犯了那些禁忌，你会遭到冷遇：

> 你知道，有这样一种事情叫做民众认为。如果你认为和周围的人一样，那么你全都是对的。但如果你不这么想，如果你被人发现提到了一本书（例如去谈论工作）或者诸如此类的其他事情，你便不对了。很难挡得住别人的嘲笑。[7]

在某种程度上，所有阶级都要求一致；在此需要加以强调，因为人们往往会强调上流阶层和中产阶层的一致性，而把工人阶级看做是更加

不受一致性的限制。

超越群体观念而行事，"举止高雅"、"装模作样"、"自以为是"、"装腔作势"、"认为自己对其他人特别好"、"自命不凡"、"对他人嗤之以鼻"、"行为举止像傲慢女士(Lady Muck)"——所有这些都是非常不受欢迎的，差别也不是特别明显。对于那位名副其实的"纨绔子弟"，在其50岁之前，人们可能拿他来消遣，"真正的绅士"(这位绅士和你讲话"就像我现在正和你讲话一样")依然可能受到人们尊敬，尽管他显然是"他们"中的一员。人们既不会对于"上流社会的"架子产生一种强烈感受，也不会对正在摆这种架子的人产生强烈感受，因为他认为他们比工人阶级的气质要好。"是啊，那么你最不喜欢的是什么呢?"，威尔弗雷德·皮克尔(Wilfred Pickles)①问道。"自命不凡的那种人。"掌声雷动。"非常好！请你告诉我你最喜欢的是什么?""像邻居那样的好人。"掌声更响了。"……也很对。给她钱。"

不管出身如何，格雷西·菲尔茨(Gracie Fields)②和威尔弗雷德·皮克尔现在很难被列入工人阶级的行列了。但他们依然热情地"被接受了"，因为他们在精神上和工人阶级保持一致，并且用工人阶级的风趣和态度战胜了"有钱阶层"。"一直到南方，人们都爱威尔弗雷德·皮克尔"，工人阶级人民会这样说，这意思是指，不是他们阶级的人也爱他：有那么一点骄傲，他们的价值，那些不加润饰的和"本色的"东西，被其他阶级所赏识。他们的"低级小报"向高雅的堡垒发动了猛攻，"祝他们好运!"

我们常常听说，英国工人阶级是文雅的，比几乎任何其他国家的工人阶级更文雅，如今比他们自己的父母、祖父母更文雅。毫无疑问，在过去50年里，城市中纯粹暴行的数量下降了，那些简陋的、原始的

① 威尔弗雷德·皮克尔(Wilfred Pickles, 1904—1978年)，英国演员和播音员，其最重要的工作是在英国广播公司广播秀《一试身手》(*Have A Go*)中担任节目主持人。——译者注

② 格雷西·菲尔茨(Gracie Fields, 1898—1979年)，英国女演员、歌星、影星。因在讽刺剧《伦敦塔先生》中扮演莎莉·珀金斯而成名。晚年被英国女王伊丽莎白二世授予女爵士头衔。——译者注

东西——这些东西有时让人们在晚上避开街道走，特别是在周末要避开
74 那些场所——也减少了。在许多城镇的几块地区，流氓行为和捣乱行为过去让警察结伴执勤，现在这些行为几乎都已消失了。除了非常偶然的时候，我们不再听说有人赤手空拳在一片荒地上打架，不再听说有人在酒馆打架砸碎了酒瓶，不再听说游乐场上的混混经常骚扰姑娘们，不再听说像禽兽一样的酒疯子。

这将会成为一种骗人的、愚蠢的过时之物，它为失去了这所有的一切感到遗憾，认为它的衰落意味着工人阶级中间一些热情的丧失，文雅不过是一种消极性。但经常是粗俗、野蛮的那同一代人，他们也可能变得文雅了：我再次想起了我的祖母，她见到过暴行，今天几乎任何阶级的女人看到都会震惊，我祖母她自己常常也很严厉粗鲁。但是，和许多她那代人一样，她在某些事情上具有一种让人钦佩的文雅和良好的辨别力。或许，我们看到的文雅与其说是一种新特征，倒不如说更显然是一种旧品性，而今天有更大的空间让这种品性运行起来。文雅一定经历了数代人的发展，它是数个世纪的产物，在这数个世纪里，人们在一起相处得非常好，他们没有被上面的、更加暴力的权力迹象所不断侵扰，他们感到——可是却让他们的麻烦更加严重——法律是公正普适的，权威机构并非腐败得让人绝望。我并未忘记19世纪“40年代大饥荒”①的经历；但我也想到了俄罗斯的农奴，想到了时至今日意大利人对文职人员的态度。无疑，所有这一切都蕴含着一种合理性，一种惊人的暗中假设——暴力是最后的一招。

如果接下来我深入关注贯穿于工人阶级生活中的那种粗俗和迟钝的品性，我不能如此推论说其他阶级没有自己的类型，也不能否认通常所说的关于文雅的一切，而是要恢复过去20年中我们往往会失去的那种

① “40年代大饥荒”(Hungary Forties)是19世纪40年代在英国发生的一场大灾难。40年代早期，英国经济萧条，大量人员失业，农作物歉收。由于这一时期英国人口迅速增长和《谷物法》导致的面包价格上调，英国人民忍受着巨大痛苦。40年代中后期，枯萎病使土豆歉收，在英国影响最大的是爱尔兰，这场饥饿导致爱尔兰大约100万人死亡，100多万人移居他国。——译者注

平衡。必须选择那些不常关注的证据，一定不能包含其他阶级所使用的那种只是看起来很粗俗的行为习惯。因此，在交流中，工人阶级的言谈举止是唐突生硬的，与其他团体相比缺乏柔润的言辞[8]：他们的争论经常以一种野蛮的方式来进行，以至于陌生人会往往认为，争论结束后，最坏的情况是可能会打起来，最好的情况是永远断绝关系。我发现，即使到了今天，如果我没有被误会，我不得不改变以一种“不柔和的”方式、以无礼的猛烈攻击(这种攻击的意思是要回家了——而非意味着真的要伤人)来进行讨论的习惯。工人阶级的措辞和节奏都不具备轻松柔和的品质，这种品质在不同程度上是其他阶级的特点。他们 75
的说话方式更接近于当时他们正在感受到的情绪方式，不管是愤怒——就像在吵架的时候，还是高兴——就像到海边去了一天的工人阶级家庭妇女偶尔发出的尖叫让在私人旅店前面的花园里坐着的一些人感到震惊一样。当然，这是一种“直言不讳的”傲慢，在和来自不同阶级的其他人交谈时，它让某些工人阶级人民过分夸大其话语中那更加粗俗的元素。

但是，无论发生什么变化，比起大多数其他人而言，工人阶级的生活仍然最靠近底层的。那些到处都是污垢、住得密集、家庭生活的种种困难，我已经描述得够多了；我们必须还记得，男人以及一些女人的工作生活的自然条件常常是脏乱臭。我们脑子里都知道这一切，但只有当我们必须穿过利兹的那些深巷之处时，或者穿过赫尔的大片地区时才能鲜活地认识到。在利兹，引擎无休止地咚咚作响，火星飞溅到宽阔的大门外，能够看到肩膀黝黑的男人们正在使劲敲打着那些炽热的金属块；在赫尔，永远都是一种做鱼饭的烟味，弥漫在密密麻麻的房子中。沉重、费力、役畜般的工作还得在那里完成，工人阶级人民来干这些工作。这些条件无法养成注重分寸的腔调或者更为柔和的交谈顾虑。

因此，吵架简直是工人阶级邻里生活中的一部分，是许多工人阶级家庭的一部分，它很容易被误解。它们是邻里生活的一部分，这不难理解：在狭窄、成排的街道里，在薄薄的一堵共用墙内，无论怎样，吵架都很难不为人知，除非以非常克制的声音进行。当然，吵架不会静悄悄进行，因此成为邻里关系中的一个兴趣点。当听到“那熟悉的某某人正在街上吵架”时，孩子们会尽可能近地挤进人群之中。当一场吵架持续时间过长或过于嘈杂而超出邻居的忍受度之时，他经常会咚咚捶那堵共用墙，或者用捅火棍砰砰敲壁炉后面。[9]

如果从这一点得出结论说，工人阶级人民生性就爱争吵且吵个不停，那就错了。有些吵架是不堪入耳、让人悲伤的，有些家庭是出了名的“经常吵架的”，这些可能不会被看作是最体面的事情。许多家庭——可能是大多数家庭——偶尔会吵架。所有这一切不会自动被看
76 作是败坏邻里关系。人们接受偶尔会引起争吵——这些争吵可能是关于把一大笔钱花在了喝酒上的问题，可能是在女人中间关于分担家庭义务的问题，也可能是关于“别的女人”的问题，人们也承认争吵会突然爆发为鲜活的、快速的、喧嚣的战争。在我的经验中，最常见的吵架是与喝酒有关的，最不常见的吵架是关于“别的女人”（或男人）的。

请允许我对后一种情况说几句题外话：据我了解，总体看来，这些事情牵涉一个40岁左右的男人，这个男人比他认识的人略微显得衣冠楚楚，尽管都在做同样性质的工作。其妻子姿色衰退，所以他另觅新欢。可是他“开始结交的”这个女人很可能本身已结了婚，年龄和他自己的妻子大体相当——对于陌生人而言其相貌也不怎么吸引人。两个人可能在一个众所周知的地方成为了酒友。妻子很快会知道将要发生的事情，激烈的争吵会爆发起来（不止一次，我记得更严重的事情发生了——清晨，在一块荒地上，受到伤害的丈夫“暴揍”那个男人）。最离奇的情况是，有时候两个女人变得像朋友似的，并确立了一种关系：这种关系不仅没有妨碍丈夫与两个女人的关系，而且似乎更滋润了。

在我所见识过的那些吵架中，大部分不能被认作是让人感到震惊的事件。真正的贫民窟地带才发生那种争吵，后来喝醉酒的男人们开始

打架，更糟糕的情况是男人和女人之间的打架，最糟糕的则是女人之间的独自决斗。像这样的事情才会让一位普通工人阶级邻居真正感到震惊。

我还记得，在我们的邻居中，我们把自杀看作差不多是正常发生的事情。有时，人们听说某某人“了结了自己”，或者“自杀了”，或者“把她的头放进了煤气炉中”，因为煤气炉是自我毁灭最方便的工具。我不知道，在我正说的这类群体中，与中产阶级群体比起来，自杀是否更经常性地发生。自杀不是月月发生或者甚至也不是每个季度都发生，而且并非所有的自杀尝试都成功了；但它发生的频率足以让它成为生活方式的一部分。当然，在工人阶级中间，和吵架一样，自杀也无法隐瞒；很快，人人都知道了那件事。我想强调的事实是，人们不会觉得自杀只是个人的事情或者局限于相关家庭的事情，相反人们却感到它与日常生活状况密切相关。有时起因是，那个姑娘“陷入困境而无法自拔”，因为一两个原因无法导致自杀：就像经常所讲的那样，对于 77
那些枕着枕头把头放进烤箱门的人而言，生活已经变得忍无可忍了；他们生了病，治疗似乎没有效果；他们下了岗；或者无论他们怎么做，都是债务缠身。这是不久前发生的事。自杀被人们所接受——带着怜悯而很少带有责备之情，以作为生存秩序的一部分，这种事实表明，那种生活是多么的艰辛和质朴。

这能完全解释比如说在女人不在场的情况下许多工人阶级男人的说话方式吗？部分上能解释，或许吧；但在此人们必须留意有特殊诉求的情形。乔治·奥威尔指出，工人阶级之人随心所欲地使用意指人体自然功能的四字词语（four-letter words）①，他说他们下流但并非不道德。但下流有其程度和类型，这类谈话通常是下流的，除此之外什么都不是，只是用一种单调、重复、粗鲁的方式为了下流而下流。不道德也有其种类，这类人会使用简短、直接的词汇谈性，起初只是作为一

① 在英语语言中，一些骂人的粗话一般由四个字母组成，这些词语涉及人体排泄机能、性行为、生殖器等。——译者注

种在提到卡巴莱歌舞表演和看过复杂的两性宣传作品之后的内心宽慰。但他们如此不加区分地使用这些词语，如此多地谈到两性，通常是为了透露一种麻木不仁的感受。听听他们口中说的性奇遇和计划；你可能会被那种无聊的动物本能、被那种像杂种狗在巷子里发情的样子压得透不过气来。这是一种因为在关系上的麻木不仁和对伪善的摆脱所造就的品质。每个阶级都有自己的残酷和肮脏；有时，工人阶级的这种类型是一种被无缘无故贬低了的粗俗。

第三节　“万事忍让”：“宽以待人”

我谈到了一个世界和一种生活——其主要轮廓几乎都可预料得到，谈到了男人可能并不感兴趣的工作，谈到了女人“得过且过的”岁月，谈到了大多数人丝毫没有感受到整个的生活方式可以做出或者的确应该做出一些改变。

总的来讲，仿佛就成了那种扣人心弦的解释，在这个世界里，我们没有被要求成为伟大的实干家；我们的那种生活很少出彩，或者很少要求达到更出色的英雄行为，而且生活的不幸不是戏剧性的或者修辞性的那种。至少，这就是一种观念，认为这个世界似乎邀请我们去承担：去做更繁重的工作，视野被固定在短浅的水平之上。

78 当人们感到无法改变自身境况的主要元素时，当人们对其境况感到不必绝望、不必失望、不必怨恨、而只是一种真实生活情况时，他们采取了对待这种境况的态度，这种境况让他们在其阴影下过着一种还算过得去的生活，而这种生活丝毫不带有更大的境况所秉持的那种持续不断的和非常迫切的意识。这些态度把境况中的主要元素转移到自然法则领域中，转移到那种既定的、原始的、几乎是无法改变的物质条件上，这种物质条件必须与生活分开。这些态度很少修饰装扮，是种听天由命或完全接受，一般情况下处在悲剧水平之下；他们和应征入伍之人的那种无法自我选择的情况太像了。但在某些形式上，他们拥有尊严。

最差的情况就是承认生活就是艰辛的，没有什么可做的：忍受生活，不要加剧处境的恶化：“该是什么就是什么”“假如你不喜欢它，也必须得接受”“这正是事物存在的方式”“越挣扎越痛苦”“修不好的东西就凑合着用吧”“你得接受生活——日复一日”。这些话语中，很多都是对单调乏味的宿命论进行的解释；生活通常就像是为我们这样的人准备的。但是，在大致同类性质的话语中，真正乏味的话是少数：大多数解释都是一种由衷的忍受：“你得接受生活”，没错；但“你得以你能做到的最好方式生活”“苦笑着忍受吧”“哎呀，别再提了，事情很快就会过去的”“哦，再过一百年也都是这个样”“所有这种事情都是老天派来考验我们的”（这里，就像在某些别的地方那样，与宗教的关联是显而易见的）“六点钟的天也不都是黑的”“我们缺的是我们得不到东西”“海上还有更糟糕的事儿”“哎呀，我们活出希望”。一切都注定会起伏不定，注定能享乐也能吃苦，注定有得也有失：“埋怨无济于事”“尽力去做……挺住……继续干下去”“不要自寻烦恼”。你可能希望发点儿意外之财，或者希望突然得到美好的惊喜，但那不是真的；你必须继续过下去，“过你自己的生活”“在困难面前不要气馁”“生活靠你来创造”。“做出改变，获得成功”，你会“好起来”——就像二等兵在他们快速完成一些事（比如在最不乐观的情况下找到生存空间）时所做的那样。

这与其说是生硬的上嘴唇发出的微笑，倒不如说是对毫无期望之事的苦笑，部分原因是恬淡寡欲，部分原因是接受了生活中那种“下层社会”的事实。艾略特（T.S.Eliot）①在某个地方说道，禁欲主义可以被列入傲慢的行列，拒绝在上帝面前卑躬屈膝：相反，工人阶级的禁欲主义是一种自我保护，以便不在人类面前总是卑躬屈膝。面对人生，你可

① 艾略特（T.S.Eliot，1888—1965年），英国诗人、剧作家和文学评论家，他引领20世纪英美现代派文学和新批评派评论，其主要著作有《荒原》、《四个四重奏》等。——译者注

能什么也做不了；无论如何，你还是可以做一些事情的。如果工人阶级的妻子过段时间发现一周能从家务开支中省下一先令以备不时之需的话，她会说她“非常幸福”；副词改变不了形容词，但可以让它变得绝对。

79 对于宽容，对于“宽以待人”，也都是这样的；宽容既源自慈悲，因为所有人都同处在较低的位置，也源自那种状况所造成的更大的非理想主义。更多的毫无期望之事促使人们对道德上的愤怒反应迟钝：毕竟，招来麻烦没什么好的。“只求生活安宁”，这样的话则比比皆是。宽容与已经谈到过的保守和服从相伴而生；它们只有在罕见的情况下才发生冲突。它们共同存在，在不同的场合、出于不同的目的被人利用，人们凭直觉就知道其在任何时候的重大关系。它们绝不是矛盾的，因此它们彼此相互强化。

再者，强调宽容的重要性主要是由于那种毫无期望的、不去追求狂热的、缺乏理想主义的群体感觉所造成的，是由于大多数人基本接受了他们生活的大部分条件。工人阶级人民在实践前一般会对原则产生怀疑（说得更清楚一些，有时候这就是一种力求真相的“现实主义”，实际上这种现实主义是一种自我美化，掩盖了那种讨厌探究的内心不安——“踏踏实实地干活吧！一切理论都会让你一事无成”）。大多数人可能认为，你会说谎而不是会失望或伤心；因此你可能正在反对原则，但那是另外的事情了，而且人民就活在当下。你必须与他们和睦相处，必须与他们“和谐共事”，“只管你自己的事情”，就像你希望其他人只管他们的事一样。生活从来就不是完美的：避免极端；大多数事情“在某种程度上还可以”，或者“只要你不太过火就还可以”；毕竟，“那得看情况”。你可能有观点，但绝对不要“强塞进人民的喉咙里”。观点从来都不是很重要，但人民很重要：你作出评判时不应拿规则而应用事实说话，不应拿原则而应按性格分析。“你无法改变人性”；“大千世界，无奇不有”；你应该“接受你碰到的那些人”；“不管到哪儿，都有好坏之分”；“不管到哪儿，人性都一样”，“不管到哪儿，人都是人”：

“人人都有权活着”。

所有这一切都为普遍缺乏爱国主义提供支撑，都对不信任公众的或者官方的事情提供依据。“对自由的恐惧”诱使中产阶级转向威权主义；它对工人阶级的影响却不同。他们骨子里就是觉得，公共化、普遍化的生活是错的。这种早期国际主义思想能够与反犹主义并存，或者与反对罗马天主教的强烈感情同时存在(就像以其“最坏”的形式描述威权主义那样)；但这种不宽容只有在偶然的情况下才显现出来，这两种世界通常不会汇合。

我们知道，服从的压力本身并不是以一种复杂的观念网络得以彰
显，而是以一种复杂的偏见网络得以体现，而这些偏见试图强加一种
僵化的行为规范于其上。他们从清教主义的遗产中汲取力量，清教主 80
义曾经非常强烈地影响着工人阶级，如今它仍然完全支配着一些工人
阶级的生活。大体上，清教主义本身反对工人阶级处境艰难的事实，
直到现在也起到一定的作用。有些人对宽容的理解更加宽泛，在某种
程度上，清教主义就活在他们这些人中间。通过观察对待喝酒的态
度，我们会更好地明白这一点，而观察对待性的态度则会更加彻底
明白。

一方面，喝酒被当作是日常生活的一部分，或者至少是男人日常生活的一部分，就像抽烟那样。“男人需要酒杯”；它让人生值得去过；如果一个人不能过点儿像那样的娱乐生活，那活着是为了什么呢？男人喜欢喝酒是“天经地义的”。如今，与一代人以前相比，女人似乎更轻易去喝酒。甚至晚至我的青春期之时，喝“杜松子酒和甜味苦艾酒的混合饮料”的女人被看作是近乎放荡的女人。但等有了孩子之后，女人饮酒依然不是什么大事儿；周末是她们“钻空子的大好时机”。只是允许男人喝多少啤酒而不加反对，这要取决于他的境况；要有一笔很可观的零用钱。鳏夫比大多数人更盼着喝酒，因为他没有妻子，没有一个舒适的家要回。一对没有孩子的夫妇可以被准许经常喝酒，因为他

们不用从孩子嘴里抢食吃，而且没有孩子的家庭不是很受欢迎。拖家带口的丈夫喝酒要“适度”，也就是说，应该知道他什么时候喝够了，应该总是“预做准备”。有一些场合——节庆日、庆祝活动、优胜杯决赛、旅行，人人都可能盼着多喝酒。某些处境可能“驱使任何人去喝酒”，这不难理解。整体而言，对喝酒的强调是双重的：既强调喝酒本身的正当性，也强调需要认识到，如果一旦“学会了”喝酒，彻底崩溃——因为卖家具几乎彻底把一个家庭弄破裂——可能会随之而来。

显然，这后一方面在19世纪和在20世纪第一个十年前后为禁酒运动赋予了力量。如果染上了“酒瘾”，即使是要吃有吃、要穿有穿的家庭最终也会沦落到一个月里用不到一橘子罐头瓶的黄油涂在面包上吃，这很容易理解。在经济上，工人阶级家庭一直是社会海洋中的一只木筏，在很大程度上也就剩下这只木筏了。因此，至少最晚到20世纪30年代早期，禁酒运动①仍然发展强势，那时候我在一年左右的间隔期签
81 署了两次承诺书。那段时间，我的年龄是在10到12岁左右，那是和我主日学校认识的其他人一起签署的；我们朦朦胧胧地感到，饮酒影响到了我们在圣灵降临周被“款待”的入场资格。我有个酗酒的叔叔，他是从19世纪70年代延续下来的那条队伍的最后一拨人，在我们周围的许多家庭里都有这条队伍的对应之人。直到那时，我们没有唱过诸如此类的歌曲，“请别再卖酒给我父亲了”，或者，“今晚不要外出了，亲爱的父亲”，或者，“父亲，亲爱的父亲，现在回家陪我吧”，或者是我自己喜欢的那首歌——“我的酒就是清澈的水”（那歌曲大致是这样：“快乐的迪克，假如你住在杰克逊大街，你很快就明白/我的酒就是清澈的水，/我的酒就是清澈的水，/来自水晶之泉”）。只有从长辈的消遣娱乐中我们才听到这些歌曲，那些长辈们在他们还是孩子的时候学会了这些歌曲，但我们看到了问题的关键。我们知道，即使一周花三

① 英国的禁酒运动(Temperance Movement)发起于19世纪上半叶，它是一场历时久远的大众运动。英国第一家禁酒组织是1829年成立的格拉斯哥和西苏格兰禁酒协会。——译者注

先令喝酒也比一个家庭能够承受的开支还要多，过度饮酒意味着很快就会变穷，意味着“赊账”猛增直至关系最终破裂，意味着很快就会明显衣冠不整，意味着绝望焦虑的母亲、失去了工作、吵架的力量和次数不断增加。“感谢老天，他从来就不是个酒徒”，家庭妇女仍然经常会这样说。如今，很少有暴力酗酒，各种各样的喝酒大大减少了，但对于工人阶级丈夫来说，喝酒仍然被认为是主要的隐患。[10]于是，适度饮酒是“可以接受的”，是“合乎常情的”。不同的家庭有不同的界限，一旦越过了界限，灾难可能会随之而来。另一方面，不管喝酒有多危险，男人根本不喝酒有点不正常——大多数工人阶级人民不会邀请大多数像那样滴酒不沾的男人。

我有个朋友，他是个独生子，住在附近的街里，好像没有父亲；他的母亲是个裁缝，不过常常把他打扮得很好看，他的零花钱比我们其他人都多。他一周去两三次电影院，经常掏出一便士买些炸薯条。只不过我在十几岁的时候发现他母亲是个妓女，在市中心提供服务。与做裁缝那点收入相比，她需要更多的钱养活孩子。（我认为她丈夫已经彻底消失了）。而且，因为“背后没有父亲”，他不应该“遭罪”，她为此感到发愁，随之而来的解决办法呈现在她的脑海里，这种方法是给予他在金钱方面的优势，金钱上的优越感对男孩子而言非常重要。上述种种会有助于解释为什么她对卖身想得非常少；在此我特别关心的是要指出，她没有遭到排斥，除了几个谈论“给街区带来了坏名 82
声”的人之外。大多数人就像对待其他人一样对她点头打招呼或跟她交谈，即使她们从未想着去卖淫，但当想想是她们自己时，她们的确会被吓到。“毕竟，她得生活”，他们常说；他们明白生活处境带来的压力，会懂得一些人如何一步步走上这条道。因为这点，他们没有“反对她们”：尽管我听说这类人在其他地方针对他们认为是淫荡的和肮脏的行为发表了很多评论，但我不记得听说过对这个女人进行的道德评判。

几年之后，在同一地区的另外一个“管辖区”，她和有六个孩子的那家的小女儿结成了朋友，那家的父亲在妻子去世后把孩子们抚养长大。他们与上面所讲的那个女人相距不远，经常以反对的论调参与评论。但这种情况与其说是因为其中一位姑娘外出卖淫，倒不如说由事实情况所致，这个事实是，父亲维持不了他们穿衣吃饭，而且邻居们认为可能是这样的，即使在他经济拮据的处境下邻居们也这样讲。

后来，我接手了住在和我们相隔几条街的一位年轻人的工作，担任夜间派送员在一家长途运输公司干了一段时间。卡车和拖车从纽卡斯尔驶来进站停靠，卸下来一些货物，还可能从车里下来个路边妓女，重装些货，向伦敦驶去，这种情况一晚上大约四次。在上夜班剩下的时间里，除了那些警察、值夜人和偶尔有一个晚出的妓女之外，我独自一个人待在市中心的后街。在接手这份工作时，我的前任告诉我，一个名叫艾琳的妓女一度拜访过他，大约在晚上11点半左右，她喜欢喝茶。她是个好手，如果她不是太累的话，她偶尔会在后面的运家具的货车里“给你吹箫”。我只遇到她一次，那次的大部分时间里她都在说她的脚痛。她对自己的职业几乎完全没有自我意识，而且她很可能是在卖报纸，她认为这种工作太实打实了，太枯燥乏味了。我猜想，我奋斗到大学毕业的这种情形让她离开了，因为她别无他求，当我在场的时候她不再过来了。后来，当我晚上偶尔穿过城市的时候，我经常看到她往高档街头商店里张望。穷苦姑娘必须有客户——来自更好辖区的热血青年、逗留的旅行推销员、证明自己是个成年人的学生、落魄的推销员、有钱且喝了啤酒的年轻工人或者是那些跟随着大型的工作而在城市之间流动的无家工人——但从来没见到过她有一个这样的客户。
83 我记得她跟我说了她的一个在舞台上的姐妹——“她看上去很漂亮”。似乎工人阶级的漂亮姑娘们源源不断地缓慢流入到这些流动串演的歌舞队里去了。

讲述这些事情，我并不是想说，工人阶级人民在性关系上比其他阶级更放荡：我认为他们是否更放荡是值得怀疑的。但关于性的事情的确似乎是比较表面化的，而且工人阶级比其他社会群体更容易、更早能获得性体验。正像有时社会工作者指出的那样，与这种表面关系相伴而生的是非常羞于讨论一些性方面的问题[11]——比如关于“放到台面上”去讨论性，被认为是裸体的，或者甚至关于裸体性表演，或者在性行为中的精湛技巧。甚至到了今天，似乎很少有工人阶级父母告诉他们孩子关于性的任何事情。他们明白，孩子们很快就会在街头巷尾全部学到。但他们并非存心对性置之不理，因为他们知道街头混混会替他们干这事儿；其实，如果发现孩子们“脏话连篇”或者行为“下流”，他们可能会非常生气。我认为，他们置若罔闻的部分原因是，他们不是好老师，既没有能力解释，也不爱解释，而更喜欢性知识不经意地出现，通过格言和谚语使然；部分原因是那种害羞，它把性摆放在很难为情的和“敏感的”层次上。这种情况适用于这样的男人——即他会在合适的场合像他的哥儿们那样自由地去谈论性，也同样适用于他那完美的、“嘴巴干净的”妻子。

但孩子们到了10岁之后，特别是男孩子，他们向其所在群体里的以及后来在工作中的那些年龄大的孩子学习。对于男孩子而言，重要的必定既在于性体验带来的快乐，也在于在性方面害怕而又刺激的冒险；特别是在早期阶段，还在于手淫的愉悦与危险。对于大多数人而言，手淫很快让位于真实的男女性体验。显然，这就是一个工人阶级男孩子在性生活上的模式，与比如说一个18岁前一直主要生活在全是男生的群体中的公立学校的男孩子相比，它可能与之不同。之后，过了13岁，工人阶级男孩子们的谈话经常涉及性冒险经历，谈论这样那样的姑娘如何会让人“感到”轻浮，或者“变得”放荡等等。到了18岁，那些想要得到性的人已经拥有了大量的性经验。在一个大学假期里，我跟随着一支砌砖工队伍干体力活，他们很快套出了我是个处男的信息，从此之后，他们友善地认为我不是个男人，只是另外一种类型的修道士，不过是献身书本而非宗教罢了。他们都主张“经常过性生活”，尽管我确信这过于夸张了。像其他人一样，结了婚的男人也很乐 84

意加入经常关于性的对话中，他们经常为失去自由而悲叹，却是以一种希望发生的方式来诉说的。

关于这些男人看待他们不正常的性体验的普遍态度，怎样才能概括出来呢？ 我或许该补充一点，当然对于很多男人而言，上述情况并不适合他们。 他们几乎没有与性生活相关的罪或原罪感；他们经常做爱，但并不是因为他们在芸芸众生的城里人面前内心深处感到失落和湮没无闻。 那会把其他人的态度加在他们自己的身上。 他们没有沉湎于那种虚张声势的不道德之中，在20世纪20年代里，在某些群体的行为之中，听到很多关于这种不道德的声音。 然而他们的确隐约感到，“科学发现”让做爱从根本上更具合法性了，随着廉价避孕工具的出现，也方便多了。 他们不是不道德的快乐野蛮人，在梅尔维尔(Melville)①从没听说过的马克萨斯群岛(Marquesas)②上的贫民窟地带自娱自乐。 他们随心所欲地过着性生活，但整个过程没有喧闹嬉戏，不像波伊斯(T.F.Powys)③的“苹果快熟了”(apples be ripe)的田园诗那样带着城市派的描述，或者也不像过去伟大性爱者(tuppers)的当代描述。 在某些方面，他们对性乱行为的态度的确源自很久以前的态度。 但对他们而言，性乱行为都是相当混乱的偷偷摸摸。 在大多数情况下，这种行为在结婚之后似乎就不再继续了，或者似乎并未深刻影响到良好婚姻关系的可能性。

我的印象是，女孩子比男孩子更能彻底避免这种零乱的性乱体验，尽管我自己在此可能陷入一种浪漫主义的错误中。 那些乐意为之的相同女孩的名字一而再再而三地被提到；放荡之人很快就出了名。 当然，在游戏中，女孩失去的非常之多；她们容易“被抓住”。

① 赫尔曼·梅尔维尔(Herman Melville，1819—1891年)，美国小说家、散文家、诗人，其主要著作有《白鲸记》、《泰皮》等。 梅尔维尔在1841年成为捕鲸水手，1842年在马克萨斯群岛与泰皮族接触。 ——译者注

② 马克萨斯群岛(Marquesas)是南太平洋上的火山群岛，1842年沦为法国殖民地，现为法属波利尼西亚的一部分。 ——译者注

③ 波伊斯(Theodore Francis Powys，1875—1953年)，英国小说家，其作品以田园生活为背景，其主要著作有《韦斯顿先生的美酒》等。 ——译者注

对于我而言，意外的是，那么多的女孩子竟能无动于衷，既对性行为保持着一种蒙昧无知，又对整个氛围——这种氛围在19世纪中叶的中产阶级少女看来并非有失体面——保持着一种不可侵犯的样子。奇妙的是，没有明显的假正经，没有明显的抗争，她们中的很多人怎么能徒步穿越那个怒吼的山谷——而这个山谷全都是从当地小伙子们那里来的性方式和在工作中可能会有的性谈论，成功来到她要嫁给的那个在精神上和肉体上从未接触过的男孩子。她们心中最好的光芒就是那种暗示性保证：她们会嫁人，她们“自己正在守候着一个男人”，这并非只是精打细算的事情。

因此，我的经验认为，大多数女孩并非从一个男人到另一个男人，顺道学会些零碎的体验，而是她们很早就开始恋爱，稳步向前发展，直到早早结婚。一些人从15岁往后仍然“陷入困境”，但那些是例外之 85
人。很多人在结婚前有多次性经历，但通常是和她们最终要嫁的那个男孩子发生了性关系；她们没有不检点。她们也没有被庇护：从16岁开始，她们在很多方面都被看作是成年人；她们遇到了她们“钟情的”男孩子，开始恋爱。她们对性实践可能几乎一无所知。她们浪漫地感受着男孩子；他催促着；所有重要的事情似乎等不到结婚那一刻，她们屈服了。他可能会采取防护措施，但有一部分男人不会，他们毫无准备或缺乏技巧。如果怀上了孩子，结婚比预想的要快，但女孩不会感到她被骗了。我的印象是，大多数婚前失贞的女孩是以这种方式进行的——当环境给力时和她们真心喜欢的男孩子们一起失去的，而非有意从这个男孩子换到那个男孩子以“从中取乐”才失去的。

总体而言，一旦他们“稳定了”，忠诚被看作是双方的，几乎没有不忠行为。女孩不可能把自己盼着出嫁看作是邪恶的。她们正沿着一条路线前进，这条路线很快就会让她们找到她们母亲的态度和习惯，成为“体面的”工人阶级家庭妇女。与此同时，你可能也会承认说：“它没有伤害任何人。这只是自然而然的事情，不是吗？”

注释：

［1］在此处所使用的一些材料在我投稿到1946年10月4日的《论坛报》（*Tribune*）上的一篇文章中以不同的形式出现。

［2］参阅狄更斯的《远大前程》（*Great Expectations*）。

［3］莎士比亚：《李尔王》，第二幕，第四场，第268页。

［4］全国煤气工人和普通工人联盟之临时委员会，参见威尔·索恩（Will Thorne）：《我一生的斗争》（*My Life's Battles*），纽恩斯，1925年。

［5］这一点也是茨威格博士所提出的。

［6］马修·阿诺德：《文化与无政府状态》，第2章。

［7］在以下这本书中被报道的一名工人，里夫利（Reaveley）和温宁顿（Winnington）：《民主与工业》（*Democracy and Industry*），第60页。

［8］"柔润的言辞"，我把这个非常惬意的修饰语归功于珀尔（T.H.Pear）；参见他的著作《声音与个性》（*Voice and Personality*）。

［9］在此，阿萨·布里格斯教授让我回想起了一些细节。

［10］酒水消费量的转折点在于1900年。在那以前，消费量在上升；在那之后，开始下降了。自从20世纪30年代早期以来，人均酒水消费量要比1900年消费量的一半还要少，参见普雷斯特（Prest）和亚当斯（Adams）：《1900—1919年英国消费者开支》（*Consumers' Expenditure in the United Kingdom, 1900—1919*）；《1951—1952年关税和消费税专员之报告》（*Report of the Commissioners of Customs and Excise, 1951—1952*［*Cmd. 8727*］）；以及《酿酒者年鉴》（*The Brewers' Almanack*），1953年，第89页。

［11］金赛报告（The Kinsey Report）进一步证实了这一点。

第四章

人民的“真实”世界 86

第一节　个人的和具体的

从某方面来讲，坚持迅速把世界非常明显地分为“我们”和“他们”，这是大多数工人阶级人民观念中的一个非常重要的普遍特征。接受“他们”的世界终究会牵涉各种政治的和社会的问题，最后会超越政治和社会哲学，走向形而上学。如何面对“他们”（无论“他们”是谁）的问题最终变成了这样的问题，即在牵涉与我们当地世界不明显、不密切相关的事情上，我们持什么立场。从这个层面上讲，工人阶级把世界分为“我们”和“他们”，这是他们遇到抽象或普遍问题时显得为难的症状。

在观念处理上或者在问题分析上，他们很少或者丝毫没有得到过训练。那些在处理这类事务上显现出天赋的人被踢出了他们的阶级，在过去 40 年里，这种情况不断增加。比这些原因更重要的原因是下面这一事实：大多数人任何时候都不会单单对普遍观念感兴趣，不管他们属于哪个社会阶级；在工人阶级中，大多数人——因为其他主要兴趣，比如赚钱，很大程度上诱惑不了他们，甚至由其工作所引发的思想活动也诱惑不了他们——会坚持他们群体的传统，那便是一种个人的和当地的传统。

因此，至于政治，他们持一种有限的现实主义，这种观念告诉他们，就他们所见，政治对他们来说“没有希望”。“政治从来不会给任何人带来任何好处，”他们会补充说；在此，他们正在借用更让人信赖的假定，但太过于宽泛地使用它们。当然，也有个人例外；在大多数人当中，政治成见的强度偶尔增强了。但总体而言，大多数工人的观念是非政治的、非形而上学的。在他们看来，人生中的重要事情是其他的事情。他们可能似乎对普遍事物——关于宗教的，关于政治的，等等——持有看法，但这些看法通常被证明是一套大部分未经检验的、口耳相传的惯用语，把普遍规律、偏见和真假参半的事物奉为圭臬，通过警句短语把这套惯用语升格到普遍真理的位置。正如我之前所说的那
87 样，这些话语经常是自相矛盾的；但它们没有被思考过，没有在思想上被细想过。它们有一种催眠的和决定性的效果，那是一种揭穿真相的声音，是更加不容置疑的彩包爆竹箴言（cracker-mottoes）所发出的声音：

> “他们都在空谈——他们一辈子一天活儿都没干过。”
> “政治当然都是骗人的。”
> “你根本找不到比英国制造更好的东西了。”
> “一直都在进步。”
> “美国人都爱说大话。”
> “你到这儿就知道英国人是最棒的。”
> “英格兰是世界上最重要的国家。”
> “有条致富法则——”
> “在它们两个之间没什么可选的”（关于政党的选择）。

人们每天都毫无质疑地重复说着这些以及上百条类似的格言，就像数十年被反复说着的那样。从任何严格意义上来说，那些声称英国优越的话并不是“爱国的”；它们表达了一种民族优越的固有假定。特别是在过去十几年里，尽管反复在说英国的国际地位发生了改变，但大

多数工人阶级人民仍然没有认识到这种变化。他们也没有明显意识到过去20年在时空关系中发生的众多变革。对于要有一种“双重视角”的不断要求，他们的反应不是适应这种发展，而是反对之。可以适应的、转化成他们自己语言的东西就是被适应了的和被转化了的：那些不能适应和转化的，就是那些被忽视的东西，以及被一种方便的格言关闭了的空旷空间。其他阶级有他们自己的逃避形式：我的意思不是说，只有工人阶级才碰到这样的问题，或者只有工人阶级才躲避这种问题。

他们受到一大堆抽象问题的围攻；他们被要求要对“国家需求”作出反应，要对“社会需求”作出反应，要学着做“好公民”，心中要有“公共物品”。他们并不认为这种普遍要求的责任、牺牲和个人努力与他们有关。他们知道自己是社会的底层；通常情况下，他们继续按照他们自己的生活方式来生活。当那个更大的世界、社会、“他们”的世界需要人民大众时，他们感到，要是那样的话，为什么要迅速告诉他们要去哪里和要做什么呢！除此之外，当地世界和具体世界是能够被理解、被管控、被相信的世界，

> 适应山谷的地方需求，
> 在那个谷地，一切都可以被触摸到，或者步行即可至。
> 他们的双眼从未仰望那无限的太空。[1]

因为当外面的世界变得越来越流线化，于是家庭和邻居开始被认为是真实的和清晰可见的事物，甚至比以前更这样认为。对现代生活的集权化很难过高评价：很容易高估那种迄今为止降临到大多数个体身上的无名意识。家庭从高大抽象事物的阴影下开辟出一条道路来；在家里面，一个人不需要比住在土丘里的獾知道更多外面的力量。回到当地熟悉的群体中，碰到“我们中的一个人”，这便是一种欣慰，这种欣慰感和过去差不多，可能甚至会更强烈一些。 88

其他人可能会过着一种“赚钱花钱”的生活，或者过着一种“文人

生活”，或者是“精神上的那种生活”，甚至是“那种平衡生活”，如果确有这种生活的话。如果要用这种语句描述工人阶级生活的一些本质特征，我们必须说，那是一种“难懂且具体的生活”。过着这种生活的人主要强调的是亲密的、感官的、细节的和个人的东西。无疑，这对全世界的工人阶级而言都会是正确的。我记得一个小个头、不起眼的英国二等兵，他在意大利和一位标致亮丽的歌剧明星交朋友。很快，他每天晚上都在家庭饭桌上蹭饭吃，懂得了正宗本地菜的博大知识和口味。她是一位工人阶级的姑娘，碰巧生就了一副好嗓子。他迈步走进她那凌乱的家庭，仿佛他本来就属于那里的一样；当然，他迈进的是一个比他所属的那个自己长官的世界更混乱的世界。在这里再次提个醒，在考察由紧张的城市化对工人阶级态度产生一定程度的变化之时，我们应小心谨慎：在那个意大利家庭中，3/4 的人仍然是农民；那个英国男人在很多方面都是一个彻头彻尾的城里人。

那种穿越机器喧嚣声的、在工厂日常上班的姑娘们之间进行的连贯、持续的交谈是如此带有本土、个人和亲密的气息，它让姑娘们成了一个亲密的、拥抱的团体。这种交谈几乎常常是最基本的那种，有时俗不可耐，但经常会慷慨激昂；交谈的主要题目局限在现有的宏大题目内——结婚、孩子、与他人的关系、性。男人的工作群体自然也差不多。无论他们在何处找回自我，不管他们的处境会变得多么没有指望，他们正在做的全部都是工人阶级人民经常做的事情；他们正在使用他们最强烈的传统驱动力，让生活具有强烈的人情味，不管任何事情都让它更具人性化，从而让生活不只是凑合着过，还要让它积极有趣。在某种程度上，任何阶层的大多数人都是这样的，但这是一种尤其受到
89 工人阶级生活本质所激发产生的态度。工人阶级人们很少对理论或运动感兴趣。他们并不认为他们的生活能改变地位或者实现经济目标。他们对人非常感兴趣：他们具有小说家对个体行为、对各种关系的痴迷——尽管不是为了把这些东西归归类，而是为了他们自己的目的。“难道她不反常吗？”“竟然说出那样的话！”他们说道，甚至最简单的逸

闻趣事也会使用大量的反问、补充性说明、明显的停顿和声调的变化来戏剧性地道出。

可是，工人阶级人民在以他们自己的方式得出结论时非常敏感。他们不断敷衍了事地对人进行评价，这些评价不借助于外来的概念，而是建立在存在着一些明确、重要、可取的品质之基础上；这些品质体现在像这样的话语中，“哎呀，要按照一个人原本的样子来对待他”，以及“你知道你在哪里认同他；他不是那种‘说一套做一套’的人”；这些品质是友善和仁慈，是在交往中的直接和开放。

在某些方面，这种凭直觉进行判断的能力得到长足发展。到现在，工人阶级的评判通常仍然是敏锐和简洁的，无论是对于个人的还是对于关系的评断。他们几乎完全“在实战中”发展出这样的品质，而非通过阅读：他们拥有一种用来识别面孔的敏锐眼睛，拥有一种辨别声音的灵敏耳朵，与那些通过阅读和讨论进行认知过滤的人相比，这种眼睛和耳朵有时要更加鲜活、更加真实。他们喜欢用眼睛和耳朵“估量人”：“啊，不喜欢她”，他们会说，“她声音不真诚”；或者，“他眼睛无视你”，意思是那双眼睛把你贬低为一件东西，忽视了坦诚和友善。

我故意把这种断言看作是称职的出色本能判断。在做出判断的过程中，人们冒着再次让那个高贵的野蛮人之幽灵复活，那个高贵的野蛮人，那个质朴的、未被宠坏的干苦活的孩子，他满身装配着具有良好分辨力的器官（比那些老掉牙的老于世故之人的所思所想少了很多陈腐和堕落）。工人阶级人民运用熟练的技巧在某些领域能够迅速做出主观判断：在这领域之外，或者如果在正确的旗帜下欺骗性地接近他们时，他们只能是孩童。人们可能把“无辜者的坠落”（The Fall of the Innocents）这个称号授予那些尤其是欺骗工人阶级人民的活动，他们被欺骗只是因为沿着他们暴露出来的线索就能顺藤摸瓜去接近他们——也就是说，因为用一种个人的、友善的、家常的方式就能接近他们。在 90
以他们为目标所打的广告中，在一些工人阶级报纸杂志的社论中，在深受欢迎的占星家的强调中，我们看出了这一点。缺乏名气的服装店知道，如果他们在交易的每个阶段都用这种强烈的个人品质加以润色，他们会获益匪浅。挨家挨户做廉价买卖的兜售员也明白这个道理。在这里，熙熙攘攘的家具店超乎寻常的有意思，特别是因为存在着一种明显的格格不入。乍一看，这些的确是最难看的、庸俗的各种现代店铺。在装饰上，抛弃了一切众所周知的价值标准：没有明显的设计或格调；颜色相互冲突；任何新东西都被扔进来只是因为它是新的。长条灯和仿制枝形吊灯的灯光交相辉映；塑料、木头和玻璃是用各种胶粘、钉钉、吹制的方式攒到了一起；发光的公告牌一个挨一个，闪烁着，发出微光或红光。很难有布置得像家一般的地方。那些表面上优雅的人，站在门口，把手帕折起交替放在袖口边，或者正正领带，看来似乎他们不属于"我们"。他们也根本不想。身着干净整齐的成品服装，脚穿锃亮的便宜鞋子，打着发胶的头发，带着常挂在嘴边的微笑，他们被认为是(就像有烦恼但很有派头的汽车推销员)代表着一种风气。人们听从受过教育和文雅之人的建议去买家具。

单凭这一点，他们很难让工人阶级人民就范；他们可能会让人肃然起敬，但也会"把关系搞僵"。然而尽管他们明显非常聪明、"真正受过教育"，尽管他们见到已婚少妇就称之为"夫人"，他们还"总是非常文雅、友善"——这是他们最具效力的品质。是的，在某种意义上，几乎所有迎合人意的店主都可能假装顺从或者套近乎：情况不只是这样。这持续、有效地运用了个人和家庭方式，所有文雅之人都是因为让人意想不到绅士是如此高雅。业主们认识到，工人阶级人民会被他们表现出来的热情洋溢和光彩照人所倾倒，会被吸引住，还有点儿敬畏感。因此，推销员的行为举止通常是口头上的，这可以理解：游乐场上的推销员不仅会说"喂，夫人"，还会说"我懂那种感觉，夫人"，或者"就在上周我见过像您这样的小两口"；所有这一切都是以一个做得非常好、变得有教养、善解人意的孩子的口吻说出。这并不全都像我所要建议的那样是故意的或者自觉的行为；这不完全都是新的，也不局限于这种类型的店铺。但这种店铺——特别是针对工人阶级消费者而展开的很多表面光鲜之事——专用这种方法。那些引导他们的人感到，工人阶级对都市郊区感到惊奇，也向往之，借助温暖友善的措辞让他们能够感触到。工人阶级坚持那些个人的东西，因为他们能够理解它；此 91
时，从他们身上赚钱的那一部分外部世界为他们造就了一个漂亮的特洛伊木马。

有两种机构——职业体育和王室——能进一步说明这个普遍观点，尽管这两种机构来自外部世界，但它们抓住了工人阶级人民的眼球，这主要是因为它们能轻易地被转化成个人的和具体的术语。

在工作中，体育与性竞相成为交谈的主要部分。人们阅读那些大众化的星期日报纸上关于全程体育报道的内容和阅读那些记述一周犯罪行为的内容同样多。[2] 谈体育要从谈论名人开始，经常说他们的教名，也说他们的别名，比如“吉姆·莫森”(Jim Motson)、“亚瑟·琼斯”(Arthur Jones)以及“威尔·汤普森”(Will Thompson)；谈论比赛的技术性细节，经常伴随着谈到过去许多赛季历史记忆中的神勇技艺。人们谈论他们熟悉的个人，至少是业界名人，谈论那些引发能让他们敬仰和羡慕的品质这样的场景。他们的态度并非像“头脑简单、四肢发达”这样的词语所暗示的那样。下面这段话摘自一本写给年轻人的书，像这样的一段话会疏远他们的世界，这不仅仅是因为他们通常是观众而非参与者：

> 把你的身体当成机器——比任何人造机器都精妙绝伦得多——把它清洗干净、添满燃料、涂上润滑油、对其进行测试检验，你会发现能从中获得无穷乐趣，就像在实际比赛中获得快乐一样。[3]

工人阶级出身的体育爱好者羡慕猎捕之人、好斗之人、蛮勇之人的品质——这些人展示了力量与肌肉、速度与勇气、技巧与机敏。伟大的拳击手、足球运动员和赛车手自然而然成了英雄——传奇英雄的现代修正版，他们把身体天赋与全力以赴、灵活熟练地运用身体结合起来。

我在想这是否有助于解释普遍不信任裁判的现象；至少是在橄榄球联盟(Rugby League)比赛中普遍不信任裁判。我并不想简单假设说，一旦事情正在朝着坏的方向发展，裁判便“站在他们的一边”。我是说有一种根深蒂固的感受：裁判有点儿像校长或主日学校里的教导员，穿着干净整洁的短裤和上衣到处跑，瞎扯闲聊，吹吹口哨。这似乎充其量是一种朦朦胧胧、自然流露的感受；与那些怒喊声——“裁判，别管他”或者“你就不能给他一次机会?”——相比，它通常不会引发任何更加积极的反应；但它是无处不在的感受。

92 在那些地方，特别是在橄榄球联盟正在比赛的地方，家乡队也是辖区群体生活中的一个重要元素。人们把他们说成是“我们的小伙子们”，发自肺腑地感到自豪。家乡队中的很多人很可能是当地的小伙子——很多之前做过矿工或者是干重活的炼钢工人。我记得数年前汉斯莱特橄榄球队从温布利(Wembley)捧杯还乡、从下了城站(火车站)到辖区中心在一辆游览车顶层的情景。他们挨家到所有附近主要街道上的酒馆去，每个酒馆都免费喝酒，身边围着一群小伙子——他们准备晚睡几个小时待在家门外感受看到他们当地冠军的喜悦。

如今，王室面临着宣传压力，在所有这些压力之下，探讨工人阶级对王室态度的问题比往常更困难了。我们知道，工人阶级人民不是特别爱国：他们具有岛国特性，具有恐法、恐美的性格特征；但如果提到这个问题，他们会不假思索地说世界各地的工人阶级人民都一样。他们仍然是坚定不移的反军国主义者；那些对老时光的记忆、对那些因为没有工作或躲避麻烦而要去当兵的兄弟们的记忆、对不得不做出巨大牺牲来买断服兵役的记忆，一到征兵之时正好开始消失了；自那以后的17年里，经常有一些家庭成员在服役。

现在能算作是工人阶级民间传说中的贵族已寥寥无几了。贵族不再拥有大量的、甚至让人仇视的权力，即使在有些工人阶级妇女的眼中，贵族仍然具有其高贵的方面。但整体上看，工人阶级人民，特别是男人，根本不把“上流社会”纳入他们现在的生活画面中。当他们读到他们的所作所为——那些惯常的行为，而非那些对它仍有些兴趣的、属于“光彩年华”里面的事情——时，大多数人会说，他们“没时间看那些所有的东西”。

那么，君主怎么样了呢？再一次凭直觉来看，君主很少被工人阶级拿来说事；原则上他们不是保皇主义者。大多数人也没有对它心怀怨恨；他们几乎没有一点儿热乎劲。他们要么忽视君主，要么如果感兴趣，也是对那些能够被转变成个人的东西感兴趣。因为他们是“趣闻轶事撰写者”和剧作家，比起那些在议会政府中缺乏亮点的人物，他们对几个王室个体成员更感兴趣。

我并不是在思考那个通常在青春期有些姑娘对王室就像对电影明星一样着迷的时期；也没有在思考伦敦民众在特殊场合中的炽热之情。 93
我主要在思考乡下的年龄超过25岁的工人阶级妇女。她们的男人们要么对王室极为不感兴趣，要么心中有一种莫名的敌视，因为王室往往向他们呈现一种特殊的展示，一种“粉饰太平和荒谬绝伦”的世界。工人阶级妇女和他们自己中的一部分人也会用谈论任何贵族成员的方式来说道王室。王室人物可能不得不做诸如握手之类的很多事情，但他们被照顾得很好；他们不会为钱发愁，不像我们；当筋疲力尽时，他们不会硬着头皮和孩子们纠缠在一起；他们“等着被人伺候”。作为对无聊的新闻稿和专栏作家记述——某某王妃会给她丈夫补每一双袜子；或者某某王妃会亲自照看某某小王子——的反应，这种看法将会出现。在这个时候，而且在每个重要的王室季节经常会发生很多次，这种反应正在直截了当地揭穿真相：“她一定会。”

与此同时，他们常常会把王室顾问、政府、其余的贵族与王室分离。把王室成员当作个体来看待，认为他们陷入被“他人”操纵的大机器中，过着一种只有困难的“真实家庭生活”，正是这种才智让今天许许多多工人阶级妇女对王室怀有好感，也让她们像其他阶级的妇女一样对王室成员的许多“家常”活动感兴趣。“那真是个倒霉活儿，”人们会说，“跟我们一样，他们也处处作难。”于是，他们对要求君主要做的一切事情感到非常同情，感到她和她丈夫值得拥有他们能够获得的一切信誉：“她是个好姑娘，”他们会补充说。其他王室成员有他们的位置，就像一篇有趣的言情小说中的人物那样——“他们说她是个小气鬼”“他们说他让她过着狗一样的生活”“她喜欢她的那点开心事儿，的确如此。”因此，他们想知道王室家庭生活最完整的细节，而且杂志也为他们提供了这方面的大量内容；在《银星》（*Silver Star*）杂志上，在一首关于女王母亲的诗篇中，呼唤他们那些“温暖的和家常的方式”。[4]

第二节　“原始宗教”

有几个工人阶级居住的区域，大多数人仍然去教堂（church）或小堂（chapel）做礼拜。比起其他地方——在各种坚固的福音堂里，在无轨电车沿线改建的店铺里，为数众多的小型宗派在那里似乎更加兴盛。值得注意的是，有好几种形式的招魂术，中年寡妇似乎对它们感兴趣，这
94 是可以理解的。通常，在这些宗派的信徒中，包含了一些同时属于教会的人，或者一些属于范围更广的不信国教团体中的人。

因此，在大多数家庭中，从家庭这个词的引申义讲，至少有一人——如果不是父母的话，也可能是一位姨妈或者未婚老表姐——可能会经常去教堂或小堂做礼拜。在某种意义上，教堂或小堂仍被认为是邻里生活的一部分。人们仍然会说到“我们的小堂”，许多经常不去做礼拜的人会感到，那种活动是邻居的活动，因此去参加周年仪式，或者到集市去，或者去听音乐会，或者去进行圣灵降临节游行，或者去看圣诞节童话剧。“你看不到比在皇家剧院里更好的东西了。”对于这些后面的事情，我已经听过上百次了。

尽管如此，我的感觉是，在我所了解的地区，即使这种有限的归属

感也正在减弱。如今，父母让去主日学校的命令一旦被解除，大多数工人阶级人民既不去教堂，也不去小堂，特殊的家庭场合除外。在一些地方，被公认是成年的标志之一便是拥有这种不去主日学校的自由和像爸爸那样坐在家看《世界新闻报》(*News of the World*)[5]，此外，男孩子们穿上长裤子或女孩子们被允许用化妆品也是成年的标志。在工人阶级中，好像很少有人在青春期后找到他们自己的办法返回教会。旧有的联系如果被切断，那就不可能再接上了。

尽管工人阶级成年人通常不会定期去礼拜场所做礼拜，但他们不是有意识地去反教权的。在堂区长看来，他们的态度可能有点犬儒；但他和上司相处得很好。但这通常是一种愉快的犬儒主义，背后没有主动去敌视。[6]“如果你能进去的话，那是个不错的行当，”他们会说，“祝他们好运。”我们本质上都是捣蛋鬼，这是其中的假定，机会是个好东西：要是我有机会，我可能也那样做。

他们还是继续到教堂或者小堂去结婚以及葬在那里，继续在那里给孩子们洗礼，继续送他们去主日学校。难道他们单单是赶时髦，或者单单是为了安全起见？当他们在狭小的角落做祷告时，因为他们经常承认做了某事，这单单是一种慌乱之举吗？或者只是一直以来内心潜在的迷信急剧增强了吗？部分程度上是这样的，这毫无疑问；但并非全然这样。工人阶级人民已被那种似乎有宗教主张的观念所影响，这和其他阶级一样，但那是以他们自己的方式进行影响的。他们的经验通常似乎这样认为：宗教这行在“现实”生活中完全起不了作用，它们常常习惯于掩饰一种不可避免的丛林战争。然而，在人生重要时刻或者个人危机时期来到宗教机构，他们并不只是在采取补救措施；在某些 95
方面，他们在内心深处仍然深信不疑。至少，中年人是这样的，此刻我正在思考的主要是他们。

首先，他们相信人生的目的性。人生具有意义，必须具有意义。人们没有非常苦恼于如何定义这种意义，也没有就其本质而探讨抽象问题或者从这样一种结论中探讨其寓意；但显然事实就是这样的。“我们来到人世就是为了一种目的，”他们说，或者“必定有某些目的，否则我们不会来到人间。”存在着一种目的的前提假定，那便是上帝必然存在。他们所秉持的观点，就是切斯特顿(G.K.Chesterton)①所称的“存在的那种沉默无言的确定性”，就是雷茵霍尔德·尼布尔(Reinhold Niebuhr)②所称的“原始宗教”。同样简单地说，他们的观点就是乔治·奥威尔所称的“我们所知道的原本如此的那些事情(比如自由意志和个体存在)，尽管一切言论都在抨击它们”。

同样可以肯定，他们认为人死后有一种生活，他们常常称之为“阴间生活”。在这件事上，他们的观点再一次和雷茵霍尔德·尼布尔所称的“所有朝气蓬勃、健康有益人生的基本乐观”相同。看看当地报纸上的“悼念”(*In Memoriam*)专栏：有多少次提到了“阴间生活”，又有多少次把它看作是一种解脱，摆脱了“在人世间”的繁重劳作，去过着一种更舒适、更幸福的生活；去到了“快乐解脱”、“有福解脱”、“更好生活”的这种状态，这些专栏称道，此外还有，“先走”或者“前面走”。它们经常被从报社的印刷卡片中挑选出来，可能似乎也不过是一种服务于感伤之情的商业行为案例，但对卡片上词句的选择由顾客的需求来决定，它们只是在特定轨道上运行，不只是从情感上被感受到或者出于习惯被接受。

工人阶级母亲往往会把天堂看作是一个寻求慰藉和得到回报的地方。几乎不去想对罪恶的惩罚，因为在人世间他们这类人都是欠缺之人。他们通常并未“做好”，但对于他们的地位会有所补偿：他们只要求——他们也盼望着——“公正”。

对这样一位母亲而言，天堂生活被设想成对家庭生活较为快乐的部分所进行的重建，上帝被看作是她自己父亲(如果他是“一位好爸爸”

① 切斯特顿(G.K.Chesterton，1874—1936年)，英国作家、诗人、哲学家、剧作家、文艺批评家，被誉为“悖论王子”。切斯特顿以其侦探小说《布朗神父》(*Father Brown*)而闻名，他还对狄更斯、阿奎那等人进行立传、研究和评论。——译者注

② 雷茵霍尔德·尼布尔(Reinhold Niebuhr，1892—1971年)，美国神学家，他尝试把基督教信仰与现代政治结合起来。其主要著作有《道德的人与不道德的社会》、《人的本性与命运》等。——译者注

的话)的延伸，一个人更加有能力理顺事情，而不被家庭以外他无法控制的力量所困扰。最要紧的是，天堂将会是个“整修”的场所，是片宽慰之地。在那里，事情会更容易些；会有时间坐下来，有时间好好休息一下。那里会有一件合身的、善解人意的“夹克衫”，让那个带她这样跳舞的“坏人”“挺直腰杆”。那里会有团聚，会与那些之前过世的而一直非常想念的人重逢；会与那个性格活泼的妹妹重逢，她身患结 96
核病，磨面机加速了病情的恶化，夺走了她的生命；会与那个在 19 岁“走掉”的患有佝偻病的聪明儿子重逢。

因此，非常看重一场“得体的”葬礼、一场“体面埋葬”，“风风光光地把他埋掉”；厌恶那种“违反天理的”火葬。重大保险涵盖了好好埋葬参保者本人所需的花销，或者他们参加亲戚葬礼所穿黑色衣服的开支。较多细心的家庭在孩子出生时就开始买小型保险。我还在支付一周一便士的埋葬保险，那是我母亲在我刚出生时就开始买的：它会向我的葬礼花销提供大约 15 英镑。有时，保险成了一项银行存款形式，亲戚的死亡成了对衣服全面换新这样一种周期性时刻。在“体面”葬礼的背后也是希望不要在邻居面前“让你自己难堪”，希望在这个重要的公开场合把它办得不失尊严。在其背后也存在着一种假定，即身体和随身之物在邋遢、破烂了一辈子的状态下一定不能下葬。不开玩笑地讲，葬礼是他们所有人最大的圣灵降临节。正像许多年迈的工人阶级妇女那样，我的祖母有一条非常好的入殓礼服，还有裹尸布，以便为死亡做准备，快到生命终结之时，她会定期提醒我们那些东西被放在哪儿了。但这种不同寻常的特征可能正好是她农村出身的遗风。

同样，在葬礼上提供一顿丰盛的膳食、“用火腿给他陪葬”，这样的习俗并非只是仗着保险单找个借口好好吃上一顿。人们认为，在难得的家庭团聚场合上，这是抛开过去的省吃俭用去办事情的合适方式。看看喝茶时间那多么轻松的气氛，听听一连几个小时的闲谈唠嗑，你可能会尝试着想，这些不过是家人聚起来大吃大喝、聊聊家常罢了。闲谈唠嗑当然会有一顿大餐和一大群人，就像在婚礼中那样。但是，尽管葬礼上的相聚从表面来看有很多特点都和婚礼差不多，可这些相似性是最不重要的方面。

当工人阶级坚持要在教堂举行婚礼或葬礼时，他们是在牵动信仰，虽然几乎没有认真想过，但大多数情况下，这些信仰还是确确实实存在着。他们持有这些信仰，持有一些基本的基督教教义，但他们并未查验过。通常情况下，他们不会认为那些信仰和日常生活事务有很大关联。生活被认为是一种完全不同的事情，是一种艰辛的、非虚幻的事情；如果你想“靠信仰而活”，那好，你很快就会发现那是“徒劳无功
97 之举”；你很快就会“完蛋了”。他们明白他们和其他人经常做错事，但就因为这点，他们经常会把做错事指向其他人；他们基本上远离了罪和原罪的感觉。如果他们中有个人被宗教教义深深打动，他们立马会说，“哦，他得了宗教狂热病”，而且把他看作是一个毫无害处的怪人或半疯子。有时他是这样，但不经常，他们在此稍微作了区分。他们会有更大的心理准备接受那种特别真诚地在道德上体现其信仰的宗教人士。救世军(The Salvation Army)①普遍被认为是对轻微疯癫之人的一种吸引；但在他们的社会援助计划下，“他们做了很多好事”，他们的所作所为值得尊敬：《呐喊》(*War Cry*)②仍在酒馆里出售。

就他们对基督教的认识来看，他们把它看作是一种道德体系；他们的关切是伴随着道德方面的，而非形而上学的。[7]在常用语“我不相信它”(I don't believe it)中，动词经常当作“同意”(agree with)或赞成(hold with)来用，因为核心问题几乎通常是有关道德的。他们还坚定认为，基督教是道德的最好形式。他们会说，科学已经取代宗教，但我们都应该试着“按照基督的训诫而生活”。他们丝毫没有感到有任何矛盾。在某些方面，他们看起来接受了似乎是“科学家”告诉他们的

---

① 救世军(The Salvation Army)是1865年在伦敦成立的一个以基督教为信仰的国际性宗教和慈善组织，主要从事街头布道、慈善、社会服务等，如今在全球有几千个分部，人数大约有200余万人。——译者注

② 《呐喊》(*War Cry*)是救世军的官方新闻出版物，1879年12月27日在伦敦出版第一期，今天很多国家都有自己的版本发行，募集资金支持救世军的社会工作。——译者注

那个世界；但他们会理所当然地拒绝接受这样的观点：他对他所发现之物的适用性没有道德上的责任。我并没有在思考这样的事实，即在恐惧之时——比如说对氢弹威力的恐惧，像其他人一样，他们会希望惩罚科学家。我是在思考这样的情况，即无论科学发明发展到哪种地步，不管科学家们会看起来具有怎样的威望和近乎魔法般的力量，工人阶级人民都坚持认为，无论在这些发明的约定行为上，还是对这些发明的应用上，都有一种明确的道德责任。

我说过，那种道德义务的感受是他们主要从对基督教的理解中得出的东西。基督教是道德；当谈到赞成宗教之时，上文提到的语句，“基督的训诫”，是最常听到的说法。基督是个人，给出了如何生活的最好例子；今天人们无法期望能够过像那样的生活：不过，例子就在那儿了。他们喜欢说“讲究实际的基督教”。

重点通常在于，作为人民，在他们力所能及的范围内，对他们而言做什么是正确的；人民不懂“所有这种教义”的关键所在，但他们必须一直在群体中与人相处；人民必须学会如何去合作，必须学会在交换基础上如何去生活，必须学会如何去相互忍让。这种对待他者背后的假 98
定与其说是我们都是上帝的孩子(尽管这种假定形式就在那里，就存在于背景之中)，不如说我们“都在同一条船上”。就像格雷厄姆·格林(Graham Greene)的《布赖顿棒糖》(*Brighton Rock*)中酒吧女招待艾达(Ida)[1]那样，他们对罪和雅、对善和恶想得并不多；但他们确信，正确与错误还是有差别的。我想我明白了这种立场的局限性，但我感觉不到它指的是一种令人痛苦的状态，就像格雷厄姆·格林发现的那样；在这些情况下，他们可能采取了几种很难让人感到钦佩的态度。

说到这里，把宗教当作是一种我们对他人义务的引导，当作是共同生活所需的好规则之宝库，围绕着这种宗教意识，有成堆成堆的俗

① 格雷厄姆·格林(Graham Greene，1904—1991年)，英国小说家、文学评论家，一些人称他是20世纪最伟大的作家之一。格雷厄姆·格林所写小说超过25部，主要探索现代世界充满矛盾的道德和政治问题。《布赖顿棒糖》(*Brighton Rock*)是其主要作品之一，艾达(Ida)是这部小说中的主要人物。——译者注

语。[8]随便问几个工人阶级人民，让他们非常简单但并非毫无意义地说出从宗教上加以理解的事物，他们可能会在这些话语中挑一句作答：

“做善事”，
“普通礼仪”，
“帮助癞狗”，
“亲和友善”，
“就像你一样向他人施以援手”，
“我们这是在互相帮助”，
“帮助邻居”，
“学会辨别是非”，
“体面生活”。

这就是孩子们持续不断地被招进主日学校的主要原因。 辅助原因也很耳熟：父母喜欢自己有一个安静的星期日下午，有时延伸到强迫孩子们在放学和下午茶之间去好好散个步；或者母亲整个早上都在努力做饭，太累了；或者父亲在看完星期日报纸后想打个盹。 但这些原因背后是这样的观念，即主日学校有一种教化作用，从而有助于避免孩子们“误入歧途”。

不言而喻，小堂自身的成长大部分归功于这种相同的道德倾向；教堂则与特权、上层阶级以及仪式相关联；小堂的新教牧师(minister)并非牛津出身，大量使用传道士——通常，他们的宗教是一种强力、务实的道德说教。 他们是“自己人”，钦佩之人称他们有“辩才”，怀疑之人则把他们看作是“话唠”。 传道士和会众都没有太多时间做仪式或者
99 做几乎任何“形式”；装饰品必须简洁明了，符合服务规定，而且其关系也要像新教牧师和信众之间合乎规定的关系。 长久以来，这一切的热度已经减弱，但很多工人阶级人民如今偶尔会在那堆火烬上拨出一丝火光。 他们偶尔会沉湎于对罗马天主教教堂的怀疑，认为它有点不

祥，他们感到，这种品质与“缭绕的香火、蜡烛和物品这一切”不无关系。

“很多祈祷没有什么用”（不过一些老年人，特别是妇女，即使不到教堂去，他们也依然习惯性地祈祷）：和那些“经常追随”国教牧师(vicar)或者新教牧师的人一样，你自己也能接近上帝：“各种方式都行得通”，你不用去小堂成为一名基督徒。“虽然我不去教堂，但我和你一样都是基督徒。”他们说道。这句话经常暗含着一种反话：“纵然你真的去了教堂，你不还是和我一样”，由此推断，经常去教堂的人可能比那些从来不去教堂的人更不道德。如果他特别经常去教堂，在教会中有点名气，他很可能有点虚伪——而这个人没有做作，但他竭尽所能，可能更加接近一名基督徒。归根结底，尽你最大的努力成为一位“普通的体面”之人——说实在的，这正是基督教的含义。

竭尽全力，但不要忘记外面的“真实世界”，那是个工作和欠债的世界。生活正在创造世间最美好的事物，日子“还过得去”，可能你做得最好了；在你背后的某个地方，你可能得到了“基督的训诫”：在你想它的时候，你可能膜拜于它；但遇到活生生的生活本身时，可能仍然是“你知道……”。不管怎样，这些“更深层次的问题”似乎和那些有闲有钱、有意去探究它们的人所遇到的问题并无太大差别。

因此，在工人阶级中，大多数人看起来不仅不狂热，而且也不理想化；他们有他们的原则，但不愿赤裸裸地去展示它们。大体上，他们的方式是经验主义的；他们是坚定的实用主义者。这种态度与其说源自对主张权宜行事的屈服，倒不如说源自一种贴近个体层面的感受，以及源自一种期望太多的愚蠢感受，更不用说是源自普普通通的职业了。“自有天道啊！”，这句话看似是一种对宇宙的不充分解释，而且还自以为是的，但当一位中年人历经磨难后真诚地这样说之时，它能代表着一种战胜艰难困境的重大胜利。

100 第三节　图解大众艺术——《佩格周刊》①

把最重要的兴趣放在对人类境况细节的考察上，这是理解工人阶级艺术的第一个指针。首先，工人阶级艺术实质上是一种“展示”（而非“探索”），是一种对已知事物的展现。它始于这样的假定：人类生活本身是精彩迷人的。不管会有多么精彩，它也必须处理明晰可见的人类生活，也必须要从摄影的视角入手；必须用几条简单明确的道德标准加以支撑。

《汤姆森新闻周报》（*Thomson's Weekly News*）②是一份引人瞩目的资料，也是一份接地气的、包罗万象的本土资料。[9]正是这份报纸，它超出了那种间接感受到的势利，让具有中产阶级背景的广播连续剧在工人阶级人民中间广为流传，因为这些连播剧反映了每一天的日常生活琐事。正是这份报纸，它帮助确定了最为大众化报纸的新闻记述应属于对下层阶级的想象或虚构创作领域。那些工人阶级人民的最爱，星期日爆猛料的报纸[10]，纪念自由日的报纸，不遗余力地从整个不列颠群岛搜集所有他们能找得到的合适素材，以便让几乎整个工人阶级的成年人阅读。说真的，无论是读新闻报道还是读小说，他们通常看到引发“哎呀啊呀”叫喊声的题材后才提起了兴趣，比如一位非常“普通的”姑娘被一位后来被发现是电影明星的男人撞倒在地；一名年轻漂亮的寡妇后来被证实用砷解决了两任丈夫，把他们扔到地窖石板下面。这容易让人认为，最流行的文学作品是“哎呀啊呀”的那种类型。人们首先要思考的是在摄影上的细节方面；主流的东西并非建议逃离普通生活，相反却认为普通生活本身就很有趣。不管有没有犯罪、有没有

① 《佩格周刊》（*Peg's Paper*）是伦敦的一家面向工人阶级女性读者群的周刊杂志，从1919年到1940年共出版了大约1 100期。该杂志的内容主要包括跨越阶级界限的浪漫爱情故事、影星故事等。——译者注

② 《汤姆森新闻周报》（*Thomson's Weekly News*）是英国汤姆森公司于19世纪中叶开始发行的一份全国性报纸，每周四出版，至今仍是英国赫赫有名的周报。当前报纸内容涉及现实生活戏剧、猜字谜、竞赛、卡通、园艺、短篇小说等。——译者注

性、有没有盛大雄伟带来的那种"活力"，重点一开始就放在人的和细节的方面上。德·鲁日蒙(De Rougemont)①说数百万的人(尽管他特别留意的是中产阶级)"在激情似乎是至上的考验这样的烟雾中、在一种浪漫的空气中呼吸"。[11]正如我们会看到的那样，在工人阶级的文学作品中有很多也支持这样的观点；但当务之急并不是要述说持有此类观点的、更多纯粹属于工人阶级的出版物。对于它们而言，激情并不比稳定的家庭生活更有意思一些。

英国广播公司(B.B.C.)的有些节目强调这种观点。请注意，那些"家常的"(homely)节目是多么深受欢迎，这不只是像《家庭最爱》 101
(*Family Favourites*)②("致好邻居")这种节目，也不只是像《戴尔夫人的日记》(*Mrs.Dale's Diary*)、《阿切尔一家》(*The Archers*)、《休格特一家》(*The Huggettes*)、《戴维森一家》(*The Davisons*)、《格罗夫一家》(*The Grove's Family*)、《哈格雷夫一家》(*The Hargreaves*)③这样的节目；而且还包括真正的普通家庭节目，这种节目有点像比较老式的报纸一样，通常由一系列的板块组成，这些板块只涉及这样的细节，即他们全都在谈论普通人的普通生活。我记得像威尔弗雷德·皮克尔(Wilfred Pickles)的《一试身手》(*Have A Go*)和理查德·丁布尔比(Richard Dimbleby)的《到你那地儿去》(*Down Your Way*)④。它们没有专门的

---

① 丹尼斯·德·鲁日蒙(Denis De Rougemont，1906—1985年)，瑞士作家，文化理论家，欧洲思想家。其主要著作有《西方世界的爱情》、《激情与社会》等。——译者注

② 《家庭最爱》(*Family Favourites*)是二战后英国广播公司推出的继战时节目秀《军队最爱》(*Forces Favourites*)的家庭节目，一直播出到1980年。该节目把在海外服役的英国军人和其在英国的家人进行连线，取得重大成功。——译者注

③ 《戴尔夫人的日记》(*Mrs.Dale's Diary*)是英国广播公司首个重要的广播连续剧，从1948年播放到1969年，工作日下午播放一集，次日重播。《阿切尔一家》(*The Archers*)是世上最长的广播肥皂剧，从1951年开播至今，共计18 000余集。《休格特一家》(*The Huggettes*)是一套三部的系列电影，描写的是住在伦敦的一个工人阶级家庭的故事。《格罗夫一家》(*The Grove's Family*)是一部电视肥皂剧，1954年该剧吸引了几乎1/4英国人的眼球。这些节目基本上是战后英国通过广播、电视推出的系列讲述普通家庭故事的节目。——译者注

④ 理查德·丁布尔比(Richard Dimbleby，1913—1965年)，英国记者和节目主持人，他是英国广播公司第一位战地记者。《到你那地儿去》(*Down Your Way*)是1946—1992年英国广播公司推出的广播节目，一般在星期日下午播出。该节目走访整个英国的城市，讲当地人说的话，播放当地的音乐。理查德·丁布尔比在1950—1955年间是这一节目的主持人。——译者注

形式；它们也不打算成为音乐厅意义上的“艺术”或文娱节目；它们只是“给人介绍人”，并乐此不疲。就是这些节目，它们仍在利用音乐厅处理工人阶级生活的“戏剧性的”传统，比如像诺曼·埃文斯(Norman Evans)的《花园墙外》①和艾尔·里德(Al Read)②的精致短剧。没有必要去为了取得成功，节目就采取一种专业艺术形式；如果它真的是普通的、家常的，它会很有意思、深受欢迎。

我已说过，人们普遍认为，有些杂志只是给人一种纯粹的幻想和情感，其他的几乎也提供不了什么，例如主要由工人阶级妇女阅读的、经常叫做“《佩格周刊》之类”的杂志。[12]这并不是事实；在某种程度上讲，更正宗的工人阶级杂志则喜欢新潮。它们在某些方面很粗俗，但通常不止这些；它们还触摸到了其所迎合群体的生活质地。我会把它们归类为“老杂志”，因为它们继承了《佩格周刊》的传统，反映了工人阶级生活的古老形式：其实，采用现行刊名的大多数杂志只有一二十年的时间。[13]

几乎所有的杂志都由三大商业组织出版发行：联合出版社(Amalgamated Press)、纽恩斯集团(the Newnes Group)、汤姆森朗(Thomson and Leng)。[14]但作者和插画者看起来对他们观众的生活和态度了解甚深。人们琢磨着出版商是否从外部采用了很多零零散散的素材，正像在诺丁汉生产长袜的人那样。大部分材料是传统的——即，它反映了读者的态度；但这些态度并不像一个人最初容易认为的那样荒唐可笑。比较这些报纸杂志，最近名声靠前的那些杂志就像是坐在一位多情、迷信、老派的母亲身边的那个脑筋转得快、手中有一大堆新式选项的年轻聪明儿子。

通常，人们能够把这些老杂志和那些报纸辨别开来，这种粗糙质地
102 的新闻纸往往带有一股略微潮湿和发霉的气味，这种气味此刻强烈唤起

① 诺曼·埃文斯(Norman Evans，1901—1962年)，演员、影星，在1950年上映的喜剧电影《花园墙外》中扮演范尼·菲尔伯特(Fanny Fairbottom)一角。——译者注

② 艾尔·里德(Al Read，1909—1987年)，英国广播喜剧演员，20世纪五六十年代在英国深受欢迎，每周最高有3 500万人收听他的节目。——译者注

了我的回忆，因为它也是过去男童杂志和连环漫画所用的纸张。通过内页的版面设计就能够认出它们，这些内页可能只用不多几种类型；通过封面也能识别出，这些封面经常“平淡无奇”，在固定的范围内涂上醒目的颜色——几乎完全是黑色带着蓝、红、黄这些重阴影，几乎没有中间色。它们经常卖到每本三便士，刊名如下：《秘密》（*Secrets*）、《红星周刊》（*Red Star Weekly*）、《幸运星》（*Lucky Star*，该杂志现在并入了《佩格周刊》）、《奇迹》（*The Miracle*）、《神谕》（*The Oracle*）、《魅力》（*Glamour*）、《大红喜字》（*Red Letter*）和《银星》（*Silver Star*）。显然，它们专门为青春期少女和已婚少妇而设计；因此，《大红喜字》2/3 的读者是在 35 岁以下。也有一些是为年龄大的读者准备的。100 万人中，有 1/3 到 3/4 是它们的读者，大部分杂志达到 1/2 以上。很大一部分会有重叠，但读者的总体数量相当多，他们几乎全部都是工人阶级。

在排版上，这些杂志都大同小异。在封底以及在正文最后几页的大部分版面上都有很多广告，少数杂志从头至尾插入了广告；通常情况下，封面和最前面的正文页没有广告。在彩色封面后面，内页封面一般是一些固定的编者特写；要么是主要的连载小说，或者是一周“戏剧性的长篇完结小说”便由此开始了。广告遍布整个杂志群，定期反复出现，涉及一小部分商品。有些化妆品仍然运用一种具有贵族气质的感染力，附带几张身着舞会服饰、有头衔女士的照片。广告中经常出现治疗同一种病的专利药品，草率进行归纳的人可能会从中总结说，英国工人阶级天生便秘、“焦躁不安”。有很多治疗伤残的告示，称可能会让一位姑娘成为一朵“壁花”。“科学家告诉我们”，这种方法在此予以使用，但此前一种这样的方法仍在用，那就是“吉卜赛人告诉我”。因此，这种方式里偶尔会有秘传的印度疗法——“多年前，约翰逊夫人从孟买的印度医生那里知道了这一秘方。打那以后，成千上万的人有理由乐意相信她那一套。”有针对已婚妇女的洗衣粉广告，也有针对孩子们的止头痛药粉或者加利福尼亚无花果蜜汁。但一般而言，此中的

假定便是，已婚妇女读者非常年轻，她们想使用化妆品和洗发水来跟上
103 未婚女性。邮购公司为漂亮的坡跟鞋和尼龙内衣做广告——我想这是针对更年轻的女性的，向上了年龄的女性推销紧身衣。对于所有群体而言，特别是似乎对于非常年轻的、手里没几个闲钱的已婚妇女而言，有大量的广告(这些杂志里的广告绝对是最多的)在邀请她们成为某一名牌服饰的代理，或者成为激增的普通信用俱乐部——主要是在曼彻斯特地区——的代理，通常会在1英镑中抽取2先令付给他们的代理，还配发一本厚厚的目录和免费信纸。

杂志正文主体由小说组成，但也会固定地和临时地穿插特写。这里没有政治，没有社会问题，没有关于艺术的任何东西。这既不是那些仍在标榜关注大事的通俗报刊所具有的世界，也不是那些偶尔对"文化"感到惊慌的妇女杂志所具有的世界。这里有关于美丽的建议，经常涉及一位著名影星的鲜明特点，也有一些很家常的家庭建议；这里有一位"阿姨"或护士对于个人问题而做出的半页纸建议，这种事情被人取笑称作是"玛吉大婶的建议"；实际上，通常情况下它是非常切合实际的。尽管这都是真的，但我的意思并不是说，这从来就不是一种绝对与道德无关的气象。总体的建议都很实用，也很不错，但当答案超出编辑的能力范围之外而引发问题时，询问者被告知去看医生或者去咨询机构。根据星象或者生辰而推算的算命先生也有一席之地。

小说简单地划分为连载小说、一周长篇完结小说和短篇小说(长度可能只有一页纸)。长篇小说和连载小说通常让人感到非常吃惊，比如一位年轻男子后来被证明实际上是个富豪，或者一位女子发现她赢得了选美比赛，尽管她一直认为自己不过是相貌平平之人。连载小说的情况尤其是这样，它必须是"戏剧性的"，必须要有越来越多的后续惊奇，一周接一周持续下去。因此它们往往会谈论被称作是野性激情的事物，往往会谈论谋杀。这里有寻欢作乐的英俊男人，通常称他们为雷夫(Rafe)。但更让人感兴趣的是"迷人的坏女人"，因为她们显然更让人

害怕，大多数预告节目给她们起绰号，称之为耶洗别们(Jezebels)①。这些女人在外地城市成了家，没有说过在她们之前的、距离一百里开外的家里发生的一段“可怕的过去”或者“可怕的秘密”；或者她们解决掉了那些漂亮的年轻姑娘，这些姑娘们被她们追求的那个男人深深吸引住了，她们被捆起来塞进木头箱子里，从划艇上把她们倒进水中；或者她们把电水壶变成一种致命武器：“她表面看来不歹毒——可她的出现就像是一种诅咒”——“她就是魔鬼自己钻进纯洁无瑕的天使模子里的 104
女人。”

反对这种文学作品的有力证据是众所周知的，我不打算草率地选取这种证据。人们应该记得，它适用于面向所有阶级的大众文学作品。当有人说这样一些小说满足了作恶或邪恶之人的惊险刺激，他能更加深入吗？他能把它们与此类大众作品的一般情况区分开来吗？丹尼斯·德·鲁日蒙指出，这类小说故事，特别是在它写给中产阶级之时，经常想方设法做到两面兼顾，尽管反面人物实际上从未获胜，但他们在情感上胜利了；例如，在主题是通奸爱情那里，这些小说故事暗示着一种情感的背叛。他们“认为爱情的枷锁不能被解除，(意味着)情妇的‘精神’立场胜过了妻子”。德·鲁日蒙先生继续说：“因此，婚姻制度相当失败，但那不要紧……因为中产阶级(特别在欧洲大陆上)非常明白，这种制度不再以道德或者宗教为根基，而是牢固地建立在经济基础之上。”[15]德·鲁日蒙先生也强调爱情与死亡主题的吸引力，通奸爱情关系只有在死亡中才能找到某种解决路径。

对我而言，这种故事似乎有别于那些“老”杂志中讲的大部分“惊险”小说故事。这里好像几乎没有明确假定的情感背叛；惊险之所以出现，是因为反面人物正在打动——“勾引”——某些东西，在家庭和婚姻生活之善的意义上，在超越激情的个人关系之外，人们在内心深处依然感到这些东西非常重要。因此，没有使用爱情与死亡这一主题，

① 耶洗别(Jezebel)是以色列国王亚哈之妻，以邪恶淫荡而著名，见《圣经·列王纪》。在历史和文学上，耶洗别是邪恶女人的原型。——译者注

因为那样会完全毁灭那种积极、真实的家庭和婚姻主题。人们似乎发现，造就通奸关系的反面人物很有趣，并不是因为他提供了一种虽然被禁止但欲求达到的关系所带来的间接享受，而是因为他对那种感觉非常重要的东西发出了惊人的一击。他是一个吓唬人的鬼怪，而不是一个乔装改扮的英雄。按照他在我以德·鲁日蒙先生为例进行说明的那种更加精妙的文学作品中的做法，他一般不会取得成功；事实上，这是一种非常简单的文学作品。

而且，这些小说故事更加明显不同于很多性与暴力故事的新近版本，不同于那种在某些星期日报纸上连载的故事。在那些故事中，作者试图——在当强奸或者暴力正在进行之时——赋予一种轻微的震撼，
105 之后把整个事情沉浸于道德上空洞乏味的陈词滥调中。它们甚至会在售价2先令的性与暴力的言情小说中得以继续发展。它们根本没有任何性刺激，没有旨在唤起性刺激的描述；我想，这不仅仅是因为女人通常不像男人那样容易受到那类刺激的感染，也是因为这些小说故事属于截然不同的世界。工人阶级妇女杂志中的这些小说故事从来不属于中产阶级的世界，不属于更新潮的星期日报纸的那个世界，不属于近来言情小说的那个世界，不属于甚至更少属于这样的环境：在这种环境下，不正当关系可以被说成是“有趣的”、“时髦的”或者“前卫的”。如果在这里一位姑娘的确失去了贞操，或者一位妻子犯下了通奸(罪)，你会听到，“我堕落的那晚也是这样的”或者“我犯下了大罪”，尽管在此处明显会有一种让人大吃一惊的震撼，但你感到堕落和罪的意识也同样是真实的。

人们在阅读了很多这样的小说故事之后，最强烈的印象是它们非常忠实于读者生活的细节。短篇小说占据的篇幅和连载小说或者长篇小说一样多，它们的文本似乎主要是忠于日常生活琐事，或是逗乐，或是担忧。连载小说会一下子进入到那个让人惊叹的上流世界——它们仍被称作是“英格兰的高贵家庭”，或者引介一位王侯或酋长：但通常情况下，这个世界是读者生活的那个世界，在对细节的把握上都非常准

确。那个世界也有合理的犯罪比例——也有汤普森夫人被怀疑扒窃商店货物时的苦恼，等等诸如此类。我翻开《银星》杂志：在内页封面上，长篇完结小说《羞耻的书信》(*Letters of Shame*)拉开了帷幕：

> 斯特拉·凯(Stella Kaye)推开15号大门，房屋前门开着，母亲焦躁不安地向她示意。
>
> "回来这么晚，你究竟干什么去了？"她压低声音说，"你还记得吃香肠吗？哎，好孩子！"
>
> 斯特拉看着母亲涨红的脸，看着她那最好的花布围裙。
>
> 就在她正要开口向他们摊牌所有事情之时！来客人了！话到嘴边又咽了回去。[16]

就像一周诗歌"母亲的外出玩乐之夜"[17]那样，一份典型的《秘密》杂志有父母每周去电影院的情景："那是星期一的晚上，在3号，父母正在匆匆喝茶。事实上，在母亲督促说'弗雷德，快点！'之前，父亲很难收拾妥当。"

在《神谕》[18]的背面，短篇小说《英雄还乡》开篇就讲："在罗波尔路街角的小杂货店买东西的大多数妇女都非常厌烦听到有关博瑟姆夫人之子的事情，但她们没法开口跟她说，因为她非常热情，遇到急事非常方便帮忙。"《幸运星》代表性的一页纸小说故事[19]是这样开始的： 106
"莉莉安·韦斯特(Lilian West)注视着厨房墙上的钟表。'我的天，'她想，'这些日子我干完家务活儿的速度可真快啊！'"接下来会说她是如何找到新幸福的，她决定放手不管那些结了婚的孩子们，免遭人嫌，之后她认识到这样做很有必要。"玛丽是个普通女孩，在工厂做普通工作。"又一个故事开始了，而且无意间成了几乎他们所有人的出发点。

图示有助于营造同样的氛围。一些新杂志专门使用快照进行照片式示例。"老"杂志还在使用形式简单的黑白画。特别是在更现代的出版物中，有非常精致的黑白线条画：相比之下，在一些地方报纸中还能找到漫画，这些漫画由一位当地人所画，属于30年前的东西。所以大部分绘画都在这里(对连载小说或者长篇完结小说进行的重要图示有时是种例外)；它们的方式并不高明，它们的细节几乎完全没有浪漫色彩。姑娘们通常都很漂亮(除非主题是：即便普通姑娘也能找到好丈夫)，但她们的漂亮缺乏魅力，从这种意义上讲，工人阶级的姑娘们一般都非常漂亮。她们身穿衬衫和连衣裙，或者穿着一件舞服。可以看到，工厂的烟囱竖立在角落里，一排排房屋和断断续续的路灯杆延伸至远方；这里有公共汽车、自行车、地方舞厅和电影院。

如果更加仔细地去审视这些小说故事，我们会立刻联想到反对“套板反应”的情形[20]：每一种反应都有其固定的反对立场加以展示。我简要提一下判决报告：嘴巴是“设定好的”，面部“因激动而绷紧着”；脊梁骨都在发颤；英雄展示了“铁腕控制”，“面无表情”地正视着俘获他的人；那个等待他的女友就是一颗“极度痛苦之心”的受害者，因为“牵挂之情与日俱增”。但这暗示着什么呢？作者使用陈词滥调，读者似乎想要陈词滥调，难道他们不是正在通过语言来探究经验、来认识
107 经验吗？的确是这样的。但我再说一次，这些首先是叙述说明；是对已知事物所进行的图片展示。他们的读者几乎不可能应付得了那种被称为严肃文学的任何东西；而且还有更糟糕的向观众反复灌输的东西，特别是在今天。如果把它们看作是忠实于但戏剧化地展现着一种形式和价值都已知晓的生活，我们可能会发现，问一下它们代表了哪些价值会更有用些。只是嘲笑它们，那并没有什么用处：我们首先需要意识到，它们可能用尽所有的陈腔滥调道出了一种实实在在的、非常确切的生活方式。圣诞和生日贺卡这种最俗套的韵文可能也是如此[21]；这也是为什么通常会为了韵文的“亲切”和“正确”而精挑细选这些卡片。这些小说故事所呈现的是一个简单、有限的世界，它建立在一些被人接受的、长期拥有的价值之上。它通常是一个适合孩子们的绚丽世界，情感的源泉四处涌现。但它们的确行得通；它并不是堕落的或者做作的世界。它大胆使用一些词语，那些面向更有鉴赏力读者的严

肃作家心有灵犀地发现，今天使用这些词语会很困难，其他许多作家因为太了解这些词语而无法拿来使用。正如我在另外一种逻辑关系中指出，它使用诸如“罪”、“羞耻”、“内疚”、“恶”等词语，每一处都具有意义。它完全接受并具有（就像它所意指的核心观点那样）这样的观点，即建立在爱情之上的婚姻和家庭，忠诚和欢乐，这些都是女人的正确人生目标。如果一个姑娘“有罪”，它并不是说这个姑娘“亵渎了自己”，就像另一群作家会指出的那样，也不是说她短时间内陷入除了人和社会之外的某些关系中，而是说她糟蹋了拥有体面的家和家庭的机会。这种情况印证了之前我针对工人阶级信仰中的道德重要性所讲的话。这类小说常见的结局是，对于这位姑娘来说，要么重新找到这个男人让他担负责任，嫁给他，要么另找一个男人，尽管这个男人知道所有这些事，但他还是准备娶她，想成为孩子的父亲，爱她们两个。有魄力去不信任“别的女人”、耶洗别、家庭破坏者、打算毁掉现有婚姻或者即将开始婚姻的女人，人们会为此叫好。甚至色迷迷的男人如果干了那种破坏家庭的事情，他也不会受人待见；在破坏家庭之前，他在获得许可下开始变得比那些放荡的女人更加放纵。

这是在反对这样的基本模式，也即这些惊险刺激丢掉了它们那无拘无束的轻松自在，它们无法化解地注定会这样做。我不认为惊险刺激诱使读者去模仿，或者更加让人以一种病态的方式去向往之。它们与他们的生活有着同样的联系，就像从坚固平坦的公地上起飞的风筝之于地面一样。在所有杂志中，通过连载小说和短篇小说，日常生活的基 108
本模式左右摇曳着它的绳子。这便是基本假定的范式：

> 别糟蹋了今天，因为某某朋友已经离你而去；你不能说全是上帝让你失去了亲人。生活留给生气或悲伤的时间太短……

或者：

幸福是由

不计其数的琐事构成

常常在不知不觉中流逝……[22]

在它的思想观念上，这大体上仍然是亨利·伍德夫人①(《空谷兰》、《丹尼斯伯里住宅》、《哈利伯顿夫人的麻烦事》)的世界，是弗洛伦斯·L·巴克利②(《玫瑰园》卖出了100万本)的世界，是玛丽·科雷利③(《撒旦的悲伤》——它对我姑母来说就是“经典”)的世界[23]，是塞拉斯·K·霍金④(《常青藤》、《她的本尼》、《他的父亲》)的世界，是安妮·S·斯万⑤(《分裂之家》)的世界，是鲁丝·兰姆⑥(《任性的沃德》、《算不上淑女》、《只是个年轻妻子》、《有见解的乔以及他如何成名》)的世界，是许许多多其他作品的世界，这些作品通常由圣教书会(Religious Tract Society)出版，作为奖品在主日学校的上层阶级中散发。我琢磨着，顺便说一句，它是否正在苏格兰遭到更加持久的抵制：《人民之友》(*People's Friend*)这份非常简朴但很有吸引力的三便士周刊还在那里发行；来自谢菲尔德的类似杂志《电讯周刊》(*Weekly*

① 亨利·伍德夫人(Mrs.Henry Wood，1814—1887年)，英国小说家，原名埃伦·伍德(Ellen Wood)，《伊斯特·琳内》(*East Lynne*)、《丹尼斯伯里住宅》(*Danesbury House*)、《哈利伯顿夫人的麻烦事》(*Mrs.Halliburton's Troubles*)都是其重要作品。在澳大利亚，亨利·伍德夫人的名气要超过查尔斯·狄更斯。——译者注

② 弗洛伦斯·L·巴克利(Florence L.Barclay，1862—1921年)，英国浪漫主义小说家、短篇小说作家。1909年，巴克利的代表作《玫瑰园》(*The Rosary*)出版，随即成为畅销小说。——译者注

③ 玛丽·科雷利(Marie Corelli，1855—1924年)，英国浪漫小说作家，其主要著作有《特尔玛》(*Thelma*)、《巴拉巴》(*Barabbas*)、《撒旦的悲伤》(*The Sorrows of Satan*)等，其中《撒旦的悲伤》非常畅销，在1895年出版的那一年，该书就印至第10版，到作者去世时，发行到了第66版。——译者注

④ 塞拉斯·K·霍金(Silas K.Hocking，1850—1935年)，英国小说家，《常青藤》(*Ivy*)；《她的本尼》(*Her Benny*)；《他的父亲》(*His Father*)都是其作品，其中《她的本尼》最为有名。——译者注

⑤ 安妮·S·斯万(Annie S.Swan，1859—1943年)，苏格兰小说家、报纸撰稿人，她一生著作颇丰，共出版200余本小说，成为维多利亚时代深受年轻女性欢迎的浪漫主义作家。《分裂之家》(*A Divided House*)是她所写的一本小说。——译者注

⑥ 鲁丝·兰姆(Ruth Lamb，1829—1916年)，英国小说家，一生著有40余本书。《任性的沃德》(*A Wilful Ward*)、《算不上淑女》(*Not Quite a Lady*)、《只是个年轻妻子》(*Only a Girl Wife*)、《有见解的乔以及他如何成名》(*Thoughtful Joe and How He Gained His Name*)都是其小说作品。——译者注

Telegraph)，刚在几年前停刊了，我相信情况是这样的。一些“老”杂志正在通过营造那种新杂志的魅力以自保，通常与旧式惊险小说的夸张形式相关联。场面震撼、扣人心弦的新剧在海报上进行预告，使用大量的图画进行说明，这些图画说明把旧式的普通做法和新式的镜头特写结合起来。

有些新杂志的发行量业已惊人，但还在继续增发。在很多方面，尽管它们面对的受众过广而无法把自己定位在一个社会阶层上，但它们体现了与“老”杂志相同的态度。比起“老”杂志来，它们在表现手法上相当精明，想必也能够提供更专业的关于家庭问题的文章。“老”杂志中有很多粗俗之处，砍掉它们不应感到惋惜。我并未重点关注它们的质量，因为我所关切的是要展示和工人阶级生活更密切的关联性。但对我而言，新杂志的精明通常触及他们的态度，而且变革并不全都是为了好的东西。精明往往变成一种油腔滑调；强调的是金钱和威望(新闻上人名后面的括号里是薪水或者赚钱的数字)，很多“吸引眼球的”注 109
意力都放在了公众人物上，比如产业大亨的同性恋妻子，或者广播电影明星；还有那风情万种的个人小天地，以及那调皮捣蛋或离奇古怪占主流的行为举止。

“光面杂志”旨在成功吸引那些想变得高档时尚、不想看起来很俗气的年轻女性。“老”杂志可能也想赶上“光面杂志”，但费用可能非常高；想必是仍有一大批读者在看它们，以至于按照很多旧形式印行也能盈利。我想，一旦情况不再是那样的话，它们要么会在方向上做出真正彻底的改变，要么消亡。

注 释：

[1] 奥登(W.H.Auden)：“石灰岩颂”(In Praise of Limestone)，载《午后课》(*Nones*)，费伯出版社，1952 年[兰登书局，美国纽约(Random House，N.Y.，U.S.A.)]。

[2] 关于体育，在一些细节上，我再次感谢茨威格博士和阿萨 · 布里格斯教授。

[3] 蒂斯德尔(R.M.N.Tisdall)：《年轻的运动员》(*The Young Athlete*)，转引自哈罗德 · 斯托韦恩(Harold Stovin)：《图腾：对年轻人的剥削》(*Totem，the Exploitation of Youth*)，第 55 页。

[4]《银星》：1953年5月27日。

[5]芬威克小姐（L.Fenwick）证实这仍然是一种习俗，参见《期刊杂志和青春期女孩》（*Periodicals and Adolescent Girls*）。

《德比民意调查》（第53页）显示，在该城镇，4岁到10岁的孩子中有63%的人去主日学校，11岁到15岁的孩子中有56%的人去。当然，去教堂或小堂的成年人比这些数字要低很多（尽管98%的成年人名义上声称是宗教团体的成员）。

[6]朗特里（Rowntree）和莱弗斯（Lavers）在《英国人的生活与休闲》（*English Life and Leisure*）中得出了相反的结论。我自己在想，这是否可能是因为听到的更多是所说的东西而非怎么说。

[7]阿萨·布里格斯教授的出身背景在很多方面和我相仿，他认为我在这里可能正在从太过有限的经验中进行归纳概括。他的经验并不支持我的观点。

[8]在此，我把记忆力上的精神焕发归功于"大众观察"（Mass Obervation）的《困惑的人民》（*Puzzled People*）。

[9]《汤姆森新闻周报》：《1955年赫尔顿读者调查》表明，读者阅读这份报纸的情况如下：

第一类和第二类的阶级	大约55人中有1人
第三类阶级	大约19人中有1人
第四类和第五类阶级	大约13人中有1人

[10]它们当然也非常深受其他阶级的欢迎；与中产阶级中的那些人相比，工人阶级人民更容易看懂星期日报纸，很少看得懂日报（参见《赫尔顿读者调查》）。

[11]德·鲁日蒙：参见《激情与社会》。

[12]在《1953年赫尔顿读者调查》中所给出的这些杂志的读者总数大多数是粗略的近似值。它们显示如下：

刊　　名	所估计的读者总数（仅限妇女）	工人阶级读者（仅限妇女）
《大红喜字》	750 000	700 000
《银星》	650 000	620 000
《幸运星》	600 000	560 000
《红星周刊》	570 000	530 000
《魅力》	570 000	530 000
《秘密》	在第一、二、三类分组中没有妇女的数据。此处的读者非常之少。	350 000
《神谕》	同上	320 000
《家庭之星》	同上	350 000

右边栏目中的数字代表的是《赫尔顿读者调查》的第四类和第五类分组，也即，是代表着总人数的71%。我猜，正如我已经设法对其进行界定的那样，在工人阶级中，集中化其实更高一些。

[13]所有的杂志都是周刊，在写作之时，已经到了下面这些的期号了，大致上是：

《秘密》，第950期；《红星周刊》，第1100期；《奇迹》，第970期；《银星》，第600期；《神谕》，第1050期；《幸运星》，第680期。

[14]纽恩斯集团出版《幸运星》、《银星》和《魅力》。

联合出版社是一家最大的期刊出版机构，直到就在19世纪与20世纪之交以前它以哈姆斯沃斯兄弟有限公司（Harmsworth Bros.Ltd.）而闻名的，该出版社出版《神谕》和《奇迹》。

汤姆森朗是伦敦之外出版杂志和期刊的最大出版组织，由两个家族集团组成，它出版《红星周刊》和《秘密》。

汤姆森(D. C. Thomson)是汤姆森公司的总裁，他于1954年10月12日在敦提(Dundee)去世，享年93岁。他看上去已经成为地方上的哈姆斯沃斯，非常睿智地抓住了普及教育所赋予的机会。他的父亲是个船东，1884年收购了《敦提信使报》(Courier)，并交由他来管理。自此之后，通过收购其他出版物和进行合并，他不断扩张，直到他在英国控制了一家最大的报纸和期刊公司。他亲自管理苏格兰的早报和晚报、妇女杂志、儿童连环画[例如，《狂欢》(Beano)和《丹迪》(Dandy)，它们分别销售了大约125万本]，以及几份其他类型的出版物。[这些细节的大部分情况都出自1954年10月13日《曼彻斯特卫报》(Manchester Guardian)中的一则讣告]

[15] 德·鲁日蒙：第236—239页。

[16] 《银星》，1953年5月27日。

[17] 《秘密》，1953年6月13日。

[18] 《神谕》，1952年9月27日。

[19] 《幸运星》，1953年5月18日。

[20] 很快就显而易见的是，最常用的当代文化上的划分——划分为高级文化品位、低级文化品位和中间文化品味——在使用上非常有限，而且很快就变成明确是误导性的了。

[21] 现在新的风格正在出现。正如在别的地方一样，这种韵文在设计和书写文字上通常都是非常华而不实的。

[22] 由艾普(A.E.P.)所写，载《银星》，1953年5月27日。

[23] 霍尔·凯恩(Hall Caine)的《主教之子》(*The Deemster*)也是“经典”，这本书于1887年问世，比《撒旦的悲伤》早出几年。

第五章

110 # 富足生活

当你挣够了买面包的钱和纳税的钱之时，对于我们这个阶级而言，任何事情都只有一种且是同样一种意义，那就是生活。[1]

第一节　即刻的、当下的、快乐的：天命和运气

从个人的和具体的转到即刻的、当下的和快乐的。正如人们所见，强调“保持欢乐”这一需求是源自这样的假定，即生活注定在物质上得不偿失且困难重重。要是不去进一步证明这种态度，那会让它听起来过于柔弱无力：工人阶级人民在很多方面是感性的，但他们的欢乐主要由其非感性的品质所造就。他们不信任大部队的领导者，但通常用一种幽默的怀疑态度对待他们和他们的做作。他们说，终究，“我们应当知道”。对于大部队的领导者和他们的大话，他们乐于不愿表明态度；“我可不信那一套”，他们说道——可他们并未“以此来反对他们”。他们经常幽默地面对外部世界，他们的幽默几乎总是那种揭穿真相的幽默。他们的欢乐既是建立在非感性的不服从之上，也是建立在“让自己快乐起来”的动力之上。这有助于他们应对问题，带着某种尊严去应对。它也可能让他们变得对内部世界和外部世界都反应迟钝，因为把幽默感提升到基本美德能让任何人作出这样的反应。它有助于让他们变得感性、可靠、稳定、实际、临危不惧、头脑冷静；如果

没有被充分赋予反面的张力，所有这些品质可以变成缺陷。

今天一如既往地有很多勤俭节约的工人阶级人民。但总体来看，工人阶级生活的那种即刻的和当下的性质又附带增加了及时享乐，这种性质让规划未来目标、或者让根据某种理想去规划丧失了信心。他们认为，“人生并不如意事十之八九”，但“明天会自行解决”：从这点来看，工人阶级长久以来都是快乐的存在主义者。即使是那些花费不同寻常的时间来担心事情将会出现的“结局”的人，说真的，他们的生活 111
是一种即刻当下的生活，一定程度上在其他阶级中不容易见得到。

妻子还是会经常在 4 点半带着钱包“溜出去”吃些茶点。储货架上几乎没有什么东西，那是为特殊场合准备的。但这不一定是那种暗示着贫困的现挣现吃的生活；它不完全是懒散和疏忽：这是生活风气的一部分；人们大体上都是在走一步说一步。工资袋每周都进进出出。没有公债、股份、债券、证券、地产、营业资产。某某人一次性支付了几百块钱仍会被称作是“富人”。小账簿零乱地放在一件摆设的后面，每周也都做标记，通常是要“清偿债务”；例如清偿业已产生的债务——服装账单开支、上周的租金。各种储蓄或预支方法传统上是为了特殊目标，比如在保险中投保死亡或疾病；或者，如果是周期性的目标，则通常是短期的，比如为圣诞节或者节假日存款。对普通存款持不信任态度，这仍然很常见：你可能“明天就倒下了”，那么存款所带来的“勉强糊口和艰辛惨状”能为你做些什么呢？在这种评论中，我们可以看见这种不信任的真正原因，也能看到导致强调现在花钱的真正原因。如果人们一点也不浪费，精打细算地生活，那么他们或许能够积攒数额不太大的一笔钱。他们可能会，但也不一定；大多数人认为值得这样去做，但相比起来，必要的纪律则会更多些。这意味着会过着一种干巴巴的、喝燕麦粥那样的生活，到头来几乎一无所获；生活“不值得一活”。

这有助于解释在花钱上其他阶级成员觉得很难称赞的两个特点。首先是用途。一旦还清了当前的欠款，工人阶级人民会把大部分余额拿来买“奢侈品”。这种事情常常会发生，即使家里的钱比过去几年多了些，或者可能只比过去几个月多了点。其次是让局外人恼火或者费解的用钱习惯，工人阶级人民会把收入分割开来，按优先次序安排账目。

因此，与中产阶级相比，更换居家必备设施可能列在更靠后的位置；被单通常非常破旧，补丁摞补丁，毛巾数量不够。这可能不单是因为缺钱；买一个装在衣橱上的非常精致的相框或者一个崭新的饰品所
112 花的钱，能买额外的一双毛巾。“吃得好”通常是指准备丰富的荤菜，特别是为一家之主的男人所准备。这仍然是一种常见的假定，不管丈夫干重活还是轻活。据我了解，工人阶级的很多男人们如果回家发现给他的只有一块而不是两块肉，他们会“摔掉”；或者，如果有凉熟火腿，他们会希望是1/4磅。“娱乐消遣”——例如抽烟喝酒——被赋予类似的重点优先权。娱乐消遣是生活的中心，而不是那种在做完其他很多事情后可能被允许做的事情。在这种粗略的财政模式中，每个条目的重要性在各家各户中会有差异；把这种模式本身颠倒过来的那些人是不正常的。

生活一天接一天、一周接一周地过下去：四季轮转，伴随其中的是那些被当作是假日或欢庆的大型节日，还有偶然的特别事件——家人结婚、乘坐旅游车旅行、葬礼、优胜杯决赛。人们注定要做些规划；要有一份为期12周的圣诞节礼品储蓄金，以便买礼品和额外的东西，也可能要有一份为提前预支圣灵降临节服装的储蓄金，完事之后，有时候还要攒些钱去度假。但总体而言，最明显的特点是：生活在本质上是无法进行规划的，时时刻刻会遇到麻烦，或者时时刻刻会夺走快乐；因此，计划大都是短期的。

同样在社交上，每一天、每一周几乎都是毫无计划的。没有日记，没有预约簿，几乎不收发信件。如果家庭成员外出了，每周的信件统一放在星期日那天，这有点让人痛苦。那些已经搬到别处生活的

亲戚和挚友可能只通过圣诞贺卡联络交流，除非有家庭特殊事件。但如果他们搬回到这个地区生活，关系会被重新捡起，仿佛从来没被打断一样。如果有一次附近的邻居偶然在城市里相遇，他们会好好聊一聊，这次闲聊似乎只是上次闲聊的继续。

对于属于“串门”关系的不多几个来访者而言，不会为他们制定约定时间。一位隔三岔五就要来坐坐的人在走的时候会说，他会在周二看他们，但人们没有把这看作是一种来访约定，反而看作是一种暗示：在那之前，他无法前来看望。属于“串门”关系的大多数其他人，他们的出现就像行星运行一样是可以预测到的。

所有这些事情都归功于工人阶级人民对生活的看法，这种观念从某 113
些方面看像是一种享乐主义，它认为，只要避开大麻烦（债务、酗酒、疾病），只要有充足的机会“过得开心”，生活很大程度上还是可以接受的。但这是一种温和的享乐主义，一种更加根深蒂固的观念告知人们——大型的、长远的回报不属于他们。初听起来，“何必忧愁呢？”似乎是在说一种不值一提的态度；但只有那些预计必定遇到更多忧愁的人才会创造出这种用语，才会非常频繁地加以使用。这种类型的其他用语也是如此——“经常往好的方面想”“没有点乐趣生活不值得一活”“充分利用每一天”“我们没有很多钱，但我们实在是懂得生活”。相反，不喜欢吝啬小气、不舍得花钱——“我讨厌吝啬的人”，以及“他是个讨厌的小气鬼”。

因此，快乐之人、风趣之人、“活宝”依然非常受人敬重。他在工作中讲笑话，时间过得快了一倍；他“引得你发笑”；他“真的很有趣”。或者他在市场上买东西给你，你知道他是个不老实的人，但你还是“忍不住笑了”。在更为粗俗的漫画中，在图画明信片中，他是个大胖子，是个圆脸庞的中年男人，拿着一杯啤酒。他是真正的工人阶级英雄，是个快乐的而非浪漫的英雄。他是个大约四十岁开外的男人，而不是一个英俊的年轻男人，他经历了一些挫折，知道如何加以应对。工人阶级通常喜欢“喜剧演员”，就像他们最大音乐厅的名字所暗示的那样。他们喜欢那些“一本正经的爱尔兰人”、荒诞有趣的男性，喜欢放荡不羁的、不受约束的庸俗女性，比如不久前的内莉·华莱士（Nellie Wallace）①。

一些甚至更加粗俗的类型继续存在着。我最近在赫尔的街上买了一份售价二便士的大幅报纸，叫做《比利的撒谎者周刊》（第二十版）（*Billy's Weekly Liar*），在这个国家另一端的一个城市里印刷出版。它被认为是和滑稽明信片相同的那个世界之遗物。一则讽刺性的经典广告这样写道：

豪华客栈

真正做到宾至如归。弹簧下铺，外加大型接待室（只需周周清空）。舒适的被单和毯子……

另一则这样写：

招聘：我们测试通便剂的研究实验室招聘工作人员一名。这是一份坐着的工作，操作简单，产出还有奖金……

还有给洗衣粉做广告的：

灰尘、污渍、颜色、扣子和衣服的痕迹会统统消失！气味会让你惊叹不已，就像是刚割下来的草——被马吃下之后散发的气味。

① 内莉·华莱士（Nellie Wallace，1870—1948 年），英国音乐厅明星、喜剧演员、舞蹈演员，是当时英国最著名和最受人喜欢的音乐厅表演者。她经常穿非常紧身的裙子，帽子上戴着一朵菊花、羽毛、鱼骨、蜡烛等，被人称为“怪癖精”。——译者注

整个报纸的旗帜座右铭是，“笑他妈的笑！” 114

“你笑，这世界就同你一起笑”；在不计其数的工人阶级客厅的墙上，挂着埃拉·惠勒·威尔科克斯(Ella Wheeler Wilcox)①的诗句，这并非是认可她想让他们接受的那种腔调，而是认可她所主张的一系列非常强烈的态度。

众所周知，工人阶级人民喜欢赌博。[2]这是否主要是基于以下观念产生的一种反应呢？这些观念是：必须“万事忍让”，认识到一步步努力去改变可能效果不大，希望一夜暴富，摆脱无聊的工作，不劳而获。赌博需要一定的技巧。在赌博的那些形式中，正像一些作家指出的那样，在不多几个可以利用的自我发泄渠道里也存在着一种乐趣。在玩“赌球”(pools)或者赌马中，人们尊敬有一套“下注方法”的人——可是通常不去细看他“下注方法”的结果。他令人羡慕，某种程度上有点像人们羡慕一位好的足球运动员那样，因为他正在“让它成为科学”。无论需不需要技巧，所有赌博背后是一种纯粹碰碰运气的兴奋刺激，重点不在于担心是否会赢，而是在于“一试身手”的“乐趣”——无论输赢。我强调这点的原因是，我想人们非常容易认为工人阶级人民更多地是感情冲动卷入到赌博之中的。事情很棘手，但大多数偶尔赌博(尽管在过去20年已经确保至少每周都有“赌球”)似乎对我而言不是高度相关。从统计资料看，人们往往认为：几乎每个工人阶级家庭每周都神经质地渴望在“赌球”中获胜；星期三晚上之前，客厅的桌子上到处都是报纸，这是狂热行动的中心，一周剩下的时间都沉浸在幻想中，想着赢了所有的钱会干哪些事情；星期六暂时让他们陷入谷底，但他们马上就在酝酿着下周的希望。

首先，我们应该记得已经提到过的有数百年来对天命和定数的信从，在星象所预示的报告中，这些报告甚至是出色现代报刊的本质特

① 埃拉·惠勒·威尔科克斯(Ella Wheeler Wilcox，1850—1919年)，美国诗人、新闻工作者，她的作品以通俗见长，出版诗集20余部，包括《激情诗集》、《欢乐诗集》、《伤感诗集》等，“你笑，这世界就同你一起笑”出自作者撰写的诗歌《孤独》，这首诗被读者评为最难忘的诗歌之一。——译者注

征，在大型城市交易会上的算命先生和海边的电子算命机那里，在每个辖区都有那么几个通过茶叶渣和手掌看相之人那里，在福尔沙姆(Foulsham)的《梦历》(*Dream Almanac*)中，在为四叶车轴草、为康沃尔精灵琼·沃德(Joan the Wad)①，为她的配偶杰克灯(Jack O'Lantern)②所做的大量广告宣传中，这种信念得以继续存在。

115 人们相信天命存留在《老摩尔历》(*Old Moore's Almanac*)③中，这个历本声称“年净销售量正常在300万本”，其日期是“1699—1956年”。神秘的封面宣告和展示着“预言式的、写有象形文字的版画”，它看起来与原初版本几乎没有变化，尽管现在有对足球赌博预测的公告。它的里面密密麻麻地印制着不计其数的预言，根据时日和生日的预测应有尽有，还有星象图，包括对诸如艾森豪威尔总统这样的著名人物的预言。

在这方面的经验上，反复出现的词语以及非常频繁使用的词语便是“运气”。人们相信和羡慕运气；你生来就带有运气，或者你生来就不带运气；就像智慧和眼光一样，它是一种既定品质。当然，存在着幸运的事情和特征，比如偶尔碰到黑猫或者长了一头黑发：运气会有周期性。但基本的假定是，运气是你与生俱来的那种东西——“与生俱来的运气要比有钱更好”，工人阶级人民会说，至于一个人在抽彩中获奖，“当然，他很幸运”，这是在说他具有了这种品质。即使是那些生来就没有“运气的人”，他们偶尔会有“新手之运”，或者碰到了一次好运，或者“走上了”好运。当然，整个社会都在使用类似的话语，但这些话语并不常用，意思也并不一样。对于工人阶级人民而言，幸运数

① 琼·沃德(Joan the Wad)是康沃尔地区的民间传说人物，据称她是精灵女王。经常和英格兰的康沃尔和德文联系在一起。——译者注

② 杰克灯(Jack O'Lantern)是通常用甜菜或南瓜雕成的灯笼，其形状像怪物的脸，里面点放蜡烛。在万圣节，人们通常在各家各户的门前台阶上能够看得到它，它还用于其他方面的装饰。杰克灯是根据爱尔兰民间传说而来的，它讲述了吝啬鬼杰克(Stingy Jack)与魔鬼之间的故事。——译者注

③ 《老摩尔历》(Old Moore's Almanac)是一种占星历法，它由弗朗西斯·摩尔(Francis Moore)所著，首版发行于1697年，里面有天气预报。1700年，摩尔出版了观测星象的书籍——《星星之音》(*Vox Stellarum*)，后来便成了众所周知的《老摩尔历》。——译者注

字和不断努力、智慧、美貌一样是重要的和天生的；它同样是你必须接受的特质。他们做好了称赞其他品质的准备，但对你纯属巧合交上好运给予同样重视。之前所讲的话可能会部分解释了这种情况，其中提到了这样的事实，即在一种物质非常有限的生活中，人们希望天上的运气突然降临。但它也植根于一种存活数百年的超自然主义之中，它依然充满乐趣，这并不是因为权当它是一种尚未到来的报偿，而是因为它让生活更加有趣。

于是赌博和下小赌注泛滥成灾。在任意一群工人阶级人民的口袋和手提包里，可能有各式各样的当期票据，有幸运抽奖，有车间抽彩，有大型比赛的盘口，还有俱乐部抽奖的。赌博能够围绕着几乎任何事情而组织展开，并期待着几乎每个人都参与进来。零用钱通常是给那种在道德上持反对态度的"古怪"之人的，但那种普遍相信"宽容"的观念而不是对古怪之人看法的理解更多地鼓舞着人们要有零用钱。这是自然而然的事情；因为他的情况并不是全部事实。当组织者对反对之人说"好吧，为什么不一试身手呢，只是找点乐趣罢了"或者说"娱乐一下吧"的时候，他们是在暗示说，这个方面对他们和对采取反对态度的人来说同样重要。至于那些他们怀疑是由于吝啬而拒绝参加的 116
人，他们会说："他不要娱乐，他怕输钱。"

一个赌球公司做了一则广告，从画风和室内布景来看，明显是针对工人阶级的，画面显示了一位年轻男子被姑娘们唾弃，因为她们上了其他人的轿车。在第二、三幅画中，他看起来像个崭露头角的学者，鄙视享乐，过着艰苦的日子，他在家里填了他的"赌球"票券，寄了出去。在第四幕，他赢了几千块钱，开着一辆漂亮的跑车，快要飞了起来，旁边坐着第一幅画中在他身边的一位姑娘，与此同时，另外一个年轻男人步履艰难、可怜地走在人行道上。我不否认，一些有"赌球"潜力的家伙可能会被这种类型的方式所影响。但对于大多数人而言，这似乎全都无关紧要。这完全是贪婪社会的广告，这个社会认为金钱关系至关重要。然而有可能的是，赌博的新特征——经常性、中心化、提供大笔奖金、在高压宣传下的维护与扩张——会逐渐带来一种态度转变。关于一大笔钱对中奖者的影响，我没有个人经验，也没有邻居对它们的态度。目前，对于我所认识的几乎所有人来讲，参与其中仍是一种掷骰子的方式，是一种向运气招手的姿态。如果走了运，那会“挺好”或者“再好不过了”或者“太好了”，而且“有希望也并不坏”。人们可能买一些在其他情况下意想不到的东西，做一些料想不到的事情，比如过一个真正的好假期，或者买一个电动洗衣机，安排未出嫁的女儿到一家店铺工作。人们会体验一下经常想要的那种奢侈。但人们并不是每周都焦急地盼望着机缘来到。

第二节 “世上最大的一叶兰”：涉足“巴洛克风格”[3]

好生活不单单是“万事忍让”、“做到最好”的问题，而是有机会获得那种真正创造“生活”的“一点额外之物”。大多数工人阶级人民并不往上升；他们不和他们的那些普通层次的人吵架；他们只想要更多一点的虚饰。他们很早就明白了这一点的重要性。正如我在前面提到的那样，工人阶级的孩子挣了钱，通常不想把钱上交帮助家庭财政开支；它更可能成为“他们的一点儿外快”。从表面上的重要性来看——比如说在一星期当中吃一顿炸鱼薯条的晚餐，给成年人的外快可能只是偶然
117 性的，而且非常之少。但他们为生活增添了一些变化、颜色或者欢乐；在那大部分是强行规定的生活中——按时上下班或者定时在家里吃饭、洗刷和维修，他们属于自由勃发的事物。但凡日常工作几乎没有变化以及几乎完全是外部强加的东西，对自由和个人行为的态度便呈现出特殊的性质。

所以，“有点你梦寐以求的东西对你有好处”“当你能外出的时候，你就要外出去享受”“你想要一点真正的生活”“你要像重回到八岁的时

候那样去做”。今天仍然非常多地用到这些话语。所有这些话语中存在着一种口气，自从有了巴斯夫人，这种语调在英国工人阶级生活中从未沉寂过，在莎士比亚的小丑奎克莉夫人(Mistress Quickly)和朱丽叶的奶妈(Juliet's nurse)[①]那里能听到，在摩尔·弗兰德斯(Moll Flanders)[②]那里能听到，以及在19世纪的音乐厅里也能听到这种口气。如今，这种口气已经失去了它原有的品质，但与通常人们所认为的相比，更多的喧嚣吵闹和粗俗品味保留了下来。

对于这种古老态度的继续留存，我自己遇到的最好例子便是我在20世纪40年代末认识的一位女清洁工。她代表着那种干粗活的、“布朗妈妈双膝提起来”[③]的那种类型的女人。她的衣服每一件看起来好像都是从二手衣服店捡来的，而且她非常不讲卫生。套上破烂、陈旧、肮脏的上衣和裙子，她就有了一个上街穿的过去军用的充气披风；头从那里面伸出来酷似《麦克白》中的女巫。她一定在45岁左右，所以脸庞算不上年轻；但也算不上老或者“饱经沧桑”。她脸上有很多皱纹但并不憔悴；努力工作、不够讲究、条条褶皱都刻在脸上，“凑合着过日子”、顽固不化、为自己奋斗，尤其是为了虚张声势，这些造就了那一道道皱纹。她的左眼带着一种恶狠狠的神情，下嘴唇歪向右边，因此整个来看，虚张声势赢了。但这是一种粗野失礼的虚张声势，即使在她精神最放松的时候。她的头发是脏兮兮的鼠灰色，旧毡帽的两边披着一绺绺蓬乱的头发，那顶帽子硬往头上套，已经失去了形状，头发用一个大发夹夹住，那个发夹头很小，末端很平——我想，这是到海边去了一天留下的印迹。她的鞋子裂开了缝，邋里邋遢，一点都不干净；她穿的莱尔线长筒袜从膝盖以下都绕着圈。她嗓音粗哑，多年来在

① 奎克莉夫人(Mistress Quickly)和朱丽叶的奶妈(Juliet's nurse)是莎士比亚塑造的人物形象，曾分别在《亨利四世》、《亨利五世》、《温莎的风流娘儿们》、《罗密欧与朱丽叶》等剧本中出现过。——译者注

② 摩尔·弗兰德斯(Moll Flanders)是丹尼尔·笛福(Daniel Defoe)在1722年出版的一本小说中的人物，讲述了女主人公摩尔的生平事迹。——译者注

③ “布朗妈妈双膝提起来”(Knees up, Mother Brown)是1938年发行的一首歌曲，实际上在此之前已经流行多年，早在1918年就在伦敦流行开来。——译者注

院落和后院“呼叫”（“a”的音发起来像“shall”）和“声嘶力竭地喊”造就了这副嗓门。她不是个寡妇，接触她的人只是略微会这样想：十几年来，她丈夫一直住在精神病院，这些年来，她一个人照顾家庭。她实际的婚姻生活从待在家里的那三天假期开始，五六年后结束了，那时“他
118 们带走了他”。所以，她在40多岁就有五个孩子要照顾，或者更确切地说是四个，因为18岁的大儿子参了军。然后，14岁的女儿“很聪明”，拿到了奖学金进入当地文法学校，10岁的儿子看起来和她很相像，7岁的女儿得了几种遗传病，4岁的女儿早已面色苍白，感冒频发。

他们全都死心塌地跟着母亲生活，非常快乐。她很有精气神，我说这个并没有贬低她的意图，也无意骂她是个杂种母狗。她努力拼搏，一直为了她的孩子们，但这从未“让她沮丧”，尽管她经常对他们大发脾气。她从不低声下气或者恭敬顺从，也不想赢得同情；她毫不关心影响孩子们的很多事情，不去发愁，也不去认真对待生活。她请求雇她干活的那些人，“别再向济贫会委员们提这事儿了”，但她没有乞求或者响应通过某种方式获得馈赠，那种方式会建议人们收到更多馈赠而心存感激。如果有人给她一件连衣裙或者一种食品，她接过来说几个道谢的词，仅此而已。毫无疑问，她经常感到金钱上的盈余和她扯不上关系，她的雇主在金钱上似乎有盈余，但她明显不羡慕他们的生活方式。她在一种充满活力的（如果不在乎这种尖刻语气的话）、喧嚣吵闹的时尚中为那些年轻的中产阶级家庭主妇干着重活，她们很快就明白，任何社会虚荣或者互惠互利的企图都将变得不合时宜了。事实上，她比有些雇主生活得更加充实。所以，如果哪一天她不上班，对于这样的事情——带着所有能带上的家庭成员到最近的海滨度假胜地（那不是很远）热热闹闹地享受一天、最后所有人吃上一顿炸鱼薯条，她觉得没什么大不了的。

我可能有点把她浪漫化了，当然她并不典型。但她具有我现在所描述的工人阶级的一些品质，这些品质远远超出了生活范畴，正如在一张漫画中那样——他们能够做的，并不是让自己发生改变，而是接受或

者不接受，因为他们会并且以他们自己的方式那样做；对于各种传统消遣娱乐，即便是情况非常不容乐观，他们也积极为其争取一种空间，并乐在其中。

正是这样一种态度，它要求那些旨在享乐的事情(有关装饰艺术的、有关唱歌的、有关“自由”行动的)要层出不穷，要雕梁画栋，要有洛可可风格[①]的豪华奢侈。它喜欢那种可能被称作是(这并不必然暗示着一种历史关联)“巴洛克”的东西，就像兰伯特小姐(Miss Lambert)和 119
马克斯小姐(Miss Marx)[②]所阐明的那样。它喜欢丰饶角，所有的一切都富足充裕、应有尽有，它通过绝对丰富和奢华的颜色展示着阔气和富裕。它喜欢东方，因为东方是异国情调、精巧别致。香水应该来自东方；多年来，与义卖相比，小堂更喜欢集市(例如最近有张这样的海报：“赫尔和本地区的希望与节制联盟乐队——五朔节庆祝活动——东方曲调——五月王后：希拉·帕格迈尔小姐”)。电影院有时候也追随剧院，给它们自己起了个含糊不清的东方名字，总体而言是在暗示着一种东方的或者欧洲的壮丽辉煌，但它从不腼腆害羞。这两个地方的门卫看起来像鲁里坦尼亚王国的将军；沿着主干道，竞相展示着广场、宫殿、爱尔汗布拉宫、帝王、大使、国王等浇铸的假面具。急速膨胀的大众杂志小说经常应和着同样的调子；东方统治者非常受人喜欢。

我现在回想起了而且更加明确地解释了早先的一个观点。在室内，家庭的基本家具被那些主要魅力在于其强着色和呈现华丽的物件所超越。旧式通常看起来差不多都是丑陋难看的，新式家具质量下降；但传统并未被打破。在商店里，墙纸上会被标明“最新款式”的句

---

① 洛可可风格(rococo)产生于18世纪的法国，盛行于路易十五统治时期，该艺术形式受到东亚艺术的影响，具有轻快、精致、细腻等特点，这种风格广泛用于建筑、绘画、文学、艺术等领域。——译者注

② 玛格丽特·兰伯特(Margaret Lambert，1906—1995年)，英国历史学家，编有《英国外交档案(1946—1950年)》、《德国外交档案(1951—1983年)》等书籍；伊妮德·马克斯(Enid Marx，1902—1998年)，英国画家和设计师，她是多款邮票的设计者，并致力于英国民间艺术保护。兰伯特和马克斯于1946年出版了《英国大众艺术和传统艺术》，于1951年出版了《英国大众艺术》等书。——译者注

子，但依然是一种豪放的样式和色泽。老款的罐子和装饰用的海贝从壁炉台上消失了，只有一小部分年轻夫妇会想要一个剪制而成的鲜艳小地毯；不过替代品差不多也是鲜艳的。不难猜到，工人阶级人民一旦不再必需购买实用型家居，他们便回到霓虹灯地带的商店去买高抛光度和精心别致的物品。[4]我们看得出来，精美花盆中枝繁叶茂的一叶兰——在它蔫了的时候给施些阿司匹林和淡茶——不见了。但在窗台空间里，它的后继者表达着一模一样的情感话语。室外的盆花仍然是那些最能增添“几分颜色”的花。花哨的塑料制品和形状像乡村小屋的茶壶非常容易和以下物品摆放在一起：构造复杂的花边纸桌垫、复杂的蕾丝半帘、钩织而成的桌旗，精美的生日和圣诞贺卡、柳条编成的着色购物篮、以及为喝茶而备的“花色小蛋糕”（造型奇特、五颜六色的小蛋糕）。

过去很多工人阶级的业余爱好都有一个类似的特点。当制造一个物件时，兴趣点并不在于颜色的混搭或设计上的合一，而在于为了精致而精致。确切地讲，那些更加细致的特点既要暗含着富足，也要通过
120 在一个物件上反复勾勒几次以展示精湛的技巧。通常几乎不关注材料本身最佳的潜在性能，也几乎不关注物件的用途。想一想那荒诞怪异的回纹饰，那火柴棍上的议会图样，那用于圣诞礼物交换的公爵夫人饰品、茶壶保温罩、烙花物品。

在户外，特别是在城市公共场所，邮局、电话亭、公共汽车站留下了20世纪那种更加清晰线条之印迹。但在工人阶级的购物和娱乐场所，旧风气——以其现代形式——继续存在；比如，在大型家具店中，在有杏仁蛋白糖果出售的超级电影院中，在由更加便宜的衣料店和服装店所沿用的橱窗装饰风格中，旧风气继续存在着。工人阶级有一个市中心，正像中产阶级有他们自己的中心那样。在地理上，他们连在一起，他们互有重叠，他们并行不悖地生活；但他们也有与众不同的风格。那个中心属于所有的群体，每个群体都拿取各自想要的东西，以此从下列场所创造自己的中心：特别喜欢的大街、大众商店（“伍雷商

店”——伍尔沃斯商店——明显深受工人阶级人民喜欢)、电车车站、商场的每个板块、娱乐场所、喝茶的地方。

在工人阶级自己的地带，在那些崎岖不平的、用鹅卵石铺成的街道里——直到最近汽车也很少进得去，仍然是50年前的那个世界。那是个肮脏、凌乱、巴洛克的世界，但整体看是一种单调乏味的巴洛克世界。商店的橱窗一律凌乱地堆放着杂七杂八的东西，每件值不了几个铜板；在柜台和上方空间的每块空余之处，挂的全都是专利药品的广告牌。外墙有很多小广告，五颜六色的。广告有数百种，磨损的程度不一，有些广告上贴广告，叠加起来有1/4英寸那么厚。

在旧风气仍然得以保留的城镇中，与驶入“好的居住”辖区相比，有轨电车在工人阶级地区明显更加相得益彰。它们奇怪的“埃米特”(Emmett)造型，它们非同寻常的嘈杂声——把两三种声音弄到一起听起来就像一个小型游乐场、大量的小广告遍布车内、晚上两串奇妙的灯光——所有这些都让它们成为工人阶级交通工具的典型代表，成为人民的旅游车。

所有这些都是巴洛克式生活的特殊行为之背景。工人阶级的大部分娱乐都倾向于大众消遣、成群结队和散乱无序。每个人都想在相同的时间段去享受乐趣，因为大多数门铃在一小时之内都相互响起来了。特殊场合——去参加一场婚礼、去感受一次童话剧、去到游乐场看看、去乘坐旅游车外出游玩——就要这个样子的，还必须展示出一种真正独 121
特的荣华和光彩照人。婚礼常常是有那么一次试图达到了某种荣华，而这种荣华是与上层阶级生活观念相联系起来的。毋庸置疑，大蛋糕是“好的”，但精心安排的白色婚纱只能是对价值一百基尼的真品进行的拙劣模仿。伴娘都是同样的打扮，一直到小袖标、长款网状手套和大礼帽；但衣服最后一道完工程序和衣服的合身性并不好。酒随便喝，包括价格更昂贵的品牌——特别是波尔图葡萄酒①。

① 波尔图葡萄酒(port)是原产于葡萄牙的一种高酒精度葡萄酒，常为深红色，被称为葡萄牙的“国酒”。——译者注

和家具一样，游乐场也具有一种强烈自觉意识的现代性。可爱的、具有风格化的马匹几乎全都消失了[5]，那些有趣的机械装置也不见了；每一年，越来越大、越来越响的中继系统(relay-systems)设备出现了，越来越多的科尼岛风格(Coney-Island-style)的彩灯出现了。但新事物再次适应了原有的需求，这种旧式需求对颜色、噪声和动作的复杂性和异域风情要求很高。在大型的度假营中，也遇到了同样的需求；如果你在那里仔细看看大型公共会堂的内部，你会看到房顶的钢架和露出来的波纹；但你不得不通过一大堆凌乱的人造树、仿真露明木架、让人非常眩晕的枝形吊灯去窥探。

最能解释这所有一切的是"乘坐旅游车"旅行的习惯。"乘坐旅游车"一日游特别被工人阶级人民所接受，它成为他们享乐场合独特的——也即具有典型特征的——类型之一。一些人甚至用这种方式、用连续出行的方式度过他们的周假。今天，在花哨俗丽和欢乐快活之中，"乘坐旅游车"旅行仍然在说着这样一句话：

啊，我的确喜欢到海滨一带。

这些公共汽车有时是来自一个大城镇里的车队，但通常是一位当地人所有的几辆车之一。这些车是公路上的超级影院。特别是如果这些公共汽车属于专门让工人阶级人民一日游的小型公司，它们里里外外都是豪华软座，在风格上属于招摇过市的那种；它们有很多镀铬装饰板，车顶有几面旗子，有好听的名字和大喇叭收音机。在夏天的每一天，大城镇之外的干道上，密密麻麻全是这些车，嗡嗡地驶向海边。因为这种娱乐特别能引起那些想要短暂休息一下的母亲们的兴趣，也能吸引很多公司，所以经常坐满了中年妇女，她们穿着最好的服装，外出到酒馆、俱乐部或者街区进行短途旅行。她们的头发昨晚用卷发器夹卷了；她们穿上每天都不穿的、吱吱作响的紧身内衣，让自己放松一下，
122 她们穿着绣花的夏装和花哨的鞋子。我记得，有一年，除了那些实在

是很暖和的日子以外，流行穿衬毛皮的短筒女靴，这种款式要让靴鞫上面一圈的毛皮显得厚厚的，但整个衬里并不那么厚。她们把所有零零散散的装备攒在一起，当一位工人阶级妇女梳妆打扮后，这些东西让她有点儿乱糟糟的、打扮得有点过——脖子上戴着饰物，一件贵重的珠宝首饰，比如一个胸针或者一个浮雕宝石，固定在连衣裙上身的中间部位，挎着一个没有提梁的手提包。

"旅游车"滚动而出，穿过荒原，朝着大海驶去，途经那些对包车旅游团嗤之以鼻的客栈，来到司机熟悉的一个地方，那里有咖啡和饼干，也可能有一顿丰盛的鸡蛋培根早餐。接着，到达目的地之后便饱食午餐，吃完以后分组散开。但相互之间离得很远的情况很少，因为他们熟悉他们的那片城镇和那点儿海滩，在那里他们感觉就在家里一样。在斯卡伯勒(Scarborough)①，他们离开北边，到已经来此住了一两周的下层中产阶级那里去，住在数百所红色小别墅里。他们离开南端(反正那里没有海滩；大海为一块海滩空地和规整的峭壁花园勾画了一道壮丽的边框)那一息尚存的爱德华时代的优雅，来到中年从业人员中间，西赖丁的生意人干得非常好，他们开着罗孚汽车(Rovers)前来。他们顺着韦斯特伯鲁(Westborough)往下走，一直来到那半英里长的环港中心地带，在那里，犹太人从利兹云集而来，满载着时令性的花哨饰品，用公厕式砖瓦装饰而成的炸鱼薯条餐间("炸鱼、薯条、茶、面包和黄油——价格3镑：自带食物不供应茶")挤出一片空间。这里同样也是乱糟糟的，同样也有混乱的、非同一般的巴塞洛缪集市(Bartholomew Fair)，但比起在他们自己家乡的购物场所，这里更加混乱、更加多姿多彩。他们信步走过商店；或许喝上一杯；在折叠式躺椅上坐一下，吃个冰激凌，或者嘴里含块薄荷糖；发出一阵阵响亮的笑声——笑约翰逊夫人把连衣裙塞进灯笼裤里一定要去蹚水，笑亨德森夫人假装和折叠式躺椅服务员"亲热起来"，或者笑在女厕处等候的队列。之后，给家人

① 斯卡伯勒(Scarborough)是英格兰北约克郡北海沿岸城市，1626年后，当地温泉的发现使之成为旅游胜地，现仍是英格兰东北地区最受欢迎的海滨城市。——译者注

买些礼物，吃一顿有肉食冷盘的茶点，在回家的路上停下来喝几杯。如果有男人在，当然如果是男人外出旅行，可能会停下来好几次，可能会在后面装上一两箱啤酒在路上喝。在荒原中间的某个地方，男人的队伍全都跌撞而出，围绕着膀胱容量搞些恶作剧，嘻嘻哈哈地开着玩笑。司机完全明白人们希望他怎么做，因为他带着这个温暖的、闷热
123 的、唱着歌曲的群体回到了城镇；对他本人而言，他穿越城镇街道的最后几里地，收集到了一笔非常可观的小费。

在所有这些场景中，一个人去“一试身手”，一时放纵，引起轰动。这是昙花一现，但这一现很不错，因为剩下的生活大部分是单调的、常规化的。有时一个人需要摆一摆姿态，尽管从情理上讲资金并不允许这样做。大体而言，像这样的一种姿态会预示着有钱和阔气——旅游车是“豪华长途汽车”；圣诞节童话剧喜欢“铺张华丽的表演”；一些词语应和着同样的调子，这些词语比如“很有趣”和“讲排场”等——也就是说，在这种讲排场中，笼统地认为，优雅的人们过去每天都过着这种生活。我认为这并不是一种正如德·鲁日蒙先生所说的“在经历富裕环境和异域冒险之后的那含糊不清的渴望”，而是对那种暂时看来的确似乎是富裕环境之物的尽情享受，是对所有更能尽情享受之物的尽情享受，因为他们明白那是暂时的，没有过多的渴望。它是一种对富裕而充实生活进行基本的、寓意式的、简洁的说明，而更少是一种对渴望拥有物质富足、财产充裕生活的表述。财产是粗俗和有形的，但他们指向的那种世界观却很少是物质的。

在过去50年里，一些其他阶级很大程度上已改变了他们品味的外在表述，但总体而言，工人阶级人民几乎没有受到影响。他们弄不懂斯堪的纳维亚人的淳朴[6]；他们对当代装饰风格中那种更加正式的、不复杂的但很好很实在的大使级气氛印象深刻——但认为那有点冷清和严肃。在所有当代中产阶级的风格中，最接近他们自身气质的便是在有关上层郊区生活起居室戏剧情节中所普遍描绘的那种风格——印花的摩擦轧光棉布和一些发亮的黄铜饰品。然而，他们最接近于在繁荣的

19 世纪中的那种中产阶级风格；富裕很好地得以彰显，毫不掩饰地使用大量的零星杂物、使用波形曲线和雕刻物、使用大胆自信的方式进行展示：这是个大杂烩，其统一原则便是要有一种精心设计和色彩鲜艳的充足感。

第三节　图解大众艺术——俱乐部歌唱

在工人阶级中，歌曲和唱歌的一些特征比其他事物能更好地说明他们和古老传统的联系，也能更好地说明他们有能力吸收和改变新材料以加入到他们既有的兴趣爱好中。在此想谈一谈大型铜管和银管乐队、 124
地方乐队和作品演奏乐队，谈一谈一年一度的节庆和比赛。它们已经活跃了一个多世纪了。它们意识到自己很难在当前的时代维持下去，但全国仍有大约 15 万名乐手，西北地区（主要是在兰开夏）有 200 多个乐队。或许人们会谈到西赖丁华丽的合唱团；甚至可能会更多地谈到有百年传统、仍然有活力的小堂清唱剧。在圣诞前几周，我们经常琢磨着在我那个原始循道宗小堂的主日学校结束后，去为那个演奏最受人喜爱节目《弥赛亚》（*Messiah*）[①]的合唱团摇旗呐喊。当我们穿越大街小巷，度过从主日学校结束到回家喝茶的那段规定时间，我们留意到，三条街关闭了，卫斯理宗的那光秃秃的砖墙上面贴着的公告说，他们也正重新演出《弥赛亚》，我们还注意到，在“荒原”的另一边，纯朴的循道宗教徒正在尝试演出《犹大 · 马加比》（*Judas Maccabaeus*）[②]，换一换口味。每种演出都聘请两三个职业或者半职业人士演唱主体部分，有时花费巨大。让全市出名、伴奏精彩的小号手参与演出，那是

① 《弥赛亚》（*Messiah*）是乔治 · 弗里德里希 · 韩德尔（George Frideric Handel，1685—1759 年）的清唱剧代表作之一，韩德尔是英籍德国作曲家，一生创作歌剧、清唱剧 70 余部、以及其他乐曲。——译者注

② 《犹大 · 马加比》（*Judas Maccabaeus*）是韩德尔于 1746 年创作的一部清唱剧，共三幕。——译者注

非常具有竞争力的。但整个演出的重点则是唱诗班，唱诗班的由小堂成员组成，在小男孩看来，那就是大胸的女人和讨厌的老头儿按照阶梯排列而成的合唱队；他们沉着有力地放声高唱着“哈利路亚大合唱”，这种沉着和有力诉说着多年来在腔正音圆传统下的歌唱训练。我记得，曾经有那么一次，排在后面的主日学校队人仰马翻了，他们经常静不下来，因为一个老头儿难以自已，他肯定都快 80 岁了，唱起歌来却像精神焕发的族长，他很多次都唱了两遍“哈利路亚的”，他的声音轰隆隆地穿过空荡荡的大型立方体。他感到非常惭愧和窘迫。很多年过去了，一些孩子也开始继续这种传统。我猜想，即使在今天你也会发现，在汉斯莱特任何中等规模的工人阶级人群中，50 岁的人会和你一起唱“哈利路亚大合唱”。

但与乐队和清唱剧唱诗班相比，流行的世俗音乐更广泛地代表着工人阶级的品味，在此它也提供了主要的例证。我正在想的不是爵士乐以及它过去 30 年出现的变种。尽管它们都不在我想剔除的纯粹素材库中，而此刻我想到的是一些文具店和伍尔沃斯(Woolworth's)卖的歌曲
125 集上[7](《麦格伦农的摘录歌曲集——第 190 版》、《流行歌曲杂志——30 首歌曲的正确歌词》、《流行唱片榜》、《劳伦斯 · 怀特以来的 100 首歌曲》)印着的那种东西。这些歌曲集里面有文字，但没有任何音乐感，从 20 首到 100 首歌曲，所有歌曲都混杂在一起，有老歌也有新曲。“与主同在”(Abide with Me)可能紧跟着就是英格兰最新的歌词，之后是“镀金笼中的一只鸟”(Bird in a Gilded Cage)，再后面是一首最新情歌，或者是关于来自查令十字街孩子们的或者美国的一些歌曲，比如“我看见妈妈亲了圣诞老人”。我也记得在“工人的娱乐时间”(Workers' Playtime)和“工作的奇迹”(Works' Wonders)①中展现出来的某些特性，而不是在其他一些面向工人的广播音乐剧中的那种没完没了的、不温不火的葡萄糖和水的特性，这些广播音乐剧不是关于人民

① “工人的娱乐时间”(Workers' Playtime)和“工作的奇迹”(Works' Wonders)是英国广播公司在 20 世纪 40 年代开播的有关工厂食堂生活的广播节目。——译者注

的，而是关于为人民办实事的世界的。特别是，我正在想在酒馆和俱乐部中偶尔会有的自娱自乐的歌咏会和音乐会。但我会把自己限定在对俱乐部唱歌的讨论上，因为其他地方对于在酒店欢乐的群体唱歌写了非常多了，也因为此时此刻很难把我们的真正态度从那些想方设法加以诱导的啤酒商广告中区分开来。在男性工人的俱乐部里，对于通情达理和老老实实喝啤酒的好工人来说，风俗习惯还没有发展到支持他那种有益的神话形象之地步。

这些俱乐部独立运作，但都隶属于工人俱乐部和机构联合会。[8]大约在100年前，这些俱乐部被建立起来，为工人提供娱乐消遣，提供了一个谈话、阅读和受点儿教育的场所。它们的教育功能仍然在形式上是鲜活的，尽管它不止这些功能；它们也开展一些深谋远虑的计划，维持着自己的疗养之家。今天，它们都是酒馆兼俱乐部，面向数量巨大的工人群体。与人们通常所认为的相比，工人更大程度上是俱乐部会员，俱乐部成员的总数在200万以上，其中大约20万是妇女。会员费用一年10先令，由一个选出来的委员会加以管控，一位有薪水的全职服务员进行日常管理。俱乐部不是“为了投机商的利益”而开设的，这让俱乐部成员引以为荣。[9]

工人到他的俱乐部去喝酒，在那里喝啤酒通常比酒馆里的酒更便宜一点。但这并非是唯一吸引人的地方：通常情况下，他会在那里过上一夜，花销很少，特别是在一周中间的那天。他会交谈，会玩游戏——飞镖、台球、纸牌、多米诺骨牌等；他可能会在一次“抽奖”中抽到奖券；他会获得半杯或者一杯啤酒。自然而然，在周末的晚上，他很有 126
可能喝得更多，大概在这几个晚上，会弥漫着一种“过得开心”的气氛，俱乐部会安排一场音乐会。在周末，特别是在周日的音乐会上，妻子们很多也出席到场，通常被当作是客人；她们感到俱乐部“非常热闹”。

大多数会员看起来好像都是有妻室儿女的人；几乎所有的人都在25岁以上，他们中的大多数人明显更老一点。但我怀疑，这是否表明俱乐部正在丧失地位，它们对老一代人有吸引力。反过来，这是在说，对于老年群体、对于过了谈情说爱阶段和结婚最初几年的那些人而言，它们具有且一直具有吸引力。很多年轻人也是成员，有些还是常客；但在从 18 岁到 20 岁出头的这段时间里，他们经常会去外面追求女孩子或者“去跳爵士舞”，他们很可能把俱乐部看作是有点儿老套的东西，虽然他们偶尔也可能来一下。在结婚的头几年，特别是在有孩子之前或者如果妻子在上班，夫妻俩可能继续经常去看电影，在过去他们谈恋爱期间，看电影扮演着非常重要的角色，如今看电影仍然是提议年轻人去投入的一种真正的时尚娱乐。相比之下，俱乐部可能看起来有点单调乏味；老区的很多俱乐部设在差劲的建筑内，室内不像大多数酒馆那样通常活力四射。等到夫妻二人步入到更加艰辛的婚姻生活之时，丈夫可能变成了一位俱乐部的常客。他们可能继续一起看电影，但次数变少了；很快，他们就和那个年龄段的其他大多数夫妇差不多了。在他们的社群中，他们已经接纳了适合他们年龄的传统，而且竟然几乎原封不动地接受了。不管发生了哪些改变，对于大多数人而言，在结婚后的几年里，还是会平稳地安定下来；今天这段时间有时变长了，但通常稳定会接踵而来，这种状态保留了其传统特征。

周末音乐会的规模不尽相同，从非常简单的类型到那种更像是综艺剧院里带有“节目单”的类型，应有尽有。它们在风格上属于旧式情景；今天(某些类型的)低吟歌手出现了，但总体而言，音乐会有一种各种剧场丑角现身音乐会会场时代的味道。这似乎是一个伟大的、半职业艺人的影子世界，这些人固定在俱乐部音乐会进行演出，因为他们出
127 了名而在这所城市俱乐部之间流动，如果他们非常不错，在工业城市中打造一场 30 英里左右的巡回演出，通过这些措施，他们来赚一大笔外快。典型的节目单会这样宣告说：

弗雷迪·埃姆斯(Freddy Eames)(谢菲尔德)　男中音
比尔·威尔逊(Bill Wilson)(顿卡斯特)　钢琴

再次来访的大众女星艾琳·约翰逊(Eileen Johnson)(利兹)女高音

也会有一些喜剧演员，偶尔会有口技表演者，但重点是在唱歌上，既有个人演唱也有作为整体的乐团演唱。在音乐会上有出场费的明星背后，在“放纵”(Free-and-Easy)之夜的特殊要求中，是那些能够指望献上一首曲子或者唱一首歌的个人，他们没有出场费，但按照惯例会管他们喝酒，有时是店主负担费用，有时是那个“派其上场”或者“派其串场”的成员负责费用。大多数俱乐部在他们的这群人之中会有一两个出了名的好嗓子和乐于“效劳”的人。如果成员中没有钢琴师，他们通常会把那个会演奏大半夜而只给几先令并管喝酒的某某人找来。大多数情况下，音乐接连不断，没有中场休息，一首曲子连着另一首曲子；钢琴师不看乐谱弹奏，很少犹犹豫豫地去想着弹奏一首正宗的曲子。在谈话说笑的同时，偶尔会有大喊大叫，也会有杯子的碰撞声，钢琴曲总体而言是适合一切的背景乐。有时候，有人会起身走到钢琴边，这可能是他朋友怂恿的缘故。人们会大声喊着说“请肃静！”；服务员停止喧嚣；乐团静了下来，把目光投向钢琴——歌手做出他的贡献。

唱歌的方式是传统式的，并带着固定不变的特征。它有意体现强烈的个人感受，但与低声唱吟的风格相比，它在以自我为中心上更加缺乏个人性，它也更加缺乏中音偏柔的特点；它旨在表达一种深切感受得到的情绪(例如爱人的背叛)，但这种情感不具有低吟歌手表达的那种内在品质。聆听那些低吟歌手的演奏，特别聆听那些最近倡导美国特别风格之人的演奏，一个人便陷入了个人噩梦的世界中；说到这里，人们仍然认为，有关个人经历的深层情感是所有人都经历过的、在某种程度上共享的一些东西。因此，唱歌的方式更加开放。另一方面，这并不完全是童话剧歌手的公共方式，童话剧歌手在第三幕结尾处必须“把她已经得到的一切东西”都交给“嫉妒”(Jealousy)，所有的灯光都在她身上。她的举止是情绪化的，但周围的环境——偌大的礼堂、坐成一排排的数百名观众——要求非常简明扼要地、大胆地以漫画式的笔法去描
128 述情感。于是，人们体验到了“过山车”式的唱法，工人阶级演出者在大型公共场合使用这种风格进行个人表演。[10]在此，声音有许多抑扬顿挫的地方，以勾勒出丰腴情感之旅的线条。所有这些东西都是俱乐部—酒馆唱法，但降低了规模，并使之更加具有家的感觉；“过山车”式唱法适合在不大不小的房屋中使用。每一个富有情感的语句都被扒了出来，并大量使用；这等同于口头创作摇滚乐，在那里，甜美而僵化的弥撒曲被拖长得让人吃惊，并反复不断地咏唱；当每一个富有情感的语句结束后、在陡然升至下一句和达到顶封前，都会有一次停顿。整个效果通过鼻音得以增强，尽管比低吟歌手所使用的鼻音要轻。最容易辨认出来的特征就是把“呃”(ēr)的音扩展到带有情感的重要字词上，我选取这个例子是出于以下原因，部分原因在于需要从节奏的摆动中提取每一丝情感，部分原因在于希望突出情感表达的类型。结果就像下面这个样子：

> You are-ēr the only one-ēr for me-ēr,
> No one else-ēr can share a dream-ēr with me-ēr,
> （停顿，钢琴发出的颤音正在引向下一个气势磅礴的乐章）
> Some folks-ēr may say-ēr...

因为唱歌是我所说的那种“开放性的”，一旦合唱团出现，比起参与到今天唱歌团体的大多数其他形式而言，来宾可能很少自觉加入。不过，感觉很快就会随之消散，时至今日他们拥有一种温暖的、与人分享的人道情怀。

类似的顾虑下意识地引导着钢琴师。如果他打算再次被邀请，而且想要得到放在钢琴上的、他经常喜欢喝的、顶呱呱的啤酒，他必须明白弹奏的确切风格。这牵涉不仅要弄懂既有的音乐以及如何去弹奏它

们，还要知道正在流行的新歌，而且更重要的是，尽管保留着这些歌曲的主体结构，但如何演奏才能把它们转变成让人接受的风格。一旦完成了这种转变，新的和旧的便惬意地交织在一起。新歌提供了它的个体贡献，但也是那个情感上融合起来的整体的一部分，这个整体覆盖了50年来的歌曲。钢琴师需要知道如何把每一首旋律转变成一套简单的旋律音程、转变成那种强烈打动人心的情感节奏，需要知道如何在长音上逗留，如何在每一节收尾时用有点正式的颤音进行穿插（也要为歌手的下个音符弹出“前奏”），需要知道如何操作强音踏板和柔音踏板，既 129
要符合总谱的需求，又要跟上情感的涌涨；他需要处理任何细微之处，也需要造就一种雄浑有力的节拍。尽管我对音乐了解得不是特别多，但对我而言，这似乎与旧式华尔兹舞曲的节拍有很多共同之处：打个比方说，它就是“催人泪下”的节拍，是一种温暖、亲密感觉的节拍，是一种浓厚乡愁的节拍。我觉得，在某些程度上，在非常重要的地方，这种风格被20世纪20年代爵士乐的节奏所改变了；我怀疑，它是否在很大程度上受到了新近风格的影响。这种由“摇摆乐”（Swing）①体现出来的情感类型非常接近于旧式的、华尔兹所派生风格的类型：事实上，“摇摆乐”被人们改编和同化了；一首现代的“摇摆乐”和一首旧式的华尔兹曲调并行不悖、和谐共生。例外的是那种在更为现代的酒馆里经常使用的风格；它们通过提供“现代风格的”音乐想方设法地去吸引年轻人。但在很多地方，长久以来既定的风格继续进行着，几乎没有变化。就在几个月前，我听说过一位盲人钢琴师，这次是在位于西赖丁的一个工业城中的一家酒馆里。在角落里，为了应和上等酒吧的喧嚣，他弹着伴奏曲，真的是一连几个小时而毫无中断。在中场休息时，他把手伸向他原先放啤酒的地方。他弹奏了70年前唱的歌曲，也弹奏了新近美国音乐剧中的流行乐曲，看样子没有要停下来的意思。

---

① “摇摆乐”（Swing）是爵士乐的一种，在流行歌曲的和声结构和布鲁斯（一种世俗音乐形式）音乐的基础上进行即席创作、编排乐曲。作为1930—1945年间的美国流行音乐，摇摆乐以切分的节奏元素和一节四拍等重音为特征。在小型演奏组合中，即兴的乐器独奏通常伴随着悦耳音调的表演。——译者注

毫无疑问，他喜欢弹奏，但人们并没有把他看作是个人主义者，并没有把他看作是个体演奏者；相反，他是一场群体活动的参与者，是一位受人尊重的重要参与者。远在整个舞台的背后，人们可能只看到了此前已经去世了的、唱民歌和谱民曲的一代代人的大体轮廓；除此之外，那个沉默的盲人倾吐着他所知道的人们想要的音乐，尽管氛围中有很多现代浮华的品质，但他为整场体验带来了某种动感的、典型的品质。

英国城市流行歌曲最美好的时期似乎是在1880年到1910年这段时间，那时每个出名的音乐厅明星都有供其差遣的童仆，伯爵们都唱着他或她特有的歌曲。[11]今天，很多不是工人阶级的人都记得这些曲子，但通常是古朴典雅的那些东西。他们往往会影响时代的声音，并感到，他们正在参与到一种具有思乡情怀的、滑稽可笑的、饶有趣味的古代娱乐活动之中。

但俱乐部里仍在唱着这些歌曲中的某些曲子，丝毫没有那种矫揉造
130 作的傲慢无礼。人们显然都知道那些是过时的东西，但这却引起了人们的思考，认为"每当谈到歌曲的时候，你无法打败老歌"，这是事实。至于每个时期，在一大堆平淡无奇的歌曲中，人们只记得不多几首好歌，这也是事实。同一时期的美国歌曲(例如"凯瑟琳，我会再带你回家"或者斯蒂芬·福斯特的"美丽的梦中人")、一战时期的歌曲、20世纪20年代的歌曲和这些为数不多的好歌全都混杂在一起。整个晚上的演奏会涵盖过去20年以来的大部分歌曲(把它们放进那种被人接受的风格中)，但也会包含几首时间更早但非常有分量的曲子。

这些时间更早的曲子差不多简单分为两种主要类别——严肃情感的和嬉笑嘲弄的；今天，前者的力量似乎更强。这些歌曲能够感染大部分听众，把有些女人听得泫然欲泣；感伤的歌谣(其所在年度各不相同)如下："假如你是这世上唯一的女孩"、"忍冬花与蜜蜂"、"金子里的银线"、"当你头发变得花白"、"看在老交情的份上"、"亲爱的老伙计"、"小多莉的白日梦"、"镀金笼中的一只鸟"、"只是一首黄昏时唱的

歌”、“池塘里的百合花”、“皮卡迪的玫瑰”、“丹尼少年”、“这世上没有玫瑰”、“我的老婆”、“矿工的思乡梦”、“你让我爱上你”，以及“假如嘴唇只会说话”：

> 假如嘴唇只会说话，
> 假如眼睛只会观察，
> 假如现实中有
> 美丽的披肩金发。
>
> 可不可以拉住你的手
> 就像在你跟我姓以后牵手的样子，
> 可是这只是一张漂亮的照片
> 放在那漂亮的金色相框中。[12]

当工人阶级只是因为他们是工人阶级就不愿意再消沉下去之时，当他们用沙哑的喉咙唤起自信之时，那种厚颜无耻、指指点点、毫无生活乐趣的歌曲便是工人阶级唱的歌曲。这里有欢快的迷人浪子之歌，像“喂喂喂，谁是你的女朋友？”（“那个不是在布莱顿我看见和你在一起的女孩子……”）、“昨夜你和谁在一起”（“哦哦哦，我对你表示惊奇……”）、“把我放女孩子堆里吧”（“帮我个忙，帮……”），以及“伸出你的手，你这调皮的男孩子”。还有欢快、粗俗、受虐待的那种风格：“两只可爱的黑眼睛”、“我是克伦威尔爱理不理的破烂货”、“你是从哪里得到的那顶帽子”、“我老爸说‘跟着大篷车’”、“老铁”、“我那小小的底层抽屉”，以及“啊，啊，安东尼奥”。或者是那些毫无 131
意义的歌曲，这些歌曲只是一起快乐吼唱找的借口，比如“塔拉拉布迪”（Ta-Ra-Ra-Boom-De-Ay）、“是的，我们没有香蕉”、“费利克斯”，以及“马儿，翘起尾巴来”。在过去二三十年中，也有一些歌曲可以加入这类歌曲的行列，“我得到了六便士”、“把啤酒桶翻滚出来”、“兰贝斯小道”、“兔子快跑”（来自二战）、“马吃燕麦”（Mairzy Doats），以及“一堆椰子”等歌曲。

因此，工人阶级群体仍旧在唱着祖父母们所唱的歌曲。他们不唱那之前的歌曲；经典作品中最古老的可以追溯到伟大的城市音乐中心的全盛时期。他们不愿唱“我的邦妮漂洋过海了”，或者“约翰尼去集市太久了”，他们把“棕色小酒壶”和“城里有个酒馆”留给童子军和学生们去唱。我记得啤酒打翻在吧台上的那一幕，那时我熟悉的一个人买了一杯酒给那个刚刚“表演完”“心碎的傻瓜”的人，邀请他带领我们大家唱“克莱门汀”，好像两个暗探突然暴露了身份。

很多年过去了，一些歌曲失传了，但十几首老歌曲保留在节目单中。老歌到新歌的确切销量非常不同。在一些地方，你会仅仅听说他们“偶尔喜欢听首老歌”；在其他地方，老歌可能占据了整晚所唱歌曲的四分之一。然而，虽然新歌曲几乎在每个地方都占据了大多数，但如果它想要被人接受，每首歌必须满足旋律和情感的某些普遍要求。此二者相辅相成，但我猜想，合适的旋律、合适的曲调更为难求：数以百计的歌曲所使用的歌词都是最普通寻常的，但只要曲调朗朗上口，歌曲就流行了起来。如果满足了这两种要求，韵律一定是——可能应该是——最质朴的。

没有满足这些要求的歌曲是不可能流行起来的，无论“叮砰巷”①做多少宣传也无济于事。有时候，把主要精力放在宣传和销售上能够保证一首完全被忽视的歌曲在一两周内提高点儿人气；但当压力得以缓解，在工业环境中，这首歌不可能维持太久，它便淡出了人们的视线。重要的公共事件——一场战争、一次加冕——让作家们迫不及待地试图创作一首与之相关联的歌曲；战争时代的歌曲集全部是那些完全被忘却

① “叮砰巷”（Tin Pan Alley）又被称为“锡盘街”，是以美国纽约市第28街为中心的音乐出版商和作曲家的聚集地。19世纪末20世纪初，“叮砰巷”的作品几乎成为美国流行乐的代表。——译者注

了的、捶胸顿足的爱国主义歌曲，这些歌曲的谱曲者正在寻找另外一首“总会有个英格兰”这样的歌曲。不太重要的公共事件为那些欢快的或者激动人心的歌曲创造了机会，或者为那些加入到无意义歌曲行列中 132
歌曲提供机会。找到过去十年的歌曲集文本翻一翻，你会发现丢弃在那里的都是关于为国服役和斑马线的欢快短小之歌。它们一创作出来就死了；它们没有旋律，也没有饱满的、普遍化的情感使之名噪一时。

在美国，他们创造出了类似这样名称的歌曲——“天堂里需要个唱歌的小鸟，所以上帝把卡鲁索①带走了”和“今夜天堂里有一颗新星”（在鲁道夫·瓦伦蒂诺②去世之际）。我不知道它们是如何在美国取得成功的，但在这边它们似乎几乎没有在工人阶级中间取得成功。我猜想，这不单单是因为缺少合适的旋律，还因为缺乏有效的普遍情感。这种情感表达的形式并非不常见；“桑尼男孩”是一首美国歌曲，但在这边也是非常流行的，它提出了这样的观念，即天使带走了这个小男孩，因为他们很孤单。但“桑尼男孩”并非是一个特指的男孩子；他是一个作为象征性的男孩子，同一类型的还包括很多年前那个乞求别人的小伙子——“列车长先生，请不要把我赶下火车”，以及最近哭喊着说的孩子——“橱窗里的那只小狗多少钱？”（至少，英格兰人民坚持把它看作是一个孩子的请求，尽管整个行文表明，这是一个引领加利福尼亚西部地区的美国成年人在讲话）。

在创作“橱窗里的那只小狗多少钱”和“啊，我的爸爸”（改编自瑞士的轻歌剧，由小号独奏，声音特别凄悲）的同时，还有那些最新创作的、完全进入经典的歌曲。它们加入到过去二三十年遗留下来的歌曲之行列，比如“山上的牧羊人”、“拱门之下”、“牧场之家”、“我们会再会”、“心碎的傻瓜”、“我梦想着白色圣诞节”、“嫉妒”、“你弹着琴

① 卡鲁索（Enrico Caruso，1873—1921年），意大利著名男高音歌唱家。曾演唱过《费多拉》、《波希米亚人》、《弄臣》等，其嗓音刚劲抒情，享誉世界。——译者注

② 鲁道夫·瓦伦蒂诺（Rudolph Valentino，1895—1926年），意大利裔美国电影演员。1913年移民美国，1921年在《四骑士》中饰演主角而成名，他在《酋长》、《血与沙》、《鹰》等影片中饰演英俊、神秘的情人。他在31岁时猝死，好几个人为之自杀，引起了世界性的歇斯底里和他葬礼上的骚乱。——译者注

我唱着《玫瑰经》”、“我和我的姐妹”、“谢莉，爱情的最后一个字被说出口”（曲调和情感是如此相得益彰，以至于此处不会碰到民族风格的困难）、“大师，请奏乐”、“詹姆斯，请上一个人的晚餐”（最后这两首，曲调和情感又一次跨越了社会阶层的差异）、“纪念品”、“再会”、“你挥手说再见祝我有好运”、“欺骗之心”（一位当代歌手录制了这首歌曲，受人大肆追捧，我想这是因为它把“过山车”式的粗俗元素与低吟歌手的温馨风格结合在一起的缘故），以及“纸娃娃”。[13] 我第一次听到“纸娃娃”是在“狂热”时尚节目中，由一位美国低吟歌星演唱，这首歌似乎非常不适合移植到英格兰北部地区；但两三年后，我在赫尔的一
133 家酒馆里听到当地业余歌手演唱了这首歌，这首歌被巧妙地转化了。“我宁愿要一个属于自己的纸娃娃/也不愿要一个毫无用处的现实版女孩子”①，这句歌词在美国版本中以强大的速度和穿击力得以展现，最后的词“女孩子”（gal）是拖长调子的有力一击。在约克郡，整首歌以半速演唱，节奏变成了正常的升降沉浮模式，“女孩子”（gal）转变成了以英格兰北部地区标准的“呃”（ēr）音这种凄切声而结尾。

“我正送信给圣诞老人”，这首歌有时候由格雷西·菲尔茨所唱，它特别值得一听，它属于那种迅速找到位置并一直保持下去的歌曲。就像其主题一样，这种旋律紧跟传统；在俱乐部里，钢琴师的传情达意有很多惹人喜欢的颤音，每一种情感之间都有前奏。

显然，这些歌曲在一群固定有限的约定俗成中进行。我们会把使用器具和道具的这种更为明显的习俗传统搁置不理，因为人们都知道它们。更重要的是在旋律滚动中的陈词滥调，比如那些告诉我们说到了一首失恋歌曲非常伤心的部分，或者那半打的音符，在两行歌词之间以一种固定方式演奏，这马上就会显示说这是一首关于童年的歌曲，哪怕

① “纸娃娃”是“米尔斯兄弟”（Mills Brothers）在 1943 年演唱的一首美国流行歌曲。最后一句歌词是“我宁愿要一个属于自己的纸娃娃/也不愿要一个用情不专的现实版女孩子”（I'd rather have a Paper Doll to call my own/Than have a fickle-minded real live girl），作者在此处所指的改编后歌词是“我宁愿要一个属于自己的纸娃娃/也不愿要一个毫无用处的现实版女孩子”（I'd rather have a Paper Doll to call my own/Than just a good-for-nothing real life gal）。——译者注

你只是在那一刻来到了俱乐部里。

可是，这些品质更多是在说明那些呆板的歌曲作家缺乏想象力；它们说明了其听众的一个特点，这些听众类似于那些谈论与《秘密》和《魅力》中的故事相关联的读者。严格来讲，这些都是传统歌曲；它们的目标是尽可能直接地向听众展示一种熟悉的情感类型；相比那些为它们打开情感领域所设定的传统信号之结构，它们本身的创新有所不及。这些隐喻并非意味着到处都是复杂的启示；它们是那个固定不变、客观存在的流行时期的一部分；它们改变得非常少，只是带着点儿地方口音，但在自己的地域是可以识别出来的。它们不具备我们所发现的、在一些伊丽莎白时期[①]歌曲中所含态度的那种细腻和成熟。但纵然说早先的农民听众有能力做出良好的回应，难道也不值得做出以下评论吗？这种评论说，今天的工人阶级听众，在过了一百多年艰辛、通常是恶劣的生活后，应该像先前的农民那样非常强烈地坚守着那些尽管非常容易理解但绝不令人羡慕的主题。“在舞会结束之后”是一首剧情式歌曲；它甚至不是一首人民的歌曲，就像民歌那样，但它是由人民所接手的商业歌曲；可是，他们用自己的方式接管了这首歌，原以为这是给他们的一首可怜的东西，但它却不是。

这些主题同样是传统的，它们的根基是爱情、家庭和友谊。首 134
先，爱情是温暖的、个人的，它是对这个世界物品短缺的一种补偿，是尽管遇到困难也继续“完全一样”的东西，“真爱”要比金钱或者很多情人更珍贵(例如“镀金笼中的一只鸟”)。人们很感兴趣的是背信弃义的爱情，因嫉妒而丧失的爱情，被不忠爱人抛弃的孤独个人(“心碎的傻瓜”，“谢莉，爱情的最后一个字被说出口”，“嫉妒”，以及接近“古典的”、来自意大利歌剧《小丑》的“穿上小丑的衣服”)。至于作为主题的家庭之力量(“凯瑟琳，我会再带你回家”、“家”——“尽管运气抛弃了我/甜美的梦总是会带我……回家”)，我可能无须再多讲

① 此处指的是英国女王伊丽莎白一世(1533—1603年)在位时期，也即1558—1603年间。——译者注

了。[14]与之相连的是母亲这个人物（“金子里的银线”、“她是个不爱时髦的母亲”、“我那不爱时髦的母亲”、“亲爱的，她是我的母亲”），她要么在家里待着，代表着家庭所拥护的一切，要么去世了，带着关爱在天上俯视着她依然爱着的那些人。所以，一个分支主题是在讲国外或者远离家乡的男孩子们，孤儿，多愁善感的孩子们（“我和我的姐妹”、“我正送信给圣诞老人”）。

友谊包含着邻里精神、忠诚、以及和战友一起到老，暗示着像爱情的这些东西比金钱或名声更加珍贵。“战友”（Comrades）[15]这首布尔战争时期人们的最爱，有时还在唱着：

> 战友，战友，从我们还是孩子时算起，
> 相互之间分享着忧愁，相互之间分享着快乐，
> 战友，当慢慢步入成年，
> 无论发生什么事都忠贞不渝，
> 当危险降临，我亲爱的老战友
> 还站在我的身边。

和它一起的还有，“看在老交情的份上”、“亲爱的老伙计”，以及（对于一位既是妻子又兼朋友的妻子而言）“我的老婆”。从作为比富裕更珍贵的友谊这个主题中，很容易走向那种为了获得幸福和快乐的必需之物，即便很穷，就像是相对来说最近的那首歌曲那样，“你走过的时候撒下点幸福”。因此便进入到第二种主要类型的歌曲、那种厚颜无耻和毫无意义的歌曲之行列。

但大多数音乐是多愁善感的，特别是悲伤的和思乡情怀的。在诺埃尔·科沃德（Noël Coward）的《私生活》（*Private Lives*）①[16]中，阿

① 诺埃尔·科沃德（Noël Coward，1899—1973 年），英格兰剧作家、作曲家、导演、演员、歌唱家，《私生活》（*Private Lives*）是他在 1930 年创作的三幕喜剧，讲述一对离婚夫妇在带着各自的新配偶度蜜月之时住在宾馆相邻的房间里所发生的情感纠结。——译者注

曼达对埃利奥特说："廉价音乐是多么强悍啊，太奇怪了"，的确是这样的，不仅仅只对于工人阶级人民来说是这样的。但一些旋律很优美，如果不在唱出来的时候太过失真，它们能够像悦耳的意大利歌剧中的咏叹调一样同样会打动收听者。像这些歌剧一样，这些歌曲具有有限的、敢于表白的情感设备，没有过于细腻的地方，但澎湃的心潮一直在涌动。这恐怕不能简单地把它们当作是，引用塞西尔·夏普（Cecil 135
Sharp）①的话，"毒草——平民百姓的劣质街头音乐"。[17]它们是粗俗的，这是事实，但通常并非华而不实。它们只是处理了大量的情感状态；它们往往会敞开心扉、胸怀博大。在它们背后的道德态度并非是吝啬的、或精于计算的、或者"宽泛的"；它们仍然只是与一种更为古老、更有魅力的文化衔接起来；它们经常放纵自己的情感，但并不耻于彰显情感，也不寻求老辣精明。我认为，这也是为什么人们依然留恋许多老歌曲的原因之一；它们来自那个更容易释放感情的时期。

这正是那个情感表达的统一体，这种情感表达允许不同类型歌曲之间在很大程度上能自由流动。因此，流行的宗教歌曲——或者那些被认为是宗教性的歌曲，甚至一位歌手，都能从一首关于爱情的歌曲过渡到另一首宗教歌曲，也会过渡到那种被称为是"经典的"歌曲，在她或者来宾看来，并没有感到不协调的地方；情感氛围造就了一种无所不包的统一体。我们可能会把它称之为"格雷西·菲尔茨转变"，因为菲尔茨小姐是这种转变最有名的代表人物；她能成功地从一首后花园的滑稽歌曲转向另一首"经典的"或者"经典宗教性的"歌曲[18]，比如，"丢失的和弦"（有一天坐在风琴前/我身心疲倦、坐立不安），或者"保佑这所房子"[19]（拥有家庭与上帝之间的关系——"保佑这所房子，主啊，我们祈祷/日日夜夜让它平安……保佑壁炉炉床，那里烈火燃烧/烟雾袅袅，像一篇祈文"）；还能转到"圣城颂"，或者"圣母颂"，或者"主祷

---

①　塞西尔·夏普（Cecil Sharp，1859—1924 年），20 世纪早期英格兰民歌复兴之父，他感到英格兰音乐受到德国影响过深，想要复兴本土曲调。他专门搜集民间音乐和舞蹈，曾搜集 3 000 余首民歌，其中 1 600 多首传到了北美。——译者注

文”。后面这一类也可以进入到“啊，致鸽子的翅膀”(这首歌是由一位过去非常流行的童声高音所录制)，“整个夜晚”、“破旧的十字架”，以及那些与他人相比更属于工人阶级的圣歌，“与主同行”：在足球比赛和其他大型公众场合唱这首歌，很多工人阶级母亲只要求在她的葬礼上唱这首歌。我母亲是这样的，几年后我祖母也是这样；对于她们二人来讲，这首歌蕴含着暗示的巨大重要性，蕴含着作为父亲的上帝之重要性，蕴含着作为家的天堂之重要性，以及蕴含着那种是她们生活中的、快要结束的长期劳作之重要性。[20]

这就是我的一位亲戚所说的“让你把你全部钱财都双手奉上的”(这是让人称赞的工人阶级的风趣话——她从来就没有多余的钱)那种音乐。但她也会算上“丹尼少年”，她所接触到的柴可夫斯基(Tchaikovsky)①的几首曲子，可能甚至还有像“此时此刻”这样的歌曲(这是一首世俗歌曲，但传递了一种准宗教感的巨大力量)。宗教歌曲的确赋予了其他
136 歌曲无法给予的感觉，赋予一种意气昂扬的、神圣的、含糊而强烈的感觉。但这不过是主流普遍感觉的附加之物，这种主流普遍感觉是所有其他获得成功的感伤音乐、让人落泪的音乐所共有的；相同类型的情感全都充斥于其中。这不难理解为什么电影里梦幻般的、聚集成群的弦乐组和大型的、天使般的唱诗班——在带有拱顶的上方区域演唱“我会陪你一起走”、“你不会独自一个人走”、“我相信”、“我的朋友”，或者“我就走在后面”——会如此容易地被人接受；这也不难理解为什么回音室会变得如此流行——因为它让人联想到既有一些世外的东西，又有那种在浴室唱歌、让所有人觉得我们有副好嗓音的亲密感。同样，这也很明显为什么“封闭和弦”——让人想到团结和友谊——会广受欢迎，为什么唱歌的那种更加缠绵的现代风格容易继承我之前所称的情感上的“震撼吸引力”。毋庸置疑，唱歌的老传统正在被削弱：但如今它

---

① 柴可夫斯基(Tchaikovsky，1840—1893年)，俄国作曲家，其主要作品有《第六悲怆交响曲》、芭蕾舞剧《天鹅湖》、《睡美人》以及歌剧《叶普盖尼·奥尼金》、《黑桃皇后》等。——译者注

大体上还是旧式风格遗留下来的东西，在某种程度上依然在重塑自身，依然积极从新歌中汲取它想要的东西。

但是，从哪一方面讲才能把工人阶级人民说成是接受了、“相信”了这种类型的歌曲呢？我会理所当然地认为，很大程度上这是一种情感屈服，人们太过完全地、太过直接地相信了歌曲所讲的内容，泪眼汪汪则让群体间有了通感。

这个观点可能是太过于简单了。在某种意义上，说真的，歌曲受到了重视，如果那种意义是说歌曲没有故意被“嘲弄”或者作为古朴过时的东西被拿来享受的话。“假如嘴唇只会说话”是一首非常好听的歌曲，我认为，人们大都是以我们祖父母欣赏它的方式来进行欣赏的；这首歌诉说着一个时代——这个时代更加轻易地把爱情和家庭当作是正当的情感范畴，可能在这中间还添加了一些乡愁。它揭示了那种被一位好老头或者老太太鼓动出来的那种感觉背后的东西，对于他们而言，这种感觉会被说成是，“啊，今天不再像他们那样了，这太可惜了。”

另一方面，严肃地讲，信仰并不是绝对的东西。诸如这样的歌曲，无论新旧，都是“非常多愁善感的”，这种认识继续存在着；这种认识本身以一种揭穿音乐真相的语调描述了多愁善感。在一种滑稽歌曲中，工人阶级人民故意夸张他们通常接受的情感。一个例子便是“我就在那儿，在教堂里等着”，另一个例子是“在我的一生中，我从来不嚎啕大哭”。这种类型的其他歌曲，花了大量的篇幅，带着所有正常的情感移动，去描述丈夫留下的家庭和妻子——到了最后一行透露 137
说，丈夫自愿离开，别指望他回来了。但这种界限是通过直觉来界定的：我曾经听说过一个年轻人，他擅自把一首流行的感伤歌曲改成嘲笑型的，他的演唱不仅没有成功让来宾发笑，而且在他们中间形成了这样一种感觉，即他的品味有问题，尽管这种感觉没有表达出来。事实上，他只是难登大雅，并非低俗；他并没有过多地发自肺腑地嘲笑那些让他们崩溃的情感。

“一颗感情丰富的心”通常是温柔的、多愁善感的，但决不是被人嘲弄的。在这些大多数歌曲的旋律中，在它们的韵文中，在它们必须被唱出来的方式中，都表达了这颗“感情丰富的心”。它们触动了古老的心弦；它们诉说着人民仍旧喜欢去呵护的价值。外面的生活，星期一早上的生活，会是一件让人不爽的事情。与此同时，人民感觉到，“在你认真对待它的时候”，这些多愁善感是对的。在那个时候，歌曲沁人心扉并鼓舞人心，毫无疑问，在整个不动感情、平平淡淡的工作周，他们的多愁善感自始至终存放在记忆中的某个地方。

注释：

[1] 马克西姆·高尔基(Maxim Gorki)所著的《福玛·高尔杰耶夫》(*Foma Gpryeef*)中的一位工人所言。

[2] 《皇家委员会关于打赌、抽奖和赌博的报告》(*Report of the Royal Commission on Betting, Lotteries and Gaming*)中的数据(附录2，第150页，表6)表明，工人阶级中打赌“赌球”之人的比例要比其他阶级的要高。这并不意味着他们的平均赌注会更多一些。

[3] “巴洛克风格”，我把对这个词的使用归功于兰伯特和马克斯的《英国大众艺术》。

[4] 法式抛光常常得到人们的好评。当地之人有空儿经常会练习这种技术。我料想，更加有光泽的现代家居有助于吸引顾客。

[5] 但它们现在正重新回归，就像非常流行的古装戏。

[6] 在商店能够买到的、迎合工人阶级的“当代”家具通常经历了一种非同寻常的转型。它保留了主要的“当代”轮廓，但非常精美，甚至在其“当代”特征上做得过于夸张了。

[7] 这些可能是维多利亚时代“长篇歌曲”——“一便士三码”(Three yards a penny)——的现代对应物。

[8] 英国广播公司有个节目叫作《俱乐部之夜》(*Club Night*)。

[9] 《德比民意调查》(第62页和第72页)的作者指出，在全国范围内，每有4个电影院，就有3个工人俱乐部。他们估计，这些俱乐部的男性成员相当于全国每7个人中就有1个工人阶级之人的数量。我猜，在我从中提取所要材料的这些地区中，比例要更高一些：其他阶级的成员的确加入了俱乐部，但在这些辖区中，他们似乎是很小的一部分人。

[10] 这在感情上略微和戴维斯(W.H.Davies)在《一名超级流浪者的自传》(*The Autobiography of a Super-Tramp*，1908年首次出版)中第23章的标题“做名歌丐”(gridling)有关[开普(Cape)，经由戴维斯(H.W.Davies)夫人授权引述]。上了年纪的“歌丐”(gridler)建议：

> 把那些简单、低沉的音符拉得非常长，把那些困难、高声的音符进行缩短，仿佛你身体的一侧痉挛了。

关于这个引文，我感激内特尔(R.Nettel)先生。

[11] 在此，一些细节从克里斯托弗·普林(Christopher Pulling)的《他们正在歌唱》(*They were singing*)中获得的。

[12] 弗朗西斯和亨特有限公司(Francis, Day and Hunter, Ltd.)。

[13] 彼得·莫里斯音乐有限公司(Peter Maurice Music Co., Ltd.)。

[14] “家”，彼得·莫里斯音乐有限公司。

[15] “战友”，弗朗西斯和亨特有限公司。

[16] 诺埃尔·科沃德的《私生活》，第一幕，法语，1930年。《他们正在歌唱》让我想到了它。

[17] 见《英国民歌：结论》(*English Folksong—Some Conclusions*)。我为这些歌曲进行辩解，反对夏普先生不理不睬的唐突行为，但这并不是说它们比不上乡村民歌。

[18] 当杂耍滑稽演员用一段“严肃的独白”来结束一个小节目之时，他们经常做一些类似的事情，通常这样会很受欢迎。

[19] “保佑这所房子”，由海伦·泰勒(Helen Taylor)所写(经作者授权)，布塞和霍克有限公司(Boosey and Hawkes，Ltd.)。

[20] 由女爵士克拉拉·巴特(Clara Butt)来演唱的这类歌曲在过去非常流行。很多年以前，我听过她的唱片，但如果我没有记错的话，那是个特别深沉的女低音——这种厚重而柔和的品质会得到工人阶级人民的赞扬。

第二部分
让 位 于 新

第六章

释放行动的源泉

141

通过这种方式，世上最终会形成一种矜持的物质主义，这不会腐蚀精神，但会让它失去活力，并悄然释放了行动的源泉。[1]

（德・托克维尔）

第一节 引言

到此为止，我主要关注了工人阶级生活中存在着的一些古老因素的情况。在我看来，最显著的特点是，根据目前从其他领域向工人阶级提出的一切诉求来看，古老的态度在多大程度上千方百计存活了下来，无论好坏。我只需再回顾一下威尔弗雷德·皮克尔先生取得的巨大成功就行了。以我的品味看，他的举止太过“爷们儿”，太过明显是在“结交朋友”，还表现得“外表丑陋内心善良”。在我看来，他附和了北方工人阶级自身的观点，纵容他们，这些人的观点是，没有人能在有趣的巧妙应答和自然而然、规规矩矩的才智(four-square wisdom)中打败他们。但他的成功大部分基于以下事实，即他的节目“一试身手”提供了一个公开讨论场所，他们在此能够表达和颂扬他们依旧羡慕的价值。这些都在简单、有限的范围中，但是，尽管这样的节目容易造就狂妄自大，它们对为之喝彩的人民而言并非毫无意义。“坦诚交易”、“好邻居”、“从光明的一面去看”、“打开心扉”、“伸手援救”、“别自大也别太有出息”、“忠诚”；所有这些都是很多比商业价值——自豪、抱负、比你周围的人强、证明自己、炫富——更健康的东西，如今工人阶级人民一直受邀去采用这些商业价值。他们的锲而不舍不只是在形式上的，也是深入骨髓的。

现在，我转到那种似乎激励着工人阶级人民采取不同态度或者改变老态度的当前生活上，谈论这种生活的一些特征。当然，专注于出版物和休闲娱乐中某些发展变化的可能效果，这只是在社会、政治、经济变革的非常复杂的互动中单列出来一部分。所有的事物都在改变态度，它们中的一些事物毫无置疑是为了让其变得更美好。我会特别关心变革的那些让人感到惋惜的方面，因为在我所要考察的领域中，这些方面看起来更加显而易见，也更为重要。

142 不过自始至终，有必要记住这第一部分的证据，我也会在与之相关之时努力回想起来。在同一时间、同一些人身上可以找到那些被称为“老”态度的事物和那些现在被讨论的事物。态度的变革按照它们的方式通过社会生活的许多方面非常缓慢地进行着。它们被整合到现有的态度中，乍一看，好像通常只是那些“老”态度的崭新表现形式。因此，个体可以栖息于不止一种的“精神思潮”(mental climate)之中。尽管“老”秩序的特质在中年人身上体现得更为直接明显，但新诉求显然也触及了他们。相反，一个初看起来几乎完全是20世纪下半叶的年轻人也会显示出那些追溯到其曾祖父的态度。由此可见，更为强大的当代方式的成功部分上是由它们能够认同自己是“老”态度的程度所决定的。

在详细考察现代生活中的一些相关特征前，在“精神思潮”中选取几种典型元素，去考察它们能够把自身或者看起来把自身与长久以来既定的、通常值得注意的那些假定相关联起来的程度，这样做是有益的。在过去的“宽容”和“自由”观念的当代形式之间，在过去的群体意识和现代民主的平等主义之间，在当下生活所需的古老意识(尽管乍一看好像是自相矛盾的)和新的“进步主义”之间，会是怎样的关系呢?“宽容”在哪些方面会有助于新出道演员的活动呢？ 怀疑主义和不服从凭借何种方式让自己变成失去光鲜的幽灵了呢？ 像因为生活艰辛所以“尽可能过得开心”这样的感觉能够向舒适的大众享乐主义开放门户吗？ 群体意识能够被转变成一种高傲自大且虚有其表的服从了吗？ 这些传统美德的那种非常之好的自觉意识能够被发展成为一种毁灭性的自吹自擂吗？ 人们会发现，该调查研究主要关注于那些可以被称之为欢迎自我放纵的东西。 还会把一些注意力投向一种犬儒主义的趋势上。与犬儒主义相关的会是一种丧失感，尽管这种感觉只影响了一小部分人。 但这些少数人是重要的人群，因此，我会单独谈一谈丧失感，特别要谈谈它对“断根离舷之人”产生的影响。

在某些方面，自由、平等、进步这三种紧密相连的观念依然以某些方式为大多数人——无论他们是不是工人阶级——的假定提供给养，在 143
这些方式中，与我们自己的时代相比，这些观念与 19 世纪中叶的思想观点更相符一些。 对于今天的工人阶级而言，诉诸例如进步的观念，其本质是什么呢？ 不管进步在其他阶级中的地位如何，在工人阶级的经历中，特别是在过去的半个世纪里，非常确定的是，进步看起来仍然是一种不可否认的有效观念。 作为一种假定，进步很容易与工人阶级人民那种传统上的满怀希望和实用主义联系起来。 更具体一点，与中产阶级相比，社会的、政治的、物质的进步在新近的工人阶级人民身上的成效更为明显。 在 19 世纪后半叶和 20 世纪初期，在选举权的扩大上、在前所未有的物质便利之可能性上、在教育法案的效应上、以及在很多其他领域中，这些变革的效果开始强烈地深入到工人阶级人民的心胸之中。 接下来的几十年见证了工人阶级人民的生活标准得到真正的、重大的改进。 20 世纪中叶，我的祖母和母亲已经很少再担心养家糊口的生活了。 显而易见，在他们所有生活中，与以往相比，他们需要更多的基本物品和服务。 正如我所认为的那样，似乎对我而言，把工人阶级对于进步的态度只看作是一种物质主义形式，就像一些作家所做的那样，那通常会低估这种态度。他们想要那些物品和服务，并非出于一种占有的贪婪，也并非出于一种得到技术社会的绚丽产品之欲望，而是因为缺了这些东西，就很难过上他们所谓的“体面”生活，因为没有这些东西，生活就是艰难的、不断的挣扎，为的只是在精神和经济上“把脑袋露出水面不至于沉下去”。所以，有了更好的洗澡之地和更好的装备，家里可能会保持干净，直到他们感到“妥当”为止。我们再也没有听说过工人阶级人群中那种十足的臭味。真正的进步显然是可能的，而且是一种值得去努力的目标。

因此，进步的观念仍然隐藏在工人阶级人民很多正式的共同言语中。但当红时事评论员推动这种观念，使其超越了任何理性的限度。由于很多明显的原因，当红时事评论员经常已经觉察到以及可能总是会发觉到进步的观念就是一种志趣相投的观念。今天这种复杂拥挤的商业社会之压力，导致其向外延展，直到变成一种不受限制的“进步主义”。

“时光一去不复返……”，电影评论员以那种激动兴奋、满腔热忱的
144 声音说道，而咚咚的鼓声和喇叭上扬的嘟嘟声暗示着那种事实本身的善意。“让这个伟大的世界永远驶入变革的强劲车辙中”，一位广告撰稿人在他最有灵感的时候呼喊着说，他发现丁尼生①的隐喻便是他大多数时候希望唤起的情绪之最好表达。大众报刊的社论作家故意卖弄地使用着“地平线”、“新黎明”、“宽阔的高速路”、“前进运动”（进军和洪流）和“向前看的人”。

据说，对一个时代影响最大的并不是原创思想家的思想，而是在这些观点被简单地、扭曲地筛滤之后从中得出的东西。我记得，第一次见到这种评论观点是在一篇论文中，该文讲的是关于马基雅维利的思想对伊丽莎白时期的英格兰之影响。今天，大众读者比有知识的读者人

① 阿尔弗雷德·丁尼生（Alfred Tennyson，1809—1892年），英国维多利亚时代最受欢迎的诗人。1850年，丁尼生达到其职业生涯巅峰期，出版了其代表性作品《悼念集》，并成为桂冠诗人。——译者注

数翻了很多倍，而且同一类信息不停地提供给大众读者，所以这种说法可能会有更加广泛的适用性。但重要的是要记住，目前为止，那些影响工人阶级人民的思想，通常不是作为思想来影响他们，它们在知识界没有被接受，没有被审视。即使在一个人人都希望有“观点”的时代，这也是真实的。思想似乎被拿来当作是被人接受的标签（“他们说现如今都是相对的”；“他们说这全都是你腺体的问题”），他们似乎在像老标签（“那好吧，这全都是运气的问题”；“嗯，想要怎样，便会怎样”）那样的相同方式中找到慰藉之时，坚持采用这些思想。

当红时事评论员使用最多的思想会是那些有助于让读者接受其态度的思想。在本章所讨论的三种观念中，每一种在很大程度上、在其合法性方面都是引发很多工人所急需的那些改善的原因。我已经指出过，出于不单单是物质方面的原因，这些改善也是人们所期待和希望的。对于当前处境而言，具有讽刺意味的是，那些被误用的观念如今正诱导在身体和物质上获得解放的工人阶级去产生一种基本属于物质上的人生观。

这些诱导，特别是因为它们出现在大众出版物中，正朝着自我满足的方向发展，正朝着可以称之为“享乐主义的—群体的—个人主义”的方向发展。我的意思并不是要说，这样的趋势完全是新的。我们往往会喜欢轻松舒适的道路，而不喜欢艰难困苦的道路，对于在其面前让人感到震惊和受辱的苦难事实，我们准备好那一分为二的半份理由，以证明无能为力的正当性，倘若不是这样的话，这些力量不会获得成功。

然而，伴随着特殊技能，当代社会已发展出了相互纵容和满足于“平凡”的技巧。因为传统上的约束被解除，或者在大众信仰中，这 145
些传统上的约束被证明并不与之相关，所以，那些使用伟大的新机器来进行劝导的通俗作家占据了这个开放社会的左面空间。他们在所有阶层中寻找客户。这不能被过分强调；朱利安·班达（Julien Benda）①在

① 朱利安·班达（Julien Benda，1867—1956年），法国哲学家和小说家。其主要著作有《知识分子的背叛》等。——译者注

一段话中做出了必要的警告：

> 我们谈到我们"民主"社会的坏品味。我们的意思是说，那些品味已经变成了人民的品味，或者至少就像是我们经常所希望的那些人的品味(也即，对智力的价值、对情感的信仰漠不关心)。我们既不打算诅咒、也不打算讨好任何特定的政治体制。我们会乐于用18世纪一位女性的话去说："我把那些想法普通和浅薄的所有人都称之为'人民'；官廷里全是这些人。"[2]

然而，情况很可能是，与其他群体相比，工人阶级人民在某些方面对于通俗作家发起的抨击造成的最坏效果持以更加开放的态度。经过教育体系层层筛选之后，现如今，那些从事着一大堆本质上并不有趣的、且在批判性和智力性上只做少量要求的工作之人，他们在政治上和经济上都比此前更加自由。与以前相比，他们有更多的钱花；与此前相比，有很多人能够在最低的共同标准层面向他们作出回应。在生活的很多方面，大众产品带来了好处；在文化上，批量生产的坏处更加不利于可以识别出来的好处。"身体的必需品"——劳动生涯中更为迫切的困难——大大减少了。劳动人民更加自由，但他们也能自由进入到那个庞大的、声色犬马的名利场。从这样一群人身上很难找到门路，特别是表演者对挫伤颠覆性想法很有一套，而这些颠覆性想法之外可能是其他的、更加平静的地带。

可是在很多重要的方面，这些趋势正在遭遇抵抗。在生活的私人领域，人民依然能够在很大程度上借助于古老的提示，这种能力也影响到他们对大量的外部声音所作出的反应。在以下章节，我随意引用很早以前的警示语句，这些警示与我发出的警示相似，有些已经有一百多年了。警示给予的慰藉很容易会言过其实，根据警示来认为：所有这些外在力量都没有内在效果，也因此破坏了我的主要论断，做出这样的断定会犯下严重错误。但这些古老的警告提醒我们不要一眼就看到毁

灭；部分上讲，它们给予了勇气，它们提示说，因为所有阶级中的人民 146
都坚持认为，他们的大部分生活与正在削弱的外部力量几乎没有直接关系，所以，力量削弱的过程也会比预想的进程要慢得多。

第二节　宽容和自由

> 因此，对于大部分人而言，如果不是全部人类的话，不可避免地会存在着几种观点，也没有确凿、无疑的证据证明他们的真实；……在我看来，人们的观点多种多样，但所有人都应维持和平，保持人性和友谊这些共同之处……我们应尽力对我们的相互无知持以怜悯之心，努力以信息的一切文雅、公正方式消除无知；不要迫不及待地当他人有问题，把他们看作是固执己见和有悖常理，因为他们不会放弃自己的观点来接受我们的观点。[3]
>
> （约翰·洛克）

> 宽容并不是不宽容的对立面，而是它的冒牌货。二者都是专制主义。一个认为它自己有权拒绝授予良心自由，另一个则授予之。[4]
>
> （托马斯·潘恩）

首先回顾下列一组态度会是有益的，这些态度包括非理想主义的宽容、实用主义、听天由命、善意的人文主义、不喜欢反对原则（而非出于明确、能够分辨得出的“人的”原因）。人们认为，存在着一些体面之人不会去做的事情，这些事情非常容易为人所知。一旦更大程度上似乎是引起了评价，于是，“道德谈论”（它显然有一种健康的特征）的疑虑开始发挥作用，而且转变成为一种恰当的、模糊的反驳话语——“你活也得让别人活”；几乎所有的事情都是“素位而行”；“只要心地正直，你信仰什么都不要紧”，以及“类似的想法并不适合我们所有人”。

此处所要讨论的是一种几乎不受限制的内在自由观念，因为这种观念通过日益增多的表层渠道向工人阶级传输，它便流进、汇入了宽容的古老观念之中，而且它更进一步推动了此前已经消失的宽容观念。我并非在谈论今天工人阶级所具有的那种社会自由的意识，这种意识从以下方面得以印证，即再也没有了那种认为贵族举足轻重的严肃感受，而且工人阶级的姑娘们拒绝去做家政服务，即使那里的条件有时候可能会
147 比进工厂要好得多。我并非在谈论被增进的政治、经济自由的那种正当感受，尽管所有这些都和我脑海里的东西有关联。相反，我是在谈论自由的观念被转化的方式，在谈论那种尽管模糊但很强烈的假定，也即认为古老的束缚终于被解除了，认为“科学”完全消除了宗教主张，认为心理学证明了那种最“宽阔的胸怀”是正确的。

通俗作家用一种取悦于人的多愁善感强化了古老的话语，“毕竟，那只是人啊”，这句话让人联想到，“科学家告诉我们”说“禁忌是错的”。人们通常会惬意地认为，本性自由也是自然而言的好东西；现在我们明白了。它通常是免于什么的自由，从来不是去做什么的自由；自由本身就是一种善，它不只是作为按照其他标准努力去生活的理由。人们很容易就发现，在一个之前从来没有感觉到如此自由的阶级中，自由会是如何传播的；人们能够理解在面对以下情况之时所遭到的抵制，这种情况是，人们认为自由不是一种绝对的东西，不是一种“存在”，而只是“存在的基础”。这种态度应该被保留下来，这符合大众娱乐机构的利益。

所以，自由的观念会扩大，直到它变成那种根本就不“是”任何事物的自由，当然很难去反对任何事物了。一个人有不去选择的自由，但如果他利用他的自由做出选择，为的是与大多数人不同，那么，人们可能会称他是“思想狭隘的”、“固执己见的”、“教条主义的”、“不宽容的”、“多管闲事的”、“反民主的”。他坚持“进行比较”，他破坏了

团队精神，没有人像他一样被人讨厌。大众报刊厌恶真正的争论——虽然它营造出一种不会出错的或者假装进行的争论之特点，因为争论疏远、分开、隔离了广大观众，而他们是买家。

于是，它所引起的并非是人们对于一种非政治性自由的坚持；它也不只是会引起人们在失望和困惑中维护这种自由的用途——它对“解除”争吵和攻击今天每个人的普遍做法很有用；它而是让人们从内心深处去拒绝投身于生活中那一小块已知领域之外的东西。“什么事都不新鲜”，这句话和“自己活也让别人活”相关联，但它又把事情往前面推进了一大步；思想开放变成了一道鸿沟。与其说宽容是对人性弱点和日常生活之难处所做的一种仁慈的体谅，倒不如说它变成了一种弱点，它让人感到对做心里没谱儿之事不断丧失信心。听听那些今天说着有关宽容的老格言的人们；说着说着，一些新格言也会出现，这些新格言的灵感与其说是一种仁爱，不如说是在拒绝承认任何人因为任何理由而受到评判，包括我们自己在内。“每个人都有权表达自己的见解”，这 148
句话可能是在暗示着力量或者是弱点；但就像今天那样，一旦一个人经常被“思想开放”和“敞开心扉”的诉求——出于自身利益而开放、尽可能地去敞开，不要因为要求和任何人不同而造成任何不愉快——所包围，他会明白强调的重点在什么地方。对于那些强大并且在必要时准备拿来使用的人而言，宽容是一种没有意义的宽容；对那些肌肉不发达、精神不情愿的人而言，宽容只不过是一种掩饰，就像所达成的协定那样，告诉别人“不要打我”。真正的宽容是一种魄力，真正的宽容是一种信仰，真正的宽容是一种具有探讨真相的意识，真正的宽容是一种对他人的尊重；新出现的宽容是弱小的、不情愿的，是一种提出质疑的恐惧和愤恨。[5]

在这种情况下，人民接受了几乎所有的东西而不加以反对。想一想那些在煽情的出版物中近来的发展态势。有时候，人民有点儿被它们吓倒了：“哎哟，今天他们啥事都能干”，他们说道，嘴角挂着一丝尴尬的微笑。这句话并不是一种谴责，而是一种体谅，是一种接纳；它是那些暗示着存在于大多数人身上的道德意志变得麻痹的短语中的一个，它遵从他们认为自由决不能受到攻击的前提假定。这句话背后的立场是："毕竟，它的确没有实实在在的伤害"，"站在他的立场上，你难道不会做出同样的事情吗？"、"人得生活呀"、"好吧，它带来了金钱，不是吗？"、"好吧，不管怎样它给你带来了欢笑"，以及"你希望要什么？——他们过着他们应得的生活"。"倘若做得不太过分，任何事情都是对的"，这句话变成了"如果你有时间和意愿，做什么事情都是对的"；"只要心地正直，你信仰什么都不要紧"，这句话与下面这句更加强烈地去建议的话相匹配，即"关键不在于你做什么，而在于你做事的方式"。宽容的句子中已经加入了其他类似的句子；新句子贬低老句子，它们在仪式上整齐划一，共同不承认自由会蕴含着惩罚。什么事情都不新鲜，而且没有任何尺度。

第三节 "现在人人都在做这个"或者"大家伙全都在这里"：群体意识和民主平等主义

在工人阶级人民中，我们看到了那种强烈的群体意识如何能够把自己表述成为一种出于遵从的需要。群体是温暖和友善的；它做了大量的工作，以让生活变得更加惬意和易于管理。但是，它也有立竿见影的方法对付从内部开始嘲笑其价值的那些人。

149 我认为，这种群体重要性和基本正确性的意识正在被关联到、以及逐渐助长了一种羽翼未丰的民主平等主义，这本身就为真正当红的时事评论员的行动提供了必要的依据。事实上，特别是在广告文字撰写者那里，存在着把个人主义的分支形式推销给所有阶级的强大压力，因为他们的那种商业必须靠着个人主义才能生存下去，于是乎强调这样的美德："比别人强"、"有出息"、"要保持清醒"、超过所有其他人等。但据我所见，很少有证据证明，迄今为止它们已经在工人阶级人民中间取得了显著成功。有时，广告文字撰写者会穿越界线，创造出意在引起工人阶级大多数人（而非被这些假定深深影响的少数人）注意的文字说明，尽管诉诸了更多是其他阶级特点的假定。但总体而言，广告商设定目标的精准度是令人钦佩的。到目前为止，他们进行了大量的实践，年年都会赢得自信满满。

今天，指出这种现象并不是要向人们首次展示说——仿佛这种现象在人性里面就是崭新的东西似的[6]，我们中的所有人有时候、我们中的一些人在大多数情况下喜欢感觉到我们正走在世界前行的道路上，我们的行为得到了普遍同意的支持。在西欧，人们并未忘记平等观念的那让人敬佩的老祖宗。但是，迅速蔓延的平等主义增强了这种共同愿望，在过去六七十年里，这种愿望越来越多地被人利用去打动和说服别人，在报纸杂志中专门设计去吸引有文化的工人阶级。

打那以来，随着不断的细化，就发展出了所有人都熟悉的“普通人”（common man）这样的伪善话语；这是一种荒诞、危险的恭维言辞，因为他被设想成最为普通或者平凡的人。“要依靠人民”；所有人都是平等的，所有人都有投票权；所有人都是“彼此之间一样好”；“人民之声就是上帝之声”（让人回想起一种过时的形式）；因此在所有的事物中，时事评论员说，你的态度和其他人的态度都一样好，但是，因为你享有绝大多数人的观点，你比那些奇奇怪怪的外人更加正确。大众报刊总是把自己等同于“人民”，它们在读者中对这个问题进行民意测验，对那个问题进行问卷调查，于是把数人头拔高到了一种替代判断力的东西。

在所有这一切的背后，人们正在诉诸一项重要的激进原则，对于工人阶级而言，这一原则通常是至关重要的。人们会明白，“我和你一样好”背后的是那种坚持精神独立的主张，这种精神迅速抓住了这种基本平等，如此一来便不会宽容那些错误的优越性表述，而且其力量通过这 150
样一种猜疑得以增强，也即尽管“全都在探讨民主”，但实质上，“普通人民”并不重要，“算不了什么”。但是，由于赋予了自尊的固有意义，“我和你一样好”可以转变为那种不友好的话语，即“你比我也好不到哪儿去”，这是一种苛刻、愚蠢的呼吁，没有文化教养之人把它当作挡箭牌，这些人会宽容那种面对挑战或者棘手之事而毫无主见的情形。这会过于自信地拒绝承认任何差别，无论是才智上的还是性格上的差异。其形式之一在一些大众出版物的新竞争模式中得以印证，在那里，到达正确答案的过程只能是一种纯粹靠运气的过程。任何通过才智或者努力获得的有利条件都被排除在外；在更高级的竞争模式中，得奖人人有份。每个人都赢了；“竞争者”把大量的金钱花在他们的准入形式上，所授予奖品的价值被掩盖了，但是没有人感到其他任何人占了上风。[7]

无论是什么，那都是对的——如果人民相信它的话。“小男人”被塑造成像个巨人似的，因为一切东西都按照他的尺寸缩小了比例；他的反应、他视野的界限，这都是在公认的限度之内。因此，如果在通常情况下作家没有立刻吸引住那种一目十行的初次阅读，那么他就犯了错，读者从来不犯错。文学作为直接沟通的方式，其思想是至关重要的；不存在着中间环节。作家并不是根据他的经验来捍卫立场，而是以文字的形式试图进行再造，读者必须通过文字的复杂性寻求一种理解，而非直接通过作者本身。因此，复杂的文学作品——也即深挖细究的或者大伤脑筋的文学作品——必须被打折扣；今天，好的作品无法走红，大众作品无法真正去探讨经验。

“正是你们这些普通人民决定着这个国家的命运，而不是内阁成员们”；人们能够在这里看见事实，但持续不断的吹捧让这种事实等同于谎言。在连环漫画中，在杂志刊登的短篇小说中，在涉及隐私的八卦专栏中，英雄属于小男人；“正是乔”（Just Joe），这是一首歌曲的名称，它就是这个样子。他是个矮个子，不勇敢、不漂亮、不睿智，可他就是受人喜爱，并非尽管他是这样的人，而是因为他是这样的人。“我爱你……”，在最后一段中那个姑娘说道，她向那个让人无法抗拒的小伙子表白，一直以来他都握有“64 美元问题”的答案（sixty-

four-dollar answer)①，但他并不知道，“……因为你普普通通。”在两本连续阅读的女性杂志中，我发现有三个后欧 · 亨利(O.Henry)②时代急剧转折的故事，每一个故事在最后一段都高兴地揭露说，他或她远远算不上“聪明”或者“高雅”，终究不过是一个体面的普通人。特别是在星期天，记者起着相当民主的名字，带着明确的自豪感，在他们的栏目中处处诉说着普通人的共同感受，这比“有想法的”知识分子的巧妙勾 151
画要好得多。我们正在促成一种意识，这种意识不是每个人的尊严之意识，而是一个新贵族之意识，那是一个拥有最平淡无奇的面孔的怪物军团。

无论是工人阶级女性还是其他人所收听的广播“肥皂剧”，其成功的原因在于，它们恰如其分地注意到了这种类型的态度，它们格外对完美的普通、平凡之人持续进行展示。在连环漫画中，人们看到的是一连数日为女儿能拿到学校烹饪竞赛机会而发愁的“小男人”。说到此，最初的标准与济慈(Keats)③的“让矿砂填满每一道裂缝”恰恰相反；为了达到成功，而非为了让人吃惊、或者令人困惑、甚至敷衍了事，漫画家必须在打发那种无足轻重和意义不大的事情上进行一项日常实验。

在漫画中，小男人再也不可能通过下列手段来挫败老板的傲气，也即指出关于他的真正犯傻的一些事情，或者挠挠耳朵、然后安安静静地做着那种给大男人带来一堆麻烦的工作；这可能是滑稽艺术，到头来还是非常严肃的。如今，他拿些愚蠢的理由敲打老板，或者坚持这样认为：就因为是小男人，所以他更好。他的成功通常是难以让人忍受的小成功；但他到底是成功了，因为在“我们伟大、混沌的旧世界”中，

---

① “64 美元问题”(the ＄64 question)是指最后的关键问题。它源自 20 世纪四五十年代美国推出的广播、电视游戏节目，比如“拿走或留下：64 美元问题”等。参赛者通过回答问题获得相应奖金。第一个问题为一美元，之后每个问题金额较前一问题翻倍，到第七个问题是 64 美元，挑战者可通过终止挑战下一个问题而拿走此前所得奖金，但如果挑战下一个问题失败，将失去全部奖金。此处“64 美元问题”的答案是指很难回答、最为关键的答案，也指事件成败的关键所在。——译者注

② 欧 · 亨利(O.Henry，1862—1910 年)，美国短篇小说家，其故事往往会有一个出人意料的结尾，被称为欧 · 亨利式结尾。——译者注

③ 约翰 · 济慈(John Keats，1795—1821 年)，英国浪漫派诗人，其主要著作有《恩底弥翁》、《夜莺颂》等。——译者注

小男人的价值通常行得通。自相矛盾的是，在一些更加糟糕的形式中，民主平等主义要求“他们”和“我们”的观念继续前行。

周刊杂志越来越多地要求读者以撰写片段的形式给他们写稿子。这可能会更廉价，当然消费者喜欢这样。趣闻轶事必须很有趣或者很奇怪——“她追求他，并以约克郡布丁得到了他”——但话说回来“这不可能发生在你身上”。它们立刻共同助长了那种亲密的感受，也即我们全都是在一起的小男人，可是“我们的确见识了生活”。

正如通常所指出的那样，大众新闻记者在记述重要人物时避免提及大人物和“普通民众”之间的差异。这背后的推动力是一种善意的力量。人民希望有这样的感受，即对于那些参与组织他们生活的人而言，“人类的东西”的确事关紧要。与更喜欢把主要的公众人物看作是遥不可及的、上帝般的人物这样的态度相比，这种态度可能更加顺理成章。通常情况下，这种问题是程度问题，是一种态度(在和限制它的其他态度处在一种工作关系状态之时，这种态度是有价值的)在单独被强调时如何变成弱点的问题。一位哈佛的前任校长说，在美国，只有在体育运动中才会看出先天能力之差异。在英格兰，情况也大抵如此；
152 尽管人们认为，一个人不会获得大量的才智。任何富家千金私底下都是个可怜的富家小姑娘，她真正想要的不过是像我们其他人一样有个家庭。我们这边的每一位巨头、将军或者主要政客说到底都是普普通通、“相貌平平”之人，在“融入到我们其余之人中间”时，他喜欢抽烟斗，喜欢坐在炉火边，喜欢看足球比赛。用杜威(Dewey)①的话讲：

> 我们甚至赞扬最为成功的人士，不是因为他们在迈向成功之路上的冷酷无情和以自我为中心的能力，而是因为他们喜欢花儿、小孩儿、狗儿，或者因为他们善待上了年纪的亲人。[8]

---

① 约翰·杜威(John Dewey，1859—1952年)，美国哲学家、心理学家、教育改革家，一生著述颇丰，其主要著作有《哲学的改造》、《民主与教育》、《新旧个人主义》、《自由与文化》等。——译者注

对于政府高层人员，除了不知姓名或者毫无光彩的人物之外，人们甚至需要找到并非毫不相关的理由来加以赞扬。所有的高级公务员都是喝着茶“低声谈话的警察”，死板且懒惰。我们回想起奥登(Auden)①对于解决“问题”之人进行衡量的诗行：

>……没有微笑/可以开除；……/［没有被］弱者［发现］，/漫不经心的人，寻找着/某个人横加指责；……[9]

由于害怕暗带批评所酿成的恼怒，“高级文化品味上的憎恨”在工人阶级人民中间并不是很强烈。但“普通人”大量的赞颂显然提供了很好的理由去延伸到对高级文化品味的猎捕上，很多大众新闻记者试着把这项运动介绍给工人阶级的消费者。在撰写这一节的同时，我拿着一份大众报纸的最新一期，发现了一名专栏作家说有个与一些“留着胡子、附庸风雅的男孩子”进行碰面的机会。我的印象是，这类攻击目前尚未获得巨大成功。总体上，工人阶级人民只是对艺术家和知识分子不感兴趣；他们知道这些人的存在，但把他们看作是他们轨迹中罕见的古怪反常之人，就像吃蜗牛的法国人。与此同时，厌烦任何有关才智的或者严肃的事物的记者，他们继续利用自己的专栏释放出厌恶和恐惧。英国文化协会(British Council)出版的报告一年一度地被拿来作为长篇大论的借口，这种长篇大论说的是，大好的公共资金被软弱无力的年轻人浪费在高级文化品味的运动上。一个同性恋案例被用来作为开始攻击放荡不羁的下流世界之根据。如果某人给出痛击反常事物的理由，提到的将只是现代艺术。艺术委员会(Arts Council)被很多“娘娘腔”“摆来弄去”，这些“娘娘腔”鄙视普通英国人的嘲笑；英国广播公司稍好点。大学附属学校的任何讲师都是墨守成规的“空想社会改良

① 威斯坦·休·奥登(Wystan Hugh Auden，1907—1973年)，英国诗人，后成为美国公民。爱情诗《葬礼蓝调》是其代表作。此处引文引自《经理们》(The Managers)，这是作者在二战后创作的一首诗歌。——译者注

者”，学生都是蓬头垢面、缺乏血性之人。凡是任何人以任何方式提议说，在我们当前的娱乐方式或者我们大量的公共设想中，可能存在着一
153 些有让人怀疑的东西，那么他都是一个扫兴之人和古怪之人。

因此，许多专栏作家和社论作家带着那种好斗的“平凡之人”、处境艰难的低级文化品味之人的语调；那些坚持认为他们是“街头普通平常之人”、他们只是找乐子并把更多的才智夸饰留给他人的电影评论家，他们是倒转势利眼；或者那些在大量属于智囊团类型的无线电节目中非常走红的问题回答者，他们是低级文化品味的势利眼。在这些节目中，对广泛、零碎意见的民主式贪恋与对满腹经纶之人带有些许残存的敬畏之情交织在一起，也与对他们的轻微愤恨之情交织在一起。在听说专家栽了跟头之时，那种轻微愤恨的心情得到了某些满足；在这种情况下，也就出现了这样的节目，吉尔伯特·哈丁(Gilbert Harding)①先生把它描写成散发着“斗牛场和熊坑的强烈臭味”的东西。[10]

在我看来，即使在大众专栏作家他们自己中间，人们也能觉察到在这种降低水平的进程中的发展势头。直到几年以前，很大程度上是因为受到热心普通人之风格的影响，专栏作家通常是那些在思想上比他们的大多数读者都更加阔达之人。但是后来出现了一些这样的作家，他们的题材——通常还有风格——所反映的只是微不足道的事物。相比之下，《每日镜报》(*Daily Mirror*)的灾祸预言家充满了生活、文化、智慧的气息；在他的作品背后是这样的假定，即尽管我们无法全都成为思路敏捷、精力充沛、能够在众多主题中寻求兴趣之人(当然这也不是什么坏事)，然而这样的品质是值得去追求的，这样的品质让阅读非常有趣味。在新近的一些专栏作家看来，存在着这样一种直截了当的假定，也即反应和兴趣的最低水平才是合乎常规的。正是这样一些人，他们说着“既定作者的观点”，讲着仿佛是陌生世界的“经典”；正是这些人，他们为数百万人提供了平常所见的通过稿件辛迪加在多家报纸同

① 吉尔伯特·哈丁(Gilbert Harding，1907—1960年)，一名英国记者、广播电视名人。——译者注

时发表的稿件。这些人是“普通人”的奉承拍马者，是“该死的、密密麻麻的大多数人”的拉拉队长，他们通过发自肺腑的托词和要求人们去嘲笑的呼吁消除了错误的论断和愚钝的想法。他们借助于讥笑无论在何处所发现的任何权威，他们必须诉诸于并且安抚任何被掩盖的自卑感和不安感。如果主要榜样并不常出现的话，在沃灵顿、或者德比、或者约维尔(Yeovil)的一些男校长或者女校长通常会现身，他们对校服作出决定，在授奖演讲日对“年轻一代”发表声明，作出全国性的严厉批评，以迎合那种自由的和思维正确的家长。

> 让我们——就像我们是不错的国内服务(Home Service)①的风格那样——在一起惬意相处。为此，我喜欢上了国内节目(Home Programme)的标示，喜欢上了那种内心淳朴、生活安逸民众的悠然自得。软性节目(Light Programme)那持续不断的闪亮、坚定不移的高品格并不是给我们的；第三节目(Third Programme)那艺术审美的价值、过分讲究的腔调也不是给我们的。在粗哑的低级文化品味和潺潺的高级文化品味之间有一道精妙的间隔，这是为中间阶层或者一般文化品味而设定的；在我们的国内时尚中，你和我恰好填满了那道间隔。在这里，我们一起惬意相处。我们可以谈论越橘馅饼。无论当地怎么叫，人们都会知道这种水果。我把这越橘馅饼当作是世上最好的馅饼。[11] 154

这便是中产阶级或者“中间文化品味”的作品，它太过于具有启发性而无法叫人忽略。当然，这种语调与工人阶级的作家有些差别。在这段话的背后，正如在指向工人阶级人民的类似段落的背后，你会发

① 国内服务(Home Service)是英国广播公司的最早的两个电台之一，另外一个是全球服务(World Service)。下文中的国内节目(Home Programme)、软性节目(Light Programme)、第三节目(Third Programme)都是英国广播公司推出的节目类别。——译者注

现，在向所有思维正确和力求平衡之人发出的呼喊声中，存在着一种对有价值的、依然强大的理想之呼吁，这种理想是完整之人（whole man）的理想，他严肃认真，但并不一本正经，他欢笑快乐，但并不低等下贱，他向家庭之主和国家之神履行自己的义务，在完整和得体的意义上，他四四方方、身正影直。但在很多情况下，这种呼吁开始发育成了、实际上已经变成了读者的一种恩惠，有时则是读者暗藏的一种鄙视；甚至是一种赶鸭子上架（*ducdame*）①——呼吁“让愚人进到一个圆圈中”。[12]

一而再再而三，大众作家必须让读者、通常连他们自己也相信他们的“实打实的诚意”。他们坚持认为，“你欺骗不了普通民众”，你必须“让身为作家的自己相信”。但在别的其他地方，同样的这些人可能会提到那种“公众支持的不忠行为”，并承认“大批民众随波逐流”。

所有让非凡之人变得超凡脱俗的品质——无论善与恶（在上面段落中，杜威只提到了恶）——都必须顺其自然地发生、或者必须降低到一种容易掌控的古怪品性。凡是教授都是健忘的或者没有成效的；凡是科学家都是稀奇古怪的和戴着眼镜的：他们必须被塑造成神秘人物，以便被带到这个能够辨识的世界。实际上，古怪或者怪癖是个性或者异常的为数不多的被认可的形式之一。大体上和我们观点一致但具有明显的个人癖好之人，他要对自我负责，这个自我具有一种真正的异常，它植根于性格之中。因此，尽管大众专栏作家必须代表我们说话，他也应该让我们意识到话里带刺儿的他本人，或者至少意识到作为个人的他自己；这便是为什么很多人主张那种几乎等于是把性格进行过度曝光
155 的事情。在工人阶级人民和很多其他人看来，在广播知识竞赛团队中，那个具有代表性、直言不讳的队员既体现了旧式的“怪人”，也体现了现代寓意中的人物——“行为怪癖的英雄”。[13]在一个似乎是越来越不自由的社会中，人们对“自由”过分羡慕，这种态度便从中获取

① “Ducdame”是一个没有具体意义的词语，它是莎士比亚《皆大欢喜》中一首歌曲里面的词语，可能源自威尔士语“来我这”（dewch da mi）。——译者注

力量。 我们会慷慨大方地买这种人的账，也即他在文中强烈表达我们每个人都憎恨的东西，以此让我们的自卑感和幻想破灭感得到解脱。一个人表达自己的观点越是怪癖(但这些观点的价值没有毛病)，我们会越相信他——也因此会间接感受到我们自己——自由地“说出了我们的想法”。 说到这里，特别要提到的是，“这不是你做了什么的事，而是你做这事的方法”；这不是你要说的话，而是你说这话的方法。

这种回避现实的行为与政治民主是多么不相称。 它低估了敌人，并导致对一些寻求权力的危险事实视而不见。 在一些国家，其他因素助长了领袖崇拜，正是这种伟大的缩版盛行起来，以作为一种增援力量。 当权者在普通人无法想象的领域中实行其计划；与此同时，普通人则满心欢喜地凝视着印有当权者的明信片图画，这位当权者或合乎情理地向年迈的农妇微笑，或摇逗着钢铁工人那胖嘟嘟的婴儿，或对大众的综艺节目表演感到好笑。

另一方面，这种态度让人们忽视任何可能有助于到达一种社会受益状态的有价值的品质。 它贬低对恰当运用智力天赋的价值，贬低做出不感情用事、不人云亦云决策的勇气，贬低对自我的崇奉。 比如，“纪律”(discipline)这个词语在大众化作品中几乎很少见到，用作贬义的除外；它让人想到“任意摆布人民”、三军将士、“数落指责”，它拒绝不听话。 那些训练自己以践行这些品质的人，被认为是没有感受到公众仰慕的渴求，而且一个人缺了那个东西并不感到遗憾。人们感到遗憾的是，在看待具有这一品质之人的观点上所产生的软化效应。

这些都是特别危险的非理性宽慰，也是特别危险的民主宽慰。 就像在很多方面，一个出身工人阶级的人现在看起来在其私人和公共生活中身处不同的状态。 在工作中，在他真正了解的那个世界里，他仍然能够辨认出“好老板”那些具有价值、令人羡慕的品质，凭着这一点来讲，通常并不意味着那是个纵容他人的老板，而是说他是一位“头脑清楚”之人，他是就是是，非就是非。 在当地，他仍然能够辨认出并羡慕“一位好人”，这位好人是一个可靠之人、或者忠诚之人、或者具有

156 独立的精神。在外面，等待他的是一团浆糊的海洋，在那里，所有关键的特征、危险的波谷、以及导向性的特点都被抹除了。人们认为，他漂洋过海所需要的一切，就是要有“一颗正直的心”，要有一种幽默感——这种幽默感防止他变成扫兴之人、引发他对任何古怪事物开怀大笑，还要有那种“要走多远”的意识——这对体面、理性的人来说是必不可少的。据说，童子军所唱的一首歌曲具有一种专业性偏见，但它与大众专栏作家的语调非常相像：

> 他会毫无畏惧地盯住前方遇到的麻烦，
> 还有美酒、女人和高级文化品味之人；
> 他不会搁浅，而会转变方向；
> 面带微笑，……[14]

这第二行是多么精妙啊！——那生硬的上嘴唇和满脸的欢喜，一眼不眨地瞪着那个具有审美艺术的戈耳戈(Gorgon)①。

通过所有这些手段，能够“在与公意保持一致中感到快乐”，能够接触到主要人群中的某个人，这种事实为反应过于迟钝找到了借口；那种迟钝从其自身的傲慢中、从“普通小伙子”的“狂妄自大”中汲取营养。更有甚者，工人阶级人民可能时刻准备着接受这种类诉求，这正是因为在公共世界里有很多东西让他们感到迷惑，尽管他们在传统上喜欢接触群体成员、准备接纳与这个群体保持意见一致的美德。当你加入到一些大众活动之时，无论这种活动可能会多么地机械，在感受到你和其他每个人都在一起的感觉里，仍有一些温暖的东西。在谈到收听大众化的无线电节目之原因时，我听说过人们给出的事实并不是它很有意思，而是它在工作中“给了你”和其他每个人一起“谈论的东西”。“当他们全都在谈论电视上的大型比赛时，你会不得不保持沉默吗”，广

---

① 戈耳戈(Gorgon)是希腊神话中的三个怪物之一，最著名的是墨杜萨。在古典艺术作品里，戈耳戈被描绘成身上有翅膀、头发是毒蛇的女人。——译者注

告商在提出这样的问题时意识到了这一点。那句话不只是与他人攀比；它让你成为群体的一员。听着无线电收音机中传来的千百名工人在假日唱着“假如你是这世上唯一的女孩”的那低沉有力的声音，孤独的人能够从下面的事实中得到某些安慰，也即街上的每个无线电收音机正在以一种情感交流方式连接着左邻右舍。在温暖、黑暗的超级电影院中，从下列事实中能够获得一种额外的快乐，也即被引诱、被邀请去笑、被奉承的那个“你”并不单单是作为单独个体的“你”，而是平平常常的普通大众进行伟大合成的“你”；是温水池里的小鱼。放眼望去，电视上可能天天都能看到这种事情。任何事情、几乎任何事情都是可以接受的，因为就是这样的一种感觉，也即，你是那个在一大群人 157
中观看展现在你面前的那个世界(那个大事和要人的世界)的人，这种感觉和任何节目本身内在的兴趣同样重要。我想，这些趋势可能促进了文化群体的出现，这一群体几乎和所有其他群体之和一样大。但它可能只是在这样一种意义上的群体，也即其成员共同享有一种被动性。但是在每天晚上，双眼犯困、睡意朦胧，他们还能与伟大母亲(Great Mother)连上线。他们白天可能在为一百台电视机中的一个装上一堆螺丝钉，但晚上会坐在一台电视机前度过。眼睛会记录下来，但没有与神经和心脑相连接；它们会与共同享乐的感觉连接在一起，这种享乐只是在于分享了整齐划一的事物，而不在于事物本身。

第四节　活在当下和“进步主义”

> 当这个民族对身体满足的滋味比对其教育和其自由制度的感受增长得过快时，这样一个时代就来临了：人们忘乎所以、完全失去自制力，一见到新事物，就要抓住它们。
>
> （德·托克维尔）

> 贵族国家自然会太过倾向于缩小人类完美性的范围；民主国家则会扩大其范围。[15]
>
> （德·托克维尔）

不难发现，需要活在当下和为当下而活的感觉，以及对需要“过得开心”给予高度的评价，这都会有利于对那些人民今天经常所说的东西感到进一步的自我满足。在此，我的看法是：有种说法认为，无论是什么东西，但凡被广泛接受并被划作娱乐性的，它都是正确的，大多数人都会持续不断、越发猛烈地对这一说法进行抨击。这种倾向与那种古老感受——认为“但能享乐就享乐”是非常重要的——连结在一起。第三种因素本身与这些事物有关，也就是“进步主义”的因素。进步主义通过摒弃过去来支持为当下而活；但当下被拿来享受只因以及只要它是当下的、最近的，而不是过时了的过去；因此，当每一个新的“当下”到来时，其他的都被抛弃了。“进步主义”对与日俱增的“美好时光”——彩电——持一种无限视角，这种彩电是一种全方位闻嗅得到
158 的、全方位接触得到的、全方位体验得到的电视。“进步主义”常常以事物的一种“进步主义”而开始，但无法停在那里；通过没有把握的类比推理，它不可避免地延伸到事物之外。

前面我说过，就像无限自由的观念一样，无限进步的观念伴随着当红时事评论员而存活了下来[16]，几乎没有受到过去半个世纪所发生的事件之影响；从这点看，他远离了现代，仍然处在1851年世界博览会的环境中。为了实现进步，“向前看”，“拥有明天的时尚”，这仍旧是一种人们所希冀的结果。后面引用的这个句子来自美国的广告，它让人想起，对“进步主义”的接受——就像这里所讨论的很多其他东西一样——是受到美国电影和我们自己的时事评论员的影响。对我而言，在工人阶级看待美国的态度中，最为显著的特征并不是怀疑——尽管经常会怀疑，也不是对“颐指气使”表示憎恨，而是在很大程度上准备去接受。这主要源自这样一种信念，即在大多数事物中，美国人能够

“向我们展示一两件”正赶时髦的东西。赶时髦让人觉得非常重要，就这点来讲，美国是领导者；赶时髦正在变得似乎尤为重要了。

他们实质上对过去没有感觉，特别是在工人阶级人民中间。这一事实强化了这种特定类型的假定。他们的教育不可能让他们有任何历史全景或者任何延续传统的观念。和年轻人相比，这对老年人来说可能更加真实；在过去20年里，人们做了很多事情来提升教学这个领域。[17]我并不是在顺便攻击教师们所做的努力；但他们的时代受到了限制，对于很多孩子(他们的出身就像我已经描述过的那样，他们的智力天赋受到限制)而言，教师们的全部心血容易被“左耳朵听右耳朵扔”。因此，大多数人尽管可能拥有大量不连贯的信息，但他们几乎没有一种历史的或者意识形态的类型或进程。他们的思想很少回溯到他们自己祖父母的时代以外；在那个时间节点之前，那全是一片黑暗，除了浮现一两件事物之外，而这一两件事物通常还时序不对或者缺乏背景支撑——盖伊·福克斯和火药阴谋、法国革命、魁北克的沃尔夫①、阿尔弗雷德国王和蛋糕②。几乎没有智力上的或者文化上的设施，几乎没有经过训练去验证反对理性和现存判断的相反观点，判断通常是根据浮现在脑海中群体格言的提示而做出来的。群体的看法会决定这些格言的所属种类，是有助于还是妨碍了体面的生活方式。

同样，对于未来几乎没有真实的感受。未来作为从上一代传到下 159
一代的家庭事务，它在孙辈或者可能曾孙辈就停止了；在那一刻之后，则是另外一片黑暗，可能全都是对摩天大楼、霓虹灯、宇宙飞船的浮想联翩。我想，这种想法尤其能诱惑人们去生活在固定不变的当下。如果这种诱惑成功了，可能会推导出一种时间流逝的状态：时间仍占支配地位，因为当下永远在变化，但这是毫无意义的变化，就像点击没有信息底样的幻灯片一样。每一种创新都被认为是比它前面的要好，只因

---

① 指在七年战争中在魁北克战场有优异表现的英军将领詹姆斯·沃尔夫。——译者注

② 指英王阿尔弗雷德战败时被人收留，帮主人烘烤蛋糕却走神烤糊而受到责骂的故事。——译者注

为它是后来者：只要改变延续了时间序列，任何改变都是为了更好而进行的改变。纽曼（Newman）出乎意料地预测到了很多人正在倾心的状态，这些人现在夜夜观看着最近、最大、最新的壮观电影制作场景：

> 他们看到伟大城市和荒凉地区的画面；他们亲临商业中心或者南方诸岛；他们凝视着庞贝之柱或者注视着安第斯山脉；凡是他们满意的事物，都不能把他们拉扯到该事物本身之外的任何观念上；没有流向或者关联；没有历史或者征兆。每样东西都自成一体，周而复始，就像一场演出轮换的场景，这让观众流连忘返。[18]

因为世界被认为是一种不断变化的事物，其中未来自动取代过去的一切、更适合过去的一切，过去变得贻笑大方、稀奇古怪。变得“老套”就会受到谴责。这里也有例外情况：某些代表着古老价值的老套事物是古雅和宜人的。“老套的母亲们”坚守那些真正重要的事情，她们经常受到讴歌。与她们相关联的是那些各种各样公认的财物，比如带有柳树图案的陶器。虚伪之人因为老套反而更好些，药草商在老套的土方疗法中依然生意兴隆。“我爸很严厉——他一直讨厌说谎，”工人阶级人民会这样说；或者“我妈常说——‘对就是对、错就是错’，当一切说也说了、做也做了的时候，你就没办法做得更好了”。我想，这些话语的使用暗示着人们从价值上对现代主义的浅薄层面进行抵制。

但在很多人看来，特别是在年轻人看来，几乎所有的老套事物都越来越开始变得让人乏味，而且可能变得荒唐可笑。把目光投向未来，对老人的缓慢和落后感到不耐烦，事情远不止于此，在任何时代，有活
160 力的年轻人都是这样的特点。人们认为，在我们自己的时代之前，所有的时期都是无知、陈旧和拘谨的；它们运行缓慢、枯燥乏味，如今都是“老掉牙的”。“很老套”和“不时兴”同样被用来去指责服装、行为、舞蹈风格、道德态度（例如“陈旧的信仰”，“过时的信条”）。因

此，成为“时尚”、“拥有最新款式”就是拥有了最好的。“一件东西是新的——它就是不一样”：因此，它必须更好：而且未来依然会更好。

与此相关的便是对青春的赞颂。如果最新就是最好，那么年轻人比老年人更加幸运；青春是现代的、时髦的、朝着更加现代的未来走去。专栏作家自己尤其是向“年轻一代”喊话，称他们“动作迅速……充满生机……热衷于跟上潮流……向前看……朝气蓬勃……独立自主……”称他们为未来几年提供了一个很有价值的潜力市场。

针对青少年已能去购买的商品，一些广告商打造出同类诉求，他们利用从美国引进的那种正在成长的未成年人的神话，只不过稍加修改以适合英国的人口味罢了。这就是青少年“帮派”的神话，他们爱好牛仔舞和布基伍基乐曲，但他们依然健康和率真，在非正式情况下穿着圆领毛衣和宽松长裤，充满着欢快和冲击力，与任何缺乏活力、百无聊赖的事情截然相反。

这种阳光的野蛮行为正在这里获得成功，一凡这种成功发生在工人阶级人民身上，它可能就从一种诱惑老年人和比较体面之人的能力中获取了力量。“你只能年轻一次。能享受就尽情享受吧。”年少不更事本身与更加古老、严肃的实用主义联系在一起，而且还贬低这种实用主义。人们被大量的物质产品所包围，这些产品被设计出来用于满足需求和消遣，而且在数量和创造性上每年都在增加，但是人们很少意识到这些都是数百年来一点一滴积累起来的知识和技能的最后产品，在大多数情况下则认为是些更加微不足道的产品。事实上，与之前任何一代人相比，人们周围现成的东西更多了，这些东西一出现，人们几乎不可避免地倾向于接受它们，在童话故事里按照孩子的方式使用它们，你能发现树上吊着玩具和路边在卖棒棒糖。支持对这一习惯的培养就是巨大的说服力，毕竟，“为什么不呢”？

凭借着所有这些方式，随大流的心态便油然而生。它蔑视任何没有上车的人，但它本身已经废止了个人的挑选职责。因此，那车载着野蛮人，在仙境中义无反顾地朝前走；它并不是向前走到任何地方，而是单单为了向前而向前。车前头的某些地方是指挥操控装置的科学家 161 （“它是新的——因为它是科学的”）。德·托克维尔说道：“民主国家的人民很少在意既有事物，但他们专注于未来事物的愿景”；[19]广告专家写道：“广告文字撰写者应强调其所提建议中更加吸引人的方面；他们应常常设法取悦读者”；在车上的一群人唱道：“美好时代到来了。”

幸运的是，“进步主义”的成功仍然在很大程度上受到了限制。人们强忍住对科学的怀疑，最近对科学力量害处的揭秘增强了这种一再的疑问。有时，人们反对的是那种被认为对进步的特定方面或者其过快速度管理失当的东西。说到此，对“进步主义”的内在接受可能并未受到影响。问题在于，一直持续下去非常好，但“他们”应该留心别把我们带入到高速颠簸之中。

然而目前，人们很多时候会听到暗含着对“进步主义”、对“进步主义”的价值深深怀疑的话语；“东西是更好看了，但通常就不像过去做得那么好，”人们说道，更重要的是，“……所有这些发明创造啊！但它们到底哪点儿吸引住你了呢？”

第五节　冷漠主义：“个人化”和“碎片化”

如果宽容是好的，如果共享群体观点是好的，如果“能享受就享受生活”是好的；此外，如果所有的人都是自由平等的，如果生活始终在变化和进步，那么最终结果必定会是丧失秩序感、丧失价值、丧失限度。如果无头直线中最后那段是好的，如果满足最大多数人的愿望是好的，那么数量变成了质量，我们来到了一个怪异、扭曲的无差别化世界。就像一个世纪以前马修·阿诺德指出的那样，这种无差别化能够导致“冷漠主义”，能够导致没有区别、毫无价值之物在永无休止地变动，能够导致这样一种世界：由于简化成清点人头，每一种活动最终都会变得毫无意义。

我仿佛从中得到了一种看法，也即从那片受到威胁的空地上退缩了回来，进而鼓励人们把出于“真诚”地对当下的喜欢当作是目的本身。浮现在我脑海里的是工人阶级从前那种宽泛的仁慈之心以及这种仁慈与他们不相信抽象事物之间的关联（“只要心地正直，你干什么都不要紧”）。如今，这种态度越来越多地得以表达，正是因为在一个很难找到衡量方法的世界里，它的确给出了某种测量方法。“好吧，无论如 162
何，他是好意，那才是最重要的”，这话可能变成对没有信心能够达到道德抉择的一种掩饰。真诚显然是不够的：但在似乎是没有别的其他什么东西的地方，真诚不得不起作用。

于是就造就了更多的托辞，人们不断使用像这样的句子，“毕竟，那是自然而然的事情”，以及“好吧，那没有伤害到任何人”，还有“他们说，反正那对你有好处”。或者造就了在语言中的托辞，这种托辞让“正统”或者“权威”自动变成贬义；让赌球成为“投资”；对于观念的社会重要性，在诸如这样的词语变化中能够找到其历史轨迹。任何东西都是“关乎品味的问题”，“对一个人来讲是美食，对另外一个人则是毒药”。通常都会有这样一句附加的话，这句话表明存在着一种尚未限定但普遍认可的边界，“请注意，我并不赞同……”；从那句话中产生了某种自信，也即毕竟在某个地方存在着一种秩序。如果拿这话去解决日常生活中的难题，会让人震惊不已。但在此前的个人日常生活中，在很大程度上，约束仍是主流。然而像这样不存在任何分歧可能是健康的，或者从长远看则更多是暂时性的。

存在着这样一种感觉：尽管人们感到任何权威都不是正当的，但权威逐渐被人依赖。这种事实让形势变得更加糟糕。“他们应该对此事做点什么”，“他们应该带我们脱离苦海”，“他们应该在医疗服务上这样做，在学校上那样做”，这些话语的使用会更加容易呈现出对本章所描述背景的反对。我们能够迅速把自己置于这样一种位置上，在这种位置中，我们张着嘴向后躺着，同时通过管子向我们输送营养，作为合法权利，从被无名的“他们”操控的、深不见底的丰饶角中汲取营养。如果一个人对权威的憎恶经常更多是一种积极的憎恶，暗示着一种独立自主的愿望，那么这个人会更快乐些。但经常却是郁郁寡欢地摒弃权威的观念，而这种权威与这样一种假定并存，即外部的某些东西或者某些人应该提供这种权威。这两种态度的联合效应会进一步让从其个人和家庭生活之外召唤权威的很多人变得索然无味和毫无反应。我们正在迈向亚历克斯·康福特(Alex Comfort)①所称的“不负责任的服从”这样的世界；如果更多的是“负责任的不服从”，那会更好一些。

于是，对服从的要求不断增强。“只有联系”，爱德华·摩根·福斯特(E.M.Forster)②在思考对内部和外部生活的要求之冲突时说道。“只有服从”，如今流行之风窃窃私语地说道。反正什么东西都不重要了，163 但大多数人可能是对的，你应该接受他们。你只需要相信其他人相信的东西就行了；另辟蹊径就犯下了违反生活法则之罪。如果根本没有价值，没有理由去背离，那么唯一的职责就是保持走在人群拥挤的道路中间。“1 000 万人——或者 1 300 万读者或者听众——不会都错了。”

于是，悄悄“释放行动的源泉”继续进行，并不断增强。于是，最终必定会丧失了生活中的紧张感，任何真正对其形成挑战的品味也随之消失。真正的享乐、甚至所提供的大量乐趣，其力量也必须衰减。“过得开心”可能显得似乎非常重要，它超越了几乎所有其他的要求；然而当它已经被允许这样做的时候，过得开心大体上变成一种例行事务。反对现代大众娱乐最强烈的论点并不是在说它们降低了品味——这种品味降低可以是活泼积极的，而是在讲它们过度刺激了品味，结果使之索然无趣，最后扼杀之；用德·托克维尔的话讲，它们“削弱”而不是

① 亚历克斯·康福特(Alex Comfort，1920—2000 年)，一名英国科学家和内科医生，其最负盛名的著作是《性之愉悦》(*The Joy of Sex*，1972 年)。此处，霍加特所讲的“不负责任的服从”可能源自康福特的《和平与服从》(*Peace and Obdedience*，1946 年)等著作。——译者注

② 爱德华·摩根·福斯特(E.M.Forster，1879—1970 年)，英国小说家、短篇小说作家、散文家、剧本作家，小说《印度之行》(*A Passage to India*)让他声名鹊起。他曾 16 次被提名为诺贝尔文学奖候选人。——译者注

"败坏"。它们在神经上杀死了品味，于是让观众感到困惑，并让他们相信，观众几乎完全不能观看和诉说，"但实际上，这个蛋糕是用锯末做的。"我们还没有到达这个阶段，但这些就是我们继续前进的线路了。

从孤立分化大众作品的两个主要特征——"个人化"和"碎片化"——中，能够最好地印证这种过度刺激和最终将反应扼杀的情形。此二者都存在于新、旧风格的出版物中；但在展示和操纵上技能极大地得到了加强，因此差异还是非常明显的。

如果我对今天大众媒体中存在着的强烈个人兴趣感到怀疑的话，我就不会突然反感地发现，几乎每个人都以及经常都对"完美的人类故事"感兴趣。"我的确喜欢完美的谋杀"，这句话至少有上百年的历史了：在过去一个世纪里，很多"低等"文学作品充斥着对谋杀、行刑、谋杀者最后的告白所进行的记述。"说到底，任何东西都战胜不了那惊人的完美谋杀"，一位兜售新闻—民谣和对开大报的小贩说道。但我正趋向对个人因素的过度使用，这种个人因素非常强大，以至于需要用另一句话来描述它，这句话就像下列句子一样不带有赞成的内涵，"对个人的、私密的方面感兴趣"或者"喜欢好故事"。似乎需要有一个比较丑陋的、当代的名词动化，比如"个人化"（to personalize）。

人们立刻就会发现，特别是在为工人阶级设计的报纸中，非常罕见的"个人化"程度不仅源自对他人生活细节的普遍人情味，还源自工人 164
阶级对于具体的东西、对于在感情上敢于表白而无可厚非的东西、对于本土的和特别的东西拥有特别强烈的依恋感。说到此，工人阶级人民通常能够作出反应，常常具有智慧和理解力。先前的大众报纸明白这一点，于是开始了那种在合理限度之外延伸到个人特征的进程，如今这种进程发生在非常先进的国家里。可能，它得以延伸扩展不单单是为了回应报纸生活——对他们而言，要想一直成为比邻居更好的人，这种报纸生活是必须的——中的内在动力，还因为当前的条件加强了迎合读者中的个人之愿望。此前我已经指出，工人阶级人民今天不可能没有意识到社会生活的那些更加广泛的、公共的方面，此前在某种程度上他们很难知晓。他们意识到一片生活领域，他们毫无疑问是这片生活领域中的一部分，但经常发现很难理解它。自然而然，通过与他们知道的、扮演的、遭受的、羡慕的个人和本地生活关联起来，他们尝试着更好地理解这种外面的生活。在这种环境下，渴望获得下列保障的愿望就更加强烈了，也即本土的和个人的价值的确要考虑在内，所有人能够理解并称赞其为“得体的”情感对所有人而言都是共有的。当从那个巨大的外部世界传来的声音使用了他们的腔调之时，他们很高兴。很多政客都明白这一点；大多数撰写关于王室文章的专栏作家也明白这一点。有些度假营地的老板明白这一点；他们的营地很大、壮观夺目，但是拉拉队长试图把“亲密”团体中的每个人联系起来，厕所标着“小伙子”(lads)和“姑娘们”(lasses)。足球赌博的赞助者明白这一点，他们发出加入他们的“帮派”、“圈子”或者“团体”的邀请。在无线电综艺节目和电视歌舞表演节目中，专门假装亲密的明星明白这一点，他们声称自己是站在“你隔壁的工作站，广播电台——”而发声的，他们运行的节目使用这样的标题，比如“邻居的选择”以及“朋友般的乐趣”。我记得，在约克郡一家繁忙的疗养院中，一位得了肺结核的工厂女工在“唱片节目主持人”播放她最喜欢的歌曲“为你而唱”(A Tune for You)时，被深深地打动了；此后，她的储物柜上挂着主持人的签名照片。这是一种属于所有人的、多么欺骗人的感受啊！在这个公开交际的时代，那些公众朋友赋予了这么一种感受，感到销声匿迹会更好些，于是，一些有助于改善现状的举措可能会打动人们。

165 然而，不欣赏这种欲望的力量会犯错。人们正在询问的问题是些好问题——“就像我们对它们了解的那样，这是如何与人类生活及其问题相关联的呢？”商业出版的压力和除了自由的限制之外(“给予公众他们想要的东西”)几乎所有约束的解除业已保证，准备用人民想要的术语进行解答被贯彻到如此这样的地步，也即在毫无相关的地方、在认为相关是危险的地方，才给出这样的答案。你们知道谢皮洛夫先生(Mr. Shepilov)①在会议桌上画了一个马的涂鸦，除此之外你们并不了解他；你们只是在逃避真正的问题。因为“个性化”的技术一年又一年、越来越多地被机器量产，所以良好的本能被挤压得走了形，而且这种本能被用来去过分简化事物、去温柔欺骗、去危险地歪曲事实。我们进一步陷入一个无意识的亲密世界的美梦中，在这个世界里，不仅仅小人物也有权利，而且国王其实私下里也是小人物，实质上所有握有大权的人物都是普普通通的老实人(Honest Joes)。这个世界非常复杂，甚至连专注于照看比较重要的机器之事务的那些人，也只能希望理解这个世界的一小部分。这个世界天天都简化为一种本地的、虚假操控的、在报纸掉在地毯上之时发出的“哎呀啊呀”。

在铁幕边上的国家里，发生了一些奇奇怪怪的运动；殖民地变得难以驾驭；美国发布了关于使用氢弹的新声明。如果这些事情能够以讲述一位哈利法克斯(Halifax)奇异牧师的故事所能使用的方式被“个性化”地讲述，那么它们只会赢得一种重要地位。如果没有这样的话，它们必须抓住次要位置这个机会，把封面标题和头条留给下列题目：

鳏夫说：她们勾引我
她穿晚礼服爬山
那天玛丽不会到场
疯子牧师全告诉他们了
他的猫出席了会议
三名教士守护着济贫捐献箱
他穿旱冰鞋上班
他承受了所有的一切

① 德米特里·谢皮洛夫(Dmitri Trofimovich Shepilov，1905—1995年)，苏联政治家，曾任苏联外交部长。他担任过苏共中央主席团候补委员、中央书记处书记，是20世纪50年代苏联政治明星之一。——译者注

如果看起来个人化得还不够，那种“少废话”、“别闲扯”和“直面现实”的方式便逐渐流行起来：

那些家伙应该停下来
住口，朋友
别谈那些愚蠢的地方法规
汤普森先生，别说了
丈夫，别那么犯傻
老百姓，你们已经得到了它。

166 这便是它的捍卫者所称的“厚颜无耻的”和“毫无吸引力的”新闻报道。通常情况下，新闻报道的欢乐气氛与粗鲁行为，和站在安全距离之外的那个有警察撑腰的男孩子为逗小伙伴开心而做鬼脸的水平差不多。

成功的“个人化”之必然结果就是不断地、大量地进行简化。读者必须亲切地感受到那个梦寐以求的、正在展现给他的东西，如果他不得不努力思考词语的分量、或者苦苦思索细微差别之处、或者甚至密切注视比较复杂的句型结构，那么他不会有此感受。因为这些特质是人们试图表达一个主题之复杂性的结果，由此可见，用最简单的语言天天所展现的个人剧本，其在情感和思想上也被人们以最简单的方式进行构思。但是，“普通读者”(在大量销售之后，对于时事评论员而言，普通读者必定是这样一个假设人物，他必须以最简单的方式作出三四个关键回应)绝不能感到置身事外。

报纸杂志超越了小说本身，转向“微型小说”或者“一分钟小说”，其中，最显著的特质不是这些小说的简短，而是它们被设计出来向下滑行的技能。因为任何事物都阻挡不住这种潮流，任何事物都无法让读者控制住自己的情绪，他们要创造的这个世界也就没有任何事物是真实的了。连续阅读二三十份这样的报纸杂志；你不仅会厌倦那些骗人的转折式结局，而且会被生活在虚无、空洞的木偶世界的那种感受压得透不过气来。

因此，大众报刊不得不在其向人们展示所要阅读的事物上变得越来越零碎，也因此，所要阅读的事物逐渐被只能直观的事物所取代。“连环漫画”像疹子一样蔓延开来，从封底的底部角落贯穿整个内页，它们占据了自己的那个版面，还在其他别处不时出现。必须要有一些对行动的言语引导，但描述性评论被保留到最低限度：这样做的目标是要保证，所有必要的背景信息都被包含在出自人物之口的对话中。毫无疑问，此中原因和那些促使大众小说家避开一般性描述而迅速转向对话的原因是相同的。在对话中，人民对我们讲话；在描述中，我们不得不单方面向版面上的文字做出让步。

在最底层，美国的或美国式的连环漫画系列书籍在这里的销售量说明了所有的这一切[20]，在这些连环漫画中，一页又一页，来自火星的、丰乳肥臀的姑娘迈步走出太空机器，歹徒的情妇乘坐大功率轿车尖叫着呼啸而去。那些多少见到过军人的读物、多少明白美国和英国连 167
环漫画(在所提供的热点素材被用光了的地方，比较粗俗的、给英国男孩子们看的连环漫画派上了用场)所深受欢迎的程度的任何人，都对所有这些东西有所了解。这个进程正在继续，对于一大批青少年来讲更是如此；在视觉上被动接受差的大众艺术与非常低的心理年龄相吻合。

尽管为数不多的人费尽心思去理解每一个问题，尽管大多数人认为，在几乎每项普遍议题上，他们的意见都会很有分量；甚至对于欠发达的头脑或者对于懒惰的头脑而言，大多数议题都是、或者应该是非常容易解释的，然而，说得公道一点，这是一个“固执己见”的时代。终究，我们必须要跟上时代；跟上赫鲁晓夫先生昨天所讲的东西，跟上铁托今天所做的事情。托尔斯泰笔下的列文知道这种类型，但如今他更为常见——“为什么，啊为什么，瓜分波兰引起他的兴趣了吗？……没什么可说的了。单单从它‘出现过’这样的事实来看就很有趣。”[21]但是，“固执己见”在很大程度上不是工人阶级人民的一种弱点；或许，他们对普遍问题缺乏兴趣妨碍了它的发展。然而，他们兴趣的类型和时代的力量让他们吸引到“碎片”的乐趣上去，吸引到不断品尝稀奇古怪的片断、不相关的零碎细节带来的“彩色什锦糖果”般的乐趣中去，每一种都有其甜蜜的、小小的“人情味”内核。或者，他们开始对那些无线电节目（自战争以来，它们似乎在数量上有所增加）感兴趣，顺便说一下，尽管这些节目可能包含着少量的信息，但它们通过下列事实获得其主要的感染力，也即这些节目是通过短暂冲刺、通过在短暂痉挛中不断展现自身的个性碰撞而向前发展的。它们大多数都是知道如何有效利用个性和如何为自身利益争辩（“好吧，至少它很刺激”）的游戏的变种。[22]

以此来进行评判，我们的读书之风并未兴起，而是停留在两三个音节的词语和七字句子水平之上。这种进程并不新鲜；大多数断断续续的杂志都有40—60年的历史。每一种杂志都形成了自己的风格：这份主要是家庭报刊，那份是比赛报刊；这份报刊对历史学、地理学、人类学中的“怪事”特别感兴趣；那份报刊特别直观。所有这些杂志都共同拥有这样的假定，即它们的读者都是一阵风而过的。所有这些杂志都提前咀嚼了它们的素材，以便既不会让任何人感到厌倦，也不会让任何人大伤脑筋，还不会让人费劲去关联或对比。它们必须能够在一种非常简单的架构中被人阅读，或者更有甚者，在一种自由转动的形式下
168 进行阅读。任何篇幅都决不会有相互关联的次序；任何事情都是有趣的，和下一件事一样有趣，只要它是短小的、毫不相干的和刺激的就行了。无法分类的奇闻趣事到处可见：博尔顿（兰开夏）出生了一只双头母鸡，一名政客自杀了，艾德蒙顿（加拿大的艾伯塔省）的一位母亲第三次怀上了三胞胎，旅鼠有哪些奇怪的习性，桑德兰一个骑着自行车的人被一阵怪风刮飞了。人们并没有阅读此类报刊；人们“看了”它们。

广告文字撰写者继续并发展着这种方式：

你唯一所能希望的，就是让你的读者一次保持一分钟的注意

力。确保在那一分钟内他得到你想让他得到的东西。设计好版面布局，以便所有的元素有助于让他的眼睛移动到你所规定的路线上，一路不要有任何让人感到不舒服的颠簸。坚持使用一小群的字母和词语。他看一眼超不过五六个单词。任何比较长的组合都会让你的读者感到不愉快。于是，你就失去了他。

然而，如果不得不使用一个超过三音节的词语，专栏作家经常给出一个星号以进行"友好"解释——"哥们儿，对我们而言，那意味着——"

"短小的、毫不相干的和刺激的"；第三个特质由前两个所产生。在开胃菜的固定饮食中，每一种新食品至少包含了被其替代食品的气味和味道。如今，这种对"刺激"的找寻比以往要走得远得多。《斯温尼·陶德》（*Sweeney Todd*）①和《玛利亚·马汀》（*Maria Marten*）②是他们追求轰动效应的题材，里面含有某些产生轰动的东西，它们已经流行很多年了。今天，必须天天找到十几个轰动一时的新题材。因此，必须要有一种持续的张力；必须要用大量的戏法把实际上是瘦的东西伪装成结实肉多的东西；必须有一种永无止境的角度夸张与失真，以便让微小显得巨大；从下面给老鼠拍照，它们巨大的影子被装扮成真正的恐怖。与那种情节剧离《麦克白》的距离相比，这类事情离《玛利亚·马汀》的距离更远了。[23]

贯穿于本节所描述的、靠着制造各种诉求来维持生计的那些人发现自己在受到攻击之时，他们的防御程序富有启发性地证实了之前基于他们努力背后的假定而做出的分析。他们正是用那些他们知道会影响到观众的方法（他们不会过多考虑这些方法实际上能否适合针对它们的情

① 斯温尼·陶德（Sweeney Todd）是英国作家乔治·皮特（George Dibdin Pitt，1799—1855年）笔下的主人公名字，系一专事谋杀顾客的理发师。——译者注

② 玛利亚·马汀（Maria Marten，1801—1827年）是1827年发生在英国的一起谋杀案之被害人，当时玛利亚·马汀与其情人威廉·科德在红谷仓会面私奔，结果被科德杀害。科德后来被捕，当众绞死。这一谋杀案成为媒体争相报道的对象。——译者注

169 况），拼命进行自我辩解，以此进行回击。他们指控那些指控者是“反动的”和“专制的”；他们暗示说，只有自由是不够的。他们进一步指控对手是“势利之徒”；他们可能暗示说，所有的人本质上并不是善的。无论什么时候用得着，他们就会谈到对手的年龄，“72 岁的甲先生”或者“65 岁的乙先生”；民主朝气蓬勃、目光远大，明显对手都是老顽固。他们反指控那些指控者，说他们“比你更神圣”，说他们自鸣得意，说他们“伪善”。推理似乎是下面这个样子：(1)唯一的价值就是自由；(2)因此思维开放是唯一所需的坚定立场，但是，(3)这些人提议自由的某些用处可能是错的；他们站在道德的立场之上；所以，(4)他们必定是伪君子；他们隐藏了某些东西；他们想自己得到自由，而不让他人得到。这便是正面写着“真诚”的那枚硬币的反面。如果你接受全部自由，但你不拥护你自己的任何“立场”，那么，你可能受到称赞，因为你的胡乱应付表明，你是“真诚的，不管怎么说”。提出一项规则，你会引火上身，人们辱骂你犯下了新目录“伪善”下的最大罪恶。在所有这一切中，防卫者的行为举止都是很熟悉的，带着坦率的、一对一的口气（毕竟，我们最好的防卫就是你阅读了我们，伟大的英国公众就是不会阅读任何邪恶或者堕落的东西）。最后一张牌都是那种处理方式——“关键不在于你做什么，而在于你做事的方式”——的变体。在一个无限自由的世界里，我们做什么并不重要，因为我们做事有风格。最重要的是，我们不会厌倦。[24]“我们尽力不要对任何事情感到厌倦”；我们从来不想“人前卖弄”，我们一直都是“充满活力”。若非出于已勾勒出来的、关于大众出版物的压力，这些都是值得赞扬的目的，它们把那些更加重要的原则置于次要位置。在这种情况下，这些目的变成了不惜任何代价博人一笑、让事物增添活力的辩辞。“一切都是为了一笑”；不管故事是否被扭曲，也不管词语和情感是否变成了只是被玩弄和逗人发笑的事物：至少我们并不厌烦；你不能拿单调乏味来指责我们。到了最后，胜利赦免了一切。

按照大众报纸社论中出现的频率，我编排了一系列在新标准之下表示美德和邪恶的修饰语。表示邪恶的有：

自以为有道德(pharisaical)、胆怯(timid)、单调乏味(dull)、含糊不清(equivocal)、势利(snobbish)、貌似虔诚(canting)、油腔滑调(mealy-mouthed)、墨守成规(conventional)、伪善(hypocritical)、慢条斯理(ponderous)、人前卖弄(pompous)、胡说八道(humbugging)、冠冕堂皇(official)，当然还有厌倦(boring)。

这些是老一套的 14 宗罪；所有这些是何等相似啊！表示美德 170
的有：

新的(new)、不同(different)、非正统(unorthodox)、坦率(frank)、莽撞(cheeky)、直言不讳(outspoken)、完全清醒(wideawake)、鲜活(live)、充满活力(vigorous)、有滋有味(zestful)、栩栩如生(vivid)、热情奔放(gay)、生机勃勃(lusty)、有进取心(enterprising)、热情洋溢(ebullient)、十字军精神(crusading)、"嬉皮笑脸"('urchin grin')、坦诚(candid)、敢于冒险(audacious)、年轻(youthful)、真诚(sincere)。

在此，这种基本原则似乎是青少年反抗教师的道德准则，似乎是童言无忌。

注 释：

[1] 《论美国的民主》，第 403 页。

[2] 朱利安 · 班达：《贝尔菲戈尔》(*Belphégor*)，转引自温德汉姆 · 刘易斯(Wyndham Lewis)：《时代和西方人》(*Time and Western Man*)，第 292—293 页。

[3] 洛克：《人类理解论》，第 4 卷，第 16 章，第 4 节。

[4] 潘恩：《人的权利》，1791 年，第 1 部分，第 65 页，凡人出版社。

[5] 看了《困惑的人民》，我想到了这些话语，第 83—84 页。

[6] 例如，迪布丁(Charles Dibdin)在描述他时代——18世纪末——的报纸杂志时说出了这样的话，也即“处在同一水准上的一类绅士”(着重号是我加上的)，也是我们自己的冒牌煽情主义者之先驱，他们制造出“针对琐碎之事所进行的大段大段夸张描述”。实际上，就其本身而言，大众报纸杂志确实走过了数个世纪：只不过是节奏发生了变化。

关于这个引文，我感谢内特尔先生，他让我看到了关于查尔斯·迪布丁的《音乐之旅》(*Musical Tour*)的手稿，该手稿于1788年由《谢菲尔德花名册》(*Sheffield Register*)的出版商盖尔斯出版发行。

[7] 在一些问答比赛广播节目中可能会发现同样的特点。

[8] 杜威：《新旧个人主义》，第17页，艾伦和昂温有限公司(G.Allen and Unwin，Ltd.)，1931年[明顿巴尔奇有限公司，美国纽约(Minton，Balch and Co.，Ltd.，N.Y.，U.S.A.)]。

[9] 奥登：《经理们》(The Managers)，载《午后课》，费伯出版社，1952年[兰登书局，美国纽约(Random House，N.Y.，U.S.A.)]。

[10] 吉尔伯特·哈丁：《沿着我的路线》(*Along My Line*)。

[11] 普里斯特利(J.B.Priestley)在国内服务频道的一次广播节目中所说，1951年6月；在《倾听者》(*The Listener*)中被转载。

[12] 莎士比亚：《皆大欢喜》，第二幕，第60页。

[13] 作为一名具有寓意性的人物，这种人对于听众来说似乎具有两种主要角色：

(1) 现代模式的“活宝”——也就是说，他是个特殊的英雄，他直言不讳且揭穿真相。

(2) “老实人”，他与听众具有同样的价值，他痛恨胡说八道和官员的装相，他具有丰富的直觉和一颗温暖的心。

吉尔伯特·哈丁先生的那本富有启发性的自传揭示了这种名气的另外一面。在这本书中，他谈到了他所称的这种生活的浅薄和虚伪，谈到了这种生活缺乏典型性，谈到了公共记忆的缺失，还谈到了广播可以造就出来的、不真实的、言过其实的名气。

[14] 引自斯托韦恩(Stovin)，第139页。

[15] 德·托克维尔：第410页和第311页。

[16] 它存活了下来，在很多方面让人眼花缭乱，它自己经常展现出一种对权力的崇拜，而且明显被作者的不安全感所强化了。从当代很多杰出人物传记——比如说像诺斯克里夫勋爵这样的人的传记——的格调中，人们明显能看得出来。

[17] 但在通常情况下，一些方式方法透露出来的是一种无法控制的进步主义：例如，一些社会研究的主题，“历经数个时期的传输”诸如此类——“每天，在各个方面……”

[18] 纽曼：《大学的观念》(*The Idea of a University*)，第6篇论文，哈罗德(C.F. Harrold)编，朗文(Longmans Green)，1947年，第120页。

纽曼是在谈论水手，区分“获取物”和“哲学”之间的区别。

通过阅读哈蒙德(J.L.Hammond)所写的纪念霍布豪斯的讲稿——“公共乐趣的兴起”(The Growth of Common Enjoyment)，我的注意力被引向这篇论文。

[19] 德·托克维尔：《论美国的民主》，第343页。

[20] 对美国连环漫画最为透彻的分析会在弗雷德里克·沃瑟姆(Fredric Wertham)的《天真无邪的魅力》(*The Seduction of the Innocent*)中找到。

[21] 《安娜·卡列尼娜》，第28章。

[22] 但是，那些机智地、静静地观察英国风俗习惯的节目也增多了，例如埃里克·巴克(Eric Barker)、约翰尼·莫里斯(Johnny Morris)、阿尔·瑞德(Al Read)的作品便是如此。

[23] 《玛利亚·马汀》，约翰·莱恩(John Lane)出了个版本，至少最迟到了1946年进行了再版，博德利海德出版公司(The Bodley Head)。

[24] 但是，这些“优质”报纸上的广告发出了类似的呼吁，这通常结合了文化上的势利行为，例如，我们应该被人看到正在阅读既严肃又阳光的报纸，这是多么自豪啊！

第七章

去棉花糖世界的请柬：新大众艺术 171

因为，很多原因在之前的时代是不为人知的，现在正以一种合力来钝化大脑的分辨力，使之不能完全主动发挥，退化到一种近乎野蛮的呆钝状态。

（华兹华斯①）

因为受到大众的呼吁，很多人会想方设法为大众提供思想食品，而这种食品是提前备好的，是顺应大众觉得正确的方式的。

（阿诺德）

啊——那天我读了一本书！

……

……

有朝一日——我会再读一次。

（“鼻子”杜兰特先生的一首歌）

是的，我们会安排他们去工作，但在他们的休闲时间里，我们会把他们的生活弄得像儿童游戏一样……哦，我们会甚至允许他

① 威廉·华兹华斯(William Wordsworth，1770—1850年)，英国诗人，作品歌颂大自然，开创了浪漫主义新诗风，1843年被封为桂冠诗人，他被认为是英国浪漫主义的中心人物。其主要著作有《抒情歌谣集》(与柯勒律治合写)、长诗《序曲》、组诗《露西》等。——译者注

们犯过错，他们软弱而无助，他们会像孩子一样爱我们，因为我们允许他们犯过错。我们会告诉他们，如果过错是在我们许可下所犯，每种过错都会得到补偿，我们允许他们犯错，因为我们爱他们……他们不会对我们保有任何秘密……他们良心上最强大的秘密，他们把所有这些都会摆在我们面前，我们会以一种答案回答一切。他们会很高兴地相信我们的回答，因为这种答案会通过给他们做了一种自由决定而把他们从当前遭受的巨大焦虑和极度痛苦中拯救出来。

(陀思妥耶夫斯基)[1]

第一节　制作人

我把我的成功归结为给了人民他们想要的东西。我不是个势利小人。

(一位流行音乐家)

当我们思考现代娱乐文学的超凡技巧之时，我们容易犯下两处错误的强调重点。我们把这种技巧过多地与不多几个名字联系起来，通常所说的流行与数十个经常在每周评论中反复出现的、严肃的（因为没有
172 一个更好的词语了）当代作家相提并论。我们经常简单地认为，这些作家对待作品完全是商业性的和犬儒主义的态度。

取得巨大成功的大众作家——“文学百货公司”——都是令人敬畏和让人痴迷的人物。人们可以描绘秘书和速记员、录音机、周边的“幽灵”、通过稿件辛迪加发表的文章、“整体或部分不得翻版”、在温暖南方的某个大型老房子里的那个复杂高效的梦语工厂（dream-words factory）等，大师最新的幻想或者巧妙奉承的作品便从这里传送到了周

刊、美国市场和创设的自治领。

但是，无论这些人如何让他们的组织机械化，他们都不应对大众文学的巨大膨胀（*Bulk*）负有责任。在英格兰，大约每年有1.8万本书籍（出版），其中，大部分是消遣小说。从几乎不曾听说过的出版社涌现而出的平装书让文具店、新的杂志店和书摊的陈列窗显得凌乱和俗气，这又怎么样了呢？写这些书的作者可能以几个名字写作，通常按照计件工资、每千字来支付他们薪水。市场似乎是剧烈竞争的，那些成功的人——也即没有必要成为全国知名人物也过得很好的人——需要对公众想要的东西有敏锐的感觉。因此，他们中的一个人这样说道，他的经验之谈有两点：决不要把“无聊的描述”（我猜这种假设是，任何超过两行的描述都会让人厌烦）加进去；确保在第一页就开始对话。对于那些能够提供所需事物之人来讲，这样可以为他们提供一种潇洒的生活；得到这种生活的人几乎完全是不为人知的：

> 在民主国家里，作家不费吹灰之力就能小有名气且得到大笔财富，这会让他沾沾自喜。为此，他不需要受人仰慕；只要他受人喜欢就足够了。不断增大的读者群以及他们对一些新事物的不断渴望，这些保证了人们并不特别敬重的那些书籍也有销路。[2]

人们并不特别敬重它们，但“敬重”是一个价值动词；正像德·托克维尔指出的那样，尽管会受人喜欢本身就是一种测验。

这些作家是称职的，毫无疑问，在很多写作策略中，他们有意识地把目标锁定在给予公众他们想要的东西上。但是，认为他们有意识地以刚刚好的比例合成了取得成功的所有不同要素，那是在思想上（除了别的其他方面）高估了他们中的大多数人。如果读几本价格低廉的爱情 173
故事，我们会发现，几乎很难支撑这样一种信念，也即他们描述的世界是有意从外界构想出来的。像这样的作品，如此一贯地、准确无误地保持读者所要之物的那种感觉，它很难在思想上被建构起来；当然也无法凭借这些作品中通常显示的有能力的头脑所构建。相反，它们由这样的人所创造，这些人具有某些品质，只是在程度上比读者更阔达，但仍属于同样的精神气质。“每种文化都活在自己的梦境中”[3]；它们分享了他们文化的共同梦想。他们可以大量地、年复一年地出版发行，但并没有严肃作家眼中的那种标志着其经验的发展以及随之而来在表达方式上带来变化的阶段，因为他们半自动化地进行写作。这也适用于很多大众新闻记者。大众新闻记者的自传文学经常强调“观众的直觉意识”、“相信自己”、“完全真诚”之重要性。[4]但是，谈及“真诚”仅仅有助于论说“彻底的犬儒主义”。显然，一个人不会总是一个有意左右时局的人，但仍然留意着重要机会。从自觉层面上讲，读一读大众文学就一目了然了，人们可能会发现存在着那种铁石心肠的犬儒主义[5]，或者会发现存在着那种服务“人民”、代言人民的强烈使命感。更常见的是，人们发现以上两种情况混杂交织在一起，而这种混合在逻辑上是站不住脚的，但显然是可以忍受的。于是，在赖安(A.P.Ryan)所著的《诺斯克里夫勋爵》(*Lord Northcliffe*)一书的护封上的“简介”中，诺斯克里夫①被描写成“热情与狡诈、真诚与犬儒特技交织在一起的奇怪合成体”。

在流行歌手的表演中，并不是必然存在着不真诚。贝蒂·德莱芙(Betty Driver)②小姐的座右铭是：“我们每人心中都有一首歌。”毫无疑问，对于必需重点获得的个性特效，薇拉·林恩(Vera Lynn)③小姐有这样一套很好的原理观念，也即简化但有冲击力的情绪化模式、复杂转化的着重点、超凡掌控那些让其表达所需感受的元音。这些就是她的听众想要的东西，以便歌曲能唤起他们独特的虚幻世界。但是我

① 诺斯克里夫(Northcliffe，Viscount，1865—1922年)，英国报纸发行人。他于1896年和1903年分别创办《每日邮报》、《每日镜报》，1908年又买下《泰晤士报》。在把出版业从传统的信息传递转变到商业和大众娱乐服务方面，诺斯克里夫起到了重大作用。——译者注

② 贝蒂·德莱芙(Betty Driver)，英国女演员和歌手，一生在2 800多集肥皂剧中出演。——译者注

③ 薇拉·林恩(Vera Lynn，1917年—)，英国女歌手、作曲家，曾获得大英帝国勋章，并被授予“高级英帝国女勋爵士”。——译者注

猜，这也是林恩小姐的虚幻世界，是她自然而然身处现实歌唱时刻的那个世界。当说道“她那清脆真诚的著名嗓子”时，“宣传”她的文案作者可能并不太离谱。就像有人所说的那样，她唱起歌来宛如一位工厂女工听到她自己在心中歌唱一样。

在下面这段略带夸张的内容背后，存在着类似的事实：

> 我曾经出席过《莱利老妈》(*Old Mother Riley*)①影片的剧本研讨会：让我严肃认真地向那些准备嘲笑这个成功系列的、犬儒的商业主义之人打包票，会议室里洋溢着创造性带来的愉悦之情。人们情不自禁地笑着流下眼泪，震惊了那些聚在一起的商人们，因为他们决定莱利老妈摔下楼梯或者掉落河中的频率。[6] 174

想必，对任何阶级的人民进行想象的大多数作家共同享有着读者的虚幻世界。他们成为作家而非读者的原因是：他们能够把那些想象体现在故事和人物性格里，他们的语言流畅。这不是对待创造性作家所用语言的那种态度，进而尝试把词语置于一种承载着其经历的特殊品质之下；而是流畅地、“能说会道地”、娴熟地运用成千上万的现成句子，而这些句子会把人物性格搬到读者极其习以为常的想象舞台上。他们通常运用大量的技巧，倾注于字词，强化了读者的白日梦。正如我们所见，他们与读者的关系和他们与创造性作家的关系相比更加直截了当。他们并没有创造出一个自在之物(object-in-itself)；他们以制片人的身份上演那些隐藏在读者白日梦背后的东西，但由于想象力受限的缘故，他们无法上演那些在当地无法拥有住所和名字的东西。我记得各地都有这样一位姑娘，她21岁之前就已经写了十来本书。她在15岁开始写作，自那以后，“你知道，它们就一发不可收拾”。另一位女作

① 《莱利老妈》(Old Mother Riley)是1937年上演英国的喜剧电影，由奥斯瓦德·米切尔(Osawrd Mitchell)导演、亚瑟·卢坎(Arthur Lucan)领衔主演。这也是在1937—1952年间上映的关于这一主题的系列影片的第一部。——译者注

家创作了数百本关于土匪恶霸的平装本惊险作品。她和丈夫安静地生活在伦敦郊区。当人们问她是如何开始着手写作时，她回答说，“我只是在打字机上孵蛋。”她补充说，她的志向就是写“一本会流传于世的严肃宗教作品——精装本的”。[7]

对一些社会评论家来讲，存在着这样一种诱惑，也即在所有大众文学中，特别是在大众文学的更加先进的现代类型中，去寻找“权威人士”犯下的某种阴谋，这是悄悄麻痹工人阶级的聪明之举。但是，在这一领域正在尽最大努力——“真诚地”等等——做事的大多数人，他们自己都与工人阶级有渊源，都是奖学金制度的产品，都是才思敏捷、精力充沛的孩子，他们“有了出息”，因为他们“能说会道”，而且他们了解人民，因为一个人所了解的只是伴随着他长大的那些人。如果有阴谋，那明显是一个狡诈的阴谋：“他们”不费吹灰之力就引诱工人阶级中比较聪明的人去弱化他们自己的阶级——部分是由于金钱上的原因，部分上是由于那些没有充分验证的最佳理由。这些年轻人经常在自传中坚持认为，他们“事实上属于人民——分享着他们的微笑和眼
175 泪——是像他们一样普通——经常想象着只是在写一封家书”。

这种无意识的反讽让人难以承受，特别是在人们认为这意味着作为真正的正当理由来服务于大型商业组织之时。此外，这种语气通常有些品质制胜，在陈词滥调的背后有某种渴求——直到人们想起工人阶级出身之人的那种不多愁善感和不奉承人的举止行为为止，而这些人在50年前出色地为出身工人阶级的人们说话，并道出了他们的心愿。

第二节　图解进程：(一)家庭周刊杂志

(他们)从教育家和最热心的市民嘴里抢骨头，那些市民认为读书识字的民主会让人清醒冷静。[8]

赖安(A.P.Ryan)

我已经说过，大众新闻记者通过努力越来越深入地捕获和拥抱公众，不惜任何代价去赢得他们的欢心，因此，这个进程是以下两种因素共同作用之结果，一个是商业压力，另一个是读者和作者差不多共有的精神风气。竞争非常渴望保证这样一种状态，也即大众报纸、杂志和平装本书籍几乎无法固定在一种风格上。有些主编和出版商做出一点变革仍然能生存下来，但对于大多数来讲，让他们的前几种风格保持领先地位，这种努力从来没有松懈过。由于一些聪明之人发现了应对旧有诉求的另外一种新视角，一本杂志会在一个月内夺得短暂的引领地位；但这本杂志的主编们会被这样一种认识所烦扰，也即如果他们不准备再用另外一种新视角进行替代，那么他们的对手会选择这样做，并且他们自己会继续走下去。因此，那种让人烦恼的舞蹈继续跳着，公众被导向那些更新和更离奇的微妙之处：我们现在达成不错的交易要胜过我们得到“我们应得的报纸杂志”。因此，对我来说似乎显而易见的是，我们大多数大众新闻记者变成了一种交易，这在过去15年或者20年里要比在此前的50年更加糟糕；与他们人生的前50年相比，在他们70多年人生的最后20年里，他们忽视或暗中破坏那些有价值的态度，这样做则更加理直气壮和行之有效了。毫无疑问，六年战争多半加快了这种进程。战争结束之时，所有大众新闻记者也都知道，这种人为的休战很快就会终结。具有更大野心之人很好地使用了他们的巡逻队，为一场特别激烈的战斗——为了在几个大国中对几乎所有英文阅读 176
公众进行分配——做出了部署。军队服役时期为继续这种普遍进程提供了机会：年轻人感到闷得慌，但除了极少数情况之外，他们还不能从事与他们自身有任何相关的或者正在发展变化中的活动，这些年轻人为今天的销售、为决定他们未来阅读习惯的形成提供了一个诱人的场所。[9]

说明这种变革的很多方式也表明了它们自己。例如，人们会把一个100年之久的《世界新闻报》(*News of World*)和一份比较现代的星期日报纸之整体风格和态度进行比较分析。据我所知，《世界新闻报》本身只是这样一份刊物，通过保持基本上是一如既往的东西，它在所有阶级中勉强维持了名列前茅的位置——这个国家一半的成年人都看这份报纸。变革倒是有些，主要是在摄影和绘画的风格方面，但整体上仍保存着过去的秘诀，时至今日，对于很多人而言，它已经获得了一种支撑性“周期”(period)的吸引力。或者，人们可以比较性爱报纸中的两种风格——原生态的性爱和两全其美的性爱。今天更为常见的是后一种，这种性爱提供了性药，但通常会快速预览一下左字肩以上的“道德准则”——“他们不应该刊登这则故事(全文刊登，还附带照片)。我们知道，所有体面的市民会像我们一样反对一些报纸的嗜好：《星期日报》——已经决定，为了大多数体面的市民之利益，必须曝光我们中间的这种邪恶。针对这种让人厌恶的淫乱行当，有三篇报道进行了解释说明且未经删节，其中的第一篇于下周开始刊载。现在你就订阅吧。”这种冒充道德的雅努斯(Janus)①预览容易在那些并非专门吸引工人阶级的报纸上使用。但是，这种嗜好不可避免地传播开来，特别是在一些比较现代的、流行的星期日报纸上，以及在那些似乎缺乏信心的报纸上，因此，容易更加积极地回应新的风格和态度。

此外，人们可能会提到过去几年中在一些每周画报中出现的政策变革，尽管这些并不是工人阶级用来引起特别关注的极其特别的喜好。随着目前社会关怀的减弱——除非一篇写下“社会邪恶”的文章引起了几分轰动，随着目前人们试图返回到接近那种明显是原本想要达到的态度上来的尝试，态度的变化看起来已经不断地发生着。

同样富有启发性的是一些日报所遵循的路线，特别是在过去的10年里。人们能够从下列做法中看到类似的进程：新的、采用光面纸的
177 妇女杂志正在从之前讨论过的非光面纸杂志中抢夺工人阶级读者。我认为，它们在年轻的工人阶级妇女中取得了一定的成功，比起她们的母亲来，那些年轻的工人阶级妇女觉得更加时髦，可以理解她们想要保持

① 雅努斯(Janus)是罗马门神，通常被描绘成两面人，是象征肇始之神，也称作两面神。——译者注

这种时髦的状态。经常情况下，这意味着出现了一种工人阶级的生活版本，这种生活就像中产阶级的生活那样“美好”：“你的确能够用印花棉布创造奇迹”、“……阁下让我的卧室多么有魅力”、“布置生日卡片的新方法”、“她在不拍电影的时候——居住在肯辛顿的一幢宽敞、适中的公寓里。在房子附近，她披着一条旧毛巾——不值一分钱”。比较老派的报纸试图通过介绍声名赫赫的电影女演员的插图本传记来跟上潮流。[10]

在英格兰，在过去的15年里，这些变革的本质甚至更为生动地体现在“性感美女照片”展示、半裸美女照的发展历程中。半裸美女照过去经常而且现在仍然在用于军队临时营舍和卡车驾驶舱的标准装饰；但如今，不管愿不愿意，它们都在侵犯着我们。它们是20世纪中叶大众艺术最引人注目的视觉特征；我们是一个民主国家，而这个民主国家中的工人阶级人民正在用他们与生俱来的权利兑换一大堆半裸美女照。过去的半裸美女照是相当简单的，只是姑娘的双腿或泳装玉体这种比较“直截了当的”照片；有些在旧式报纸杂志中仍会看到。今天，人们认为这些照片对于大多数印刷品而言太过于“老套”；我们已经做出色彩鲜艳的三维立体“性感美女照片”。对拍摄半裸美女照业务在行的摄影师都明白，他必须制作出这样的照片，既要尽可能近地在有伤风化的法律面前打擦边球，又要洋溢着那种很难通过任何正规渠道所能提供的暗示，只是因为照片不再主要靠裸露的身体，而是通过暗示、通过腿的转弯或肩膀弯曲、或者通过把模特和其他一些完美无缺的东西并列使用来表明其观点。摄影师仰面躺着向上拍照，或者拍摄装置升降移动去略过姑娘的左肩；她爬上梯子，或者从卧室门偷窥，或者手持蜡烛并带着一种羞答答的眼神。姿势“挺管用”，因为它让乳沟显得比平时更深；服装拍摄起来非常具有暗示性地利用了臀部的分割线。每周必须给予读者比上次“更好的”东西，要比竞争对手的出版物提供的东西“更好”；例如，利用巧妙的角度进行拍摄，以便强调在不透明衣料下乳头的微微凸起，或者随意使用接近透明的尼龙材质，以便让乳头的暗

178 色阴影显示出来(尼龙对封面女郎摄影师帮助很大)。

截至目前，它必须是一种非主流的穿着打扮，这种竞争向新型报刊每周都提供十几张它们想要的非常特别的大尺度半裸美女照；这种穿着打扮为的是让摄影师遵循自己的直觉，通过十几张照片找到会上头版的姿势；这种穿着打扮为的是让很多模特和“凸凹有致的”歌舞团姑娘们通过每周花上冷飕飕的几个钟头摆出奇奇怪怪的姿势来挣外快、获得知名度。有时，给女士看的半裸美男像被制作出来，但比较成功的杂志不可能在生物学上如此跟不上时代的步伐。所有照片都配有说明文字，在双关语和押头韵中，这些文字调皮、乏味，让人感到厌恶。比如：“性感曲线美女”(Curvaceous Cutie)、“给水手们的酱料”(Sauce for Sailors)、“比基尼性感炸弹”(Bikini Bombshell)、“大满怀”(Atomic Armful)。撰写说明文字之人必需冒险发展出一种不落俗套的押头韵口头语。

于是，我们就转到纯粹的半裸美女杂志，比如一群新出现的、小型的照片月刊杂志，这类杂志卖价约1先令，上面全是歌舞女郎，电影女明星和模特。这些杂志通常用风趣的红字标题加以介绍，而且被演艺界的大肆宣传团团包围。比起那些感觉目前会准备印制的大多数报纸而言，“性感美女照片”更为高级一些，特别是它们在光面纸杂志上已顺利上镜。中间通常会有几个青春期“逗人发笑的故事”和一两个简单的鬼故事。

我所提到的任何一种变革都能更进一步得以具体验证。但整体上看，探讨一些家庭周刊杂志的发展情况似乎更有用些，只有这样才能说明那些新式杂志正在对旧式杂志施加的压力，也只有这样才能说明旧式杂志对这些压力做出回应的一些方法。几种旧式杂志没有发生彻底改变，但几乎没有一份杂志能够避免向新形式做出改变，例如在以下这些方面上：使用性感美女照或连环漫画，或者减少比较得体的家庭特写以支持那些驯化成公共名人世界的东西或支持那些不恰当地鼓吹私人个体的家庭行为的东西。在过去几年中，大部分杂志经历了某些形式的改版。或许，一份杂志仍志在成为体面的家庭杂志，但它不得不寻找新的殖民化方式，以此开始朝向所有便宜杂志的那种最为舒适、最为离奇的“居家性”去发展。或许，一份杂志仍然强烈希望用适度的探索精神吸引人民，但它已经决定，现在只有通过把自身的说话对象定位在下层中产或中产阶级身上而非工人阶级身上，才能做到这点。

大多数这类杂志在方法上都是非常碎片化的。杂志自始至终散布 179
着点点滴滴的稀奇古怪信息，每本杂志都有个黑色的、整个吸引眼球的标题：

他花 400 英镑买了个冰激凌小号
毛毛虫突然死了
瞧瞧那些可爱的女士们——弄丢了他的外套。

这是肆意东拼西凑的东西。然而，在这背后更深层次的地方，有时候残存着一种更加健康的品质，特别是在一些杂志处理诸如来自历史、地理、文学和科学的奇异现象之时。虽然这些专题报道通常迎合了一种毫无意义的好奇心，但它们的出发点在于对知识的热衷。人们无法嘲笑那些可能是一种真正的智识好奇心发轫的事物，不管它如何笨拙地表达了自己。在世纪之交，对于刚刚接受良好教育的工人阶级而言，这种事情暗示着对一切当前开放、有趣的信息世界之尊重和痴迷。在最好的情况下，这种态度能够成为一种纯粹的爱。当它主要在上述这类专题报道中表达自己之时，反而却激起了一种无关痛痒的好奇心，而这种好奇心可能妨碍了真正的知识。在讨论一份旧式家庭杂志的变化时，赖安先生指出了一种类似于我所描述的发展历程：

这种原始派的意义在于，很大程度上它是在探讨严肃的主题和人民，甚至以一种闲言乱语的方式来进行。与旧文化断裂是一个渐进的过程……[11]

旧式家庭杂志中所流传的大部分玩笑依然能在图画明信片中找到；基本人物是那些对钱吝啬的苏格兰人、肥胖的婆婆、风趣逗笑的醉汉、谈恋爱之人——他们在客厅逗留太久了，身穿睡衣的父亲说了一句棒打鸳鸯的俏皮话把他们分开。整体而言，这些杂志站在父亲的立场上；它们似乎认为其主要受众是30岁及以上的工人阶级家庭的男人及其妻子。它们经常特别是为这样的人做好准备：这些人每周都参与到大量的报纸角逐中去。但它们自然也包含了面向其他家庭成员的专题报道。

大体上，印刷和版式几十年来都差不多。通常会有一页致主编的信；涉及市建住房里的宠物，孩子应该一直留着烫发头吗？“青年混混”（所有这种心理特征都是毫无意义的，他们应该受到鞭笞）。通常会
180 有一整页带有图示的笑话，在黑白小方框下面印着两三行文字。在这里和在短篇小说中，图解的风格在大多数情况下就像一株一叶兰那样具有家一般的、旧风尚的温馨。短篇小说都是非常简单的、关于平民百姓的短小故事，就像过去妇女杂志中的短篇小说一样。有一堆堆常见的广告，也有流行的“2英寸交易空间”，也即，大片大片的、带有图示的“通过邮寄进行的交易”，这些交易有乐器、政府剩余的毛毯和双筒望远镜、稀奇古怪的家庭小器具等。比较常见的广告保持着传统形式：珠宝商供应“你梦寐以求的戒指”；有邮购的紧身内衣，或者也有直接出厂的针织地毯；几十种专利药品叫嚣着；不是非常知名的出版商出版的书籍——有关于家庭医疗的、历史进展的、各种儿童百科全书——声称非常便宜、非常全面；服装俱乐部向那些想要拥有“一份友好的和有趣的”业余时间赚钱职业的人发出呼声。与之相伴的是，这一切都是非常像家人一样的建议，大多数建议都是合情合理的。

但是，大多数杂志都强烈地意识到变成平庸、作为彻底的“老掉牙”而被剔除的危险。因此，它们逐渐倾向于引进新的风格，但仍非常多地延续着、而非替代了旧风格。“性感美女照片”的数量通常是增加了，有时封面上会有一个半裸女郎。现在新风格里也有一些带有旧

式风格的“连环漫画”，关于飙车犯罪和开宇宙飞船去冒险，每一种都有一位让人销魂的、金色头发的放荡女人和一位下巴突出的侦探或者宇航员；每一种都是在新的绘画风格之列，这种风格源自美国的“连环漫画”，它与过去英格兰的连环漫画不同，就像一个华而不实的奶品店和一个没有改进的炸鱼薯条店的区别。

当然，也有最新的电影和广播八卦，也有最新的电视新闻。尤其是，现在经常会有一篇引起轰动的连载小说或者传记特写。时代的力量保证这种连载无法计划运行超过一个月，因此，每隔三四个星期，杂志本身和报刊亭旁边的广告牌就公告称，另外一则扣人心弦、紧张激烈和“非常具有激情的”故事将会揭晓。然而在这些故事里，唯一真正不落俗套的通常在于视觉呈现，甚至这只是在一定程度上不落俗套。它们口口声声说会让人激情澎湃，但与人们可能会在几乎任何一篇性与犯罪的言情小说中都能发现的东西相比，它们就像掺了水的牛奶一样索然无味。不过，它们旨在用一种现代风格吸引眼球。每张海报、连载小说的每个章节都可能用“来自生活的真实照片”进行图解。然而从根本上来讲，这些杂志大部分保留着它们一直在精神上的东西，尽管可 181
能向往着霓虹灯下的罪恶，但它们的读者保持着天真质朴和乡巴佬气息。比如，海报上公布了一部敢于冒险的、新的题名为《与情人有缘无分的生活》(*Life with my Desert Lover*)的连载小说；海报中展现了一位来自斯肯索普(Scunthorpe)的、快乐的、长着英格兰相貌的歌舞女郎的诱惑力，她穿着丝绸的裤子和胸罩，带着几颗珠子，这种打扮让人难以置信。即便人们忽略了她的脸庞，其身体的姿势诉说着这样的东西，也即利兹城市多功能剧院(City Palace of Varieties，Leeds)的赞助人会把她看作是“真正的性感”，而非快乐的阿拉伯姑娘心中燃烧的本能性欲。几周之后，可能接下来会有一个标题为《异教徒的法律》(*Law of the Pagan*)的故事，用这样一幅图画加以说明：一位美丽的姑娘被野蛮的一伙人围困。“把我丢给猎犬……杀了我，”她可能会在海报上呼喊道，“我不会屈服于你。”这真是毫不做作的野蛮状态啊！她会有那种看着四便士图案的针织套衫而面带微笑的姑娘之脸庞和红褐色诱人卷发。显然，在她解脱的一刹那，她会把那件并不是非常好看的泳装——这件泳装用来扮成一张野生动物毛皮穿在那件她做成12和6(twelve-and-six)的、绞花织法的开衫下面——和那件在克莱门斯和阿古斯特(C&A)服装折扣店半价买来的非常时尚的裙子藏起来。

即便是这种家常的调子，大多数老杂志能不能继续保留住它，这似乎让人怀疑。最近一些在主题和展示上的冒险活动表明，作为由一心采取新风格的老杂志和一些新杂志所设定的步调之结果，如今这种调子正在迅速被替代。这类杂志一直自称是“现代的”和“向前看的”，而且的确相当特别注重吸引年轻人。与旧式杂志相比，它们的科技广告比例更高一些，以便让年轻人变得有主见或者提升高度；它们的几篇专题报道——关于恋爱怪谈和早期婚姻生活奇事等——显然是针对30岁以下的读者的。但在整体上，这些报刊明显依然是在引起整个家庭的注意。大多数杂志包含着这样的专题报道：男女服装、常见的“赌球”指导、不同兴趣之人的角逐、典型的家庭广告、一位护士或大姐像其在旧式妇女杂志中的同事那样明智地回答读者的问题。

这些新杂志事实上是家庭杂志，其读者群非常庞杂。把它们看成“年轻男人的美腿杂志”会犯下错误。今天，可能有1/4或1/5的成年人在读这种刊物，可能同样它作为一种典型的旧式家庭杂志被分发到各
182 个阶级当中，但人数可能有两三倍。更重要的是，这样一种新式刊物和旧式的家庭刊物一样可能在每一个年龄段都有相同的读者比例；而且在所有年龄段，女性读者的比例可能和老杂志中的一样高——也就是说，并不明显少于男性读者。这些新的家庭杂志正在让老杂志处处为生存而斗争，因为它们是老杂志的直接竞争者和接替者。我们通常没有认识到这一点，部分原因可能是我们不愿承认，真正的交接手续已经由那些让人怀疑的、衣冠楚楚的新来者接管了。

马修·阿诺德指出，大众刊物通常很好地分享了“非常多的直觉”，其中也反映了读者的性格特点。这些流行的现代风格杂志习惯于

把它们的煽情手法与一种简单的激进主义结合起来；它们普遍公开的语气在交际上是(但也含糊不清)进步的，当然也是合乎道德的。有时会有一个小小的宗教栏目，或者有那种经常会在老杂志中发现的短篇伦理散文诗。但是在我看来，这类事情似乎掩盖了非常重要但很少公开的趋势；甚至当前流行的对“耍花招”的抨击自身也成了“耍花招”。[12]公开的道德标准与工人阶级的态度相符；但如果含蓄地否认那种道德标准只是为了好笑，那么它可能会被否认。唯一确定的品质就是想入非非，这是过去经常被看作是“反正是个烂苹果”之人的品质。同时一些广告商也在使用道德因素。

在正文中，新式风格的杂志像旧式的一样肤浅；传递的都是一些零零碎碎的信息：关于历史人物的短文，泰迪男孩①，来自很多地方的稀奇事；而且和往常一样出现很多图片说明文字。进一步的查看表明，在迈向新式风格的道路上，这些杂志正在走向一个更加狭隘的世界。旧式杂志在于寻找稀奇、惊人的东西；在新式风格中，重点更多地放在了在犯罪、性事和超自然领域中那些只是为了让人吃惊的事物上。顺便说一下，不论在展示上发生怎样的变化，那种对超自然的事物的古老兴趣是多么强烈地保留下来了。当前的事情可能会被拿来进行探讨，只要看待它们的视角稍微有点性爱或者明显让人吃惊就行了。必须还有非常多的图片，特别是半裸美女照片。于是，重点便更多地放在了吃惊而非稀奇上；更确切地说，这个世界的前提假定是如此狭隘，以至于它看起来似乎只有那种让人感到吃惊的东西——最好是在上述三种领域的一个领域之中——才能激起好奇心。结果，甚至那些总会发生 183
的、本身并不让人吃惊的报道也必须“让人振奋起来”，甚至大多数报纸会认为当前是合理的：

她喜欢唱歌——在她的衬裤里

① 泰迪男孩(Teddy boys)是20世纪50年代流行起来的英式亚文化，他们所穿的服饰深受爱德华时代的穿着打扮之影响，主要是锥形裤和长外套等。——译者注

成千上万的男人为一个女人而战
那个打败公爵夫人的男管家
她就是喜欢——热辣。

当然，大众报纸通常处在想方设法变得光鲜和有趣这样的压力之下。但在过去的半个世纪里，它们的世界逐渐变得具有竞争力了。在过去30年里，当收音机还是全新事物之时，它夺走了它们介绍新闻的机会。严肃的报纸报道我们已经大概了解到的东西，对其进行评论或者提供更多的背景；更加大众化的报纸朝着让人吃惊的替代物之方向发展。把旧式杂志和新式杂志的版面设计进行比较一下，这让我的总体观点更为有力。如果不灵光也不“时髦”，新杂志什么都不是。与旧式杂志相比，它们往往会使用且以广告艺术家的风格来使用更加宽范的类型；它们的连环漫画和笑话(当忘记了夫妻拌嘴的小场景之时，它们通常非常搞笑)是新的复杂风格。它们通常特别注意文章标题，这些都不是标准类型的标题，而是被特别绘制成粗体的和引人注目的风格。在其外表和在它们处理旧有的基本素材上，它们完全比那些它们从中演化而来的杂志更加光鲜和娴熟；它们是真正现代的、20世纪中叶的杂志。

然而在我看来，它们似乎只是在技术上改进了杂志的旧式风格；它们在发现享受旧式乐趣的新方法上更加熟练，在明显大胆进行展示上更有技巧。对于旧式风格的报纸来说，它们就像是在一杯不是特别有劲的啤酒中加了新合成的鸡尾酒。比较两种类型的报纸杂志，人们不得不得出这样的结论，也即新式甚至比旧式更没有益处。我已经说过，总体而言，它们的兴趣与其说在于普遍好奇，倒不如说在于单单让人震惊和在性方面的轰动效应。更糟糕的是，这种性方面的兴趣多半“在头脑中”和在眼中是一种相去甚远、间接感受到的事情。它认为自己是一种明智的和不落俗套的兴趣，但实际上却是毫无生气，并降低到一种非常狭小的反应范围中；假装情感薄弱的圆滑做法没有改进旧式家庭

杂志。为现代杂志进行辩解之人对于他们已替换掉的过时东西通常是 184
直言不讳的，甚至在道德上沾沾自喜；他们没有理由这样做。

第三节　图解进程：（二）商业流行歌曲

流行歌曲并不像大众读物那样非常清晰地展示了现代商业组织的效力。或许这是因为流行歌曲的制作并没有在非常大的规模上为商业活动提供空间。正如每个听过“叮砰巷”的人都知道的那样，它已经中心化了，以至于今天几乎整个歌曲制作和发行活动都被伦敦所掌控。实际上，工人阶级成员不再为地方群体写歌。到爱德华七世[①]当政末期，或者自那之后，那些在大城市的大街小巷销售自己大开印刷品的粗鲁城市诗人便已经消失了。下面这首歌是在爱德华七世逝世之日而写：

> 我们必须服从上帝的意志
> 太糟糕了——我们的国王走了
> 这个民族最伟大的朋友
> 非凡的君主和守护者。
> ……
> 当死亡夺走了我们亲爱的父亲，
> 英格兰永远忍受着这最大的悲伤；
> ……
> 他为这个民族做出了非凡的工作，
> 增进了和平、保障了联合，

① 爱德华七世（Edward VII，1841—1910 年），英国维多利亚女王的长子，在 1901—1910 年继任英国国王，并继承印度皇帝的头衔，他是一位非常受英国人爱戴的国王。——译者注

自登基以来始终如一

无数次拯救了我们的国家。[13]

并不是很多人都有这样的魅力，亚瑟·莫里森(Arthur Morrison)评论道，谋杀者的“临终忏悔”几乎经常带有同样的合唱叠句[14]：

对我的悲惨命运要引以为戒，

我无法否认事实

我犯下了可怕的罪行

我应该被判死刑。

但是，与那些残留下来的在相同的传统中所使用的东西相比，诗歌的词语并非更为粗俗平庸。我指的是那种仍然在工人阶级儿童和青少年中继续存在的、把有关新近谋杀的词语填入现有流行曲子中的习惯。由巴克·卢克斯顿医生(Dr Buck Ruxton)①犯下的谋杀产生了这样的句子：

185 地毯上的红斑

楼梯上的红斑……

（把词填入到“夕阳红帆”的曲子中）

以及：

当你变得太冷而无法流动之时

① 巴克·卢克斯顿医生(Dr Buck Ruxton，1899—1936年)，印度籍医生，1930年到兰开夏行医，1935年9月15日杀害其妻子和女佣并碎尸，后被侦破，卢克斯顿被判绞刑，他在去刑场的路上承认了自己的罪行。这起谋杀案成为20世纪30年代英国众所周知的案件之一。——译者注

我会把你肢解……

（把词填入到“当我变得太老而无法追梦之时”的曲子中）

有时候，成年人依然会在这些主题上编造玩笑；1953年对克里斯蒂(Christie)[①]的审判造就了出于“别有用心的爱”的一群人；“家中七个女人都没人倒杯茶”则是另外一个例子，也是一个平常级别的恰当例子。

那些自己谱写歌曲的歌唱家或者与他们自己的作曲家一起工作多年的歌唱家几乎完全消失了。但工人阶级人民依然坚持能够把喜欢的歌曲等同于喜欢的歌唱家，而且商业机构也迎合这种需求；这是薇拉·林恩的歌曲，这是弗兰基·莱恩(Frankie Laine)[②]的歌曲，这是格雷西·菲尔茨的歌曲。

当代歌词作家知道工人阶级的歌曲形式和很多习语；可能他们一些人还属于人民，还能从各地用他们的歌曲来传达。但是尽管这些歌曲也大量展示了工人阶级的生活，在我看来，与50年前的情况相比，它们在用一种更加普遍的方式去这样做了。新歌告诉我们某些工人阶级的态度，但在这里，那些态度不足以因为真正亲密所带来的亲密人性特质的感觉而得到宽慰。

在讨论歌曲的变化中，我遇到了个人难题，也即很多老歌让我回想起自己的童年和青少年时代，我发现自己很想去认为、几乎不假思索地认为，它们比过去20年的大多数歌曲要更好一些。显然，我正在把我自己无序的情感注入到先前的歌曲中（正像年轻人把情感注入到今天的这些歌曲中一样）。在某种程度上，在探讨阅读之时也出现了同样的问题，但与书籍和杂志相比，很难站在歌曲的外部进行探讨。歌曲似乎

① 约翰·克里斯蒂(1899—1953年)，英国连环杀手(至少杀害了8个人)，1953年被逮捕并被处以绞刑。——译者注

② 弗兰基·莱恩(Frankie Laine，1913—2007年)，美国歌唱家、作曲家和演员，演唱了诸如“玫瑰玫瑰我爱你”、“当你恋爱时”、“恋爱中的女人”、“爱情是个金戒指”等歌曲。——译者注

比故事更能深入到情感的外壳之下。或者问题可能主要是，在处理歌曲时，我缺乏那种我在印刷文字上惯用的批判工具。

这个附带条件是必要的，它表明任何探讨流行歌曲变化轨迹的那种难以捉摸和困难重重的性质。因此，我会把自己限定在那些看起来变化很明显的一些特点上，这样似乎可能有效降低更多主观反应的效应。我
186 不关心100年前至今的都市流行歌曲的形式特征，不关心风格化的高度，不关心简单的情感类型，不关心对语言的限制使用，不关心段落的粗俗。我既不会暗示说所有四五十年前的歌曲在习语和习俗上是深刻与健康的，也不会忘记我们是从大量稀松平常的歌曲中记住了最好的歌曲。

我之前说过，私底下在“心里”唱歌的个体或者与观众接触的公共歌手，他们可能转变了差劲的歌曲，非常平淡的段落被他们注入了合适的情感。这就是一些当代歌曲的真实情况，就像“镀金笼中的一只鸟”的真实情况一样。有些当代流行歌手以其非常不同的方式进行演出，就像50年前的明星那样引人入胜、令人钦佩。然而在唱歌的公共礼仪方面也取得一定的进展，这种礼仪似乎尤其与现代社会的集中化趋势相关联。

那种“激励”歌曲是一种老格调，这种格调有一个让人敬佩的方面。这种类型歌曲的背后是这样一种假定，也即人生注定艰难，但一个人不必灰心丧气(“我们灰心丧气了吗？没有！”)。一个人必须像其他人一样坚持不懈：“我们欢聚一堂。”今天仍在写这种类型的歌曲，有些还非常悦耳动听。但是通常它们传递的音调表明，与之相关联的激励和群体感正在造就那种自娱自乐。它们被改变成：“只要你保持心情愉快，那又有什么关系呢”，或者，“那样很傻，但很好玩”。在“又是那人”(Itma)的节目中，有一个名叫莫娜·洛特(Mona Lott)①的人

① “又是那人”(Itma)是1939—1949年英国广播电台播出的戏剧节目，该节目在二战中对于维护英国“后方民众”的士气至关重要。莫娜·洛特(Mona Lott)是该节目中塑造的人物角色，她是一位沮丧的洗衣女工。——译者注

物角色，她用一种沉重的声音念出台词："因为我坚持，所以才快乐。"对于普遍化的人物角色，这些歌曲传达的方式表明，台词会用一种轻浮的自我满足的声音念出："因为我快乐，所以才平凡。"真正对于自己或者人生的外在条件感到不满似乎不只是过时，而是略有颠覆性的，就像一个人应该与口袋中的卡夫卡在旅游旺季漫步在度假营地，面容憔悴，且不时发出干笑。

在正讨论传递方式之时，书面说明几乎没有用处，但比较一下诸如这样一首歌曲所公开传递的常见风格：

> 要是你烦了累了
> 只管继续下去[15]

这依然具有过去某种万事忍让的耐心，没有假装着说：因为我们在一起全都很快乐，所以真的没有什么去忍受的；比较一下最近歌曲传递出来的惯常的萎靡匮乏，在遇到问题时，这些歌曲邀请我们只是去"梦想"或者只是去"希望"。通过上面的比较，我所指的这种变化可能会被人们注意到。 187

对"睦邻友好"和愉悦之间的关联进行宣传利用的糟糕例子便是一些商业乐团的那种枯燥无味、"难道我们不也是滑稽可笑吗？"的气氛，这些乐团迫使自己觉得这种歌曲很有趣，也即"为什么每个人都叫我大头"，这最后两个字正在传递着沉重、断然的一击。玛丽·劳埃德(Marie Lloyd)①及其同代人为工人阶级人民歌唱，自嘲并笑话他们自己的稀奇古怪和他们遇到的麻烦。在新风格中，曲调通常有它们的活力，切分音不复存在了，以支持鼓声擂动的大众呼声，这种大众呼声表明，不断依赖群体诉求只是一种对个性和选择的逃避。那种个人的奇

① 玛丽·劳埃德(Marie Lloyd，1870—1922年)，英国音乐厅歌手、喜剧演员，其演唱的主要歌曲有"我老爸说(跟着送货车)"、"啊，波特先生，我该怎么办"等。——译者注

特性和积极的群体意识之品质全都不见了。“为何担忧”可以既是一种在环境面前近乎禁欲主义的快乐，又是一种含糊其辞的主张，也即没有什么值得担忧(只有你入伙)快乐的姿态的：一切都取决于音调。就像在报刊中的“老实人”一样，今天这些歌曲里的快乐“活宝”多半是一个戴着面具的空心小男人。[16]

人们不是总能迎合诸如“老铁”和“我老爸说‘跟着送货车’”等这样的歌曲传递出来的情绪和节奏。人们也不是总能发现对于爱情进行适度讽刺的态度，这种爱情在二三十年前的歌曲中很常见，比如像这样的歌曲，“她为何迷恋上了乐队队长?”、“难道她不讨人喜欢吗?”，或者“现在那是我的软肋”，或者这种爱情甚至存在于一些词语(“宝贝，伍尔沃斯不卖钻石手链”)和过分夸张的哀嚎引出的那种自嘲的地方，比如像这样的歌曲，“宝贝，除了爱情我什么也给不了你”[17]。这种歌曲仍然存在，最近有几首引人注目的例子：例如“人体模型之歌”(Dummy Song)，内容关于拒绝了女朋友，充满活力地去倾心于一个由家中零零碎碎的东西、“桌子掉下的腿”等做成的、百依百顺的人体模型。在一些更加真正属于工人阶级的广播综艺节目中，依然强烈存在着类似的精神。但是在我的印象中，现如今更好的例子通常来自美国。一个例子便是“他们叫我直布罗陀巨岩”，这通常被赋予了巨大的“冲击力”。嘲讽和揭穿真相的歌曲能从它们既属于一个阶级又能在
188 一定限度内嘲笑这个阶级的生活中获得生命力。在当前的制作和演出条件下，做到这样一种结合实属不易。

在刚刚所描述的歌唱风格中，成为群体一部分的感觉占据了主导地位。在更加个人化风格的公开演出中，似乎存在着类似的进展。这种变化就是从我之前所称的“过山车”或者“调整后的过山车”风格到一种极度“内化的”风格。这便是今天一些成功的低吟男歌手以及在午夜广播频道中以其最大限度、最让人震惊地进行曝光的低吟女歌手所做出的像幽闭恐怖症患者一样的个人举止行为。这些行为举止自然和“过山车”的举止非常相像，但就像很多其他的当代娱乐活动一样，这

些相同并非就是相同，这些相同而是“外强中干”。在旧式风格中，歌唱既是个人的，也是公开的或者公共的。个人的情感被真心接受，对于所有人而言是很普遍的。在后者的方式中，有一种巨大的、公众的效应，而且回音室的使用让这种效果比在大型演艺厅取得的效果要更加让人印象深刻；而且会有一种强制性亲密，就像大屏幕上的特写镜头一样。歌手的声音正在向千百万人传递，但假装他只是在向“你”传递一样，这是“过山车”方式所共同感受到的个人情感的一种退化。那些自诩是个人的东西要比生活放大好多倍，而且在群体中已经丧失了约束力。我想，这可能等同于在大众报纸中不断增强的“个性化”之歌。

在根之态度(root-attitudes)本身中，没有明显的变化。在可能被称之为对于态度的态度(attitude-to-the-attitudes)中，的确似乎存在着一种差异。旧式诉求——对于普通人、友善、欢乐、家庭、爱情诸如此类——仍然能够找到，只不过现如今这种诉求处在一种不断增强的自觉形式中。于是，它们也在不断变更，就像唱歌的方式一样，“外强中干”；他们越来越成为对自我的一种浪漫式的多愁善感。因此，我的兴趣并不在于这些假定本身，而在于现在感受到这些假定的方式。此外，人们只有听到演唱这些歌曲才能完全明白这点，因为太多的东西依赖于音调、着重强调和不断重复。但是比起在对于歌唱风格讨论的地方，此处可能会有更多的特别参考价值。

着重突出普通人的美德比其他人要更加“真实”、更加精明和诚实，在此就像在其他地方一样，它正在发展演变成一种势利形式。所有人同样都是善的，但普通民众比其他人都要善，这是对乔治·奥威尔 189
话语的改编。这句话表明，真正重要的东西会是友善的，会是“我们中的一员”的。这便是邻里精神，这种精神发展成一种模糊的、隐约可见的社群主义，只是从这样一种普遍同意中获得了这种社群主义，也即所有人都为共同赢弱感到自豪；这种“友善”就像是豌豆发现和其他豌豆一样而感到自豪的那种友善，就像是母鸡讨论层架式鸡笼的“善良”灵魂所说的那种友善。所以一个人接受这样的邀请去唱歌，“邻居，进来！”，或者“有些好邻居难道不好吗？”（因为它带有非常重要的弦外之音，所以必须要仍然使用这种老话）。因此，家庭变得比以往更加重要，变成了一种柔软的但相互勉励的逃避，门口的大地毯对所有好人光明正大地说声“欢迎”。毫无疑问，一些勇于创新的推销员很快就制造出上面写有“哥们儿才进”（pals only）或者“小伙和姑娘，请进！”（Cum in，lads and lasses）的门垫，因为成为哥们儿似乎是进入房屋内用100首这样的歌曲进行庆祝的唯一条件。

从逻辑上讲，在这一系列相关联的态度——成为普通人；变得“像哥们儿一样”；变得快活，但一切都是从一种无关紧要的意义上来说——中，下一个步骤就是为这样的时刻提供紧急出口，也即当生活的冷水破门而入之时，当一个人有可能意识到这样的事情之时：尽管拥有一切响当当的团体票，但不知怎的他就是无法“过日子”；他不像是一个人应有的样子；但是现在从一种让人感到不安的意义上讲，他微不足道。对于我们所有人而言，有时候存有像这样的感觉，这可能是无法避免且弥足珍贵的。但若歌曲作家听之任之，这种感觉不会持久，而且到了最后，这种感觉的习惯可能会完全消失。所开列的镇静剂便是下列两种相关的形式。首先，尽管有时候看起来一个人似乎对自己的生活毫无作为，但他至少（“你自由了，不是吗？”）能假装着、梦想着、继续许愿。其次，如果一个人有时候开始感到有缺陷，他会通过记住爱征服一切、原谅一切、弥补一切这一点来抑制住这种感觉。

一个人可能怀疑这个世界之外是否有值得在乎的东西；一个人可能对信仰这个或者那个的天职“守口如瓶”；一个人可能发现自己经常无力应对外部世界。但是爱一直在，就像温暖的地洞，就像一种消除烦恼的药剂；爱与旋律的可口糖浆有关。“像虫子躺在地毯里一样舒服”，人们常说；如今歌曲讲述着“小小的鸟巢”；它们的语气中带着有关被遮蔽的自怜心的大量弦外之音。

此外，如果在当前和当地之外不存在任何价值观，如果“宗教信仰过时了”，那么对于感到生活本质上是个人的那些人而言，爱可能被抬高到填补空白的境地，可能不单单与宗教相关联（就像在老歌中那样），而且变成了一种宗教替代品。爱可以是一切事物的终结，而且在汇合 190
到爱这一点之后，这不过是一种正在飘飘然的模糊感觉，不过是一种黎明永远在冉冉升起的模糊感觉，不过是一种听起来像某种积极向宇宙招手的伟大和弦——就像在爱情电影的经典结尾中的一个特写拥抱镜头，就像在一个“高八度音阶”（O altitudo）上的集体咏唱，就像男女主人公所说的话语“我永远爱你”。“永远”——抗衡时间、焦虑和消沉——的爱；爱本身就像是在闪亮笼子里的一对虎皮鹦鹉之爱。在这种类型的歌曲中，最常见的比喻之一便是关于“爱情鸟”的，这并非偶然情况。爱是永恒的，它不但比常见的人生意外事件持续时间更长，而且比恒星本身也更为长久。由此可见，很容易下一步就采取准宗教的语言来赞美人类之爱。

事实上，在爱情诗中，这种类型的主张有着悠久的历史——例如，伊丽莎白女王时代的十四行诗人使用这些东西，其他很多人则联想到牵强附会的比喻。但是回想起这种类型并非真的有所帮助；我们必须更加密切地、更加切题地关注我们关于比较和发展的论点。

之前，我们明白了在工人阶级中，从唱着家中之爱和友谊的歌曲转换到上帝之爱和天堂的歌曲是多么容易，没有丝毫不妥。因此就为这种向外延伸奠定了基础。但是我们必须认识到，存在着一种向外延伸：从家—家人—爱—睦邻友好（home-family-love-neighbourliness）到《我们的在天之父》（Our-Father-in-Heaven），在这里人们感到，与《我们的在天之父》相关的价值和一个有爱之家的价值差不多，所以从一个转换到另一个并没有丝毫不对劲儿；从那里到指向这种假设的地方，也即爱已经代替了宗教，特别是“只有我们两个”或者“正是我们二人”的爱之观念被赋予了所有代表着笃信宗教的感觉——为了这种观念以及出于这种观念本身：外面什么也没有。于是接踵而来的便是，所有天国唱诗班在一种暗示着无限高度和空间的这样一种空洞背景下引吭高歌；通过集结演奏的弦乐器、背景中钟声的鸣响、在普遍被人接受的风格中在一束清晰光线的照射下独奏者发出的声音，这种旋律抬升到那种隐约可见的韩德尔风格。对于以宗教的方式来唱爱情歌曲而言，这两种主要风格在女人看来似乎是“高高在上的天仙”或者“宇宙的甜心”，这暗示着一种天使般的、但非常女性化的精神；在男人看来它们或许成了那种被叫做“扼喉”（strangulato）[18]的东西，那是一种在嗓子深处发出的、特别深沉的歌唱形式，暗示着一个强壮、几乎肌肉僵硬或者激情受限的男人，被一种近乎神圣的情绪牢牢把控住。

191 自从上一次战争以来，那种乍一看明明就是宗教性的歌曲复活了。但是，这些歌曲并未预示着是从上文所描述的极端立场——宗教已经被爱情歌曲所取代——中退出。它们是那种趋势的进一步向外延伸。在它们呈现出来的整体风格中，显然，在一切最伟大的风流韵事中，上帝作为一名搭档再次登场了。因此，这些歌曲在精神上与那些早先的歌曲相去甚远，在那些早先的歌曲中，歌唱宗教信仰是在表达家庭和睦邻友好价值观的一种感受。它们被伪装成爱情歌曲，这些爱情歌曲从与上帝亲密的“巢居”或者“爱情鸟”关系的假定中享受着被特别“提升”的乐趣。

如果这一切都是一种详细指南，用于介绍今天工人阶级人民以及其他人的真实生活和反应的那种方式，那么，事态会发展成为一种让人沮丧的状态。这些发展趋势是让人遗憾的，毫无疑问也会不断产生效果。但是人民并没有必须得唱歌或者听这些歌曲，很多人并没有这样做：那些这样做的人们，他们经常让歌曲变得比原本的更要好。流行歌曲之状况有助于解释更加先进的现代出版物之状况。它进一步提醒人们，尽管与歌曲相比，出版物能够更加持续不断地到达更多人的手中，但人们经常用自己的方式进行阅读。因此即便在那里，与人们的购买似乎所暗示的那种程度相比，他们受到影响的程度要小得多。

第四节　结果

人们怎样才能概括总结出那些更加广为流传的出版物、大众日报和星期日报，以及价格低廉的杂志可能产生的效果呢？从持续不断、一成不变地进行这种阅读的习惯中，人们可能得出普遍存在的结果吗？

首先，在这样的读物中可能存在着一种断裂效应，这种读物几乎完全是轰动性的和通过幻想创造出来的读物，而不论其轰动性经常会是多么微不足道，这种读物断绝了关于责任和承诺的任何严肃建议。根据上面讨论的发展演变，轰动性和幻想正在增强影响力，但是以一些软弱无力的形式增进的。对比一下关于执行死刑的旧式大报或者甚至《警察新闻报》（*Police News*）；这些新事物则更加精明，很少立刻让人感到震惊，但是本质上依然不知疲倦地拘泥于相同的诉求。煽情的手法已经学会了穿白领，到处使用让人信服、八面玲珑的社交“策略”；它已经完全“冲昏了头脑”，它没有捧腹大笑，就如同没有恻隐之心。反复出现反对我们的“沾满性爱的报纸”的呼声；与现有的生活相比，他们把生活更多地归咎于这些报纸。“沾满”（sodden）暗示着某些重量，某些身体；但是，这些报纸并没有足够的身体去沾满任何事物。任何事 192
物都变成了间接体验到的东西：这正是油酥糕点式的文学，糕点里面什么都没有，对一种空洞的光辉永无休止地进行挖掘。任何事物都无法直接说出的，就连天气预报也一样；“天会下雨”必须变成“朋友，今天你会需要雨衣”。甚至煽情的手法通常也只是虚有其表。因此，诸如此前给出的（而且这是很多标题的典型代表）标题——“成千上万的男人为一个女人而战”，事实证明那只是在说明成群的蜜蜂。这种事情就是在机器里没有卡片的情况下“男管家看到了什么”；但是推销辞令很精彩：

> 因为我们的好奇感并不是由大量轰动性的事情所激起的——尽管正是那种迟钝的感觉想要激起一种人造的(ersatz)好奇经验。[19]

仔细观察一组半裸美女照：一开始，它们看起来非常具有挑逗性，在某种程度上它们的确如此。可是它们是不寻常的人造品，性从它们之中被加工成形；至少，除了一种奇怪的性之外，一切都荡然无存。它们存在于各个地区，被如此地风格化，被如此地进行“消毒”，以至于真实的身体品质已经离它们而去。但在自己的“性感”类型中，它们拥有一种非真实的、超然的完美。任何东西都已经被脱掉到一种视觉暗示的有限范围——对于这些精美包装起来的造物，你能够想象到一种麝香的体味、非人造的凌乱头发、皮肤不均匀的手感、胳膊腿上的毛发、上嘴唇上的粒粒汗珠吗？把它们和德加(Degas)①的跳舞者放在一起，那种不真实便清晰可见。在年轻人当中，这种东西可能增强性方面的不道德行为吗？我发现，很难想象它们和异性恋行为之间有很大关联。它们可能助长手淫：在它们象征性的方式中，它们可能促进了那种被封锁起来的性反应。

同样的人造品质通常在大众报刊引以为豪的“直率坦言”中显而易见。[20]这多半是一种空击拳击和时髦的控拳轻击，是一种在弧光灯下没有危害的武力炫耀。在偶尔的情况下，会有一种真正的攻击，但常常是针对某些微小、安全事物的。更常见的情况是，敌人要么是稻草人，就像“守旧之人”这种伪造的众矢之的；要么如果是攻击真实的人——比如攻击大主教，间接称赞不虚伪的“小男人”——经过验证，它们经常实则是一些安全的佯攻。也会有一些例外，但总体上看，这些报纸既没有以其“惊人的”披露而让人感到震惊，也没有伴随着其“直接的攻击”而造成的伤害。

① 德加(Edgar Degas，1834—1917年)，法国画家，早年为古典派，后转向印象派，主要作品有《芭蕾舞女》、《洗衣妇》等。——译者注

反对简化和“碎片化”是出于几分类似的原因。这种反对并不是 193
建立在下面这种未说出口的遗憾之上，也即尽管我们现在是能识字的人，但并不是每个人都阅读，艾略特(T.S.Eliot)如是说。人们能够编造出来的反对理由更加狭小、更加具体。毕竟，过去五十多年来，理应改善阅读的普遍标准，改善阅读的质量；为了保证做到这一点，已经做了很多的尝试。而且某些发展变化的确表明，这种改善已经发生了。但当我们看到在同一时期那些简化、零碎的出版物已经达到的、按照比例来讲所提高的位置，看到它们并没有比半个世纪以前的出版物好半分，我们非常怀疑是否还能这样说：阅读质量已经得到了普遍提升。相反，似乎是一大批人在阅读方面正被限制在让人毛骨悚然的那种低层次上。时至今日，与几乎每个个体读者所要求的相比，大量的出版物所提供的东西更差劲；但是这符合它们作为大众出版物的本性。那些追求薄利多销的商店通过生产比方说比其他商店都便宜的衬衫来招揽大量顾客，但它们限制最流行款式的数量：如果我们喜欢那些款式，我们很可能从中买一件在其他方面还不错的衬衫。大量的大众报刊必须把自己局限在最流行的诉求和态度上；在那些不那么有形的事情上，不会有在买衬衫上的补偿了。我们聚到一起自我放纵；而且因为在这里很难去发现和坚持规范，我们通常不会把它们看作是放纵。

因此，几乎没有人有不止一种的阅读速度。所提供的被设计成以最快速度进行阅读的材料是绰绰有余的，而这种速度对于最值得阅读的东西是毫无用处的。同样，例如在流行小说中，简要突出对人物性格的描述让读者不太可能愿意容忍限定条件、明显不确定的轮廓、微妙之处、缺少粗体和简单的笔画，任何细致入微的人物性格分析都会涉及这些东西。他们不想弄清楚在亨利·詹姆斯(Henry James)①的《使节》(*The Ambassadors*)中斯特莱特(Strether)的情况，这没有什么可遗憾的；“普通人”也很复杂；并没有纯朴之人。简单的句子，在限定条件

① 亨利·詹姆斯(Henry James, 1843—1916年)，美国小说家、评论家，其主要著作有《一位女士的画像》、《鸽翼》、《小说的艺术》等。——译者注

中几乎不使用从句，修饰语索然无味，每一句都默默地押韵到名词上；缺乏任何神韵或层次感；使用诸如此类的文字来描述人物性格就像从废火柴棍中建造一所房子一样。

194 遗憾的是，无法从现代大众出版物中举个实际例子来加以说明，但可能很容易就能找得到这些实例。事实证明，与旧式杂志中的大部分故事相比，在某些方面它们经常写得更有技巧，经常有更多的生活，或者有更多的那种不谙世事的生活。一些反对它们的理由也会适用于旧式出版物中的故事。但这种新的文体通常是嚼着便宜的口香糖冒失说出的花言巧语，是一种流线型东西——这种流线型立刻把它归入到20世纪中叶的大众化作品中去。对于我来说，其最糟糕的特点是对它所描述的东西自信满满，且认为那种正如我刚才所描述的世界观一样是普遍有效的。这种行文风格大致就是如此：

> 只有我们俩是来自柯西度假营(Kosy Holiday Kamp)的朗顿工厂(Longton's Mill)——除非你算上梅布尔·阿克赖特(Mabel Arkwright)。但是通常我们不会。可怜的梅布尔除了那张满是粉刺的老脸之外，就剩下斯文了——她经常把头埋进书本中，疯也似的仔细看着。
>
> 不管怎样，琼和我都明白，我们注定要度过一段快乐时光，那一刻，我们注意到了那个地方……三个舞厅、两个日光浴场、很多奶品店——真是求之不得啊！
>
> 然后，果真，进来了个真正养眼的！一个魁梧性感的美男子！集马龙·白兰度(Marlon Brando)①和亨弗莱·鲍嘉(Humphrey Bogart)②于一体。

---

① 马龙·白兰度(Marlon Brando，1924—2004年)，美国戏剧和电影演员，1947年在百老汇戏剧《欲望号街车》演出中一举成名。曾演出《恺撒传》(1953)、《码头风云》(1954)、《教父》(1972)等，在1954年和1972年获得奥斯卡最佳男主角奖。——译者注

② 亨弗莱·鲍嘉(Humphrey Bogart，1899—1957年)，美国演员，1935年在《化石森林》中扮演杀手而走红。曾主演《卡萨布兰卡》(1942)、《夜长梦多》(1946)、《非洲女王号》(1951)等影片，1952年获得奥斯卡最佳男主角奖。——译者注

所以当这位多萝西·坦普尔(Dorothy Temple)一块出现之时，我们全都赶上了这段真正的好时光。姜黄色的头发被她说成是红褐色，而且还有那种“让我做个漂亮温柔的娇妻吧”之柔和气色。

所以我们明白，这将是一场殊死搏斗……

……她脸红了吗？那的确吸引住了她。最后我们看到她的时候，她外出散步了，和梅布尔一起，还带着一本书。

什么，再说一遍？啊！——那个马龙·白兰度和亨弗莱·鲍嘉怎么样了？好吧，对不起，刚才……

接下来引自《伊斯特·琳内》(*East Lynne*)①的文字在某些方面要比这种现代文风缺乏活力；它很可能也依靠这种演讲术。但我急着进行特别比较的就在于下列方面之间，也即，我只能叫作——冒着听起来有装腔作势的危险——道德语气的东西、对待生活的态度差异，以及处理每个段落背后关系的方法。

泪水从黑尔夫人(Mrs. Hare)的脸上滑落。这是个暴风雪过后的明媚早晨，它是如此晴朗，天空湛蓝，阳光灿烂，只是白雪覆盖大地。黑尔夫人坐在椅子上，享受着这种晴朗，卡莱尔先生(Mr. Carlyle)站在她身旁。泪水悲喜交错：悲的是听到她最终不得不离开芭芭拉(Barbara)；喜的是她就像卡莱尔先生一样来到那个完全配得上她的人身边。

“阿切博尔德，她在这里已经有了幸福的家庭：你会把你的家变得像这一样吗？”“我竭尽全力。”“你会永远对她好，永远珍惜她 195
吗？”“我尽心尽力。亲爱的黑尔夫人，我想你太了解我了，无法怀

① 《伊斯特·琳内》(*East Lynne*)是埃伦·伍德(Ellen Wood，1814—1887年)创作的一部煽情小说，该书于1860—1861年在杂志上连载刊出，最终在1861年结集为三卷本小说。——译者注

疑我。”

“怀疑你！我并没有怀疑你：我绝对信任你，阿切博尔德。要是全世界都拜倒在芭芭拉脚下，我也会祈祷她能选择你。”[21]

非常出色的作家明显会简明扼要地描述人物性格，为了证明这种结构文理的丰富性，下面便是乔治·艾略特对一位信奉英国国教的乡村牧师所进行的描述，她很少与这种人意气相投：

另一方面，由于我对记忆中的教区牧师饱含深情、偏爱有加，我必须解释说，他并没有心存报复——有些慈善家会这样做；他并没有不宽容他人——有传言说，有些狂热的神学家尚未彻底摆脱这种毛病；尽管他可能倾向于把身体奉献给任何公共事业，而且他远远没有达到把他的所有物品拿去救济穷人的境界，但他具有那种慈善心肠，有时候这种慈善缺乏光芒万丈的美德——他柔和地看待其他人的缺点，不愿归咎于邪恶。他就是这类人中的一个，他们不是最为普普通通的人，只要我们跟随他们离开集市，和他们一起进入他们自己的家中，聆听他们向年轻人和老年人诉说自家生活的声音，目睹他们体贴地关心伴侣的日常需求，我们会很好地了解他们，他们把自己的每份善良看作是理所当然的事情，而不是当作歌颂的主题。[22]

随着这篇新材料，通过抵达一个任何真实都不曾发生过的地方，我们读到了一种自动给出的、说了一半的含糊回答。“毫无意义和微不足道的”好奇心越来越多地被激发出来。但是生活味儿越来越少了。对于读者而言，这可能是最差的效果。人们能够积极、主动地进行享受是不可能的事情；对于他们而言，什么也没有接触到，也无法积极做出反应。对读者不提任何要求，读者也不会给出任何东西。我们身处苍白暗淡的情感中，这里没有东西让人感到震惊、吃惊或者不舒服，没有东西提出挑战、赐予欢乐或者引起悲伤；没有辉煌，也没有凄凉：只有涓涓细流的罐装掺水牛奶，它暂解饥肠辘辘之苦，却拒绝饱餐一顿的满足。

正如我所指出的那样，这对于很多人而言是一种几乎完全一成不变的日常饮食；实际上，他们看不到其他的读物。大众出版物必须想方设法保证顾客不想要去阅读其他读物，必须不断设法去牢牢把控，否则 196
它们雄伟的建筑物会有坍塌的风险。大众读物现在高度集中化了；一大堆人在仅有的一小簇出版物中进行选择。这是个非常小且人口拥挤的国度；今天，几乎每个人差不多在同一时间里都能获得相同的东西。在大众读物中，对此付出的代价便是，一小群想象力狭隘和蹩脚的出版物能够强行统一。这些出版物必须旨在让读者保持在被动接受的水平上，在这种水平上，他们从来不去真正问问题，而是欣然接受所提供的东西，觉得没有任何变化。必定不会有臆想出来的重要烦恼，至多是一种轻微的瘙痒。对于所有标榜的"进步"和"独立"来讲，大众报刊在今天公共生活中是最强大的保守力量之一：其本性要求它既抬高保守性又增进服从性。

迄今为止，这些事物并未对人民的生活质量产生比较明显的负面效应，那是因为可以这样去做——这也是本文主要反复说到的一点，也即能够在隔开的房间内过得很轻松，能够把家庭生活和外部生活分开，能够把娱乐生活和"真正的"生活分开。工人阶级人民在传统上、或者至少几代人以来都把艺术看作是逃避，看作是让人享受的东西，而不认为与日常生活事物有很大关联。艺术是边缘的，是"好玩的"："它暂时转移一下你的注意力"；"它让你超越自我"；"它中断一下，做出点改变"（着重号是我加的）。人们享受艺术的同时，可能会顺从自己，可能会找到自己；但在他们的心灵背后，他们知道艺术不是"真实的"；"真实的"生活在别的地方继续过着。艺术可能"让你超越自我"；但那句话的结构表明，里面有一个"真实的"你，艺术不想和这个"真实的"

你交流；除非按照传统的方式反映了某些一致认可的假定。艺术是给你用的。因此，女人检验言情小说极为常见的习惯便是，看一下第一页，确保有个带着大量对话的好开头，之后看看最后一页，确保有个圆满的结局；她们不读让人心烦意乱的或者留下悬而未决问题的东西。

然而即便如此，这种制造圆满结局的解释似乎太过于纵容。正如之前我试图表明的那样，对于工人阶级人民而言，圆满结局通常就是在他们周围的生活中、在家和家人中有一个圆满结局；但在那种生活中，事情已经“解决了”，阴云已经消散了。他们明白，生活并非真的就是
197 那样；在无法预知的未来，他们也不想生活到时就像那样。但他们说，像那样的生活，“想想还是不错的”；在我看来，这种态度似乎有时候接近于一种影像，是另外一种秩序的闪现。

因此，人们通常认为，工人阶级人民受到他们阅读读物的影响要深得多：例如，他们不假思索地从言情小说和电影中取教名。事实上，如果一个名字不是过于稀奇古怪，它可能就立得住脚。于是，服从的力量，而非出现服从的言情小说之力量，可能会有助于这个名字迅速获得青睐。托特纳姆的户籍管理员（Registrar of Tottenham）报告说，曾经有一次，一个五岁的女孩被叫作“多琳”（Doreen）。但是尽管阅读了杂志中的一个又一个故事，大多数工人阶级的妻子都会嘲笑深受故事影响而把她的孩子叫做“道恩”（Down）或者“阿普丽尔”（April）的古怪邻居。在很大程度上，他们之所以发笑，是因为她把故事带进了现实生活中，那样有点搞笑，或者甚至稍微有点笨。

这种普遍态度协同“宽容”一起有助于同样解释为什么工人阶级人民不愿反对他们出版物中甚至是最为极端的发展变化。至于正在翻阅一份视觉上更加震撼的周刊或者报纸的一位头发花白的母亲，她似乎是个怪诞之人，尽管她再普通不过了。但是，她当然只看她感兴趣的部分：至于半裸美女照，她“容忍”它们，她“不在意它们——你知道，他们把它们放进来是给小伙子们看的”。同样，人民能够保持几乎不受广告商的更先进方法之影响；他们以拐弯抹角的方式去接受它们。

所有这一切都可能是个有用的、防止感染的消毒器，但特别是在今天却可能成为危险的东西。在新的氛围中，艺术不仅仅是一种暂时逃避或者“好玩的东西”；工人阶级人民觉得，它也是一种商业骗局，本质上是一种赚钱游戏。人们甚至比以往任何时候更加难以想象：作家写作不是为了钱，而是为了那些很少精于计算的原因。弥尔顿(Milton)说过，“好书是伟大心灵的珍贵血脉”。如果一位出色的当代作家之作品引起了大多数成年人的注意，他们不仅会发现很难追随作者对待生活的态度，还往往会以及坚定认为，和其他人一样，尽管在某些怪异和不搞笑的意义上他们没有快速掌握要领，他在“谋取利益”，“正在为钱写作”。

很多有才华的商业作家确保大多数人在阅读方面保持在这样的水平上，也即在这种水平上，他们只能对大概不确切的、所希望的、最重要的、大肆渲染的东西作出反应；而且对于这种东西，就像对待几乎所有艺术一样，大多数人秉持着一种愉快的犬儒主义。他们阅读的不过是最为大众化的作品；如果作品是他们塑造的东西，那么为什么他们应该去阅读呢？为什么他们应该左右他们的阅读呢？全家人都读一种现代 198
周刊杂志/报纸(而且可能坚持认为，他们“只是为了看看笑话”)；父亲看了份旧式家庭杂志；母亲看了份旧式妇女杂志和一份新式光面杂志；女儿也有一份光面纸杂志；男孩们每天都看看大众报纸，每周都看看关于歹徒的平装书，看看全家人都看的两三份星期日报纸。纯粹从这种证据来看，情况非常糟糕：轰动、碎片化、过分简化，不真实；“从来不读不真实或者不好的东西”，D·H·劳伦斯解释说。奇怪的是，家庭生活大部分沿着自身道路走下去了啊，正在没完没了下落的五彩纸屑般的文学迄今为止对家庭生活的节奏和价值之影响是多么小啊！

然而，这一切都具有促进世界一分为二的效果，这种划分我已重点强调过了。人民明白他们“正被人数落”，但通过把大多数有不同见解的人归入到“他们”的世界，他们把造成的结果局限于他们自己身上。“哎，现如今他们在报纸里什么都放(或者‘什么都讲’)”，他们评论说；或者“不过，它只是本书”。他们购买数以百万计的报纸，在选举时期，主编试图说服他们按照报纸的喜好投票。除非订购的是一份立场比较坚定的大众报纸，否则消费者几乎不参考报纸的说教去投票，但他们忍受着这些毫无恶意的报纸，继续去购买。他们认为在报纸中读到的大部分都是骗人的，认为“他们所追求的，正是你的金钱——或者你的选票”。他们发现报纸很容易读，那些他们准备关注的事物很有趣。他们明白，报业公司“不是为了他们健康的利益”，但是，“祝它们好运”；同时，读者得到了他们想要的乐趣。

最后，回顾一下本章和前一章的主要论点，因为一章在很大程度上说明了另外一章。由最普遍的诉求所导致的弱化过程继续着并延展着：新风格包括各种带有“民主”语调的声音，那种为了欢乐和浮华而不惜一切代价的强烈欲望左右着这些新风格；一些主要的假定是：过于自信的平等主义、自由、宽容、进步、享乐主义和青春崇拜。自由等同于允许提供那些能更好地促进销售的东西；宽容等同于缺乏任何标准，除了那些非常老套和含糊以致几乎完全是咒语式的、几乎没有实际
199 用途的东西之外；捍卫任何价值的任何行为都是威权主义和伪善的例证。

在任何一种比较大众化的日报中都能找到些例子；这种虚构的文章都忠实拥护所有的普遍本质和精神：

我搞不懂

我们再开始吧，朋友们！

这一次又是谁呢？

只是个60岁的单身汉，庞蒂赫洛斯的大主教(Archprelate of Pontyholoth)(旁边的照片是打着绑腿的大主教，这是在没有防备的情况下被抓拍到的，因此他看起来格外像一位笨手笨脚的主教滑稽版本)。

他正在说着前几天到基督教妇女联盟(League of Christian Women)(平均年龄在 62 岁)去探讨关于我们打发时间的方法之事。

好啦……好啦……

辛辛苦苦一天工作下来,你喜欢看固定的电视节目吗?

……你不应该——也不要听单身大主教的话。

……他说:"如今,太多太多的人被动接受一切消遣活动。这对他们不会有任何好处。"

每周你都喜欢在赌球上下点小赌注吗?

……对不起,朋友,你不应该——也不要听 60 岁大主教的话。

……他说:"也许我们应该更多地去想想我们允许在我们国家的生活中存在这类组织的自由。"

哎呀,那一定是口水战

谁会想到在 1956 年一位基督教领袖会忘记民主的第一要素呢?

我们可能有点单纯,但我们一直认为,基督教领袖应该用宽容的美德鼓励我们。

或许我们错了,因为我们也认为,基督教领袖站在自由和平等这边。

但也许这些观念只对大主教及其朋友来说是对的。

反正,我希望在那个又穷又老又犯愁的基督教妇女联盟中有人站出来,记得他的这些观点。

……希望某人私底下告诉我们的基督教领袖一两句简短的话,说说关于反动的危险、谎言的危险、伪善的危险以及自鸣得意的危险。

……希望其他某个人提议说，大主教需要和普通民众会面多一点，需要更好地理解他们的善意。

如果他们没有——

我搞不懂

200 我们全都需要每天甚至一直记住，作为最后一招，不存在“普通人”这样的人。如果我们没有记住，我们最终会让个人的决定悄然滑向我们那恪尽职守的民主让我们自己去认定的一个假设人物手中，而此人的核心价值观是那些会误导我们的价值观。我们需要快速把握关于大众出版物本质的基本事实[23]——它们现在是大型商业组织的产品，它们不属于严格意义上所讲的新闻出版史，不属于公共事务，也不属于政治，而是属于娱乐消遣；它们对“舆论”的处理是为了达到娱乐之目的的非理性操控，当一份这样的报纸说，“我们给出的事实……震惊了……”这与其说是他们的态度声明，不如说是娱乐艺人的顺口溜，就像那种带着同样指令的行话，“没有什么藏着掖着的”。

威廉·莫里斯(William Morris)①在19世纪后半叶奋笔疾书，他对大众艺术的缺乏感到惋惜，并期盼它再次流行起来：

在我们踏上弥合这个糟糕的贫富差距之路以前，大众艺术是没有任何健康生命的，或者，实际上是没有任何生命的。

他继续说道，如果这种差距弥合了，结果可能会是：

人们命中注定被分成有教养的阶层和堕落的阶层，竞争性的

① 威廉·莫里斯(William Morris，1834—1896年)，英国设计师、诗人、小说家、翻译家和社会活动家，曾发起工艺美术运动，一改维多利亚时代以来的流行风格，主要作品有诗集《地上乐园》、《社会主义歌集》、《乌有乡消息》等。——译者注

商业已经养育和助长了这种划分。

贫富差距并未在让莫里斯感到满意的程度上或者意义上有所弥合。但是，人们付出了很大努力来减小差距；竞争性商业活动远不如从前那样保持开放了。“有教养的”和“堕落的”阶级之间的差距已经缩小了吗？我们有点接近威廉·莫里斯所认识到的那种大众艺术了吗？

我们正在迈向大众艺术；每周和每天数百万人都在看同样的报纸，几乎不看其他类型的出版物。成为大众艺术就不得不控制和压制品味的层次，而且人们正在卓有成效地这样做了。竞争性商业已经改变了今天作为冠军的马匹和坐骑，这个冠军属于那些迄今为止属于“堕落的”阶级，因为在今天，如果他们贡献出来的六便士全都加在一起，那些阶级是值得去骑乘的。这些工人阶级的新冠军们必须团结在一起，统一在其更加放纵的本能这一层次上。现在无法确保民众在经济上的“堕落”，竞争性商业的逻辑进程正确保让工人阶级在文化上受到剥 201
夺，这种逻辑进程受到内外支持：在外部，整个时代气候环境支持之；在内部，工人阶级自身缺乏方向、在自由面前表现出的怀疑和犹豫助推之，而且非工人阶级出身的作家和其他作家都来维护之。因为这些进程无法停止下来，这种压制、这种不向外看和向上看的持续压力，变成了一种积极的东西，变成了一种新的和更强大的臣服形式；这种臣服保管比过去的更加强劲，因为文化从属地位的锁链比经济从属地位的锁链戴着更容易，斩断则更难。“我们被那些内部错误的东西出卖了”，被我们共同的软弱出卖了，被这些大众期刊在两种路径上处置事情的能力出卖了，这两种路径便是：它们道出了我们习惯上的道德假定，但它们的表达方式却削弱了其所唤起的道德准则；它们歪打正着，讲对了事情，但说错了原因。

我主要讲了大众出版物中的发展变化，这些出版物为工人阶级读者造就了一种特别的诉求。为了着重强调，作出以下评论是有价值的，也即，不仅在更为先进的现代出版物中，而且在一些——特别是报纸——开始尝试既严肃又大众化、而且仍然没有完全致力于新风格的出版物中，趋势是显而易见的。那些为这些报纸工作的专栏作家，在以牺牲更加严肃的品质为代价来变得“光鲜”的持续压力之下，他们的叙述只是证实多年来的观察所建议的东西。[24]

更重要的是，尽管历史背景有点不同，但一般论断照样强烈适用于那些旨在吸引大量下层中产阶级到中产阶级读者的出版物。工人阶级和中产阶级人民经常共享同样的出版物；阶级划分变得不太明显了，因为流动性增加了。那些正在影响主要面向劳动人民的大众报刊的文化趋势，同样也影响了那些更具体地说的确是面向中产阶级读者的大众报刊——不同于通常被认为的“优质”报刊。面向中产阶级的大众报刊和面向工人阶级的报刊一样都是零碎的和零碎化的。至于我自己，我发现，与那些面向工人阶级人民的日报相比，那些特别面向中产阶级人民的日报更加不讨人喜欢。它们往往有一种知识分子的自以为是、精神沙文主义和势利态度、以及鸡尾酒会上的光泽，这让它们的气氛显得异常沉闷。

注释：

[1] 华兹华斯：《抒情歌谣集：1798—1805 年》（*Lyrical Ballads，1789—1805*），序言。

阿诺德：《文化与无政府状态》，第 1 章。

陀思妥耶夫斯基：《卡拉马佐夫兄弟》（*The Brothers Karamazov*），康斯坦斯·加尼特（Constance Garnett）译，第 5 卷，第 5 章，海涅曼出版社（Heinemann）。

[2] 德·托克维尔，第 332 页。

[3] 这句话是刘易斯·芒福德（Lewis Mumford）所说。

[4] 至于为奥德哈姆斯出版社（Odhams Press）创造财富的伊莱亚斯（J.S.Elias），明尼（R.J.Minney）说道，“他从直觉上就了解他们所喜欢的东西，因为那是他自己所喜欢的东西”[《索思伍德子爵》（Viscount Southwood），第 245 页]。

赖安（A.P.Ryan）是为哈姆斯沃斯（Harmsworth）立传的传记作家，他好几次指出了这一点，例如，“（哈姆斯沃斯）相信自己”。他还说：“在他身上，没有虔诚的性格，也没有任何道德上或思想上的热情。”

[5] 参见利维斯夫人（Mrs. Q. D. Leavis）的《小说与阅读公众》（Fiction and the Reading Public）中一些大众小说家的陈述。

[6] 劳伦斯·邓宁（Lawrence Dunning），“电影随笔”（Film Notes），《欧洲人》（*The European*），第 1 期，1953 年 3 月。

[7] “她业余爱好的谋杀者”，《图画邮报》（*Picture Post*），1948 年 1 月 24 日。这位

女作家的书籍并不是在第八章被称作是“性与暴力小说”的那类作品。

[8] 赖安：《诺斯克里夫勋爵》，第 14 页。

[9] 《世界新闻报》实际上拥有着所有报纸的最大读者群体。 据估计，其 16 岁以上的实际读者数量是 1 700 万，或者说几乎占了总人口的一半。 从分组来看，阅读情况大致如下：

第一类和第二类	7.5 人中有 1 人
第三类	3 人中有 1 人
第四类和第五类	2 人中有 1 人

(在第四类和第五类中，在各个年龄阶段，男人和女人阅读该报纸的数量大体相当)

作为比照，在整个人口中，大约 9.5 个人中有 1 人阅读《帝国新闻》(*Empire News*)；在第一类和第二类中，30 个人中有 1 人阅读该报纸，在第三类中，14 个人中有 1 人，在第四类和第五类中，8 个人中有 1 人(《1955 年赫尔顿读者调查》)。

[10] 人们可能会反对说，大众文学一直就是这个样子的，例如，在亨利 · 伍德夫人(Mrs.Henry Wood)的作品中便能看到。 问题在于，通常所呈现出来的中产阶级的人生观现在要比《伊斯特 · 琳内》中的观念更加让人着魔或者装扮得更加“宜人”了。

[11] 赖安：《诺斯克里夫勋爵》，第 50 页。

[12] “要花招”，漂亮的“甜言蜜语”或者“策略计谋”，通常被当做一种有利机会来使用。

[13] 在《牛津轻体诗选》(Oxford Book of Light Verse)中人们可以找到全文，由奥登选编，牛津大学出版社，1938 年。

[14] 见《墙上的洞》(*The Hole in the Wall*)， 1902 年。

[15] “路之尽头”(The End of the Road)，弗朗西斯和亨特有限公司。

[16] 也有一些例外情况，特别是在比利 · 科顿(Billy Cotton)乐队所表演的节目中。

[17] 劳伦斯 · 赖特音乐有限公司(Lawrence Wright Music Co.，Ltd.)。

[18] “扼喉”，在 20 世纪 50 年代中期，在“迷人的夜晚”(Some Enchanted Evening)的演奏中，人们经常会听到这种方式。

[19] 约瑟夫 · 皮珀(Josef Pieper)：《闲暇：文化的根基》(*Leisure：the Basis of Culture*)，第 131 页。

[20] 如果不是人造的，那就可能是间接感受到的，就像在自由摔跤比赛和普通汽车比赛中感受到的那样。

[21] 亨利 · 伍德夫人：《伊斯特 · 琳内》(1861 年)，第 18 章。

[22] 乔治 · 艾略特：《亚当 · 比德》(*Adam Bede*)，第 1 卷，第 5 章。

[23] 在《报刊、议会与人民》(*Press，Parliament and People*)中，弗朗西斯 · 威廉斯(Francis Williams)说道：“它们已经成了伟大的工业企业，而这些企业被其需求所支配，它们需要从投资于其中的大量资本数额上赢取利润，它们主要对商业上的成功感兴趣”(第 146 页)。 他还说，这是一种归纳概括，并不完全是真实的。 之后他说道：“起初，大量发行的报纸着手要做的就是娱乐。”(第 161 页)

[24] 在《索思伍德子爵》中，明尼(R.J.Minney)给出了奥德哈姆斯出版社已故总裁的观点。 伊莱亚斯(J.S.Elias)——正如他在当时的那样——毋庸置疑完全深信不疑地督促着弗朗西斯 · 威廉斯：“让他们微笑起来。 让他们高兴起来。 新闻太过严肃了。”(第 287 页)

202 # 第八章

新大众艺术：亮丽包装下的性

第一节　自动唱机[1]男孩

这种不断增强的、几乎完全一成不变的、没有必要的轰动效应势必会降低消费者公开、负责地对生活作出反应的能力，这种规律可能诱发在几种直接口味的有限范围之外存在的一种缺乏目的性的深层感受。那些可能几乎没有机会去打开的心灵会被攥紧，完全与世隔绝，“用窗户般的奇怪黑眼珠”眺望着那个世界，而那个世界基本上是由走马观花的展示和间接感到的刺激所产生的幻觉效应。今天，这并不是很多工人阶级人民的处境，这主要因为人类精神的抵制能力；去抵制这样一种意识——存在着其他要紧的事情和其他需要被遵从的事情，即便人们通常没有定义这种意识。

但是，现在我们来看看英国人生活中的一些要点可能是有用的，而前两章所描述的文化进程正在最为强烈地影响着英国人的生活。我们应该看见那种要不是因为我反复强调的这些反抗可能已经到达的处境。在服兵役的年轻人他们的阅读中，我们会发现这样一种例证。对于他们很多人而言，两年的时间基本上是无聊的；他们在回去工作前都在原地踏步；他们是青少年，而且有闲钱花。他们切断了对家的和对家庭关系网络的那种下意识感受到的但非常重要的持续效应；或许也切断了那种归属感，也即，在工作场所，他们属于有自己技术传统的组织之一部分。结果，他们容易接受读物的效应，这些效应是向他们免费提供的，既有支离破碎的，也有煽情的。我自身的经验强烈表明，很多人所阅读的装帧起来的书籍可能只是那些由最流行的犯罪小说作家写成的书籍。除此之外，他们读连环漫画、歹徒小说、科技和犯罪杂志、新式风格的杂志或杂志/报纸和图画日报。幸运的是，服兵役只有两年；结束后，他们回家并回归工作，他们仍然是这些出版物的读者，但他们很快也变成了这样的人，也即，投身事务，对时间和金钱有更多要求， 203
可能有好机会重操街坊邻居的旧业，有好机会避开成为透明的雌雄同体存在物的那些最坏影响[就像有一次一名士兵向我描述的那样，"生活就像在你内心里一直不停地打飞机（手淫）"]，以及成为一个与任何有意义的个人目标都毫不相干的人。我知道有例外的情况，也明白正在采取很多措施来改善事态；但是，鉴于上述章节所描述的背景，对于大多数人而言，这就是在服兵役期间的主导氛围。

或许，这种普遍趋势更加明显的症状便是自动唱机男孩们的阅读，他们整个晚上都在灯火通明的奶品店中听"投币式自动唱机"。当然也有读书看报的其他人，这些人现在也会被拿来进行讨论——那些已婚男女，或许特别是那些正在发现婚后生活有点让人腻烦的人，那些"好色之徒"，那些小学生——但是人们会有理由把那些夜复一夜到访这些馆子的人看作是这些最先进的新式大众期刊的典型或特有读者。[2]

就像我在之前的一章中描述的咖啡馆那样，奶品店立刻暗示着，在那些品味极差的现代风格小摆设中，它们俗丽夺目，美感完全遭到破坏，和它们比起来，在一些穷苦家庭（顾客来自这些家庭）之中，起居室的布局似乎表达了一种传统，这种传统就像 18 世纪的排房一样注重平衡和文雅。我认为，人们在那些实际上是快餐咖啡的奶品店里吃一顿饭并不比在咖啡店里享受到的餐桌式服务要快捷。我反而记得那种成为一些年轻人定期晚间约会之地的奶品店——北部几乎每个（比如说）居民超过 1.5 万人的城市都有一个奶品店。有些姑娘也去，但大多数顾客是15到20岁的小伙子，他们穿着长上衣瘦裤腿的男套装，系着上面带有图画的领带，带着美国人那样吊儿郎当的姿态。他们大多数付不起一杯接一杯的奶昔钱，喝茶能喝一两个小时——这便是他们来此的主要原因，他们把一个一个铜板塞进机械的点唱机中。任何时候都能找到大约一打的唱片；想要哪首就按下数字按键，从一张标题略表中进行选择。大约每隔两周，租赁公司似乎都要更换一下唱片；几乎所有的歌都是美国的；几乎所有的歌都是“发声地唱”，歌唱风格远远超过了
204 在英国广播公司软性节目中通常听到的风格。有些曲子悦耳易记；所有的歌曲为了演出都被改编，以至于它们具有当前流行的节拍；制造出那种回音室录音给予的“空洞宇宙”效应是非常有用的。它们传递着极大的准确度和实力，人们允许“投币式自动唱机”大声播放，以至于噪音足以能够填满一个大型舞厅，而不是一个在主街进行改装的店铺。年轻人摇动着单肩或者凝视着，穿过管状的椅子，与亨弗莱·鲍嘉极为相像。

甚至与街角的酒馆相比，这都是一种特别浅陋乏味的消遣形式，是牛奶煮开的气味中渗透出来的精神腐化。很多顾客的服饰、发型、面部表情都在暗示说，他们很大程度上正生活在这样一种神话世界里，这个世界由一些被他们看作是美国生活的简单元素构成。

他们形成了一个消沉的群体，形成了一个绝不是工人阶级人民的典型群体；或许，他们大多数的聪明才智不及一般人，因此比其他人更加容易接触到当前这种衰弱的大众潮流。他们没有目标、没有雄心壮志、没有防护措施、没有信仰。他们是塞缪尔·巴特勒(Samuel Butler)笔下19世纪中叶耕地少年的现代版本，而且像他们一样不满于这种处境：

那一排呆头呆脑、没精打采、精神空虚的耕地少年，他们身材难看、相貌丑陋、死气沉沉、冷漠无情，他们非常像卡莱尔(Carlyle)描述的大革命前的法国农民，是一个容易让人产生坏印

象的种群——现在这个种群取代了……[3]

对于他们中的一些人而言，过上像他们同时代很多人那样的粗野性生活仍是可望而不可即的事情；与他们能够形成的性格相比，得需要进一步管理他们自己的性格，得需要更多地去迎合其他性格。

他们从学校教育中几乎没有获得与生活现实有关的东西，这种生活现实就如同他们在15岁之后所体验到的那样。他们中的大多数参加工作，这种工作不需要个人的外向性，不需要本质上多有意思，增进不了任何个人价值的感觉，只是让人成为一名生产者。工作要一天接一天地做，工作之余就是消遣，就是享乐；有的是空闲时间，也有时间去花口袋里的钱。他们受到技术官僚制度和民主的双重折磨；社会赋予了他们感觉上几乎毫无限制的自由，但对他们几乎不做过多的要求——他们用双手、稍微动动脑子一周工作四十个小时即可。剩下的时间，他们向艺人和有效的大众设备敞开门户。青年俱乐部、年轻人的机构、 205
体育俱乐部吸引了他们那一代的很多人，但吸引不了他们；商务人士凭借商业娱乐中不可避免的发展继承做出保证，使他们独特的影响力被保留下来，并得以巩固。同时，他们对于自己或其他人不承担任何责任，也几乎没有任何责任感。说到底，他们是新工人；凭借着对新工人阶级消遣文学的读物进行的简单推断，要是有人试图想象那类文学的理想读者的话，这些人会属于人民之行列。正如我说的那样，他们并不典型，这是事实。但是，这些人是一些重要的当代力量正在倾心打造的人物，他们是一个心智僵化的阶级中那些毫无方向、被教化驯服的农奴。如果他们似乎截至目前主要还包括那些智力低下之人或者那些来自属于特殊禀性的家庭，这可能是因为一种道德素质的力量——也即，大多数向工人阶级人民提供文化给养之人正在帮着除去其性质。这种有享乐思想但消极被动的野蛮人，他花三便士去乘坐50马力的汽车，花一先令八便士看一场500万美元的电影，这种人并不单单是一种社会怪人；他还是一种征兆。

第二节　“淫秽”杂志

除了图画日报、比较震撼的星期日报纸和报纸/杂志，这类人可能阅读什么呢？ 公共图书馆没有吸引力，甚至书商的四便士图书馆可能也同样如此，这些四便士图书馆的主要功能是存储大量的、公共图书馆从来没有足够副本的各类小说——书架上经常出现的标题如下：“犯罪”或“技术”或“悬疑”，“西部小说”，以及“罗曼史”或“爱情”。相反，人们需要看看在每个大型的工人阶级购物场所通常都会有的那些“杂志店”。 它们的陈列窗凌乱不堪，以各种各样的分散层级向外摆放着平装本杂志，因为它们靠一种交换体系来运行，这套体系通常非常昂贵，因为原本价值两先令的平装本转手一次六便士。 在这里，还会对素材进行分类，简单分为三类主题——犯罪小说、科幻小说和性爱小说。

有一天，我从一个陈列窗上留意到了这些主要分组的下述特征；当然，杂志并没有被一类类地进行陈列，通常都是非常凌乱地摆放着：

> 一、**犯罪小说**。因为大多数这样的小说来自美国，而且它们
> 206 是因为美国人强烈反对那些似乎美化犯罪的杂志才得以刊行，所以这里流行的调子是“犯罪是划不来的”。它们可能有诸如此类的次标题，比如“出于降低犯罪的原因才得以刊登”。不管是何种正规职业，全都会对歹徒感有兴趣和感到刺激，或者侦探在性情上就是有机会袒护法律的歹徒。刊登的标题如下：
>
> 超级侦探　　　　联邦调查局犯罪案件
> 警察总局故事　　惊险的警察案件
> 真正的侦探　　　秘密侦探故事
> 无限度的犯罪　　一流侦探故事

非常好的警察故事　　　偷拍侦探

热点警察故事

一直以来，版式几乎都一模一样；平板纸，粗糙的印刷，形象逼真的光滑封面：明显有很多是"代笔之作"，材料有重叠之处。

二、科幻小说。这里的标题换汤不换药："科学"、"太空科学"和"太空之路"，并用这样的形容词加以修饰："令人吃惊的"、"怪异的"、"未来的"、"让人震惊的"、"奇妙的"、"超级的"、"激动人心的"和"真正的"。

还是那种平板纸和光滑封面。这种类型的科幻小说想必是没有受到影响，与某些作品把相似的主题提升到文学周刊中严肃讨论的话题相比，它们走在了前面。风格和情节同样严格受限。在大多数故事中，会有一名性感的女子，给二流巡回滑稽歌舞表演做设计的服装设计师可能会认为，她所穿的服饰是一种"未来派"装束。这通常是指一件非常短的白色褶裙和一件配有现代风格图案的短上衣。这便是带拉链的"性感玩意儿"，它替代了旧式的罩衫和裙子；间接感受到那种行驶在火星和金星之间的太空船上的淫乱行为（没有任何具体细节）。

至于第三类性爱小说，我会单独多讲一些。这三类几乎覆盖了我样品储藏室的整个非期刊库存和其他同类存货。20年前，"西部小说"和"拳击"是主要的类别，现如今它们只能身处边缘地带了。

我认为，这些杂志似乎对这类人有特别的吸引力，也即，那些在平均智商以下的青少年和那些因为这样或那样的原因头脑没有开窍的人或者感到自己不够格的人。广告主要是补偿性的。岔开话题简要探讨一下补偿广告的比较基本的类型，此处或许是个方便的地方，而这些基本类型经常出现在正在讨论的这种杂志里，也会出现在更大范围的期刊中。

207 从其最简单的形式看，这些广告诉诸于一种身体自卑感，它们敦促读者学会如何停止吸烟，以便让眼睛更亮、头脑更清晰、手劲更加稳固有力；“要长高”，它们催着说，“打造你的体格”，“为什么这样瘦骨嶙峋的？”，“给你容光焕发的生命力”，一个极其彪悍的广告商说，“他们采用了我的疗程……，看看他们的变化！ 你把详细情况发过来，我会给你一副魁梧身材。”

从这里到神经过敏的广告和自卑情结的广告只有短短的一步之遥：

> 你遭受着神经过敏、自卑感、缺乏自信、结巴、有失必要的沉稳、犹豫不决和谦卑之苦吗？——所有这些都表明，这是一种由于**潜意识中的神经定位缺失**而导致的**基本心理失调**。
>
> 学会激发出**积极的**而**非消极的**驱动力！为自己打造一种**主导性的**和**自信的**性格！

或者与那些看起来甚至更加强有力的广告也相距不远：

> **真让人难以置信！**
>
> **你**已经把自身潜在发展的巨大力量开发到何种程度了呢？
>
> **你想这样吗？** （此处可能会有一张现代风格的绘画，画着一个男人，身体散发着生命力量的光芒）
>
> 那就释放它们并控制它们吧！——从你掌控这个神奇系统的那一天开始。
>
> 充分利用你自己**惊人的隐藏动力**！这本书能**让你重塑人生**。

通常情况下，同一个机构既创造了基本诉求（你只是被神经过敏所困扰吗？），又创造了比较积极的诉求，在此，没有极力强调那种不够格的感觉，但人们仍然认为，你会喜欢交更多的朋友和影响更多的人。

比如说，通过花两英镑买一本关于“成功人格推销的秘密”的书籍，你可能就发现怎么做了。新的书籍提出了甚至更大更好的要求，也带有更有活力的标题，卖着类似的大价钱，隔三岔五它们就会出版发行。

> 生活正在赋予你想要的和应得的奖励吗？你想继续徒劳无益、毫无目的地生活下去……饱受胆怯和恐惧的折磨吗？
>
> 如果不想的话，这里就是你寻找的解决方案。
>
> 你会从中赚到金钱、获得力量、赢得声誉、受到所有你认识的人的尊重(此处与弗洛伊德的《精神分析引论》第23章结尾部分有着意想不到的共鸣，那里讲到作为一名自赏幻想家的艺术家，“通过这种幻念，他赢得了之前只能从幻念中得到的东西：荣誉、权力和女人的爱”。同样离奇的是，这种将要嘹亮地响起的最后和弦听起来像是一种淡淡的、与培根的“知识的终极目的”产生共鸣的自我中心主义：“以来彰显造物主的荣光和减轻人类的境况”)。[4] 208

回到杂志本身来：有很多是“淫秽的”、“露肩的”期刊，或者是性与琐事(sex-and-bittiness)的周刊或月刊，从启发性的方面讲，这些期刊的叫嚣声远比咬几口要恶劣得多。人们不只是从“杂志店”里能买到它们，从几乎每个报刊亭那里都能买得到，而且它们中有些杂志销量可观。我无法找到按照阶级进行分销的数据，但我知道它们在工人阶级和下层中产阶级的年轻人中间非常流行。[5]

它们首先是笑话宝库，其中很多是有插图的，着重强调那些非常明显、有限、只是适度反感的、影射性爱的话语。每份杂志通常都有一个字谜游戏，有一页是关于体育、明星所讲的运气、以及微型小说的。从版面设计和图画绘制来看，人们希望这些故事会是性感迷人的，但后来被证实是像现代妇女的家庭杂志里面那些家庭式异想天开的东西。讲述者是个小伙子，他要么是刚结婚不久，要么是不久便会和一位正派的姑娘定居下来，这点从他追女孩子那温柔的口哨中就可以断定。

如今，经常会有一个电影系列，配有袒胸露背的照片说明。除此之外，还有大量的、各种尺寸的绘画，绘画下面写有笑话。在这些杂志中，大多数的目标是要变得非常高档和时髦，尽管从总体上讲，它们的版面设计几乎很难像有些家庭杂志做得那样精美。它们主要通过使用新式风格的艺术家来建立对现代性和人情世故的主张看法。因此，它们的版面没有老杂志的艺术家默许的内部界线，反而却有向美国人，尤其向巴尔加(Varga)①学习的英国人秉持的那些限度。必须要有拍摄的半裸美女照，在没有大量使用彩色照片和一些比较昂贵的装备这样的情况下，对竞争对手而言是有利的。在这些杂志中，大部分似乎想方设法保证它们照片的尺度尽可能地大，保证模特们仿佛真的会跃出页面出现在读者面前。

它们全都有意去变得性感粗俗，它们知道自己正在大胆冒险，还有点儿偶尔放纵一下的味道，至少在它们的插画中。但是很显然，只有假定存在着大家正在公然藐视的那些价值，人们才能感受得到。人们
209 几乎没有对这些杂志感到向往或痴迷；毕竟，它们所属的世界和旧式妇女杂志的一样。人们最极力去反对的并不是性感，而是琐碎，通常就像新杂志所遇到的情况那样：它们如此轻松地就获得了粗俗带来的刺激，而且是凭借着如此无足轻重和胡编乱造的证据而获得的。

有很多确切属于工人阶级的杂志，某种程度上是因为其地方的和具体的属性，这些杂志与我刚才所描述的杂志明显存在区别。它们中间没有任何一个看起来是长寿的，但是，在一份杂志行将就木之时，具有同样传统的新杂志便应运而生，几乎就像警方发起一场行动那样迅速。

---

① 此处，作者所称的巴尔加(Varga)是指阿尔贝托·巴尔加斯(Alberto Vargas，1896—1982年)及其绘画风格。巴尔加斯是著名的秘鲁画家，他以画半裸美女照而闻名。二战期间，军队曾定制巴尔加斯的半裸美女照，1942年至1946年，《风尚》(*Esquire*)杂志共有900万份送至军中，巴尔加斯笔下的这些半裸美女照被称为“巴尔加姑娘”(Varga Girls)。——译者注

通常情况下，它们每月出版发行，售价六便士。我将描述一些杂志的特征，这些杂志主要在北方流通，但在南方也有类似的地方性杂志。就我所知，人们从曼彻斯特到赫尔、从米德尔斯堡到诺丁汉会买到比较成功的北方杂志。最起码，一份杂志达到了每期超过十万份的销量，这表明在一百万人中，其读者占三分之一以上。当然，这种杂志主要由在东北地区的城市工人阶级成员来阅读。

这类杂志每期的构成是非常简单的。通常会有一个小型体育项目，有一些与电影有关的东西，有一篇离奇的微型小说（打算看起来性感，但实际上纯粹是没有价值的东西），还有几则广告（为诸如幸运护身符之类而做的）。剩下的空间一般都用来刊登笑话——直接印成两栏，或者用来登载素描画，要么是对笑话进行图解，要么它们本身就要登，因为它们都是具有性挑逗韵味的。没有非常多的模特照片，可能——这是种猜测——因为它们太贵了。相反，这些杂志往往会使用比较重要的插画，以替代在更加精细的杂志中拍摄的半裸美女照之位置，那些素描画看起来最初被制作成了重阴影的铅笔画，之后再被拍摄成照。最终的效果与通常使用拍摄而成的半裸美女照所达到的效果大致差不多。我想，被拍摄下来的素描画有进一步的优势；也即，那些经常以巴尔加风格来画画的艺术家能让自己放手去画他认为是少女身体上合适部位的东西，以便制作出一张甚至比正常拍摄而成的半裸美女照更加露骨的图画。这类杂志往往造就一种强调乳头的特定特征，因为乳头在服装里面鼓鼓的。同样，能够非常大胆地对双乳进行塑形，并把它们分开。

大体而言，这些杂志属于下流图画明信片的世界；它们都同样粗俗，都同样对可能出现的幽默位置有着限定的视线——屁股、“尿壶”、 210
女式短衬裤、“肚脐眼”、乳房（以及现在的“假胸”，这是在所有黄色笑话杂志中最为流行的新特征）。它们可能比明信片更加粗俗一点。在谈到这一点的时候，我并没有认为这样的特征就是突显的乳头和令人难以置信的丰腴大腿。在所有这些杂志中，最粗俗的元素通常是对少女脸庞的素描，特别是在更大规格的习作当中；这些属于在明信片中我尚未见过的品质。她们有张大嘴，神情无耻粗俗。我不认为我现在正在讲这样的东西，更丰富多彩的气质，会被看作是“粗野而非粗俗的热情，是乔叟式手法”。这是一种假装老练且心照不宣的城市粗俗，人们会把这种浪漫式的愚笨误认为是其他东西。我猜这些杂志是通过这样的措施来赢得读者的，即在它们拍摄成照的素描中不同寻常的性挑逗，以及在它们展现出来的面部和特性中的某种可以识别的品质。我打开一本杂志，翻到一幅占据两个版面的素描处，画的是一位身穿短裤的姑娘，她的衬衫是那种深V低胸领口，在一群人中她骑着一辆赛车，很多北部城市的女孩子周末都会这么做。她确定无疑就是一张广大工人阶级姑娘的脸庞，而这一大群工人阶级姑娘明显“懂得那意味着什么”。从这种非常严格的意义上讲，在表达手法的那种有限的写实主义风格来看，这些杂志在某种程度上属于工人阶级，就这点而言，那些销往全国的“淫秽”杂志以及大众化的现代杂志/报纸则不属于工人阶级。

第三节　性与暴力小说

> 我会突出强调那种具有象征意义的事实，也即正是在这个时代，我们已经停止了对爱发出正式声明，也正是在这个时代，我们没有发表任何声明就已开始了战争。我们正在返回到那种绑架和强奸的时代，尽管去掉了在波利尼西亚围绕这种暴力所进行的仪式。[6]
>
> （德·鲁日蒙）

人们能在“杂志店”里，也能在一些铁路边的书报亭那里买到“血腥和暴力”的性爱小说。[7]它们经常被放在角落里，全都摆在阿司匹林和止血笔的通告牌下面。这里有日报和周刊，杂乱无章摆放着的一丁点儿“嗜好”和“手工艺品”的杂志，企鹅(Penguins)出版社的和塘鹅(Pelicans)出版社的；然后是性爱小说——它们全都是我们文化的某些内在张力之写照。我猜想，性爱书籍的定期出现表明，铁路读物(railway-reading)对这样的人而言可能是一种释放阀，也即，他们“不会被人看见去了”一家“杂志店”，他们很难把这类书籍带回住所。但 211
是，界限变化得非常快，在过去五六年中，很多普通文具店也开始存放这种平装本；它们不再是那种让人稍微有点偷偷摸摸去看的读物。

作为社会的先兆，这些小说并不是孤立无援的。它们是普遍趋势中的一个组成部分，在我看来是最为突出的组成部分。相关的组成部分是那些性与暴力连载小说，它们被刊登在那些更加富有经验的报纸中。我认为，这种报纸是从有选择性地对美国最新的马拉松式的性与历史的小说进行连载而开始的。但或许是这些小说的供给不足，也或许是它们需要过多的编辑或者价格太贵。无论是何种原因，没过多久，既定类型的连载小说正在被人们去专门书写——在每一节中，尽可能都有一个性刺激的东西和一幅性挑逗的绘画。如果一节很可能不便使用适当的图例，那么女主人公(通常会是个 20 世纪的莫尔·弗兰德斯，在一个广播肥皂剧中的那名中年女主人公以中产阶级的保护性道德体系来培养她)常常被描述成正在无法回避地面对未来，因为她一大早就离开了床铺。此外，从埃德加·华莱士(Edgar Wallace)①那些早期小说到今天最流行的生硬刻板的歹徒小说，人们可以追溯侦探这种人物角色的发展情况。后一种侦探常常是一个道德败坏的恶棍，人们能从与之对垒的骗子中辨别出他主要是因为他碰巧在制止他们，还因为他在适当的时刻表现出的那种时髦的柔情性格：他的行为举止、他的残忍霸道、他的性爱准则、他对经验的普遍态度，这些都是好出风头的违法者所具有的品质。

---

① 埃德加·华莱士(Edgar Wallace，1875—1932 年)，英国著名小说家、戏剧家和记者。他是个多产的作家，一生创作 173 部小说、15 个剧本、以及很多其他类型的作品，其主要著作有《金刚》、《十三号房》等。——译者注

想要更进一步体会到后一种性奇遇平装本小说(它们经常自称那不过是“歹徒小说”)的确切品质，人们应该把它们和前一类小说进行比较。在我的青少年时期，如果我们想要一本“淫秽”书籍，我们经常得到这样的小说，其作者的名字毫无疑问是法国人的，例如皮埃尔·拉弗格(Pierre Laforgue)，以常见的形式去造一个名字。从属于每个作者的书籍之数量和它们之间的相似性看，可能很多“代笔之作”的现象仍在继续。或许是，出版商就像拥有“交易”拍照的车库一样把持着一些名字，把它们贴在符合类型的剧本上。这些小说过去是现在还是(几周前我买了一些，上面的日期是1947年)平板纸、不靠谱的印刷、封面上有一张彩色图片。在封面上，就像贯穿全书那样，与20世纪中叶相比，风格更多是爱德华七世时代的。作者的名字便定了调，这种调子有几分粗俗，并普遍与“幸福巴黎”(la Gay Paree)[①]的观念相关联。
212 封面女郎永远不变地受到三四十年前时尚的影响；它们通过像《被偷走的快乐》(*Stolen Joys*)、《危险的极乐世界》(*Dangerous Bliss*)和《激情之夜》(*Passionate Nights*)这样的标题细声细气地诉说着。她们是那些身着睡袍的深沉英俊的男人们(起着像拉乌尔这样的名字)的褥榻上温柔、凋谢的牺牲品。这全都是一种保姆的粗俗、闺房中的性，温顺得就像只养成良好卫生习惯的猫儿：它制造了很多蕾丝织品和做出怪相的嘴型，在隐约感到有些用词不当的迹象中画上了句号。

自20世纪30年代中期以来，从美国传播开来的性小说中的新风格几乎已经完全取代了这类风格。它们很可能受到了出现像詹姆斯·M·凯恩(James M.Cain)[②]的《邮差总按两遍铃》(*The Postman Always Rings Twice*，1934)这样的书籍之激励；新近美国作家米基·斯皮兰

① “幸福巴黎”(la Gay Paree)是法语词汇，其中“Gay”是指快乐的、幸福的，“Paree”是指巴黎。由于在19世纪末20世纪初巴黎的艺术和社会运动，这座城市变成了世界文明的社交、艺术和性的都市。——译者注

② 詹姆斯·M·凯恩(James M.Cain，1892—1977年)，美国小说家、电影剧作家。其作品大多为通俗小说，描写男女情欲纠葛与人性冲突。其主要著作有《火车谋杀案》、《欲海情仇》、《邮差总按两遍铃》等，其中，《邮差总按两遍铃》在当时获得极大成功，被人认为是美国出版史上第一部超级畅销书。——译者注

(Mickey Spillane)①的作品也有异曲同工之处。但是，这些作品的风格比那种风格扎根更深且蔓延得更广。[8]

从它们的纸张、印刷的风格和光面纸封面的事实来看，这些新小说就像旧小说一样；就像现在其他小说的价格一样，它们售价在一先令六便士或者两先令。不过，差别还是很大的。首先，新风格的小说从其简练的、定期的标题中就可以分辨出来。几乎每一部小说都有一个完整的短语或句子，就像这些模仿的标题：

亲爱的，热辣起来　那位女士进了一家低级酒吧

娘儿们(姑娘们)不喜欢诱导

别引诱我，辣妹　宝贝儿，这就是你的尸身

为美女准备的死亡出租车　往下瞄准，安琪儿

范唐小姐喝了杯酒

亲爱的，杆子[手枪]顶不了嘴

杀手身着尼龙衣物(就像半裸美女照一样，这些作者对尼龙情有独钟)

甜心，曲美身材能杀人

墓碑传不出话来

女士，那儿凉快得很

作者通常是美国人或者是冒牌美国人，效仿查令十字街(Charing Cross Road)上美式衬衫商店的风格。它们中的大多数都有"粗俗的"名字，名字就像是这种风格，如汉克(Hank)、阿尔(Al)、巴贝(Babe)、布拉德(Brad)和布奇(Butch)。因写这种类型著作而受到指控的两名作者在法庭解释称，他们的笔名是由出版商提供的。形形色色的公

① 米基·斯皮兰(Mickey Spillane，1918—2006年)，美国犯罪小说家、演员。其畅销书大多描写暴力和放荡的性生活。其主要著作有《陪审团》、《漫长的等待》、《孤独的夜》等，其作品在全球的销量超过2.25亿本。——译者注

司——大多数坐落在伦敦——出版这些书籍；它们看上去要么是从美国购买版权，要么是使用英国作家。

与这里的封面女郎相比，皮埃尔·拉弗格(Pierre Laforgue)的那些封面女郎是相貌平平的。这些都是那装饰从柯克沃尔(Kirkwall)到吉隆坡之军营的巴尔加姑娘所派生出来的韵味十足但“迷途失足”的少
213 女。她们的衬衫永远是下垂到让人打消强奸之念的最后一道线上；她们手中拿的不是香烟而是冒烟的“手枪”；她们有下垂的嘴角和红肿的鞭痕；她们“在合适的地点出来进去”，而且这并不是权宜之计；她们具备“所需的一切条件”，这就是说丰腴的大腿、凸起的乳头和“富有张力的乳房”。作者最喜欢用来描述她们的修饰语便是“性感的”：对于一位皮埃尔·拉弗格的女士而言，人们还要犹犹豫豫地去想这些是用来干什么的。

毫无疑问，它们是暴力的，因为这些是暴力的性小说，其中，性似乎只有当它变成施虐狂之时才被认为是惊险刺激的。自始至终必须都有暴力：在男人之间，持久地用胳膊扭打，拿剃须刀割杀，用橡皮管持续抽打：“他脸上有个伤口，看起来就像一张止不住流血的嘴。”当男人遇到女人，空气非常凝重，并伴随着暴力、药物刺激下的呻吟声、还有血淋淋地咬着对方紧紧搂在一起的拥抱(在每一部小说中，通常的数字似乎是两种暴力性行为，还有一些同性打斗)；拼命搅动着舌头，手指甲乱抓：“她的双臂始终扭动着，就像里面有个发电机……她挣脱了，后来当我把她再抓回来的时候，她温柔得像只猫咪。”

性奇遇文学已存在数个世纪之久；人们回想一下纳什(Nashe)的《倒霉的旅行家》(*Unfortunate Traveller*)[9]①，从它其中的一个方面去想想，或者回想一下笛福的《摩尔·弗兰德斯》。同样也存在着一种暴力文学：从一种小型的、只有内行才能看懂的范围上讲，这是一种性

① 托马斯·纳什(Thomas Nashe，1567—1601年)，英国小册子作家、诗人、剧作家、小说家。其主要著作有《穷光蛋皮尔斯向魔鬼哀求》、《夏日的遗嘱》、《倒霉的旅行家》、《纳什的素食》等。其中，《倒霉的旅行家》出版于1594年，是英国第一部流浪汉小说。——译者注

施虐狂和性受虐狂的文学。但是，这种新的形式略微有点不同。这不是为了一小股性欲反常的潮流而创作，就像它们自己利用萨德侯爵(Marquis de Sade)①的作品那样。它在自己的层次上有更加宽泛的诉求。在与生俱来的特性上，它不同于纳什和笛福的性与暴力：它是暴力的和有性行为的，但全部都是以一种让人感到幽闭恐怖的和被关禁闭的方式来描述。

此外，在这一点上，它与诸如皮埃尔·拉弗格这样的作品形成了鲜明对比，它存在于那个道德价值变得无关紧要的世界里。拉弗格的著作经常有着这样的标题，比如，《该宽恕他吗？》、《可耻的偿还》、《堕落美女》、《被玷污的圣母马利亚》、《买来的吻》和《因果报应》。这种标题几乎不可能用于这些新近的作品，因为“宽恕”、“可耻”、“因果报应”、“被玷污”、“去堕落”、“去偿还”都是在道德轨道外面的概念。在一位作家写的55本著作清单中，我只发现了一本涉及道德的书籍。在拉弗格学派的一本小说中，一位英俊潇洒的青年男子为了向一个在他房中滞留的单身少女求爱，他写了一首诗。这首诗被证实是一篇拙劣的乔治王朝时期②的诗文。但在新近的作品中，男人和女人都没有听说过诗歌，除非可能当他们正在害怕在他们老师控制范围之外过上几年徒劳无益的学校生活之时；这些作者会很快就让他们谈到诗歌，就像他们 214
很快就让他们参加青年俱乐部去野营度假一样。如果拉弗格的男人和女人走到了一起，双方都有吸引力，那么一个人会大致模仿这样的风格：

> 他紧紧地抱住了她，胸脯怦怦直跳。她的眼睛像流动的火焰。那一刻，她非常有女人味儿。
>
> “亲爱的，你全都是我的。我有多爱你，”他喃喃细语道。

---

① 萨德侯爵(Marquis de Sade，1740—1814年)，法国小说家、哲学家。其主要著作有《美德的厄运》、《朱莉埃特》、《卧室的哲学》、《激情的罪恶》等，其作品以描写性倒错色情而著称，曾因变态性虐待行为多次遭到监禁。“施虐狂”(sadism)一词源于其姓氏。——译者注

② 乔治王朝时期是指英王乔治一世到乔治四世统治时期，也就是1714—1830年。——译者注

她极乐销魂地轻轻应了一声,接着是一声幸福满满的长长叹息,然后使劲把他往怀里拉。她温暖的手臂抱他抱得更紧了。在她内心里,没有丝毫犹豫不决,没有丝毫羞耻害臊,没有丝毫遗憾惋惜,她悄悄领他去卧室……

全都是些陈词滥调,都是些乏味的浪漫格调:但是,这就是当情侣们看对眼之时后来可能走到一起的样子:

那么说她不过是个小姑娘,啊?我只是个卑鄙的家伙和十足的混蛋?那又怎么样呢!

忽然,她的身体正紧紧贴着我,在那件裸露的衣服下面身子抖动了起来。我能感觉到她整个的线条和曲线。哥们儿,姑娘依偎着男人能有多难?为什么女人的眼泪品起来味道这么好?

我开始疯狂地解开她的衣服,但激动得笨手笨脚的。她告诉我怎么做,其间带着一种抽泣和激情喘息之声。然后……我们交汇了,就像一对野生动物。

在拉弗格小说中,如果一对情侣没有爱情而结合的话(她为了钱不得不这样做,或者在他的权势下出于其他某种原因),通常会提前含糊其辞地指向那惊心动魄的糟糕情况。

“我不得不去……我不得不去……”她没完没了地对自己重复着这句话。

她的头脑混乱极了,因为这些词语在脑海中回响。“今晚……十点钟……在帝王(宾馆)。然后……”

“然后”毫无疑问她会向一位寡廉鲜耻的剧场经理投怀送抱。但到此就是一章的结尾了，当我们再遇到她的时候，很可能六个月过去了，她的丈夫准备回家，将会明显发现她背信弃义。如果一本拉弗格风格的小说决定继续写下去，在画上句号之前，它会制造一种脱衣服的场 215
景，结尾就像这样："她摘掉了端庄贤淑的最后面纱"。后一种小说不想到此结束，但如果就此结束了，它们定会使用不同的句子。如果没有任何事物指向你能感到下流的东西，那么像"端庄贤淑的面纱"这样句子便毫无意义；端庄贤淑，"从来没有这种事"。因此，当这种没有爱情的新式风格的男人和女人走到了一起，他们就像肉体的敌人那样交织在一起：

> 我猜她完全知道对我来说将会发生什么，因为她躺在那儿蹭着双膝，就像一只猫在裤腿上蹭来蹭去一样。
>
> "你准备好好恳求我吗，"她以一种有点儿软绵绵的声音轻声说道，"不是说你要对我们俩一起扭打来道歉吗？"
>
> 咦，大妹子，有些女人还不懂规矩……
>
> "听着，"我说道，"我对待女人，从来就没有'对不起'或者'请'的概念。"
>
> 她咧嘴笑了，更加放松了一些，扭打过后，她的乳房还在上下起伏。我觉得热血开始往头上涌。
>
> "亲爱的，"我说道，"你明白接下来会在你身上发生什么。也知道好戏都在后头。"
>
> 她不再动了，因为我扑在她身上，撕扯她的衣服。接着她的内衣——被撕得像撑破了的紧身衣。我猜她觉得消极抵抗也拿我没办法，所以她直挺挺躺着一动不动。
>
> 但此时此刻，轮到看我的了——这一刻，她眼睛里面透露着一种带着激动的恐惧。但她并没有激动起来，起初，这让事情有点难办。所以，我猛地抽出腰带，把她的胳膊捆在床头。然后我

> 使劲亲吻她；她反过来咬我，直到鲜血从我的嘴唇汹涌而出。
>
> 直到这一时刻，我的确是疯了。至于她——她正在呻吟着，激情四射。“让我解脱——折磨我，”她呻吟着说。我确实折磨了她——全都捆绑了起来，就像这个样子。

可以看出，这种风格就是下流的海明威、受词语约束的强壮公牛或者多毛的都市猿猴，他很适合这样一个词汇量被削减得所剩无几的词汇表。作者希望男性讲述者的用语要尽量书面化或“柔和”，为了保持此时的那种铁石心肠的、嘴角的特质，便经常使用“有点儿”(kinda)这一词语。如果不经过改动，人们可能感到像“她以一种有点儿软绵绵的声音轻声说道”或者“她眼睛里面透露着一种带着激动的恐惧”这样的句子无法使用。此外，只需通过还原倒置，长毛猿猴便能表达它所经历的极度刺激或恐怖：“她确实没有穿得太多，那个孩子”；或者，“在男孩子们与他做了个了断之后，他确实看起来不好看了”。

在所有层次的小说中，人们会发现，在很多同时代的坚强英雄身上，内心有时候会显现出那种多愁善感的性格特征。在此，与态度相
216 关联的标准句子便是，“我可能太差劲(粗俗/粗犷/是个混蛋)……但我并不完全是那种人”。因此，一位男性讲述者可能通过15个章节按照他的方式缓慢前行以及进行私通。他可能在寻找女友，因为很多讲述者都花费时间来寻找他们被绑架的爱情。他找到了她，无情地殴打劫持她的人。但她那时已经死了——她被看管她的狱卒拿来当做肉盾而被射穿了腹部。或者她可能活着，但她已经爱上了城市里胆小如鼠的笨蛋。讲述者打败了那哥们儿——有些东西是那个家伙不反对的。他现在是穷途末路了，在那个地区没有金钱，工作也没有前途；他再次失去了联系，在外寻欢作乐。此时此刻，通常会出现这样的对应物，它必定等同于在维多利亚的情节剧中为很多流浪汉带来安慰的杂种野狗。在这些故事里，通常会有一个笨蛋歹徒的走狗，或者是一个“妓女”，此人不愿作为绑匪机构的附属品，而现如今在杀戮之后被释放了——走

失了。后来，故事可能以这种方式进行结尾：

> 不知道什么时候我从那堆淤泥里爬了出来，那就是我。我尝试着对她下狠手，但我发现，有点儿下不去手(这也一定是坏人听到小孤儿的啼哭声所流下的不为人知的眼泪之对应物)。我要说的是，我会另外开出个疯狂的条件。
>
> "好吧……好吧……"我说道，"这样，车里有位子……那么两个人生活比一个人贵不到那里去……无论如何，待上几天……"
>
> "……好吧。什么都别想。放下一切，跟我闯荡，仅此而已。"

所以，他们通通上了车，驰向下一个目的地。我的印象——这种印象在文中无法进行解释说明(我所举的例子不得不是虚构的)——是，这些更加大众化的作家比其前任作家要更强大有力。乍一看这可能会让人迷惑不解，但我想所解释的原因与已经注意到的那种道德参考标准的缺失有关。当然，会有一些特定的表面上的道德参考标准；"坏蛋"最后都被打败了，诸如此类。但是，这种解释并不是作品结构的一部分，事实上这种道德参考标准暗中否定了它。实际上，拉弗格派的作家和旧式妇女杂志的作家都属于同一个世界；或者，就像"淫秽"周刊里的作家一样，正当妇女杂志的作家在恭顺地赞成那个世界的命令之时，他们正在撒野似的违抗这些命令。但是，双方都承认这些命令。尽管不怎么样，但刺激来自看似对这些命令的蔑视。正如妇女杂志的作家通过使用常见的道德的陈词滥调草草指出了常见的道德状况，拉弗 217
格派的作家通过使用常见的不道德的陈词滥调草草指出了常见的不道德状况。这全都不过是一种温和的、对状况所感到的刺激，而这种刺激源自这些状况与一种一致同意的准则之关系。因此，作品必定是而且几乎总是非常枯燥乏味的，只不过是按下熟知的按键去创造所需的、这些关系的道德/不道德剧本。

但是，新近作家的目标是让读者感受到暴力的骨和肉。他们无法激起常见的、正规的违反准则行为的刺激感，因为压根就没有准则：他们必须直接搅动读者的感觉。因此，奇怪的是，并且在一种非常有限的意义上来说，与那些拉弗格风格的作家、或者妇女杂志中爱情小说的作家、或者“淫秽”杂志中黄色小说的作家相比，他们更多是站在那种转向素材而真正具有创造性的作家所处的位置上。歹徒作家必须要确保，肉体刺激实际上是感同身受的：

> 突然，法特西(Fatsy)把膝盖使劲往赫伯(Herb)胯下一顶。赫伯的脸迅速往下甩，法特西便用火腿一般大的拳头招呼他。指节击碎了骨头，血肉模糊，像个爆裂的石榴。赫伯仰面摔倒在瓷砖地板上，吐出几颗牙齿。他躺在地上有气无力地吐着气泡，法特西便用他穿着的铁一般的鞋朝他腹部踢了一脚。后来只是因为走运，法特西的脚径直踩在了赫伯的那张扑哧扑哧作响、血肉模糊的脸上。

作品在诸如这样的地方通常具有一种力量；它拨动着读者的神经。但它是一种有限的力量；它摆脱了让它陷入平庸的态势。一位作者解释说他是多么喜欢“熬过”他所描述的搏斗和性遭遇啊，就这点而言，它表明，“熬过”是一件非常暧昧的事情。这种叙述似乎揭示了诸如此类的小说所具有的有限但无可否认的力量；揭示了——在此只举一个例子——一部小说的段落中所预期的可怕效果，在这些段落中，讲述者与一位肥胖、肮脏、大汗淋漓的女色情狂所进行的性搏斗。

通过把一部典型的歹徒小说与威廉·福克纳(William Faulkner)的《圣殿》(Sanctuary)①作比较，人们可能会看到此类作品可能产生的力

① 威廉·福克纳(William Faulkner，1897—1962年)，美国作家，诺贝尔文学奖得主，他一生写有19部长篇小说和百余部短篇小说，其主要著作有《喧哗与骚动》、《我弥留之际》、《押沙龙，押沙龙！》等。《圣殿》(*Sanctuary*)出版于1931年，这部小说让福克纳声名远扬，虽然作者自己称之为一部为赚钱而创作的作品，但它受到学者们的广泛讨论。——译者注

量，也可以看出这类作品的狭隘和平庸。《圣殿》于1931年出版，起初那些新式风格的作家可能把它的一些特征当做范本来看待。在此，马上就在歹徒小说作品进行了篇幅很长的模仿之后，节选自《圣殿》的段落为很多这类小说提供了一个典型的关键场景：

莉兹自始至终盘腿坐在炉火边，像个脱了毛的老鹦鹉。她的 218
眼睛几乎完全陷入那一圈圈肥肉中，周围还有红色的圆圈。她脸颊上有一道道裂纹，上面还涂着白粉，而且弄脏了。她的长筒袜下卷到膝盖，白白的膝盖像个生面团。她穿着一件紫色蕾丝旧裙子，紧绷绷地贴在她麻袋似的身体上。她的双手像火腿，呈现出青紫色，非常差劲。

“我们该收拾莫洛尼（Molony）了，”最后左撇子（Lefty）说道。

他扔掉烟头，朝莫洛尼走了过去。莫洛尼被绑在中间的柱子上，他已经从刚才那一巴掌中完全恢复过来，那一巴掌打在颈动脉上，当时他感到眼前一黑，脑袋耷拉了下来。这会儿，他的脸色蜡黄，神色不宁，惶恐不安，他的双眼向外突起着，就像被勒死的兔子的眼。

“左撇子，你不能这样对我。”他说道。

左撇子来到莫洛尼跟前，仔细地向他展示那把刀；之后让他看看向他腹部下刀的地方。接着，左撇子缓慢而稳稳地戳了进去，就像屠夫在切牛排一样。莫洛尼发出一声惨叫，瘫了下去，这时左撇子直视着莫洛尼的眼睛，还在龇牙咧嘴地笑。左撇子吃吃窃笑，接着拔出刀子，小心翼翼地把刀擦干净。“现在该到女人了，”他说道。

由于一波波惊恐和疼痛交替而来，那姑娘自己被吓得直作呕。时不时地，布奇伸开巴掌对准眼睛用力扇她耳光，有时他扇

> 耳光时似乎要用膝盖顶顶她的腹股沟。
>
> 此时，她的衣服被撕破，脱落至腹部，她的内衣被扯烂，弄得脏兮兮的。她的乳房几乎全露了出来，起起伏伏的，左撇子坐在火炉边偷眼去看，有时故意把唾沫吐在灰烬上。过了一会，一阵阵刺痛开始让她无法忍受，但就在她失去知觉前，她看到左撇子站起身来，眼里流露出一种与此前不一样的可怕神色……她开始发出有些痛苦的咕噜咕噜声，她的双腿痉挛抽搐着。

在《圣殿》中，在类似的关键场景中，坦普尔(Temple)被金鱼眼(Popeye)领着来到莉芭小姐(Miss Reba)藏匿起来的妓院里：

> 她喝着啤酒，对着啤酒杯喘着粗气，另一只手戴着像石子那么大的黄钻戒指，插在胸前隆起的层层波浪中……
>
> 几乎是在他们刚一进屋，她便开始告诉坦普尔有关她的哮喘病，她在他们面前费劲地爬着楼梯，双脚撑着挤进那双卧室穿的毛料拖鞋中，一只手拿着一串木制念珠，另外一只手端着啤酒杯。她刚从教堂回来，穿着一件黑色丝袍，戴着一顶杂七杂八的饰花帽子；由于啤酒杯内的凉气，杯子的下半部还结着霜。她笨重地
> 219 挪动着两条大粗腿，两只狗在脚边转来转去，她用一种刺耳的、快要断气儿的、母亲一样的声音不断跟身后的人讲话。
>
> “金鱼眼最明白了，带你来我家比到其他任何地方都好。我一直在催他，亲爱的，我催你找个女朋友有多少年了？我咋说的，年轻小伙子没有个姑娘没法活……”她气喘吁吁地骂脚下的两只狗，停下脚步把它们踢开。“滚到楼下去。”她说道，朝它们甩甩手里的念珠。它们龇着牙，对她恶狠狠地尖声吠叫，她靠着墙，带着一股淡淡的啤酒气儿，她一只手放在胸前，张着嘴，她在喘气时两眼发直，透露出害怕呼气吸气的忧伤，啤酒杯微微反光，就像在昏

暗中被举起的没有光泽的银器。

狭窄的楼梯井一层层螺旋上升。光线透过前门那厚厚的门帘、穿过每层楼梯背面的百叶窗，它流露出一种死气沉沉的气氛，折射出一种疲惫不堪的味道；业已消散、消耗殆尽——这是一种旷日持久的疲惫厌倦，犹如一摊污水，见不到阳光，也听不到阳光下和白天中那鲜活的喧嚣声。这里有一股非常规食品散发出来的臭味，还混着点儿酒气，就连无知的坦普尔似乎都感到被幽灵般混杂在一起的贴身内衣所包围，似乎听到他们所经过的每扇紧闭的房门后面那污浊走味、经常被糟蹋、坚不可摧的肉体在谨小慎微地轻声私语。在她的身后，在她和莉芭小姐的脚边，两只狗用泛着微光的毛茸茸的爪子乱抓，它们的爪子碰到把地毯固定在楼梯上所用的金属条，发出啪嗒啪嗒的声响。[10]

歹徒小说作品在很大程度上已经死了，到处都是老生常谈的明喻，拙劣地模仿粗俗美国人的对话和枯燥乏味的图片描述。它进入了突兀可笑、前言不搭后语的阶段，再配上在想象描述上的薄弱和片面。在某些程度上讲，这毫无疑问也是一种生活。当描述遭受痛苦的刺激之时，它有时候牢牢地顺着神经感官前行。然后用一种粗暴的力量向前推进，因为它创造了那种施虐狂的场景；给人们的映像不再是陈词滥调，而且捕捉住了神经刺激感官。它直接转向所描述的对象，把自己沉浸在痛苦的细节之中。在这样的时刻，它就是一种残酷漫画的生活，展现了一种类似于二维的但是一种不平衡的经验画像。

无可否认，《圣殿》是一部早年为赚钱而创作的作品；可是人们从中可以看出一位严肃、客观、具有创造性的作家之印迹。在起作用的是那种极具天赋的、复杂多变的洞察力，它拿起了视觉、味觉和听觉，并把它们编制到一种有些复杂的场景中——这种场景透露出一种肮脏、怪诞、而又让人产生同情的气氛；莉芭小姐的那种糟糕透顶、俗气花

220 哨、还有点接近滑稽的人物；被男人所控制、到达那个住处的楼梯、以及老鸨怪异的母亲般的品质，这些糅杂在一起让那位姑娘产生恐惧。福克纳正在用眼睛看、用鼻子闻、用耳朵听，正在根据经验作出反应。

他的语言的拉伸和下压满足了情感状态的需求；话语和映像变得鲜活起来，因为它们触及了本质。节奏和阶段层层递进，变得复杂起来，因为它们力图表明其复杂性。因此，为了改变这种隐喻，与歹徒小说相比，文章要有更为强大的纹理、要有更多的“主干”。福克纳的段落不得不探索这种纹理，以便传递更大模式的感受。他所见到的东西超越了强奸。恐怖是真实的，因为段落之中蕴含着一种更加心智健全的外部世界之感觉，蕴含着一种阳光和理智的感觉，所以恐怖更为真实了。这种感觉赋予了整个段落一种道德视角。我们看到了实际存在的恐怖，并没有介入道德批评，但只因从这种更宽泛的意义——一直以来包围和环绕着恐怖——上说，或者只因从缺乏一种秩序上来讲，我们明白它到底是什么。

对于歹徒小说作品，我们并不知道更大的类别。我们身处于且属于这样一个世界，其中充满着惨烈的街巷攻击、难闻的凌乱床铺、密闭的杀手汽车、河边仓库的匕首割杀。我们对这些本身感到刺激；无法自拔，别无他物；没有地平线，也没有天空。世界、意识、人类的结局，归结为一点——这就是那种受到限制且让人痴迷的恐怖。

获得可靠的销售数据并不容易，但可以找到足量信息来作出比较真实的估算。出版社提出了野心勃勃的要求。对于一本书，它们声称已经售出 50 万本以上了。因为这主要是私下或通过杂志店而手手相传的文学，所以阅读这本书的全部人数不可能少于 200 万。某家出版公司声称另一本书已经卖出了 300 万本以上。某位作者(或者几位作者合写一本)大约在六年时间里创作了 50 多部不同名字的书，出版社称这些书卖了将近 1 000 万本。它们还称，在三年时间里，另一位作者的书籍被卖出 600 万本以上。某位作者因其每本书都卖出了 10 万本而声名远播，某位作者因隔五周就出本新书——每年销售 100 万本这位作者的新书——而名声赫赫。而且有很多诸如此类的作者和出版社。

我一开始思考的主要是自动唱机男孩，在对青少年中间低级阅读层次的讨论中，我把他们看作是普通公众。我认为，一些已婚人士和一大批应征入伍的军人——这些人的数量比其他群体要多且手手相传——可以添加到他们的行列中去。在牵涉这些书籍的某些出版社的一场审判中，据称军人对这些书籍的需求正在上升。我不敢说这种需求是不是在增加，但我的经验明确表明，在军队中已经存在着大量的需求。当然，也会有不同年龄阶段的其他读者，但是这三类人群看似可能构成了这类小说的读者主体。 221

人们往往把阅读这些书籍和主动犯罪联系起来，但是据我所知，尚没有人已经证实这种关系的存在。在我看来，当我想要理解权力的性质之时，这种作品与其说是行动问题，不如说它必定是想象的事物，而且其对读者产生的影响可能更多的是内在的。事实上，这种类型的文学似乎是迄今为止最为先进的形式，这种形式造就了比较普遍的作品类别，而这种类型的作品在没有实施犯罪的情况下引起了轰动。

可是，在这种出版物和我先前描述的具有“人造”轰动效应的那些出版物之间，存在着显著差异。这种轰动效应大概显然是真实的。我怀疑这类作品几乎隐蔽的外表是否某种程度上是因为许多读者下意识地渴望一种轰动效应，而这种轰动效应要比在比较广泛、比较公开传播的产品中所能发现的那种轰动效应要少一些人造成分。从这点而言，这些小说可能与我在前面谈到的那些具有特别“真实的”品质的地方“色情”杂志有关联。尽管这并不是其最重要的特征，但是面对如此多的大众轰动效应的人为性所产生的一种潜意识反应，这两类作品可能正在做出回答。

更为重要的是，在某种程度上因为我们伟大的城市已经变得越来越拥挤，在某种程度上因为在城市里越来越难找到一种方向感，所以廉价的性小说才在予以说明过的方式中取得了进展，情况看起来可能是这样的。在大众读物的这种发展态势和现如今正在引起关注的那些其他比较普遍的社会发展态势中间，难道就不可能同时发生吗？从这点看，所有这一切都是一个城市；这些小说的“斯派克”(Spike)就是卡夫卡的“K”之比较迟钝的同父异母兄弟。这便是一个空荡荡的特大城市世界中的大众文学。在一些目标所指的那个巨坑所沉沦的意义上讲，它与欧内斯特·海明威的元素相关联。[11]《永别了，武器》(*A Farewell to Arms*)的结尾便是，亨利离开了凯瑟琳去世的那座医院：

222 “现在你不能进来，”一位护士说。

“不，我能进去，”我说道。

“你还不能进来。”

“你出去，”我说道，“那个人也出去。”

但是，在我赶走她们、关门熄灯之后，心里也没有任何好受点儿。那就像是在对着一尊雕像说再见。过了一会儿，我走了出去，离开医院，顶着雨，走回旅馆。[12]

典型的歹徒小说可能也是这种结尾，讲述者离开他爱人的尸体而去：

当我见到那个范(Fan)死掉了，身体都凉了，我就转身离开。斯派克(Spikey)一遍又一遍在说着些什么，但我只知道，我内心深处非常空虚。我离开那地儿，开始信步而行。在那个冰冷的夜晚，我走了很长很长一段路。最后，斯派克追上了我。“走吧，哥们儿，”他说道，“我们这帮人正往迈克的住处去。姑娘们见了你会很开心。”我没有回答。或许，我真的没有听见。我只知道，我想一直走下去，在黑夜里一个人走下去。

在这两本书中，尽管每个案例都特别提到了死亡，但最后的空虚也同样代表着一种更加宽泛的、更加普遍的空虚。实际上，只有姑娘们才非常重要，因为在整个幻灭的世界中，她们似乎是唯一有意义的事物。在大多数情况下，语气是异乎寻常地相似。或许，我应该补充说一句，每一种类型的段落所塑造的效果均不如这种对比所揭示的效果。在每本小说中，过去所发生的一切决定了这些效果。在这里，相似性是富有启发性的；但是几乎不用我说，海明威的世界要比歹徒小说作者的世界更加成熟。

在歹徒小说的世界里，没有圆满的结局，也没有任何一个真正开始的结局，也即留在同一个地方，做你力所能及的事情去建设这座城市，进而想方设法重新开始生活。你要么以刚才已经说明的那种平淡乏味的空虚而终结，要么催生那种对新的开始所产生的短暂印象，也即你钻进一辆高速机车、顺着混凝土公路呼啸而去（这些人物经常是漂泊不定的，没有家，没有固定工作）。车胎在地面上飞驰而去，城市的需求被抛诸脑后；个人的需求——你继续去希望——也随之而去；你正在向西而去，去到一个可能仍是孩子时代的梦想之地。并不是你真的这么认为，而是你继续往下走——进步主义被转变成为一种没完没了的、毫无希望的、徒劳无益的个人逃避。常见的风格便是这个样子：

> 于是，我们离开了那座城市，顺着收费公路奔向下个收费站。我非常厌恶那个公共场所，对我而言，乡村看起来的确不错，阳光普照。我让破旧的雪佛兰全速行驶，她顺着混凝土公路奔驰而下，车速保持在八十码。我就像这样继续前进，因为我不知道前方要行驶几个钟头，要走多少里路，因为我不知道……

223

逃离大都市，但却用的是大都市自己的产品，有寿命的机器。他会回来的；前方是另一个城市，和其他城市完全一模一样。过了那座城市之后，再次逃离，诸如此类，直到突然死亡让逃亡画上句号为止。

一个半世纪以前《理智与情感》(*Sense and Sensibility*)①的结局浮现在脑海之中：

> 在巴登和德拉福之间，有着持续不断的来往，强烈的家庭感情自然决定着这种交往；在埃莉诺和玛丽安的优点和幸福之中，有一点并不是无足轻重的，也即，尽管她们是姐妹，两家相距不远，几乎一眼就能看见对方，但她们俩之间没有磕磕碰碰，她们的丈夫之间也没有冷漠疏远。

注释：

[1] 自动唱机，贸易委员会通常称之为"投币式留声机"。

[2] 偶然的证据很容易就能找到。我知道一家中等技术学校，学生在那里的操场上进行交流。

[3] 《众生之路》(*The Way of All Fresh*)，1903年，第14章。

[4] 培根论述"知识的终极目的"，由于其在此处的相关性和其与第十章和第十一章的关联，这段话值得引用得再长一些：

> "但是，剩下的这一切的最大错误在于误解或者搞错了知识的最后或者终极目的：因为，人们一旦进入到一种求知欲望中，有时是出于天生的好奇心和打破砂锅问到底的嗜好；有时是给他们的心灵带来变化和愉悦；有时是为了增光添彩和名声信誉；有时是为了让他们在才思和反驳上取得胜利；大多数时候则是为了钱财和职业；很少时候是真诚地针对他们的理性天赋给出一种正确的说明，以便让人们受益和使用：仿佛人们在知识上所寻找的只是张躺椅，靠在上面让那种探索不息的精神得到休整；或者人们所寻找的只是个露台，让飘忽不定和变化无常的心灵在美好的景色面前踯躅；或者人们所寻找的只是座心情之塔，让高傲的心灵耸立于塔尖之上；或者人们寻找的只是个堡垒或高地，以便进行斗争或争吵；或者人们寻找的只是家商店，为了获取利润或进行销售；人们寻找的并不是一座丰富的宝库，以来彰显造物主的荣光和减轻人类的境况。但是，如果沉思和行动与以往相比能够更加紧密和直接地连接和合并在一起，这样便会真正让知识抬高身价并受人赞颂"(《学术的进展》，1605年，第1卷，第2节，第34—35页，凡人出版社版)。

[5] 也有一大批高档的专业层级的"淫秽杂志"。

[6] 德·鲁日蒙：第244页。

[7] 本节中的一些材料以一种不同的形式出现在我向《论坛报》投稿的一篇文章里("报摊"，1948年10月29日)。

在此，阅读乔治·奥威尔的"拉弗尔斯和布兰迪什小姐"(Raffles and Miss Blandish)[《批判文集》(*Critical Essays*)，塞克出版社(Secker)，1946年]的读者会意识到普遍对他饱含感激之情。

[8] 也参见《小夜曲》(*Serenade*)(1937年)。在此，凯恩先生要比其债务人能够要求对严肃文学作品给予更多重视。

[9] 例如想一下迪亚曼特(Diamante)，卡斯塔尔多(Castaldo)的妻子：

---

① 《理智与情感》(*Sense and Sensibility*)是英国小说家简·奥斯丁(Jane Austen，1775—1817年)在1811年出版的处女作，写作笔法娴熟，构思缜密。——译者注

“那是一位长着漂亮圆脸蛋的少妇，黑黑的眉毛，高高的额头，樱桃小嘴，尖鼻子，她的每个部位都丰满得像一只鸽鸟，皮肤就像天鹅的背部那样光滑柔软，一想起她我心里就美滋滋的。她就像只鸟一样在地上轻盈地走着，她裸露着腹部，就像一只鸵鸟那样威风凛凛。一眼就能看穿了一切事物，有时以鄙视的口吻突然迸出些话来……”

或者想一下强奸赫拉克莱德(Heraclide)的那一幕：

“他掐住了她那雪白的脖子，摇晃着她，就像只猛犬晃动着一只幼熊，咒骂着，瞪着眼睛，如果她拒绝，他会撕破她的咽喉……他倒退着拖拉她，就像一个男人倒退着拔掉枝丫放倒一棵树那样，之后，就像身在囚笼之中准备押赴刑场行刑的叛国者，他拽着她那脆弱松散的辫子拖着在房间走来走去，他把那只粗脚踩在她赤裸的雪白乳房上，叫她屈服，否则就用力踩得她出不来气……他的手指松开了她的头发，随即又捆住她的胳膊肘，她挣扎着，扭打着，但一切都是白费力气……他把她扔在硬木板上，用他那像铁锤一样的膝盖顶开她贞操的两扇大门……”[《倒霉的旅行家》，1594年。约翰·勒曼出版社(John Lehmann)1948年版，第61页以及第88—89页]

[10] 威廉·福克纳：《圣殿》，1931年，第18章，查托和温都斯书局(Chatto and Windus)[兰登书局，美国纽约(Random House，N.Y.，U.S.A.)]。

[11] 我认为，在某些当代法国作品中，存在着很多相似之处，特别是在这样的小说中，也即，这些小说的主要特征就是卷入一种暴力生活之中，但却是毫无目的地开展行动。

[12] 欧内斯特·海明威：《永别了，武器》，开普，1929年[查尔斯·斯克里布纳父子出版公司，美国纽约(Charles Scribner's Sons，N.Y.，U.S.A.)]。

第九章

被释放的源泉：对没有张力的怀疑主义之解释

224

> 我觉得，我们毁灭了那些能够单独对付暴政的独立个体：……穷人保留了其祖辈们的偏见，而没有保存祖辈们的信仰，保留了祖辈们的无知，而没有保存祖辈们的美德；他把自私自利的信条作为了其行动的准则……[1]
>
> （德·托克维尔）

第一节　从怀疑主义到犬儒主义

我用“犬儒主义”（cynicism）这个词大致作为一组态度的标签，这比起此前两章所描述的事物更加积极主动一些。这些“犬儒”态度主要并不是承认；它们有点儿主动自我保护的味道。我不止一次地偶然谈到它们，但需要更加全面地去关注它们，特别是因为它们经常受到某些类型的演讲者——宗教集会的会长、演讲日的校长——的攻击，言语之中似乎经常透露着一种对其很多本质的理解失败。我们全都熟悉会议报告，其中“无法关注当今这代人的态度”遭到了公开谴责。今天，这种态度真的是工人阶级人民的典型吗？如果是这样，是以怎样的形式、又是以怎样的原因呢？

我觉得存在着这么一种意识，其中，这种精神被说成是影响了许多工人阶级人民，尽管它对于他们而言不是特有的。因为它孕育着放纵，所以在同样的环境中可能会茁壮成长。简要概括一下与前面的一章相关的连接点：民主平等主义能够激励人们对一切权威和责任进行怀疑；不做更改的进步之观念能够助长一种赶潮流的心态。但是，风尚潮流有时似乎只是正朝着更加复杂的危险方向前行。人们赶上了潮流，但心情截然不同。进步依然存在，但人们相信它、也可不信它。自由依然存在，但不受限制的自由之感觉出于自身利益考虑能够有办法对人不利。“什么事都不新鲜”听起来枯燥乏味，但可以作为一种因恐惧而产生的口头姿态。冷漠主义可能随之而来，并带着它自身的那种专横。如果一切都是同等价值，那么没有任何东西是有价值的。到头 225
来就是一种诸如“有什么用？”和“谁在乎呢？”这样的句子所暗示的空虚和漫无目的；任何东西似乎都不“合乎情理”。

然而在这种明显的犬儒主义的现代形式背后，人们也会看到某些先前不遵从传统的东西，也会看到对公众和“老板阶层”主张的善意所秉持的怀疑主义。从这种比较健康的方面看，当前所流行的“我不买账”与“我不服从”的传统精神有联系（尽管这种严谨的句子从来就不是工人阶级的典型）。当代愤世嫉俗的嘲讽与过去揭穿真面目和喜剧艺术一脉相连。拒绝接受任何向公众提供的价值与过去实用的、不理想化的根基有关联。拒绝承认任何例外性是过去拒绝在摆谱讲排场和官僚作风面前卑躬屈膝的一种变形。因此在《远大前程》（*Great Expectations*）的开头——从成百上千的例子中选择了这一个，皮普和乔自然而然地希望乔治国王的人不会逮到从狱船逃跑的犯人。

在新的用法中，“我不买账”通常可能是直截了当拒绝“接受”任何东西。之前的“我不服从”通常是在积极发出声明，官方标准不会被人们接受——因为它们违背了其他标准，不会被个体所秉承，不会被认为规格更高。新态度经常拒绝考虑任何价值，因为所有的价值都是可疑的。“我有异议”变成了“胡扯八道”，变成了一种对所有原则的嘲讽，变成了一种摧毁它们的意愿。高高兴兴地去揭穿真相变成了一种严厉拒绝相信任何事物。反威权主义不仅仅变成了一种由私人和个体生活之意识所滋养出来的不服从，而且变成了丝毫不接受权威的观念："我不会像条狗一样被使唤"变成了"我不会被任何人呼来唤去"；在这里，就像在其他地方一样，语气和字词一样重要。[2]

因此，我并不是在说这样的态度是崭新的。实际上，此处所使用的很多句子都已经几百年了。就连"我上来了，杰克，收梯子"这句话也已经在各种各样的形式下用了至少半个世纪之久；"狡诈"（wide）这个词[3]，很多情况下就像在"狡诈之徒"（wide boy）中所使用的那样，可以追溯到1887年。

我是在说使用这样的态度似乎近来已经被延伸了，就像一副救命的盔甲正在对抗一个在很多地方都值得怀疑的世界，尽管这个世界明显是得以改善了；在这幅盔甲里面，大多数穿戴者在他们自我放纵之前都是迷惑不解的。在家庭的或个人的根基薄弱或者强行遭到破坏的地方，这些态度很快就会导致一种广泛的道德"勾当"。

226 在我看来，目前，这些态度仍然被主要用来与外部世界进行连接，与那些不属于"我们"的人进行连接。我们回到那种双重观点上，并再次强化了这种观点。"连接"失败增多了；正当身为市民的每个人有太多期待之时，用于灌溉其部分生活的泉水从源头上受到了感染。"大众"，奥特加·伊·加塞特（Ortega y Gasset）①说道，"简直就是没有道德。"可是，如果只是把"大众"当作一位大众之人、作为一位普通民众来看待，这大体上是事实；如果把他看作是一个个体、活在那种对他而言具有某些明显意义的人生中的话，那并非是事实。他继续希望在两种生活之间进行连接。于是，在一名为讨论"我们当下的困难"（在政治和经济的成员发过言之后）作出贡献的英国广播公司团队队员道出

---

① 奥特加·伊·加塞特（Ortega y Gasset，1883—1955年），西班牙哲学家、随笔作家，其思想影响了西班牙的知识界，他还是现象学传播史上的重要人物。其主要著作有：《大众的反叛》、《大学的使命》、《面对历史的哲学》等。——译者注

其信念——我们真正需要的东西是“改变心态”——之时，掌声自然而然地响起，震耳欲聋。他已经触及了那种湮没已久、盼望着有行为准则的愿望，这些行为准则是“简单明了的”，是与宗教思想相关联的，是既适用于公共生活也绝对适用于私人生活的。

但正如我们都知道的那样，极其常见的是，人们迎合在公开情况下“什么事都不新鲜”这样的假定(有时真的是被“报复”欲望所强化)；人们迎合这样的假定，这种假定让人们打算在外部的事务上进行欺骗，而他们在当地的事务上通常是诚实的；人们迎合“保证你的哥们儿没事”(seeing y' pals alright)这样的传统，这种传统通常意味着欺骗外面的那些人，拥护那些你为其工作的人，以便对你私下认识的群体显示忠心。你不会对哥们儿做手脚，但你会捣鼓来自“公司”或者军队的、你能安全地去捣鼓的任何东西。你不会欺骗邻居，但中产阶级顾客便是可以作弄的对象。我记得有个年轻的工人阶级妻子，英国皇家军团(British Legion)①提供给她一笔搬家的花销。那个用一匹马和两轮运货马车为她进行搬家的男人提出建议，他们应该把费用翻番，向英国皇家军团索要，各让一步。这事就这么干了，据我所知，此人通常会施展诡计。我猜，他的大多数顾客可能很容易被说服，要不然会很老实，就像我所了解的那位。人们正在使用公共的、“外部的”眼光；英国皇家军团和过去的监护委员会一样没名没姓，你自然能从它们身上得到你想要的东西。不那样做会看起来很“软弱”，一旦拒绝，你会让那位有血有肉的人难堪，而他站在你面前，你似乎又非常愿意帮忙。去攻击有关这些事情的态度似乎有点愚蠢；每个人每天都在做这些事情；诸如“悄悄动手脚”或者“稍微做手脚”这种句子的使用会压低其他提醒之音。

在任何情况下，这都还属于工人阶级人民的态度之行列。毕竟， 227

① 英国皇家军团(The Royal British Legion)，又称作英国军团或者军团，也有译作英国老兵协会。该组织成立于1921年，是英国的一家慈善机构，向军人及其家庭提供财政、社会和精神方面的支持。——译者注

他们感到，大部分时间里，对于他们而言，这类事情是做好了的，他们几乎没有任何东西去兜售或调换。但如今，有种怀疑似乎增强了这种态势，这种怀疑认为，在外面没有什么原则可以去相信，要是谁认为有这样的原则，他就是个傻瓜。

此外，表面上的犬儒主义从部分上讲是一种拯救性的抑制，是一种对不断攻击的抵御。在有线广播系统的年代，“普通民众”（特别是在长期战争的时代里，但现如今在和平年代中也有所增加）永远听到的是大量的规劝和祈祷这样的调子：“这不会有丝毫伤害”这样的鼓励者，主管官员那种矫揉造作的解释口吻；所有这些声音经常都是过于油腔滑调，过于卖弄吹嘘，过于“孩子气”：“你遭受……之苦吗？”，“为何你应该吃……”；“征服者或被征服者，……你是哪一个？”，“你有……吗？”，“你会大吃一惊”，“你也可以拥有……”，“有个……给你”，“你不知道……吗？”，“你会怎么做？”。如果“普通民众”找不到一种对抗所有这一切的防御措施，那么他就会像在大酒店里孤零零的行李员一样不断被骚扰。他没有过多地被欺骗；他意识到自己在判断和应对方面的困难；他更加敏锐地觉察到这样的事实，也即他正在“着手干事”，正在“努力拼搏”。他怀疑那种一说就是几代人的“异想天开的谈话”。他能“识破”大多数的诉求，他始终保持警惕以防“上当受骗”。

如今，外界的风言风语极力诋毁他，他经常被邀请去感受这那那这，对这个做出反应，去做那个事情，去相信这个东西——反过来，他经常下定决心不去感受任何事情，不去感受任何荣耀，也不去体验任何恐惧。他对它整个死了心。他形成了一层结实的氧化层，用来进行抵抗；他形成了一层厚厚的、坚硬的外壳，以便不去留意事情。当一些声音（特别是来自媒体的声音）真正谈到了对他而言某些重要的事情之时，他向它们发出那一成不变的微微一笑，继续阅读有趣的段落。它们经常喊“狼来了”。英国广播公司新闻服务（B.B.C.News Service）是值得信赖的，人们有资格怀疑它到头来只是一种官腔，人们有资格相信它反正挺无聊的。对于报纸的反应则是一种温柔随和的犬儒主义[4]：

“啊，所有这些事情你在报纸上都读过。”

“报纸里说的全都是谎话。”

“报纸满是谎言。”

“报纸里说的全都是宣传。”

在我小时候，作为某些事实真相的证据，老一代工人阶级人民经常说：“哦，但那已经在报纸里了。”据我看来，这句话现在几乎彻底不用 228
了。人们继续阅读报纸，甚至阅读有关政治的部分，只要它们写的是有人情味的和个人的东西就行。在思想的背后，在欢迎任何真心相信的形式之事情上，所听到的回声是来自无限度的不相信。阅读电影明星的生活细节，特别是他们的私生活，这是很有趣的事情；但如果指望人们真的去相信如此这般是幸福美满的婚姻，那好，人们又会笑了——接下来继续阅读。我听到过几群工人阶级人民在讨论卡尔森船长(Captain Carlsen)和“腾飞的进取号”(*Flying Enterprise*)①，当时每个宣传工具都在最大限度地报道。他们个个完全没有被集体的叫嚣声所感染，这些观点认为这是个绝佳的个人英雄主义。他们没有对这种行为的本质表示出理性怀疑；就像很自然的那样，他们只不过认为那是假冒的，商业在幕后的某个地方支撑着它，报纸卷入了这场骗局中。没有任何热点；只是惯常的杀人设定。工人阶级人民易于接受从外部所提供的乐趣，同时在内心里几乎毫不尊重提供这些乐趣的场景；他们往往对那种场景开玩笑，但他们“不是傻子”，不会信以为真。鉴于前两章所描述的情况，这不仅是一种合情合理的反应，而且从根本上来讲，它是一种健康的反应。

在工作的世界里，在老板们的世界里，普遍的观点认为金钱主宰一

---

① “腾飞的进取号”(*Flying Enterprise*)的前身是二战中服役的一艘美国军用货船，1947年被出售且更名为“腾飞的进取号”，1952年1月10日在距离英格兰法尔茅斯港约60公里处沉没。卡尔森船长(Captain Carlsen，1914—1989年)是这艘货船的船长，他在下沉的“腾飞的进取号”上待了13天，因此而世界闻名。——译者注

切，人人都盼着挣钱。工人阶级在经济的丛林中处在地面层次上；他们可能不懂更高层次的骗术或者更高层次的牺牲，但他们懂得在千百条小道道上运行的金钱民主所携带的个人主义。如果他们是老板和顾客之间的中介人，他们通常希望在其交易中学会相关的欺骗方法。“欺骗”，欺诈，似乎是“出人头地”过程中的标准特点，因为他们务必做到轻车熟路。一种令人悲哀的场景便是，一位受雇的技工和这样一位老板在一起，这位老板只是充当领导，任由使用常见的欺诈手腕。技工可能忠实执行他的那部分约定，但在谈话中，为了展示他明白他所处的那个世界，他造就出一种英勇的表现，在一些小事情上成了一位玩世不恭和“弄虚作假之人”。他明白，在公开声称的道德和现实中有一条鸿沟。如果他正在步入中年，他会记得20世纪30年代，会记得人们经常被解雇的情况，只要老板的船能够浮在水面就行了。他非常肯定地体会到，到头来金钱交易关系获胜——“金钱万能”。下定义的句子应接不暇：

229 “一切都是牟利勒索。”
“一切都是钱钱钱。”
“是人都要先为自己着想。”
“关心的都是赚钱。”
“长远看，是人都得先为自己考虑。”
“是人都会追名逐利。”
“最终，全都要回到金钱/经济上来。”
“他们全都在搞骗钱的勾当。”
“你绝不会不为点什么。”
“这里面一定有蹊跷。”

在所有这一切之中，“诚实是最好的策略”开始看起来就像能追溯到铜床上的烙花术一样过时了。除非你是个傻瓜，否则你会尽量“逃避任务”：

“这是一种生活，不是吗？”

“你同样可以欺骗。反正他们都在欺骗你。”

“我为什么会担心？”

“不要紧（如果事情出了差错），又没有拿钱让我来思考。”

“他们知道你确实背了黑锅。”

从一群工人那里日复一日地听着这些话语，我们往往得出结论说，他们的犬儒主义是彻彻底底的。但这种言语一定程度上是一本正经的或者象征性的；它暗示着他们有鉴别力，暗示着他们不对工业的真正本质抱幻想。

因此，他们的态度指向了更加公开的或者官方的生活领域上。关于看待神职人员的那种愉快的犬儒主义——“如果你能得到它，那是份不错的差事”；“现如今你能拿到薪水就已经不错了”，我已经在前面的章节中写过了。这种情况同样也适合于对待政治和政治家的态度上，尽管在此言辞更加犀利。人们普遍认为，政治家是这样的：

“全都是不老实的人/骗子。”

“只追求自己的目标。”

“中饱私囊。”

“照顾自己的利益。”

“只会夸夸其谈。”

“他确实是个真正的政治家。”他们说。这句话的意思是他“只会夸夸其谈而不做实事”，意思是“他这种人从来不会真正为像我们这样的人做任何事情”。再说，这些很多话语都是非常古老的呼声，对工人阶级人民而言是自然而然的事情；但今天人们非常频繁地使用它们，现在使用它们二话不说就保证：到处都是一个样，在生活的方方面面中都是如此。

在战争时代，要说服大批工人们去感受对方的敌意从来都是不容易
230 的；“他们”很明显是后知后觉的：想要一个“普普通通的人”在应征入伍之时就像鲁伯特·布鲁克(Rupert Brooke)①那样作出反应，那会非常愚蠢。他参军是因为他不得不去，因为“通常他们最终会抓到你”；“他们”占尽了上风。今天，不管是在战时还是在和平年代服兵役，几乎放之四海而皆准的假定是，整件事情都是可疑的，只有“我”参了军，是因为“我”不像其他家伙一样迅速想到那是件“骗人的活儿”。比以往任何时候都能看出，理性而庄重的态度和更为宽泛的新形式错综复杂地交织在一起。整个事件被牵涉了进来，且不透露姓名，那个人说，“到我回家之前，我只是在硬挺着——等我回到家之后，‘去你的，杰克’；别来烦我和我的老婆孩子”；或者，“我是在战斗，可不是为了我的国家，而是为了我的家庭”；或者，“为什么我参了军？——哦，我笨得太狠了，让他们抓到了我”；或者，“我？——我就是个傻瓜。我让他们抓到了”；或者，“我什么都不会做。我试着做个傻瓜——只是在杞人忧天”。“我们全都一块儿参了军”，意思是说，我们全都被抓住了。部队被团结在一起并不是主要靠纪律，不是靠集体荣誉感，也不靠时事讨论所导致的启蒙思想，而是靠大量的个人关系小单元连接起来，而人们在这个巨大的非个人架构内部为自己创建了这种个人关系。这些胜过其他任何东西的个人关系能让我在前面章节中所描述的那些无聊烦闷相当体面地变得可以忍受了。

最终，在这个庞大的世界里，任何事物都打动不了作为一位“普通人”的“普通人”。他摆出一种力量强大的默默抵制，以至于它可以威

① 鲁伯特·布鲁克(Rupert Brooke，1887—1915年)，英国诗人，因其在参加一战期间撰写的具有理想主义的、以战争为主题的十四行诗而闻名，特别是“士兵”(The Soldier)这首诗歌，它在开篇就讲：“如果我死了/念我之时只需记住/在异国他乡的某个角落/那地方永远属于英格兰/……”，表达了作者对于国家和个人关系的浪漫主义情怀。——译者注

胁着要变成一种精神死亡，变成一种道德意志的渐次性麻痹。我们听到过太多有关工人阶级人民容易上当受骗的事情，也看见过为证明其存在的大量证据。但这种醒悟如今代表着一种巨大的危险，他们与其他阶级同样有着这种醒悟(不能过于频繁地这么讲)。在个人生活以外，他们自觉地认为几乎不存在任何东西；赞同的源泉几乎已经干涸了。或者更糟糕的是，他们相信正在衰退和正在遭受破坏的事情，但不相信积极价值的主张：如果你假设大多数事情都是一种“销售”，那就很容易接受任何不好的价钱，很难同意需要进行赞美和欣赏。某些现代社会中非常强大的影响力正在倾向于造就专门通过辩解来进行破坏的一代人，避免认为可能曾经存在着一种为了真正的热情或为了心甘情愿的善行所进行的事业，自动怀疑任何其本身并未醒悟过来或显然是在追逐私利的任何东西；流行语既刺耳又消极，“那又怎么样呢?”

下面这种事实让形势变得更糟，在很多人离开学校之后，他们所阅 231
读的东西呈现给他们的是这样一种世界，也即，在这个世界里，尽管在地区或教区事务中他们自身的道德规则通常被采用，但几乎没有什么更加普遍的行动或原则这样的概念。许多大众报纸所展现给人们的关于现代生活、关于引导生活的火光这样的观点，那是多么狭隘、多么具有选择性的啊！说不定读者认为，那个思想或艺术表达的世界、那个个体自我牺牲的世界、那个遵守纪律屈从于某一目的的世界，几乎不可能存在。除了偶尔一些涉及阿尔贝特·施韦泽(Albert Schweitzer)①的条目简单带点“新闻价值”外，又有多少人知道他呢？一旦给人看的读物非常具有选择性地制作出来，人们很容易严重低估人类经验。

隐藏在其身后的是那种不愿攻击这些态度、别拿自己太当回事儿的倾向，是那种对道德上的愤慨所表现出的迟钝反应，此外还带有那种感到失望的正派人士发出的“别理我。我和你一样好”这样的呼声，这

① 阿尔贝特·施韦泽(Albert Schweitzer，1875—1965年)，德国神学家、哲学家、管风琴家、赤道非洲传教医师，获1952年诺贝尔和平奖，其主要著作有《文化哲学》、《使徒保罗的奥秘》等。——译者注

些都起到了一种强化作用。外面的形势比起当地社区来说更加糟糕，但即使是在外面，根据一句老话或格言，一旦它“来了”，人们经常有能力作出反应，由此所产生的最大效应能够力挽狂澜。说到底，有一些事情人们就是不去做的，尽管在辩论中人们并未准备证明这些事情的存在。这似乎是一种拙劣的替代品，代替那种对人们不去做的事情、或者做了的事情、或者应该做的事情所秉持的积极感受。三四年前，有个人被控谋杀，他在被告席上发出声明说：“哦，不，我特别不道德，但我不是个谋杀者。”这种声明形式似乎表现得最为淋漓尽致。有一些事情人们是不会去做的，比如实施谋杀：但是，声明中的第一句话“我特别不道德”倒不是在承认错误，就像是在声称说，此人身处非常庞大的、没有幻觉的大多数人群之中；此人并不古怪。这并没有空间维度，因为这句话是说给在场的大多数人听的，这种态度的网络允许他们继续下去，让人感到很迷惑，但在遇大事却保持几分理智的大多数情况下，或者一旦形势所需，他们“知道对和错之间的区别”。

所有这些态度能够自圆其说，而且把一种杀伤神经的效果扩散到其他领域。它们能够变成另一种的自我放纵，变成一种外包契约。于是，道德张力丧失了，成了一种放松，承认了一个几乎没有巨大意义的世界，并且按照内部缺乏需求的方式来生活。“好吧，”瑟伯(Thurber)①笔下的一位丈夫说道，还带着那种知道了他最后立场的几分满足，“这样一来，你醒悟了——我醒悟了——我们都醒悟了。”任何东西都是被玷污了的，包括我在内；每个人都一心想得到他能够抓得住的东西；所以
232 人们可以摒弃一切大话。如果你试图“按照原则去生活”，你就是个傻子；“今天你成不了基督徒，否则你会粉身碎骨”：“崇高理想”(high ideals)这个词语通常是在嘲讽的意义上被拿来使用的。理想可能是一种缺乏追逐私利的信号，但它们是行不通的；它们与铁定的事实不相

---

① 詹姆斯·瑟伯(James Thurber，1894—1961年)，美国幽默作家、漫画家，《纽约客》杂志的编辑和撰稿人，其主要著作有《沃尔特·米蒂的秘密生活》、《十三座钟》、《瑟伯画册》、《当代寓言集》、《当代寓言续集》等，其写作笔法新奇，在荒唐中有真实，在幽默中有苦涩，被人称为“在墓地里吹口哨的人”。——译者注

符。如果其他任何人似乎正在想方设法“按照原则去生活”，他可能是个傻瓜，或者是个自命清高的人；自寻缺陷。如果他明显不是傻瓜，听起来也不像是个自命清高的人，但如果他坚持认为一些东西要比其他东西更有价值，那么他可能是个伪君子——原因很简单，因为没有理由能证明这些态度。它们必定是一种我们尚未“领会的”“吹牛”形式。对于在某些方面——他的行为规则、他阅读的书、他喜欢的音乐——不正常的非正常人而言，所有这一切会让他更难安安静静地独自待着，成为一个“还行，就是有点怪”的人。“奥立克”精神和“斯温尼”精神（“当你讨论问题实质时，这就是全部事实”）能够与当代的觉醒相互配合起来，说不准会造就出一种巨大的空虚，这种空洞被小心翼翼地守护着，仿佛它就是一条高耸屹立的原则。如果按照刚才所描述的道路继续变革下去，这会成为普遍情况。目前，更为常见的态度并非没有吸引力，因为它是一种有限且经常乐于容忍的——“祛魅”。

第二节 一些寓意人物

现在我能更加重点突出这样一幅画面吗？也即，那些普普通通但整体上还算体面的人，他们很大程度上被覆盖在陈词滥调和态度看法上的一层非但不鼓舞人心还令人感到不安的表皮所困扰、所裹挟。通过召唤一个身在这幅画面之中至少是大多数人的、是他时代的典型之人，可能做到这种聚焦吗？上面所讨论的那种应征入伍的士兵不会适合，因为他的状态在某种程度上通常是暂时性的；那种漂泊不定、年龄不大、由一家技术机构受训为技术官僚时代服务的技工也不适合；他的一些态度从某种程度上讲是一种特殊形式的产品，而不属于任何传统社会秩序。我宁愿选择小技工或熟练工，管道工或漆房工，或者开始维修家用设备的人；宁愿选择一个因厌恶对其开始从事的工作特别感兴趣而激怒了中产阶级家庭主妇之人，选择继续干他的工作但丝毫没有热情之人——可能等他走后会留下个烂摊子。

也许，在所有这一切中，这种人正在对他的状况作出反应，要比通常所认为的成熟得多。他了解他的工作，能够在没有太大压力之下就能做好；除了那种通过实践长期建立起来的技能之外，它不要求有任何
233 特殊的技能。过段时间之后，他很难对他所做的事情感兴趣；为此，经常会出现十几份同样的工作。每天，他都根据店铺里的姑娘在早晨递给他的一份清单，挨家挨户地去跑动。如果你说他“在为社区服务”，他会咧着嘴笑一笑：“是，但那说明不了什么问题”，他可能会这样说。他被一家小型公司所雇佣，发的是固定工资，按照奖金制度，收入变化只有一点点。或许，这家是由两个人运行起来的公司，他们雇用了他、其他两名技工和一位姑娘，那位姑娘照看着店铺。他知道他们会“做点手脚”：他知道他们比他更会偷懒，而几乎没有风险：他知道他们非常担忧，似乎没有他幸福。对于他自己来说，他不会想过一种非常担忧的生活，即便是想挣个外快；他不会喜欢责任。他想去挣足够的钱，以便能够买到他真正喜欢的额外之物。他可以挣得更多，就像他的一些同事所做的那样，他让自己往“死里”去工作，晚上和周末做私活儿和不交税的活儿。但是，“他们从中得到了什么呢？”他问道，“像那样的人生没有一点儿意思。”他没有雄心壮志，也没有获得蝇头小利的敏锐眼光；他忍受着他那些精力特别充沛的同事们发出的不真实的敌意。他对那些目标在于“出人头地”的呼声毫无反应，而且还对大多数其他呼声感到怀疑。

当然也有那种好逸恶劳、玩忽职守之人，他们由于近乎恶劣的懒惰而做不好活儿，他们对此进行报复，尽可能留下一大堆烂摊子。但从本性来说，他既不懒也不傻。在某些方面，他悟性很强；假如他生在中产阶级家庭里，按照他的天赋才能，他能够成为一个至少是够格的个体户或专业人士。他并不尖酸刻薄，丢掉了他所谓的“一份不错的活儿”，他还会像一些技工那样不以为然。那个形容词“不错的”是个修饰语，它暗示着这份活儿是他手艺的典范(他在家进行修理时所干

的活儿，或者他作为一种爱好所干的活儿），但那是一份不笨拙的活儿。他没有玩忽职守，因为“在你干活的同时，顺便也会做一份不错的活儿”。

他发觉没有必要也不想向顾客卑躬屈膝——尽管他的一些同事那样做了，也不想顺便得到几杯茶和一些小费。他并不匆忙了事，而是按照他所称的“稳定的”步子去工作；这个形容词又是一个修饰语。他不会故意“放慢节奏”，但他认为，为什么他会为一个女人比他自己的妻子更方便或者为了老板们的利润而“拼了命地干活”呢？

在房子的女主人的眼里——因为她忙于清扫，同时有十几件事情要做，这些全都是她的职责、她的财产、她的爱好——他注定看起来像是 234
在半速工作；但是，任何人的动作都不像爱收拾家务的妻子那样迅速。假如不是很确定的话，她很想称他是得过且过、不愿配合。站在他的立场上，他很可能会用一种稍微有点讽刺的眼光看待她。他已经和他工作生涯的可能机遇达成了协议，而且是高质量的协议。他并未要求过多，如果是份不热心的工作，他也会公平对待。他拥有很多他祖父的不服从和独立自主，而这些都是20世纪鼓励进行改进的东西。在家里，他在很多事情上和他祖父有很大差别。威廉·莫里斯在1879年比我更加具有说服力地描述了一种类似的情形。我的观点是，尽管从莫里斯所书写的情况以来劳动人民的状况得到很大改进，但当代社会中存在着一些重要特征，这些特征激励着劳动人民保留这些几乎没有衰减的态度：

> 非常正确，也非常遗憾地说，如果今天有人想要一份园丁、木匠、石匠、染工、织布工、铁匠、或者随便什么所做的常规工作，那么要是他做得好他会是一个幸运的稀有品种。相反，他会在各个方面遇到对普通责任的逃避，忽视其他人的权利；可是我不明白，“英国工人”如何被塑造成是担负着这种指责的整个重任，或者实际上是承担这副重任的主体部分。我怀疑，要是整个人类群体可

能都在做被迫所做的工作，在工作中没有希望、没有快乐，也没有试着去逃避——不管怎么说，在这种情况下，经常会发生逃避。另一方面，我知道有些是思想纯正的人，尽管工作令人厌倦且毫无希望，但他们会在工作中勇往直前。这样的人是社会的中坚力量。[5]

就像我所描述的这种人其所秉持的犬儒主义不及第二种典型人物那样明显。这第二种人物便是游手好闲之人或近似于游手好闲之人，在所有阶层都会碰到他。但在某些方面，他们的态度同样是人们所熟知的。游手好闲之人是比较积极的人物，是“有闯劲和上进心之人”的反转，是趁着混乱进行“赚钱的人”。对于出现在工人阶级人民中间的这些人来讲，他们喜欢说的话便是：

“我了解内幕。”
“我是知道的/我完全清醒/我全都知道/我是个狡诈之徒。”
“我不是三岁小孩儿。”
“我熟悉周围情况。”
“我不是乔。”
“查理精明能干，不会上当受骗。”
“我是个聪明人。”
“我很聪明/我是个聪明鬼/我不傻。”
“我知道怎样顾着自己。”
235 “在那方面你撞不见我。”
“那是件徒劳无功的事。”
“我才不呢。”
“自打什么时候……”

情况可能是，这种态度在30岁以下的人中间比在更加年长的人中间要更加强烈一些，因为大多数更老一些的人对20世纪30年代和战争仍有记忆，他们记得牺牲、合作和邻里精神；20世纪40年代末和50年代的人并没有这样的机会来重新发现这些美德。

自然，其他阶级也有自己的模式，因为我正在做的不过是用一种方法上的复杂性来谈及一件影响社会所有层级的事情。比较老练的中产阶级换个说法来表达“我是个聪明人”，其中之一便是“老兄，我是个现实主义者！”然后，中产阶级也有“快乐活宝”的对等之人，一个从事欺诈行骗之人，如果开始进行“行骗”那就是“每个人的哥们儿”，“好伙计”是“放在心里的”：诸如此类，一直到在奥登诗篇“留意每一天”(Watch any Day)①中“那副搭讪的侧影”的主人——其姿势非常自信，但流露出一丝焦虑不安。从靠在工人阶级门前卖劣质油地毡来做他力所能及之事的人，到一群兜揽生意的人和“推销商”，再到真正的大投机商，他们全都共享着一种文化特征。

无论在何种层级上，一些以公开出卖自己人格为生的人都有一套高度完成了的、令人痛苦的社会舞蹈动作。在晚上，下了班，他们往往会到经常是男性居多的酒吧里，并带着一种像金属般叮当作响的愤世嫉俗和失落迷惘少年之神情。一个下层中产阶级的案例浮现在脑海之中。在穿着上，这种人经常倾向于打造一种运动效果，还混杂着一种城里绅士的气息，使人联想到他就是个英勇的便衣炮兵队长，或者是萨默塞特·毛姆(Somerset Maugham)②短篇小说中的一个人物角色。他想方设法让酒吧女招待加入到这种不落俗套的谈话中来，给她要一杯杜松子酒和甜味苦艾酒的混合饮料，或者给她要一杯波尔多葡萄酒加柠檬，他尝试着忘却白天拼命完成销售任务的情景。从整个外表来看，

① “留意每一天”(Watch any Day)是威斯坦·休·奥登于1929年3月所做的一首诗歌。——译者注

② 萨默塞特·毛姆(Somerset Maugham，1874—1965年)，英国小说家，因洞察而怀疑人类的善良与智力，作品基调愤世嫉俗，短篇小说尤为脍炙人口，其主要著作有《人性的枷锁》、《月亮和六便士》、《大吃大喝》、《刀锋》等。——译者注

他想要做到利索干练，好好修修面，留着一副黑细匀称的小胡子。在行为举止上，他全都是那种“如何交上朋友和影响人民”的格调，至少在白天是这样的。他那准备好了的微笑还完全到不了眼边。在酒吧间的人群中，他把部分语句急剧调高，以这种节奏展开交谈，而且谈话被那种带有回音的开怀大笑所不时打断，让周围的人都能听到，以便把他们全都吸引到谈话中来。为了突出强调，会有一些拍拍自己的大腿和别人的肩膀这样的动作。很多都是用点点头、使使眼色、含沙射影、
236 柜台和商业小圈子的技术行话来完成。在捉襟见肘之时，人们才认识到他为什么不喜欢安静，要么在他的周围，要么在他自己身上；在内心深处，双眼在乞求，绷紧的嘴唇诉说着不开心。

这种时髦的酒吧交流通常是最为亲近的，像这样进行交流的人们能够接近一种群体意识。这有助于打消街头推车的小贩们、逐家上门的推销员和比较富裕之人的疑虑，这些比较富裕的人在两鬓抹一些好看的亮发膏，散发着一股淡淡的香水味儿，并带有一种意味着进行花哨商品复杂交易的气息。随意看一看吧，这些潇洒的年轻人表面看满身光彩亮丽，他们似乎是爱德华时代花花公子的直系后裔；他们的确是，但时代变了；在脚下，地面已经凹陷下去。酒吧间给人们带来了宽慰。因为在这里，他们再也不用必须履行资产阶级的意愿；他们能够对他们所知道的仅有的其他态度——“普遍的”愤世嫉俗——作出反应。

考察所有这一切和最近三十年更加理智的人们身上的某些态度之间的联系，探究士兵们所说的“我什么都不在乎”、生机勃勃的年轻事物的“什么事都不新鲜”、以及一些流行的思想立场之间的关联，这会是非常具有启发性的，但也是非常困难的。因此在我看来，在近来的这种社会环境中，人们在下列这些方面有一种特别的享受，也即参与毫无关联的“认知”游戏；吹走他人一点点思想啤酒上的泡沫；为了自身利益，让见广识多的头脑做瑞典式肌肉体操；通过某些形式，让强烈的思想兴趣在一种毫不相关的基础之上运转开来。有时，人们会有一种情绪恐惧，这种情绪把自己伪装成拒绝多愁善感的人；人们会极其怀疑关

于“目的和价值”的任何谈话；人们会逃避那些使用阴招和聪明的“俏皮话”所带来的挑战。人们通常会摆脱权威，这并不是简单摆脱在其他事情上的权威，而是摆脱有时候命令我们的权威。在某些带高级班和夜课班的校长身上，在某些成人教育的指导教师身上，在某些研修班的青年大学教师身上，我们可以见到这种权威。人们对平等主义的模糊形式感到迷惑不解，满腹怀疑和自我怀疑，什么都不相信，不去尊敬几乎任何一个人；在这种情况下，我们什么东西都不坚持，也因此不为任何事情而去坚持。我们很想让“所有哥们儿一起”的精神取代这种权威的位置，因为我们的立场要求我们至少打算去唤醒它。

“老师们读完了利顿·斯特雷奇(Lytton Strachey)①，孩子们感到浑身不自在。”T.S.艾略特说道。老师们何尝不是呢！因此，这些态度可以成为对于诚实和尊贵的一种表达方式。但是，这种状态可能是一种苦涩而清新的愉悦。“思想施虐狂”[6]获得了回报，比起创造性吸收 237
而言，批判性论断较少公开进行攻击。在持续不断的呼喊声——“你的谎言正在显现/你的信条起了褶皱”——中，有一些消遣的成分，也有一些安全顾虑。

在时代文学中，在所有层次上，所有这一切都有大量的类似事物和各种各样形式；例如，在海明威、毛姆、赫胥黎(Huxley)②、沃(Waugh)③、纽比(P.H.Newby)④[参见《水手跳舞》(*Mariner Dances*)中的核心人物]、亨利·格林(Henry Green)⑤[参见《后面》(*Back*)]、彼得·切尼

① 利顿·斯特雷奇(Lytton Strachey，1880—1932年)，英国传记作家、评论家，他把无礼与风趣和心理洞察与同情结合在一起，开创了一种新的传记形式，其主要著作有《维多利亚女王时代四名人传》和《维多利亚女王传》等。——译者注

② 奥尔德斯·赫胥黎(Aldous Huxley，1894—1963年)，英国作家，其主要著作有《美丽新世界》、《针锋相对》等，1937年移居美国后，其作品带有神秘主义色彩。——译者注

③ 伊夫琳·沃(Evelyn Waugh，1903—1966年)，英国小说家，擅长讽刺英国上层社会的流弊，其主要著作有《衰落与瓦解》、《邪恶的肉体》、《旧地重游》、《荣誉之剑》等。——译者注

④ 纽比(P.H.Newby，1918—1997年)，英国小说家和广播主管。他是布克奖(Booker Prize)的首位获得者。其主要著作有《腹地之旅》、《英格兰的季节》、《水手跳舞》、《交代》等。——译者注

⑤ 亨利·格林(Henry Green，1905—1973年)，英国作家。其主要著作有《失明》、《赴宴》、《爱》、《后面》、《活着》等。——译者注

(Peter Cheyney)①、汉克·詹森(Hank Janson)②等人的作品中，以及新近在金斯利·艾米斯(Kingsley Amis)③的《幸运的吉姆》(*Lucky Jim*)中吉姆·狄克森(Jim Dixon)的整个表现。把这些作家归到一块没有任何共同诋毁之意；他们在客观无私的程度上有所不同，这也只能从实际的阅读中加以测量。但是，所有这一切都在说明这种同样的毁灭性元素。

在给出例证的过程中，某种程度上我有意从工人阶级身上移开：最后，有必要尝试去更加准确地揭示工人阶级的犬儒主义之本质。在我看来，对于大多数工人阶级而言，那种“乘机渔利”的犬儒主义对他们的影响要比那种空洞无物的犬儒主义对他们的影响要小。可是，正如我所说的，这为自我放纵的蔓延提供了更加充分的理由。大多数工人阶级人民受到我已经试图勾勒出来的发展变化之影响，他们在某种程度上受到“祛魅”之影响，现在他们发现自己“被无意义所嘲笑”。在几乎所有人眼里，对信仰的胆怯产生了某些效果。因害怕被欺骗而拒绝“宣布出局”，这意味着最后接受了一个扁平、粗野、索然无味的世界。

与此同时，家里是个重要的避难所；当地的生活可以继续下去，尚未太多地受到影响；手艺可能是个人的保留：在公共领域，很多工人阶级人民退步了，他们退缩到了一种深受伤害的但有时是放纵的犬儒主义。从本质上讲，很难找到一种非常简明扼要的表述，来表达工人阶级自身内部的主要态度。但是，下面这段来自一位倒霉的、离开公立

① 彼得·切尼(Peter Cheyney，1896—1951年)，英国侦探小说家，其主要著作有《危险的男人》、《急迫的刽子手》等。——译者注

② 汉克·詹森(Hank Janson)既是个小说人物，也是英国作家史蒂夫·丹尼尔·弗朗西斯(Stephen Daniel Frances)所创的笔名，后来很多其他作家也用这一笔名创作。在20世纪40年代和50年代，汉克·詹森是最流行和最成功的英国庸俗小说作家。——译者注

③ 金斯利·艾米斯(Kingsley Amis，1922—1995年)，英国小说家、评论家、诗人。其主要著作有《幸运的吉姆》、《绿人》、《模糊的感情》、《老恶魔》等。——译者注

学校的未成年男孩子所说的话，是代表很多具有他这代工人阶级人民的经验之人，也代表了他自己阶级的那些人：

> 这对于道德学家来说，去谈论……全都非常好，但是……从学校转入并非是我造成的一场血腥战争。一半时间是害怕死亡，另一半时间是感到厌烦，除了和漂亮姑娘上床之外，没有什么可干的事情了。然后，返回平民生活，沿街卖掉这些空置不用的机器，一天走十里地，为的是那些当着我的面关上大门的老肥婆。[7]

注 释：

[1] 德 · 托克维尔：第一部分的序言。

[2] 刘易斯 · 韦指出了有些相似的观点，参见《人类对意义的追问》（*Man's Quest for Significance*）。

[3] “狡诈”（wide），追溯到《简编牛津英语字典》（*Shorter Oxford English Dictionary*）。

[4] 赖安支持我对于变革做出的粗略年表。他说，“你不能相信在报纸上读到的东西”，这句话成了一战后的流行语（《诺斯克里夫勋爵》，第 140 页）。

[5] 引自威廉 · 莫里斯：“人民的艺术”（The Art of the People），讲稿，1879 年；载于《希望和对艺术的恐惧》（*Hopes and Fears for Art*），第 44 页，《威廉 · 莫里斯选集》第 22 卷，朗文出版社（Longmans Green），1914 年。我感谢已故的弗朗西斯 · 唐纳德 · 克林根德博士（F.D.Klingender）让我留意这段话。

[6] “思想施虐狂”，这个词语是理查德 · 利文斯通爵士（Sir Richard Livingstone）所创。

[7] 引自一项社会调查。

第十章

被释放的源泉：对断根离舷和忧虑不安之解释

238

请您写篇小说，描写一位青年人，他是农奴的儿子，他做过店铺伙计，参加过唱诗班，当过中学生，而且大学毕了业，他被教导成尊重等级，亲吻牧师的手，向其他人民的思想低头，要为每一小块面包心怀感恩，他被鞭打了很多次，他不得不步行去做家教，而且没有橡胶套鞋，他打过架，虐待动物，喜欢到富裕亲戚的家里吃饭，在上帝和人们面前扮作伪君子并不是出于任何需求，而仅仅是没有意识到他自己无足轻重——描述这个年轻人是如何一滴滴挤掉自己身上的奴性，如何在一个美好的早晨醒来感到自己血管里流的血不再是奴隶之血，而是真正的人之血。

（契诃夫）

"但是请记住他受到的教育，他长大的那个时代，"阿尔卡迪(Arkady)评论说。"教育?"巴扎洛夫(Bazarov)打断话说。"每个人必须教育自己，例如就像我所做的一样……至于时代，为什么我要依赖它呢？让它反过来依赖我吧！不，我亲爱的朋友，那全都肤浅不堪，缺乏骨气！"[1]

（屠格涅夫）

第一节　奖学金男孩

在我看来，我非常对不起他。这顶多就是一种靠不住的运气罢了，他成为了我们称之为非常爱听教诲的人，可他并未乐在其中：他在这个生命中非常壮观的时刻出现了，而且一直没有从那种让自己感到颤抖的小饥渴中摆脱出来。[2]

（乔治·艾略特）

尽管应该写下这一章，但这是一个难写的章节。就像在其他章节里，我会着手把一组相关的趋势分离出来：但在这里，因过度强调而导致的危险特别严重。刚刚前面的三个章节讨论了那些从某种视角看似乎是代表着一种沉着自信的态度。但是，那些深受现在将要检验的态度——那种“忧虑不安和断根离舷”——所影响的人们，主要是通过他们缺乏沉着自信、通过他们的不确定性来认识他们。至于那种似乎让 239 他们阶级中很多人都感到满足的自我放纵，很遗憾，他们往往更胜一筹：他们很大程度上受到那种影响几乎每一个人的犬儒主义之影响，但这可能会进一步让他们缺乏目标，而非引诱他们去“乘机渔利”或者做出进一步放纵的反应。

在某种程度上讲，他们有一种失落感，这种失落感在所有群体中影响着一部分人。在他们身上，失落感的增强正是因为他们在情感上脱离了他们的阶级，经常处在一种比较强烈的批判性才思或者想象力中，这些品质能够导致他们在其自身处境面前进入一种不正常的自觉意识（而且这容易让同情者去把他们的“忧虑”戏剧化）。与此相关联的可能是通过奖学金制度的平台从身体上正在与他们的阶级相剥离。在我看来，很多人会受到这种方法的影响，尽管只有非常小的一部分人受此严重影响；在界限的一边，那个群体包含了精神病患者；在界限的另一边，人们明显过的是正常生活，但从来没有一种忧虑不安的潜在意识。

最好首先来谈谈一些奖学金男孩所经历的断根离舷之本质。我记得数年前的、可能是很长时间以前的那些真正不属于任何一个群体之人的感受。我们都知道，很多人的确在新位置中找到了一种沉着自信。有那么一些“丧失阶级属性的”（declassed）专家和专业人士，他们在攀爬了一段长长的奖学金之路、获得了博士学位之后，进入到他们自己的领域之中。有那么一些才华横溢的个体，他们成为非常好的管理人员和官员，发现自己彻底找到了家。有些人并不必然是非常有天赋，但他们达到了一种既非被动又非丧失意识的沉着自信；他们心安理得地待在新群体中，丝毫不去炫耀性地披上那个群体的保护外衣；他们和工人阶级亲戚保持着一种和谐的关系，这种关系不是建立在一种恩惠的基础之上，而是建立在一种恰当的尊重之上。几乎每一个经历过靠奖学金进行深造的工人阶级的男孩子，他们发现自己在青春期很讨厌其出身背景。他处在两种文化的冲突之中；对其所受真正教育的考验在于，到了大约二十五岁之时，他能够面带微笑地对待他的父亲，能够尊重他那轻浮的妹妹和那迟钝的弟弟。我会关心那些特别是遇到了麻烦的断根离舷，并不是因为我低估了这种选择所带来的收益，也不是因为我想强调当代生活中那些更加让人沮丧的特点，而是因为在对文化变革进行比
240 较广泛的讨论中，一些人所遇到的困难得到了广泛印证。就像被移植的树木，与那些仍留在原先土壤里的树木相比，它们对一场普遍降临的干旱提早做出了反应。

有时，我倾向于认为，一般来说，自我调适的问题对于那些工人阶级的男孩子来讲尤为困难，他们只是勉强有点儿天赋，其资质让他们足以能与大多数工人阶级同时代之人区分开来，但差距并未拉大。我并非正在暗示说在才智和缺少忧虑之间有一种关联性；有才智的人们有其自身的麻烦：但这种忧虑似乎使这样的工人阶级之人非常苦恼，也即他们已经被拉到一个远离其本原文化的台阶上，可是他们尚没有促使他们

继续加入“丧失阶级属性的”专家和专业人士的行列所需要的才智配备。从某种意义上说，从来就没有“丧失阶级属性的”人，这是事实；有趣的是，这种感觉是如何在下列情况下有时候会强行介入的（特别是在今天，当那些前工人阶级的男孩子进入到社会所有的管理领域中之时）——在一位其他方面都非常学究气的教授身上经常呈现出过度关心建立“存在”的这种触及不安全感之情况下；在一位重要的行政人员和委员会委员身上表现出的那种周期性的大老粗品质之情况下；在一位成功的记者身上往往产生的那种背叛了隐藏于内心的不确定感所导致的迷惘眩晕之情况下。

但是，我主要关心的是那些有自我意识但在任何完全的意义上还尚未有自我认识之人，关心的是那些到头来仍是摇摆不定、毫不满意、被自我怀疑所折磨之人。有时候，他们缺少毅力——尽管他们有才智，而“穿越这片荒原需要毅力”。或许更常见的是，尽管他们像大多数人一样都有很大的毅力，但他们不足以化解他们的断根离舷所造成的复杂张力，不足以化解他们特定家庭环境的独特问题所造成的复杂张力，不足以化解这个时代共同具有的不确定性所造成的复杂张力。

一旦从童年时期步入青少年时期以及从青少年时期步入成年时期，这种男孩子往往逐渐切断了其群体的日常生活。他很早就被人划分开来：在此，我正在想的与其说是“小”学的老师，倒不如说是他的家庭成员。“他很有头脑”，或者“他很聪明”，他总是听到人们这么说；在某种程度上，这是一种自豪和赞赏的口气。在某种意义上，他的父母把他划分开来，他那敦促他摆脱其群体的天赋也把他与别人划分开来。可是在他们看来，这并不完全来自羡慕：“他很有头脑”，是的，预计他会顺着那条公开的路线走下去。但在那句子所经常使用的语气中，也可能是一种限制性的品质；性格更重要。他依然很有头脑——这是一种自豪的标示，几乎也是一个牌子；他正在迈向一个不一样的世界，正在走向一份不同以往的工作。 241

假如他就要“出人头地”的话，他不得不变得越来越孤单。他会不得不、可能是下意识地反对家庭生活的道德观，反对那种强烈的工人阶级家庭群体的群居性。因为一切事物都是以客厅为中心的，所以不可能有他自己的房间；卧室冷飕飕的，不适合居住，把卧室或者前厅(如果有的话)弄得温暖不仅很贵，而且这需要一种富于想象力的跳跃——跳出传统，而大多数家庭无法做到这种跳跃。有个角落是摆放客厅桌子的。在另一侧，母亲在熨衣服，无线电收音机开着，有人在唱一段歌曲，或者父亲断断续续地有什么就说什么。男孩子不得不从精神上把自己隔绝开来，以便做自己的家庭作业，尽可能地去做好。夏天，问题会变得容易些；卧室是暖和的，足以在里面做事情：但按照我的经验看，只有不多几个男孩子利用这种机会。因为男孩子自己(比如说，直到他到了高年级为止)正处在家庭和学校这两者的世界里。他极其听从于学校世界发出的命令，但在情感上仍然强烈地想要继续作为家庭圈子的一部分。[3]

当这样的男孩子不得不抵制工人阶级生活的核心家庭品质之时，在成为另类群体成员的或者走向孤立的进程中，便迈出了大大的第一步。如果他属于一个幸福家庭的话，因为幸福之家经常更是群居性的，那么这种情况便是真实的，可能尤为真实。很早他就觉得要重视独处，要鼓起劲儿朝着关心自我的方向发展；对他来说，这会进一步加深他后来归属于另一个群体的难度。

在上“小”学之时，早在他八岁的时候，在某种程度上，他可能被划分开来了。如果他的学校处在那种每年有几十个男孩子拿到“奖学金表格”去上文法学校的区域中，这种划分可能不会发生。但是，他可能身处工人阶级占主导的区域中，他的学校一年只占几个奖学金名额。形势正在发生改变，因为奖学金的数量增加了，但不管怎样，人为的调节并不像行政管理的变革那样突然就会发生。[4]

他同样可能被从家庭之外的男孩子群体中分割开来，他再也不是那个晚上簇拥在路灯杆周围的团伙的正式成员了；他有家庭作业要完成。但这些都是男性群体，和他同代的其他人在这种群体中长大，他与他们

的分隔在情感上与他家庭境况的一个方面连接在一起——现在，他和房 242
子里的女人们的关系往往比他与男人们的关系更加亲密。这是事实，即使他的父亲并不是那种把书籍和阅读当作是“女人的游戏”而置之不理的人。那个男孩子把大部分时间花费在家庭的实体中心上，女人的精神主导着这里，在母亲继续干活时，他安静地继续做他的作业——父亲还没有下班或者到外面跟朋友喝酒去了。那个男人和那男孩子的兄弟们都在外面，都在男人的世界里；那男孩子处在女人的世界里。或许，这在某种程度上解释了为什么工人阶级出身的很多作家在描写他们的童年之时把女人写得如此温柔并赋予其一种中心地位。当然，在他们想知道那男孩是否正在“变得自高自大”之时，或者在他感到非常不愿意打断并继续做男孩子期望去做的怪异任务之时，势必会出现偶尔的摩擦。但是主导气氛可能是亲密、柔和且迷人的。他一只耳朵听着女人们正在谈论的担忧、疾病和希望，他见缝插针地告诉她们有关他的学校、作业和老师所说的事情。他通常接收到那无穷无尽、不甚理解的同情：他知道她们理解不了，但他还是会告诉她们；他乐意把两种环境连接在一起。

这种描述简化了并过分强调了这种断裂；在每一个个体案例中，都会有很多限定条件。但在用其最为突出的形式来描述这种孤立中，这种描述代表着那种经常被人发现的东西。因为这种男孩子身处两个世界之间，身处学校和家庭的世界之中；而这两个世界几乎没有交汇的点。一旦到了文法学校，他就迅速学会使用一副不同的口音，甚至可能使用两种貌似不同的性格和不同的价值标准。想一想他的阅读材料，比如说：在家里，他看到的是满屋狼藉，经常独自看书，所阅读的杂志是在学校里从来不提的杂志，这似乎并不属于向他推荐的那个世界；在学校里，他听到的和阅读到的书籍是在家里从来不提的书籍。当他把这些书籍带回家之时，它们和家庭正在阅读的其他书籍摆放不到一块去，因为通常情况下没有一点儿或几乎没有摆放的地方；更确切地说，他的书籍看起来就像奇怪的工具。

特别是在今天，他可能会逃避他在新环境中遇到的最为糟糕的迫切困难，逃避下列情况所遇到的羞耻：身穿便宜衣服，付不起参加学校假日旅行的费用，父母出席文法学校举办的看起来让工人阶级感到丢脸的演出。但作为文法学校的男孩子，他可能迫切想要把事情做好，迫切想要被人接受或者甚至引人注意，就像在“小”学因其聪明才智而惹人
243 注目那样。因为聪明才智就是货币，他就是靠着这个买通了这条道路，逐渐地，聪明才智似乎成为那条道所告诉他的货币。他往往把教师们看得特别重要，因为他们是在这个才智货币新世界里的出纳员。在家庭世界里，他的父亲仍然是他的父亲；在另一个学校世界里，他的父亲几乎占不了位置：他往往让班主任担当了父亲的角色。

结果，即使他的家人可能很少去逼迫他，他也可能会比以往更加劲儿逼迫自己。据他能想象到的程度，他开始把生活看作是一系列跨栏跳，通过学习如何积累和使用新货币来克服奖学金难关。他往往过分强调考试测验、知识积累和公认看法的重要性。他发现了一种表面学习的技巧，一种获取事实的技巧，而非那种对事实进行处理和使用的技巧。他学会了如何接受一种纯粹的识字教育，这种教育只占用了一小部分人格品质，只对他存在的有限区域产生挑战。他开始把生活看作是一个梯子，看作是一种固定不变的、在每个阶段都带着些赞扬和进一步劝诫的考试。他变成了一种专业的吸收器和发放器；他的能力会多样化，但很少会带有真正的热情。按照他自己的脉搏，他几乎感受不到知识的真实情况，很少感受到其他人的思维和想象；他几乎无法为了自己和靠着他自己发现一位作家。在其生命的这一半时间中，只有当事情与训练体系直接相关时，他才能作出反应。他对待自己有点像戴了眼罩的矮马；有时，他受到这样一些人的训练，这些人经历了同样的体制，他们很难不给他们自己戴上眼罩，他们称赞他说到了点子上，让他舒舒服服地戴上了他们给的眼罩。尽管对于他的态度而言实质上存在着一种强有力的、非理想化的、不那么兴奋的现实主义，但那是他主动性的主要形式；关于其他形式——四处游荡的心智，大胆飞翔的精神

风筝，反对一些“路线”的勇气，尽管这些路线名义上和其余的所有路线一样重要——至于这些，他可能几乎没有，他的训练通常不鼓励这些形式。这不是个新问题；五十年前，赫伯特·斯宾塞(Herbert Spencer)①就谈到了这个问题，但这个问题现在依然存在：

> 现有的教育体系，无论它们的问题可能是什么，在其方式上根本就是邪恶的。它们鼓励服从性地去接受，而非自主性地去行动。[5]

对于行动、个人意志和决定强调得过于少；太多都放在了脑筋上，放在了这个把他带到文法学校的、略胜于常人的智力机器上。因为“好”孩子、做得好的孩子经常指的是这样的人，也即他带着他那一丝 244
不苟的被动性去满足新环境的主体需求，所以他逐渐丧失了自发性，以便获得考试过关的可靠性。他无法对任何人和任何事捻一下指头；他似乎开始要当个合格的、可靠的、不快乐的职员。他很长时间以来已经“怕了所有必须遵守的事情”。在19世纪初，黑兹利特(Hazlitt)②对他所在社会的趋势作出了一种比较宽泛的且更加激动人心的判断；但当下与这种判断有着某种相关性：

> 人类从本性上讲是变不成他们注定要成为的那种东西，而是社会把他们塑造成那样的。那些丰富的感觉，以及灵魂的高级品性，在一定程度上便是：畏首畏尾、冷酷无情、暴力攫取以及生杀予夺，以使我们适合与世界的交流，某些在形式上让人匮乏的东西残害和毁坏了他们的孩子，以便让他们适合未来的生活形势。[6]

---

① 赫伯特·斯宾塞(Herbert Spencer，1820—1903年)，英国哲学家、社会学家，认为哲学是各学科原理的综合，将进化论引入社会学，被后人称为“社会达尔文之父”。其主要著作有《综合哲学》、《生物学原理》、《社会学研究》等。——译者注

② 威廉·黑兹利特(William Hazlitt，1778—1830年)，英国作家、评论家，其主要著作有《莎剧人物》、《英国戏剧概览》、《席间闲谈》、《政治随笔集》、《时代精神》等。——译者注

这样的奖学金男孩丧失了某种适应力，丧失了某种他的那些还在街上嬉戏的兄弟姐妹们所具有的活力。[7]在比较早的一代人中，作为出生在工人阶级中才思敏捷的人，他十有八九会拥有那些在弱肉强食的贫民窟里发展起来的机智，在那个地方，机智本身必须与活力和主动性相结合。他几乎不到街上玩；他没有跑来跑去送报纸；他在性方面的成长可能也有所滞后。他丧失了某种顽童身上的适应力和无忧无虑，丧失了某种顽童身上碰碰运气的准备，丧失了某种顽童身上的活泼和大胆，他没有学到很多在公立学校受训的中产阶级孩子的那种下意识的自信。他被训练得像一匹马戏团的马儿，只为赢得奖学金。[8]

结果，当他走完了一系列固定套路之时，当他终于开始睁大眼睛看待那些很多实实在在的和不肯通融的事情、那些很多难以捉摸的和让人惊慌失措的人们之时，他发现自己几乎没有内部动力。传送带松弛地垂落下来，与那个迄今为止还在服务的唯一的机器——考试过关机器——断开了联系。他发现在这样一个世界里很难选择方向，这个世界再也没有一位可以去取悦的老师，每个阶段结束之时再也没有太妃苹果，再也没有结业证书，在这个可以进行评估的世界里，其上半部分再也没有设定位置了。他在这样一个社会里很不快乐，这个社会大体上呈现出来的是一种失序的画面，它巨大而散乱，没有限度，没有条理，没有集中的热点；在这个社会里，太妃苹果并没有准确地发到那些工作最努力之人的手里，甚至也没有送给最有才华的人：但在这个社会里，诸如“性格”、“纯粹运气”、“交往能力”和“胆识”这样的令人困惑的难以衡量的东西，则有办法扭转乾坤。

245 他的境况变得更加糟糕了，因为他先前训练的整体趋势让他过多关注那种被标记好了的和凭票入场的成功。这个世界也非常关注那种让人可以辨别的成功，但在沿着他受训去赢得成功的线路上，并没有派发成功。假若他不怎么在意，假若他能把这个世界的成功价值准则之秘密说给自己听，他会更加开心点。但是，这个世界的成功价值准则与学校的价值准则非常相像；要拒绝接受它们，他必须首先要摆脱内心的牢狱，在那里，学校为了成功用表格列出的规则已经把他给禁锢起来了。

他不愿接受世界标准——不惜一切代价去出人头地(尽管他对金钱的重要性有敏锐的感觉)。但是，他为了跨栏跳而全副武装；因此他只是梦想着出人头地，不过多少有点不在这个世界的道道上。他既没有简单接受这个大世界的诸多价值的那种舒适感，也没有坚决批判这些价值的那种感觉上的补偿。

他已经离开了他的"低级"出身，可能走得更远；如果是这样的话，他内心深处可能被一种他已经走了多远的感觉所困扰，被那种对可能会出现倒退而感到的害怕和羞耻所困扰。这只会增强他那种对让自己一个人待着的无力感。有时，他得到的那种工作只是增强了他那种仍在爬梯子的轻微眩晕感；他不高兴爬梯子，但也对此感到骄傲，按照他的条件之性质，他经常没有能力跳下去，没有能力从那个特定的比赛中抽身出来：

> 面色苍白、衣衫褴褛、紧张兮兮，在他的保险办公室里，他从一个职位到另一个职位一步步晋升，并带着那种将要被解雇之人的姿态……有头脑只意味着他必须要比那些生来就自由的人在小学里更加努力。在夜里，他会依然听到那怀有恶意的合唱队告诉他，他是老师的最爱……头脑像是一种高温酷暑，它已把这个世界转变成沙漠，环绕在他身边，透过沙子在偶尔出现的海市蜃楼里，他看到愚蠢的芸芸众生在玩耍，欢笑，不假思索地享受着柔情、同情、爱情的怜悯之心带来的喜悦。[9]

这种情形是过分戏剧化了，它不适合所有的人，甚至也不适合大多数人——但在某种程度上，它影响着很多人。它也影响着我现在开始讨论的更大群体里的那些人，他们在某种程度上询问自己关于他们社会的问题，因为这个原因，即使从未上过文法学校，他们还是“身处两个世界之中，一个死了，另一个无力诞生出来”。他们是工人阶级中间“在公共场合的私有面孔”；他们是凯斯特勒(Koestler)①笔下“关心他人的下士”；他们属于那些开始接受各种自我改进之人的行列，尽管不属于他们的全部。他们可能正在从事着某种工作，从体力活儿到教
246 书；但我自己的经验表明，特别是在大城市里，在小职员和类似的职工当中，以及在小学教师当中，会经常碰到他们。通常，他们热衷于改进的本身彰显了一种驱动力，敦促他们像有些中产阶级之人那样行动；但这并不是政治背叛：它非常接近一种出了差错的理想主义。

这种类型的人，而且我们已经看到这是他第一个巨大损失，现在不属于任何阶级，通常甚至也不属于所谓的、非常不确切地说是“不属于任何阶级的知识阶层”。他无法直接面对他自己的工人阶级，因为自从那直觉上的联系消失之后，在面对自我之时，与他力所能及的能力相比，则需要一种更大的驾驭能力。有时，他对于自己的出身感到羞愧；他学会了“嗤之以鼻”，学会要比很多工人阶级的举止习俗稍胜一筹。他经常对自己的相貌感到不自在，这种相貌一目了然地道出了他的出身；当他认识到相貌以及上百种言谈举止的习惯能够天天“让他露出马脚”之时，他感到信心不足或暗气暗憋。他往往自己去感受一下生他养他的那个群体所具有的缺陷；他为自己套上了一种防御态度的外衣。于是，对于自己在实际事务上的缺乏社会经验，他可能展现出一种难以置信的自豪——“脑力劳动者”从来不“善于使用他们的双手”。他心底里明白，他补充性地声称拥有更加精良的武器，声称能够处理“书本知识”，这是根基不牢靠的。他想方设法去阅读所有的好书，但它们并未赋予他在讲话上和在驾驭他所寻求的经验方面上的能力。在那里，他就像使用工匠的工具那样笨拙。

---

① 亚瑟·凯斯特勒(Arthur Koestler，1905—1983年)，匈牙利裔英国小说家、新闻记者，其主要著作有《中午的黑暗》等。——译者注

他无法回头；从他自己的一个侧面看，他不想返回到通常显得狭隘的那种朴素上去：从另一个侧面看，他渴望那种已经丧失了的成员身份，“他怀念那些不曾到过的无名伊甸园(Nameless Eden)”。乡愁更加强烈，也更加模糊不清了，因为他确实是在“寻找逃匿起来的自我，可是害怕找到它”。他既想往回走，可又觉得他已经超越了他的阶级，感到自己承受着了解他自己和他们的处境之重担，自此之后便禁止他接触他父母的那些比较简单的乐趣。这只是他想要自吹自擂的诱惑之一。

如果他试图和工人阶级人民“保持亲密”，试图展示他是他们中的一员，他们“大老远就会闻到这种味道”。他们与他相处要比与其他阶级的一些人相处显得更不自在。和其他阶级的人在一起，他们能够建立一种正式关系，他们准备严肃地或作为一种非常具有讽刺性的游戏来尊重这种正式关系；他们“知道他们和他们话语投机的地方”。但是， 247
他们能立刻发现他的态度中那种摇摆不定，发现他既不属于他们，也不属于他们经常表演的关系等级剧目中的任何一个群体；不是一类人终究不是一类人。

通过在某些方面变得不正常，他已经离开了他的阶级，至少在精神上是这样；他在另一个阶级中也是不正常的，神经绷得太紧。有时，工人阶级和中产阶级可以一起开怀大笑。他很少笑；他嘴角挂着勉强的微笑。他和中产阶级在一起经常感到拘束，因为从他自己的一个侧面讲，他不想让他们接受自己；他不信任他们或者有点儿瞧不起他们。在此，他被分裂开来，就像在很多其他方面一样。从他自己的一个侧面看，他羡慕很多他在他们身上发现的东西：才智的运用、世界观的宽广、风格的派式。成功的、有才智的中产阶级拥有一个光鲜的、繁荣的、酷极了的、摆满书籍的、讨论杂志的世界，他想成为这个世界的公民，他透过门口向里面瞥视或者在短暂的到访中感到难堪，因为意识到了他那肮脏的指甲。从他自己的另一个侧面看，他发展出一种看待那个世界的粗暴态度：他嗤之以鼻地对待那个世界里的自我满足、诚挚的社会关怀、充满才智的咖啡派对、在牛津温文尔雅的儿子们、米尼弗夫人（Mrs.Miniver）①那样的或者拉姆齐夫人（Mrs.Ramsey）②那样的文化虚荣。他做好了充分的准备去留意那种被认为是自命不凡或别出心裁的任何事物，留意那种允许他说这些人不懂生活真正是什么样的任何事物。他在鄙视和憧憬之间举棋不定。他就是弗吉尼亚·伍尔夫（Virginia Woolf）的《到灯塔去》中的查尔斯·坦斯利（Charles Tansley）③，但他可能没有那样的好头脑。弗吉尼亚·伍尔夫经常返回到他身上来，与其说是带着一种深层理解，倒不如说是人们可能希望如此；她深深地道出了很有教养的中产阶级观众的观点：

> ……一位自学成才的工人，我们全都知道他们是多么苦恼，多么自我，固执，粗鲁，异乎寻常，到头来让人恶心。

她还说：

> 我一直记得一位有点儿乳臭未干的公立学校男孩子，他充满着智慧和力量，但他非常害羞和虚荣，这让他头脑发昏，变得不切实际、矫揉造作、滑稽可笑、局促不安，他让友善之人感到对他不起，让严厉之人只是感到恼火罢了：希望他大了就好了。[10]

他没有工匠的补偿修正；通常，他也没有宗教信仰的慰藉，因此，

---

① 米尼弗夫人（Mrs.Miniver）是简·斯特拉瑟（Jan Struther）笔下塑造的人物形象。简·斯特拉瑟是英国作家和诗人乔伊斯·安斯特拉瑟（Joyce Anstruther，1901—1953 年）的笔名，米尼弗夫人起初是作者于 1937—1939 年间在泰晤士报专栏中塑造的人物，后于 1939 年结集成书出版，书名便是《米尼弗夫人》，该书在 1942 年被拍成电影，并获得第十五届奥斯卡最佳影片。——译者注

② 拉姆齐夫人（Mrs.Ramsey）是弗吉尼亚·伍尔夫（Viginia Woolf，1882—1941 年）笔下塑造的人物形象，她端庄贤淑，注重感性，是上层中产阶级的妻子形象。伍尔夫是英国小说家、评论家，她主张淡化情节，运用内心独白和意识流手法写作，著有长篇小说《海浪》、《黛洛维夫人》、《到灯塔去》、《幕与幕之间》等。——译者注

③ 查尔斯·坦斯利（Charles Tansley）是弗吉尼亚·伍尔夫在《到灯塔去》中塑造的人物形象，坦斯利出身下层中产阶级，他为自己赢得地位感到自豪，但又对上层社会那些有教养的人很反感。——译者注

他既没有那种与他人在一起可能会产生的共同体意识，也没有那种可能有助于在他心中建立起来的规则。他没有赚大钱之人的那种驱动力， 248
没有杂货店主追求受益的动力，也没有商贸企业家或有个性的厚脸皮销售者所带有的驱动力。他认真寻求自我改进，但并没有40年前他叔叔的那份精力和热心，并没有在理工学院（Polytechnic）刻苦用功的鲁雅轩先生们（Mr.Lewishams）①和博学的萧伯纳（Shaw）②和威尔斯（Wells）③的那种活力和热情。关于他所追求的改进和知识，几乎没有一点刺激和冒险；他的课本是早年的赫胥黎，可能还有卡夫卡。他很悲伤，也很孤单；他发现，很难与其他人建立联系，即便是和他条件一样的人也是如此："每个人都用那闷声闷气的嗓音穿越冷冰冰的水发出呼喊。"他说话吞吞吐吐，因为说到底他害怕找到他所寻找的东西；他的训练和他的经验可能让他害怕做出决定和立下承诺。他可能被说成是汤因比所说的"有创造力的天才"（creative genius）：

> 他会把自己和他行动的场域脱钩，在丧失行动的力量中，他会丧失生存意志。[11]

但他并不是个"有创造力的天才"。他非常聪明，足以把自己在精神上摆脱他的阶级，但他在精神上或感情上没有准备好解决随之而来的所有问题。他甚至拒绝"哲学的慰藉"，拒绝那种就像是、至少部分上是从评估他的情况而获得的安慰。即便他获得了某种文化程度，但他发现很难轻而易举地具备这种文化，他不像那些并不费太大劲儿就能拿到它的人一样容易，也不像那些和他一样还不知道"脑力"开发需要漫长过程的人一样容易：

---

①　鲁雅轩先生们（Mr.Lewishams）是指像鲁雅轩先生那样的人，鲁雅轩是威尔斯（H.G.Wells）在《爱情与鲁雅轩》中塑造的人物形象。——译者注

②　乔治·萧伯纳（George Bernard Shaw，1856—1950年），英国剧作家、评论家、费边社会主义者，其主要著作有《恺撒和克娄巴特拉》、《人与超人》、《巴巴拉少校》、《皮格马利翁》、《圣女贞德》等，萧伯纳曾获1925年诺贝尔文学奖。——译者注

③　赫伯特·乔治·威尔斯（Herbert George Wells，1866—1946年），英国小说家、记者、社会学家和历史学家，其主要著作有《时间机器》、《星际战争》、《基普斯》、《世界史纲》等。——译者注

> 上天赋予了你那种普通民众没有得到的东西：你有天赋……天赋让你与众不同……你只有一个缺陷。你的错误立场、你的悲伤、你肠子的黏膜炎全都由这个缺陷所引起。那便是你格外缺乏教育。请原谅我，但真理高于友谊（*veritas magis amicitiae*）……你瞧，生活有它的约定俗成。为了能在聪明人中间感到轻松自在，为了在他们中间不至于变成个局外人，为了不让他们给压制住，你必须要达到接受教育的某种程度。…… 天赋把你带到那个圈内，你属于那里，但……你扬长而去，你在有教养的人和对面的（*vis-à-vis*）寄宿者之间踌躇徘徊。[12]

尽管他不属于“有创造力的少数人”，他也确定不属于“没有创造力的多数人”；他属于没有创造力的但能自我怀疑和自我驱动的少数人。他有宏伟的抱负，但并没有能力配备也没有耐力去实现它们。要
249 是他能意识到自己的局限，要是他学会别高估自己的可能性，要是他甘心成为那种与其说“是你那样的傻瓜”倒不如说是他那样有适当准备的人，那么他会更加快乐点。但是，他的背景、他的精神气质、可能还有他的天然品质都让这种自我实现变得困难；因此，他继续被“在他那趾高气扬的虚荣和他那无足轻重的行动之间的出入不符”[13]所困扰。

第二节　文化的地位：对理想的怀恋

> ……因为我们全都脱离了生活；
> 或多或少，我们全都是瘸子。[14]
> （陀思妥耶夫斯基的《地下室手记》①里的小职员）

---

① 陀思妥耶夫斯基（Dostoevsky，1821—1881年），俄国作家，因参加革命团体被判刑流放，其作品旨在反映“小人物”的痛苦，人物异化心理刻画入微。《地下室手记》（*Notes from Underground*）是其在1864年出版的中篇小说，讲述主人公“地下室人”的思想活动。——译者注

显而易见，现在所探讨的才智上和文化上的援助对于不只是我刚刚描述的那类“奖学金男孩”来说很有吸引力。想必是，它们被设计出来就是要尽可能多地传达到这样的人手里：这些人无论出于何种原因以及无论是何种背景都在某种程度上感到存在着缺失，他们希望这种类型的训练能够弥补他们的缺陷。有很多人追求文化和才智训练并不是指望从中获得比他们能够正常供给的更多的东西，他们可以把他们的追求与社会和个人生活的实际情况联系起来。但在下一章中谈及这类人可能会更好些。

精神补偿的范围宽广而多样，在这一节中，我并不认为我能在来自不同文化层次的细节上避免来回移动。但是，在我正在描述的不确定性和抱负中，我所提到的各种各样的人的确看起来是融合到一块了。在最基础的层次，有些广告和我此前举例说明的那种相当模糊的心理学解释类型差不多。在另一个极端，对于那些寻求进入文化事务最前沿行列的人而言，存在着一些吸引力。在这两者中间，存在着比如说是这样的广告，这些广告似乎和对文化的渴望几乎没有任何关联，但它们对那种想要在工作中获得成功的迫切要求产生了一种直接的、实际的吸引力。可是，这些告示的语气似乎是在表明，它们会吸引与其说是那种有目的、讲实际的读者，倒不如说是吸引那种隐约有些不满的读者：

> 他们曾经是坐同样板凳的人，但日常工作对于比尔来说还不够好。**你呢？**
>
> 你是像比尔·沃森一样**准确命中**，还是像吉姆·辛普森那样**彻底失败**（在此可能会对比两张照片，一张是个快乐的年轻人，一张是个焦虑的年轻人）？
>
> 比尔通过……体系着手武装自己。
>
> 他现在是工厂总监，春风得意。

下一个例子是关于一个更加直接的类型的： 250

> **白送书**给读者。
>
> 我们属于**最新对应训练的最大供应商**行列。
>
> (在这些广告中,大写字母①的使用经常让人想起游乐场叫卖的小贩。)
>
> 这些珍贵的书对**你**来说都是**必读书**。在这些书中,你会发现对我们所有课程的清晰说明,无论是关于技术的、行政的还是监管的课程。**就来说说你喜欢的课程吧**。

从这些广告中,人们自然会转到那些更加通用的精神援助上来,转到很多广告上来,这些广告给出了流利表达的秘密,给出了像一位"优势明显的、有文化素养的个体"那样说话的秘密。"《现代思想百科全书》会让你成为语言大师":

> 那些已经开发了演讲天赋的人很了不起,真正成功的果实属于他们。
>
> 当要求由你来写则文稿时(想必,这并不必然暗示说,在这则广告所直接针的人中,大多数人是受邀发表演讲的),你会展示出坚决而果断的流畅性。

这一切只花费30先令。或者:

> 你说话**张口结舌**吗?
>
> 你想在演讲中成为**好口才**吗?
>
> 即使你没有足够的运气去上大学,生活最丰厚的回报依然还会是**你的**。

---

① 广告中使用的大写字母的词汇或短语用加粗字体表示,下同。——译者注

词汇——词汇——词汇

无论你决定去干哪行哪业，兴旺发达和让人尊重取决于你对**语言的驾驭**。

于是，有罗热(Roget)的《英语单词和短语汇编》(*Thesaurus*)[①]的各种各样的初级版本，有时候以一种直观的简明方式来展现，可能会追随星象图的风格，或者追随一些“一年中的每一周在花园里干什么”这样的示意图的风格；因此，如果你需要几个同义词来进行“美化”，那么你手动做两三个小调整，于是规定的词语便出现了。《万能词汇图解套装》(*Universal Vocabulary Diagrammatic Outfit*)会：

让你的生活耳目一新……魔法钥匙，它会带你进入一种更加充实的、更为积极的生活，甩掉今天你那种枯燥乏味的日常生活。

你能说服……断言……主导……全都具有那种不会被人怀疑的、前所未闻的优美和流畅。

晋升——名声——以及你所渴望的社会地位，**今天**就会是你的了。

你会兴奋不已，获得保证，轻轻松松得以提高。 251

精湛的写作和演讲秘诀就在你的**指尖**之上。

对于那些一般来讲志在追求文化或者甚至达到艺术家地步的人而言，存在着数不清的写作学校。“你预感到**你**会成为一名作家吗？ 如果是的话——邮寄这张表格吧”：

在你告诉你的朋友们一件奇闻趣事之时，他们会说“你应该

① 彼得·马克·罗热(Peter Mark Roget，1779—1869年)，英国医师、语言学家，1815年起为皇家学会会员，医务工作退休后，他编纂《英语单词和短语汇编》(*Thesaurus of English Words and Phrases*)一书，并于1852年首次出版。——译者注

写本小说”吗?

他们说他们是多么喜欢收到你的信件了吗?

很多像这样的人从未获得诀窍,因此他们的才能从来没有给他们带来他们完全应得的那种名声和财富。

于是,存在着综合性地去引导一种全面的文化:

音乐——艺术——文学

以下是最为完整的大纲,也给出了非常好的文化视角。

这种变化不会再次出现了

很多成了名的人非常感谢它的帮助。

每个例子都附带对其艺术特点进行清晰有用的说明。

通过这本书,你会有机会进入全世界最伟大的艺术作品。

通过这份手册,你也能在话题转到**心灵上的东西**时作出富有启发性的有力评论。

六几尼①买三本书,这个价格相当合理,除此之外可能还包括一本免费书,比如说是这样的书,“关于生动短语和巧妙隐喻的指南……对于任何想要流利、有趣地进行自我表达的人来说是必不可少的”。

人们只是偶尔注意到这样的事情,他们可能很想做出这样的假定,也即它影响的不过是一小簇人。但如果人们定期留意到这样的广告,很明显——因为这些广告一个接一个,在很多杂志的每一期中都有数个广告,有些还占了整个版面——它们的受众比我们大多数人所认为的要大得多。在一份典型的“优质”周刊的广告版面中,在我写作的一周内就有十一则广告。[15]其中三则是不相关的;两则是难以确定的两可

① 几尼是指1663年英国发行的一种金币,等于21先令,1813年停止流通,后仅指等于21先令的币值单位,常用于规定费用、价格等。——译者注

情况(一则是关于借助常用语手册自学外语的，一则是需要某种专业教师的官方声明)；剩下的六则是我正在描述的类型——关于通过一种声称是让任何一个职业都向学生开放的体系进行邮寄训练的，关于很好地掌 252 握英语的，关于盈利性创造写作的，诸如此类。按照每类广告所占的空间来划分，结果便是，在四个正版专栏中，一个专栏是不相关的，一个专栏的四分之三是难以确定的两可情况，二又四分之一的专栏是关于我们的主题的。一本现行的“优质”月刊有八个头条广告版面。这种类型的广告占据了其中的相当于两个版面的空间，或者是整个空间的四分之一，与那些为技能课程或者类似的职业课程所做的广告相比，这些在“优质”月刊中对创造性写作或者用词技巧进行帮助的广告，比它们在“优质”周刊中要明显更多一些。

说到这类广告的诉求程度，我没有统计学上的证据。当然，它们插入进来的费用一定很高，可能也不会这样密集地去使用，除非有相当一批人对它们有回应。对于学生来讲，这些课程通常也非常贵，对于我来讲，在大多数情况下，与公共成人教育相比，它们的效率较差。但是，让公共成人教育去吸引许许多多这样的学生，这似乎也是不可能之事。毫无疑问，他们中的一些人以这样的认识来回答了这些广告，也即他们一定会用功进入到所暗示的诱人目标的视线中。对于大多数人而言，公告的语气通常是在说，“号召去学习”或者去“培育”只会是寓言性的。这看上去似乎提供了一种近乎魔法般的快速方法，来去掉那种未经系统阐述的缺陷感。在“优质”周刊和月刊中出现的这类广告明显不是专门直接针对工人阶级和下层中产阶级人民的。但工人阶级和下层中产阶级读者在它们预期的受众之列，调查表明，它们成功地赢得了此种类型的大批读者；类似的广告也定期出现在专门面向工人阶级的杂志里。

对我刚才所说明的那种人进行救助的要求只是一种方式，在这种方式中，那种希望进入文雅生活的愿望得以自我表达。通过查阅在阅读方面的一些当前趋势，人们可以更加广泛地讨论这种相同的情形。我记得一种对于文化出版物的解读，这种解读从一个侧面来说是不正确的，它由一种太过于强烈、太过于模糊的期望所驱使。我的印象是，这种对严肃出版物感兴趣要比普遍所认为的要更为常见。从对学习“活力演讲和写作”进行初步劝说到“知识分子小圈子”的一些会员形
253 式，从对一些治疗世界病痛的灵丹妙药迷恋地以及通常是相当异乎寻常地感兴趣（借助一种体系）到那种可怕的极度“固执己见”之状态，通常会存在着一种连续的设计轨道。

对于一些人而言，晚期的《约翰·奥伦敦周刊》（*John O'London's Weekly*）①明显迎合了一种强烈的感觉需求，我认为，这比该周刊正大光明地去呼吁迎合的需求更为强烈。另外一些人以阅读普里斯特利（J.B. Priestley）②和像他这样的作家之作品感到自豪，因为他们是“传递着某种信息的严肃作家”。还有一些人已经意识到普里斯特利先生是个“品味一般的人”，只有在反对的口气中才提到他。他们往往阅读那种极度讽刺的或悲惨的文学——沃、赫胥黎、卡夫卡和格林（Greene）。他们拥有企鹅出版社的艾略特节选作品，也有一些其他的企鹅出版社和塘鹅出版社的作品；他们过去经常购买《企鹅新作》（*Penguin New Writing*）③，现在则订阅《交锋》（*Encounter*）④。他们对弗雷泽（Frazer）⑤和马克思略有所知，但通常只是从评论和短文中获悉；他们可能拥有一本塘鹅版

① 《约翰·奥伦敦周刊》（*John O'London's Weekly*）是在1919年到1954年间由伦敦的乔治·纽恩斯公司出版发行的文学杂志周刊。该杂志定期有关于英语语法和词汇运用的文学栏目，也会认真推荐一些挑选出来的好书。该杂志在一战二战的间歇期非常流行，二战爆发影响其发行量，读者品味变化和高昂的价格使之在二战结束后仍未恢复过来，便于1954年9月宣布停刊。——译者注

② 约翰·博因顿·普里斯特利（J.B.Priestley，1894—1984年），英国小说家、剧作家、文学批评家，其主要作品有流浪汉小说《好伙伴》、喜剧《金莲花树丛》、文学评论《英国小说》等。——译者注

③ 《企鹅新作》（*Penguin New Writing*）是每月出版的书刊杂志，其前身是1936年创刊发行的《新作》（*New Writing*），1940年更名为《企鹅新作》，该杂志于1950年停刊。——译者注

④ 《交锋》（*Encounter*）是一份文学杂志，由诗人斯蒂芬·斯彭德（Stephen Spender）和记者欧文·克里斯托（Irving Kristol）于1953年创刊，迅速成为影响力很大的英美思想文化期刊，但由于它接受美国中央情报局（CIA）的基金资助，这让英国知识界和美国同行几乎彻底决裂。由于不断增加的债务问题，该杂志于1991年停刊。——译者注

⑤ 詹姆斯·弗雷泽爵士（Sir James Frazer，1854—1941年），英国人类学家、民俗学家和古典学者，著有《金枝》，认为人类思想方式的发展过程是由巫术、宗教发展为科学。另著有《图腾崇拜和族外婚》、《火的起源神话》等。——译者注

的弗洛伊德的《日常生活的精神病理学》（*Psychopathology of Everyday Life*）。他们有时候收听第三节目（Third Programme）①中标题诸如“现代文学中恶之崇拜”（The Cult of Evil in Comtemporary Literature）那样的节目。

有些人在某种近似知识界的单位经历了一段不稳定的任职期。如果是这样的话，他们可能相信“自由”，也可能成为“反威权主义的人”；他们会听说过“公民自由之全国委员会”（National Council for Civil Liberties）②，也会阅读《新政治家与国家》（*New Statesman and Nation*）③。他们会知道那些为了捍卫现代艺术、特别是为了捍卫毕加索而反芒宁斯（anti-Munnings）④的言论。他们会知道对于大众出版物的降格效应和广告的腐蚀性所进行的争论。他们会在那种分析中找到某种乐趣，这种乐趣很容易就成为一种受虐狂般的虚无主义。可是，当他们碰到“反动的”反对意见之时，他们会比他们应该表现出来的更加难堪，因为他们那时会遇到从外部而来的问题，而这种种问题在他们自身的性格中仍旧没有得以解决。从他们自觉的、有教养的一面来说，有些乐趣他们明知是不正当的，他们还仍然喜欢这些乐趣，但感觉有些丢脸。他们会觉得他们分享了某种“荒芜之地”，某种“忧虑”，某种智识；但实际上只是处在他们自己的那片荒地上。无论如何，他们会高估智识的乐趣。

---

① 第三节目（Third Programme）是英国广播公司在1946—1970年间制作的全国性广播节目。1946年9月29日开始播出，后迅速成为英国思想和文化的领导力量之一，在传播艺术文化方面扮演着关键角色。1970年4月4日被英国广播公司广播电台三（BBC Radio 3）所取代。——译者注

② “公民自由之全国委员会”（National Council for Civil Liberties）是英国的一个倡议组织和政治压力集团，它通过法院、议会、范围更广的社区中开展活动以保护公民权利和提升人权。该组织于1934年成立，至今仍在运行，人们习惯称之为“自由”（Liberty）。——译者注

③ 《新政治家与国家》（*New Statesman and Nation*）是英国的一份专注于政治和文化的杂志。1913年，《新政治家》（*New Statesman*）创刊，成为政治和文学领域的评论周刊。1931年，该杂志和《国家与雅典娜神殿》（*The Nation and Athenaeum*）这份自由主义的周刊合并，并更名为《新政治家与国家》，1964年，该杂志又重新更名为《新政治家》。——译者注

④ 阿尔弗雷德·詹姆斯·芒宁斯爵士（Sir Alfred James Munnings，1878—1959年），英国著名的画家，以画马而出名。他坦率批评现代主义，声称塞尚、马蒂斯、毕加索糟蹋了艺术。——译者注

为数不多的人得到了美好结局并践行着那种“固执己见”，正像我所说过的那样，这种“固执己见”是一种稍微更加理智一点的“碎片化”形式。在“固执己见”之中，他们能够享受那些主要是剽窃而来的观点所放出的异彩，能够试图对于任何事物都随时随地发表看法——比如对于氢弹，对于“妇女的地位”，对于现代艺术，对于英国农业，对于死刑，对于“人口问题”。他们的训练帮助他们去囫囵吞枣地应对处理诸如此类的很多东西，让他们通过转两次、三次、四次手去“持有看法”；他们的训练促进了那种兔眼式的看法。我们很熟悉那种能够变
254 成一种精神乱交的路径；有些人渴望作出这种专家鉴定，但他们出身贫寒，在处理应对观点上或者在对富有想象力的作品作出反应上，他们训练得不够，因此他们的处境特别不幸。他们紧紧抓住许多错误理解的观点，但整体上感觉是误入歧途了。他们更加容易去阅读那些评论，而非阅读那些正在被人们品评的书籍，结果，把这些评论当做是一种理所当然的正规替代品。他们在那个非常拥挤的、让人震惊的、经常让人产生错觉的观念之世界里游荡，就像第一次来到惊险游乐场(Fairground House of Thrills)的孩子们一样——依依不舍、迫不及待地去观看和理解、对所有东西都有反应，他们顽皮地想要真正享受一下时光，但在内心深处却担惊受怕。

在某种程度上，他们已经失去了一种人生支点，而且尚未到达他们渴望的那种生活。失大于得。那些即便达到了一种表面上沉着自信的人，他们的家庭住所也会像其他事物一样诉说着很多东西。通常，他们已经失去了他们原本的那种杂乱无章的居家感受；他们并未变得俗气。结果便是，在布置家居上通常是那种紧盯着老师的风格，就像在文学中他们喜欢的风格那样；房间的类型由居住者的需求所决定，要在文化上成为受欢迎的人，而不是掉进工人阶级的那种“憋闷”或者中产阶级的那种“舒适”中去；那些具有强烈自我意识的房间，它们的外在效果要比其宜居性更为重要。他们正在犯一种错误，这种错误是他们从资产阶级和让人尊敬的工人阶级身上留意到的，他们让那些光彩夺目

的装饰品和窗帘上有图案的一面对着大街，而非面对室内。每个房间都重复着上千个其他的房间，在这些房间中，它们同时探求着文化的刻度，因此它们中的大多数都具有一种千篇一律的公共氛围，和那种单调的实用家具之气氛相似。太多太多的是为了效果、为了跟得上凯斯特勒们(Koestlers)而设计的。几乎看不到太多的凌乱不堪，几乎看不到自然而然的个性癖好，几乎看不到作为个体所喜欢的直接挑选。看不出任何显而易见的庸俗之处，除非某些被一眼就看得出的庸俗已经变成了时尚的东西。几乎没有东西是因为房子里的某人真正喜欢它们、按照这样的方式而被挑选出来的，这种方式让他们的大婶在谈到她为圣诞节而准备的“花哨的”装饰瓶时说，“噫，它是不是很可爱。”房间的嘴里所“说出来的从来都不是一件好的或者真实的东西”，因为房间还不是现实生活的一部分。相反，房间彰显的是一种经验上的分歧，更重要的是，它表达了一种愿望。

上述内容是故意进行的一种选择性解释，为的是让焦点聚集在这样一种情形上，也即尽管这种情形影响的只是一小部分人，但它解释了本书更加宽泛的方方面面。因为很多——关于阅读和其他习惯的——细节取自于我自身的历史，一方面希望界定自身的愚昧无知，一方面则希 255
望证明它们的正当性，我强烈意识到了二者之间的张力。或许从整体上看，前者占据主导地位。结果，可能在某些地方似乎有些难看，可能看起来过多地是在暗示说，像这些人一样的人民稍微有点荒唐可笑，如果不是不诚实的话：

> 她非常了解这种类型——有志向，精神上不诚实，对书本之外的东西了如指掌。[16]

这有一定的道理，但过于生硬，过于固执；也许这样说会更贴切些，“那是多么可悲啊”，倘若不是在谈到那种毫不合理的屈尊俯就的地方是那么清晰明了的话。像这样的人民通常是过于严肃紧张的，这是事实。他们对文化的迫切要求有时带着一副不屈不挠的、一本正经的神态——但并不是像大众专栏作家那种不屈不挠的神态，在他们嘲笑自我改进之时，大众专栏作家则试图去弄清楚它。可是态度是多么值得尊重啊：在很容易就会导致那种自大的低俗主义（low-browism）之时，一些人对“心智上的东西”保持着一种理想化的热爱。甚至在那种态度的不当措辞背后，经常存在着一种理想主义，或者更恰当地说，是一种对理想的怀恋。像这样的人们如此强烈地依靠着文化，准确地说是因为他们把它看得太重了，甚至有时候把它当做是宗教信仰的替代品，他们无法正视这种宗教信仰，把它当作是一种认真对待的契机。宗教是不可信的，更有甚至，“阶级”和金钱也是不可信的。文化是客观公正的善之标志，是关于曾经给予自由和沉着的那种头脑和想象力的标志。在努力奋斗的那些往往有些奇怪的形式背后，是希望获得“真正有教养”之人的那种假定的自由，是希望获得权力和对自己的掌控。这可能会是一种错觉，因为它期待从文化中得到的东西比文化能够给予的东西要多；但是，它是一种很有价值的错觉。

在这一点上，这些人受到他们时代的影响不亚于受到一些能够给他们的不安全感披上一件体面礼服之人的影响。人们很容易过多地归咎在这种“现代生活的怪病”身上，反正那个短语已经有一百年的历史了：但在某种程度上，这些都是马修·阿诺德口中的“外星人”（aliens），一百年后，寒风更加凛冽：

> 但在每个阶层中都生就了一定数量的具有这样的天性之人，他们好奇那个最好的自己是什么样的，一心想着弄清事物的本来面目，把自己从机器中解脱出来，单单关注理性和上帝的意志，并尽最大努力让这些流行起来；简言之，他们想要追求完美……这种禀赋总是容易把他们从其所属的阶级中拎出来，造就了他们与众不同的性格……他们的人性。总体而言，在他们的生命中，他

们都有一段吃苦受难的时光。[17]

阿诺德的模糊灵感听起来的确完全没有一点说服力；但这段话中存在着一种重要的事实，它甚至到现在还有说服力。一些20世纪的“外星人”在30年代加入了共产党，加入了和平誓言联盟(Peace Pledge Union)①，加入了左翼图书俱乐部(Left Book Club)②，加入了联邦运动(Commonwealth movement)，加入了社会信用党(Social Credit Party)③。他们经常会有一种目的性，后来在50年代这种目的性很难再找到了，但动力尚在。他们“想干一番大事”，但这样的情形让他们感到灰心丧气——也即，他们发觉要向各种各样的大量问题卑躬屈膝；他们感到，尽管他们看似会对很多事情了如指掌，就像良好的民主制度下的市民那样对很多事情都有看法，但实际上，他们并不能有效地做任何事情来解决任何问题。“唯有他灵魂，别无引路星”被哈代拿来运用到无名的裘德身上；但在今天的裘德们身上，灵魂之光是忽隐忽现、毫无保障可言的，因为他们怀疑自己能否做出果断的决定，这让他们局促不安。许多自相矛盾的声音也让他们感到局促不安，这每一种声音都是那么博闻广识、那么确定无疑、那么让人信服；这些声音会说，“啊，但它全部取决于……”，或者“这些只不过是统计数据罢了，你不能相信统计数据”，或者，“这只是慷慨激昂的言辞而已”。正是他们对在道德上哪些事情该做极难做出决定，这才把他们吓怕了。最糟糕的是，他们隐隐害怕自己身上的那些基本问题(这样好吗？这样正确吗？)毫无意义可言，这便削弱了他们的自信心，他们还发现自己无法停止询问。近来的这些清晰标杆开始消失在一种没完没了的相对性的 256

① 和平誓言联盟(Peace Pledge Union)是英国主张和平主义的非政府组织。自1934年以来，该组织致力于反战运动。——译者注

② 左翼图书俱乐部(Left Book Club)是英国的一家出版机构，在1936—1948年对英国左翼组织产生极大影响。——译者注

③ 社会信用党(Social Credit Party)是英国的一个政治党派，它在1920年成立，在后来约翰·哈格雷夫(John Hargrave)的领导下，该组织逐渐转变成为了社会信用而奋斗的准军事组织运动。在1935年大选中，该党有一个候选人参选，但并未成功。——译者注

迷雾中：有没有人曾经真的根据原则来行事呢？或者他们只是看上去这样的吗？事实上，他们“正在实施别的蒙骗”吗？他们只是需要强心剂吗？“最主要是缺乏任何信念”；倘若不是这种局面在本质上不准有悲剧性的态度——无论如何演员们会怀疑这些态度——也很少让他们获得通往悲剧的力量，我们便会面对那种善意的悲剧了。通常情况下，他们继续处在这样的地方，在那里，“除了受难者的那种充满激情的自我主义之外，任何事物都是低于悲剧水平的”[18]。

他们剩下的只是一种完全没有翅膀的诚实了，那种补偿性的自我讽刺通常也无济于事。但是，它仍然是一种诚实；它最为常见的面庞具有一位在陌生公司的男孩脸上的那种将信将疑。它是犹豫不决的；它认为没必要过于热情，可却对这种事实感到惋惜。在害羞的背后通常是一种不可挑衅的道德勇气。它是秘而不宣的，因为这些人已经认识到，如果把它公开表达出来，可能会被人嘲笑。探寻某种信仰（不过是
257 伪装起来的）和对它的不断驳斥能够让他们几年来在情绪上感到压抑。或者说，他们对一种信仰的渴望经常被伪装成另外一种表面上的犬儒主义形式，并不能完全说对于大多数工人阶级而言这种犬儒主义新形式很常见，但与它有关，而且和它息息相关。说到这里，一大堆并未完全掌握的知识强化了这种形势。要是他们吸收了知识，可能产生的影响不会如此之弱。所学的那些关于社会科学的、人类学的、社会学的、社会心理学的知识正好足以在大多数场合下提供一种非建设性的参考依据。现在，“波利尼西亚人怎么样了？”接替了那个在政治上“俄罗斯人怎么样了？”的问题成为关键问题。他们接着玩那种找致命弱点的游戏，但并不像那些在智力上更加自信的揭穿真相者一样傲慢无礼：他们总是怀疑所有的人和事都已被挖完了，这让他们在心底里感到沮丧。他们是那个世界里的可怜的富家小伙子，在那个世界里，大众化的和杂乱无章的信息供给过剩，更不用说能够对其信息进行有意义地分组了。然而，在感觉上可以有那么一种乐趣，就像是在金斯利·马丁先生（Mr.

Kingsley Martin)①和提瑞西阿斯(Tiresias)②之间穿梭一样；人们能够在某种程度上和格雷厄姆·格林一起揭穿真相。

因为这种表面上的犬儒主义实际上是对信仰的怀恋，所以对于观察那些在寻找信仰过程中经受了扭曲和压力的其他人特别感兴趣，当然此中也并非毫无掺杂嫉妒之情。与此交织在一起的是那种没完没了的对欺骗的怀疑；这些其他人可能都是伪善的：无论如何，存在着这样一种怨气，也即，对于一个人本身而言，似乎就不可能有如此积极和肯定的行动，“有的只是各种各样的嫉妒，/它们全都是令人悲伤的”。

为数不多的人找到了一副合适的公开面孔——“我没有幻觉。我没有想方设法向任何人‘推销’任何东西。我还不至于糊涂到公开发牢骚的地步。”对于大多数人来说，这张脸的某种特征是富有启发性的——额头上有皱纹，眉头紧锁，一只“被遮住光线的眼”；最重要的是那张嘴，下半张嘴只是为了避免那种绷紧的上半张嘴所不愿看到的松懈状态。上半张嘴为掩饰更深层次的不满提供了一个前沿阵地，给出一种让损失降到最小的、类似于恬淡寡欲的迹象。这是最为常见的表情，就像其他大多数表情一样，这种表情也带有轻度自怜和任性。在这活在自己心里面的、饱受这些各种猜忌之苦的所有压力之下，人们容易把自己看作是一种持不同政见的拜伦式英雄。从文艺复兴开始，从鲁滨逊·克鲁索(Robinson Crusoe)③开始，从卢梭开始，各种各样充满浪漫色彩的个体主义之形式继续前行——在某种程度上讲，这又为它们增添了一种形式，但这种形式经常在自我欣赏中颓废了下去。这些心怀不满的浪漫主义者虽然被那种需要扬帆远航的感觉所困扰，但他们很少有人动身出发，因为甚至几乎没有足够的信念认为旅行真的是必须 258

① 金斯利·马丁先生(Mr. Kingsley Martin，1897—1969年)，英国记者，他在1930—1960年间担任左倾政治杂志《新政治家》的主编。——译者注

② 提瑞西阿斯(Tiresias)是希腊神话中底比斯的盲人预言家，他甚至在冥界仍有预言才能，他的预言导致俄狄浦斯悲剧的发生。据传，他双目失明是因为激怒了赫拉。他的预言天分是宙斯补偿给他的。——译者注

③ 鲁滨逊·克鲁索(Robinson Crusoe)是英国小说家丹尼尔·笛福所著小说的主人公，他因船遇难而在荒岛长期生活。——译者注

的：他们往往变成了“他们本来就该成为的那种对现状不满的人”。

在他们表面上的犬儒主义和顾影自怜之下是一种深深的迷失感，失去了目的，意志逐渐被削弱。有时候在我看来，二十几岁的时候是他们的处境最为困难之时，此时他们便开始攒足干劲儿去寻找在文化和才智上的满足。在结婚后的最初几年里，通常都会发生变化。但起初，在一两年的时间里，尽管他们通过结婚犯下了一种中产阶级身上的软弱之罪，更糟糕的是，他们让自己染上这种软弱，去背叛他们的自由，但他们有一种中了圈套的神情。正像他们所理解的那样，时代风气几乎宠坏了他们，没有经历重大感情困难就承担起了婚姻。这并不是说，在一开始和其他人一起生活的阶段里最好遇到不可避免的难题。但他们必须认识到，一个人可以承认他最深厚的感情，这不需要与它们撇清关系，也不需要因为它们变得敏感；他们必须认识到这一点：试着做个好丈夫和好父亲一点儿也不沉闷乏味，人们可以活在真实中，在这里跟任何生活领域都差不多。

对于大多数人而言，特别是在成年早期，有一种挫折感意识；他们“身处黑暗和死亡的阴影中……被困苦和铁链捆锁”[19]。他们的根过于频繁地被拿来进行仔细审视；他们变成了智力和精神上的流浪儿。质疑继续进行着，伴随质疑而来的是对找到答案的恐惧：

> 我们宁可被毁灭也不要被改变。
> 我们宁可在担惊受怕中死去，
> 也不要爬到机会的十字架上，
> 眼睁睁看着我们的幻想死去。[20]

被埋没的理想主义和无处不在的优柔寡断保证他们不会“乘机渔利”：从根本上讲，他们在乎这一点；他们想做正确的事情。在很多方面，他们渺小、可怜、放纵；可是，自觉意识，以及所有由它衍生的结果，都有其自身的吸引力和优点。他们中的很多人抵抗住了一些最厉害的毒品之伤害；他们拥护某些东西。因为社会越来越走向这样一种危险，也即让更多的人处于顺从接受的被动状态中，所以他们两眼紧盯着电视、半裸美女照和电影银幕，这些少数人——因为他们正在提出重要的问题——具有特殊的价值观。[21]从根本上讲，他们的问题影响着今天我们所有的人，因为它们关系到根、无意识的根对我们作为个体的每一个人的重要性问题；它们关系到我们这个迈向中央集权化和无阶级 259
性的时代所遇到的那些主要社会发展问题；它们关系到在文化上和才智上的事情与那些人们借以尝试塑造生活的信仰之间的关系问题。这类人因此属于社会比较敏感的触角，尽管这些触角现如今已伤痕累累。社会主体基本上忽略了他们；但他们表现出来的症状牵涉每一个人。威尔逊主教(Bishop Wilson)①在一百年前所下的结论在今天也照样正确：

> 需要被唤醒的人比需要安慰的人要多得多。[22]

注 释：

[1] 契诃夫：致阿·谢·苏沃林的信，1889 年 1 月 7 日，载《契诃夫的生平与书信集》(*The Life and Letters of A.Tchekov*)，第 114 页，科捷尔林斯基(S.S.Koteliansky)和菲利普·汤姆林森(Philip Tomlinson)编译，卡塞尔出版社(Cassell)，1925 年[道布尔迪/多兰有限公司，美国纽约(Doubleday, Doran and Co., Inc., N.Y., U.S.A.)]。

屠格涅夫：《父与子》(*Fathers and Sons*)，康斯坦斯·加尼特(Constance Garnett)译，1895 年，海涅曼出版社，1951 年再版，第 32 页。

[2] 乔治·艾略特：《米德尔马契》(*Middlemarch*)，1872 年，第 3 卷，第 29 章。

[3] 参见《过早失学》(*Early Leaving*)，第 19 页和第 36 页。

[4] 参见《过早失学》，第 32 页。工人阶级地区的“小”学有不多几个奖学金名额：但也要参见下面第十一章第二节以及政治和经济规划(P.E.P.)的小册子“大学生的出身背景”，《规划》(*Planning*)，第 20 卷，第 373 期，1954 年 11 月 8 日，看一下工人阶级的孩子们在大学中的比例增长的情况。

[5] 赫伯特·斯宾塞：《自传》，1904 年，第 i 页；瓦茨出版公司 1926 年再版，第 338 页。

[6] 《托马斯·霍尔克罗夫特的一生》(续)(*The Life of Thomas Holcroft*)，威廉·黑兹利特(William Hazlitt)著，埃尔布里奇·科尔比(Elbridge Colby)编，康斯特布尔

① 托马斯·威尔逊主教(BishopThomas Wilson, 1663—1755 年)，英国的一名宗教人士，1692 年被马恩勋爵、德比伯爵威廉·斯坦利任命为个人牧师，他到达马恩岛后，在那里建立了教区和新教堂，威尔逊主教与当地人民关系密切，深受民众爱戴。威尔逊下面所讲的这句话出自其作品《虔诚箴言与基督箴言》(Maxims of Piety and of Christianity)，该作品在威尔逊去世后于 1781 年首次出版，此处作者称的“一百年前”有误。——译者注

(Constable)，1925年，第2卷，第82页。

[7] 在我看来，这种对比通常似乎在女孩子们中间更为明显：把十四五岁的典型中等技术学校的女孩子和文法学校的同龄女孩子进行比较便可而知。

[8] 克林根德博士(F.D.Klingender)在赫尔大学进行了学生调查研究，在《变化世界中的学生(1951—1952年)》(*Students in a Changing World*，*1951—1952*)中，他认为，这种情况不再是这样的了。根据提供的相关信息，58%的男人和26%的女人在业余时间干些工作。

[9] 格雷厄姆·格林：《这是战场》(*It's a Battlefield*)，海涅曼出版社，1934年，第2章，是描写康拉德·德罗韦尔(Conrad Drover)的一段话。

[10] 两处引文均引自弗吉尼亚·伍尔夫(Virginia Woolf)的《一位作家的日记》(*A Writer's Diary*)，霍格斯出版社(Hogarth)，1953年，第47页和第49页[哈考特·布雷斯出版公司，美国纽约(Harcourt Brace and Co.，N.Y.，U.S.A.)]。

[11] 阿诺德·汤因比：《历史研究》，由萨默维尔(D.C.Somervell)删节，第313页，牛津大学出版社，1946年。

[12] 契诃夫：致其兄长尼古拉的信，莫斯科，1886年，载《契诃夫的生平与书信集》，第80页。

[13] 特罗特(W.Trotter)：《和平与战争中民众的本能》(*Instincts of the Herd in Peace and War*)，托马斯·费舍尔·昂温书局(T.Fisher Unwin)，1923年版，第67页。

[14] 《地下室手记》：康斯坦斯·加尼特译，海涅曼出版社，《白夜》(*White Nights*)，1950年版。

[15] 以免这些比例不合乎典型的一周时间，我还针对一周之内相同期刊的广告页面进行了类似的考察，在这种考察中，本章修订如下：

> 我正在讨论的这种类型的广告占了三又四分之一的栏目，共有7则。剩下的四分之三栏目被归属不清的广告所占据，共有2则。

[16] 福斯特(E.M.Forster)：《霍华德庄园》(*Howard's End*)，阿诺德出版社，1901年。

[17] 阿诺德：《文化与无政府状态》，第3章。

[18] 乔治·艾略特：《米德尔马契》，这是在谈到卡索邦(Casaubon)时所讲的话。

[19] 《圣经·诗篇》，第107章，第10节。

[20] 奥登：《焦虑的时代》(*The Age of Anxiety*)，费伯出版社，1948年[兰登书局，美国纽约(Random House，N.Y.，U.S.A.)]。

[21] 然而，有多么少呢？三万人购买了《伦敦杂志》的第一期。我猜测，很大一部分人属于这种类型。《1954年赫尔顿读者调查》表明，在第四类和第五类中，大约有三万名35岁以下的已婚男人是《倾听者》的读者。

[22] 转引自马修·阿诺德：《文化与无政府状态》，第3章。

第十一章

结　论

260

> 反思一下普遍恶的严重影响，要不是我对人类心灵中的某些与生俱来且坚不可摧的品质有深刻印象的话，我会被一种难以启齿的忧伤压得喘不过气来。
>
> （华兹华斯）

> ……人们会不容置疑地说
> 那便是这场较量的最终结局，
> 但人类是不会灭亡的。[1]
>
> ［埃德温·缪尔（Edwin Muir）①］

第一节　适应力

我几乎没有谈到过去50年的重要社会变革，而更多地谈到了伴随它们而来的在文化上的危害。显然，看到大多数劳动人民在几乎所有方面都越来越好、有了更好的居住条件、更加健康、分享到了更多的消费品、教育机会更多了等等，没有人不会为此感到高兴。除非我的判

① 埃德温·缪尔（Edwin Muir，1887—1959年），苏格兰奥克尼群岛的一位诗人、小说家和翻译家。他的诗篇具有生动、朴素的风格，他还翻译了弗兰兹·卡夫卡的大量作品。——译者注

断出了差错，否则我所解释的便是，相伴而生的文化变革并非总是一种改进，在某些比较重要的情况下却是一种恶化。

我也没有大量谈到在工人阶级人民中“真诚少数派”的影响力，因为我的首要关注是多数派的态度。然而我并不是要低估“真诚少数派”的作用，也不是要暗示说这个少数派在今天不大可能被找到。因为少数派对与其人数不相称的群体已经产生了以及可能继续产生着(尽管这绝不敢肯定)影响力，所以重要的是，应该更加直接地来谈一谈他们。我记得这样一些人，他们参加自愿工会活动，他们通过比如说那些由“工人教育协会”(Workers' Educational Association)所办的班级来接受成人教育。在我们当前的环境下，显而易见的优势之一便是，与此前相比，今天那些有这种兴趣的工人阶级人民更加充分地去发展和锻炼这一兴趣。

在19世纪，像这样的人积极地、通常做出了巨大牺牲地支持当时
261 正在起势的工会主义，他们效力于议会中的工人代表，他们与“合作化运动”(Co-operative Movement)有联系，他们是地方工会分会的中流砥柱。在利兹，他们便是这种类型的人，他们在19世纪60年代召集利兹工人议会改革协会会议来考虑组建全国机构，以便在工业领域开展改革运动。80年代，他们为海德门(Hyndman)的社会民主联盟(S.D.F.)①效力，90年代，他们为独立工党(I.L.P.)②效力。在世纪之交，他们帮助建立“工人代表委员会”(Labour Representation Committee)③，也就促进了工党的诞生。几十年来，他们的领袖都是像汤姆·曼恩(Tom

① 亨利·海德门(Henry Hyndman，1842—1921年)，英国作家和政治家，他是社会民主联盟(Social Democratic Federation)和国家社会党(National Socialist Party)的创立者，也是英国马克思主义政治领袖，他引导英国的许多社会主义者走向马克思主义。海德门创建的社会民主联盟是英国国内第一个成立的社会主义政党，1881年召开第一次大会，1911年并入英国社会党。——译者注

② 独立工党(Independent Labour Party)是英国的一个社会主义政党，1893年成立，1975年解散并成为工党内部的一个压力集团组织。——译者注

③ 工人代表委员会(Labour Representation Committee)是英国工党的前身，它于1900年成立，起初是一个压力组织，在1906年英国大选中，该组织在下院派获得29席，并于该年正式更名为“工党”。——译者注

Mann)①、本·蒂利特(Ben Tillett)②、凯尔·哈迪(Keir Hardie)③和乔治·兰斯伯里(George Lansbury)④这样的人。今天，在政治和工会事务上，以及在雇员和管理部门间关系的众多新形式上，他们中的很多人都在做着很有价值的工作。[2]

在19世纪中后期，他们的阅读很可能是宽泛的、精深的、且鼓舞人心的。他们一本又一本地阅读莫里斯和罗斯金(Ruskin)⑤的书籍。他们阅读亨利·乔治(Henry George)的《进步与贫穷》(*Progress and Poverty*，1881年)⑥和布拉奇福德(Blatchford)的《快活的英格兰》(*Merrie England*，1894年)⑦。《快活的英格兰》的销售量超过一百万本，大部分每本一便士；《进步与贫穷》在四年中售出了六万本。他们在90年代订阅布拉奇福德的《号角》(*Clarion*)⑧，并帮助让"号角自行车"(Clarion Cycling)和"号角灰姑娘"(Clarion Cinderella)⑨俱乐部运转起来。他们中的一些人以及那些并非完全对政治观兴趣的很多其

① 汤姆·曼恩(Tom Mann，1856—1941年)，英国著名的工团主义者。通过自我教育，曼恩成为成功的组织者，在工人运动中成为深受欢迎的公开演讲者。——译者注

② 本·蒂利特(Ben Tillett，1860—1943年)，英国社会主义者、工会领导者和政治家。他是费边社成员，也是独立工党的创建成员。他领导的新工会主义关注于对非熟练工的组织和引导。——译者注

③ 凯尔·哈迪(Keir Hardie，1856—1915年)，苏格兰社会主义者、政治家和工团主义者。他是工党的创始人，是第一位工党下院议员。——译者注

④ 乔治·兰斯伯里(George Lansbury，1859—1940年)，英国政治家和社会改革家。作为下院议员，他成为社会主义者和济贫法改革者。他曾在1931—1935年间担任工党领袖，因不愿对意大利人侵埃塞俄比亚进行经济制裁而失去工党领袖之职。——译者注

⑤ 约翰·罗斯金(John Ruskin，1819—1900年)，英国艺术评论家、社会改革家，推崇哥特式建筑和中世纪艺术，捍卫拉斐尔前派的艺术主张，反对经济放任主义。其主要著作有《近代画家》、《建筑的七盏灯》和《时与潮》等。——译者注

⑥ 亨利·乔治(Henry George，1839—1897年)，美国政治经济学家和记者，他的作品在19世纪非常受欢迎，他主张征收"单一地价税"，使土地增价收益全部归社会所有。其主要著作有《进步与贫穷》、《土地问题》等。《进步与贫穷》首版于1879年，在19世纪90年代，该书销售量超过除了《圣经》之外的任何书籍。——译者注

⑦ 罗伯特·布拉奇福德(Robert Blatchford，1851—1943年)，英国社会主义运动家、记者和作家。其主要著作有《快活的英格兰》、《英国人的英国》等。《快活的英格兰》是作者关于社会主义的论文集，1893年首次出版，首版销量三万册。一便士版出版于1894年，在出版前就被预订了25万册，出版后一年内售出75万册。据称，如果有一个人被《资本论》所改变观念，那么就有一百人被《快活的英格兰》所改变。——译者注

⑧ 《号角》(*Clarion*)是罗伯特·布拉奇福德创办的报纸周刊，该报是社会主义出版物，它以英国中心视角而非国际视角来看待政治事务。——译者注

⑨ "号角自行车"(Clarion Cycling)和"号角灰姑娘"(Clarion Cinderella)都是在报纸《号角》创立后由读者组成的俱乐部，这些俱乐部支持社会主义运动、关注工业贫民窟儿童、为儿童提供食物和娱乐等。——译者注

他人，他们都加入了“互促会”（Mutual Improvement Societies）和“技工讲习所”（Mechanics' Institutes）[3]，他们参加大学附校的讲座课程或其他各种形式的继续教育。他们购买多卷本莫利的“万有文库”（Morley's Universal Library）①和其他便宜的丛书。在购买麦考莱（Macaulay）的《英国史》（*History*）前两卷的1.3万人中，在购买第三卷的2.6万人中，人们会找到他们的身影。[4]后来，他们阅读萧伯纳的著作，也在总销量两百万本的威尔斯《世界史纲》（*Outline of History*）的购买者之行列中，也在那些阅读《生命科学》（*Science of Life*）和《人类的工作、财富和幸福》（*Work，Wealth and Happiness of Mankind*）之人的队伍里。[5]②从1929年以来，他们购买瓦茨的“思想家文库”（Watts's Thinker's Library）③的一先令版本。[6]他们也是这样一些人中的人员，也即对于他们而言，在上次战争期间军人教育组织具有实际的意义和作用。他们充分利用公共图书馆，经常带着真正的兴趣和鉴赏力收听第三节目。他们今天习惯购买塘鹅出版社的书籍，也有助于让企鹅图书出版社打造的一个作家十本书名十万发行量变得可能。他们
262 助长了“优质”报纸和期刊的销售量，也对战后由自愿团体、大学和地方教育机构组织的继续教育和非全日制教育的发展壮大作出了贡献。[7]

在英格兰和威尔士，现在将近有十五万人参加到了通识性的、非职业性的人文学习中来，而这种学习都是自愿团体和大学校外院系组织起

---

① 莫利的“万有文库”（Morley's Universal Library）是由乔治·劳特里奇出版公司（George Routledge）从1883年开始出版的一系列书籍。这套丛书是由英国学者亨利·莫利（Henry Morley，1822—1894年）在万有文库观念基础上策划而成。莫利是英国最早的英语文学教授，其最主要的著作是在1864—1894年间出版的十卷本《英国作家》（*English Writers*），一直写到威廉·莎士比亚为止。——译者注

② 《世界史纲》（*Outline of History*，1919—1920年）、《生命科学》（*Science of Life*，1929年）和《人类的工作、财富和幸福》（*Work，Wealth and Happiness of Mankind*，1931年）是威尔斯的三部曲，作者认为这三部曲分别是对历史、生命科学和生存条件的考察。——译者注

③ 瓦茨的“思想家文库”（Watts's Thinker's Library）是瓦茨出版公司在1929—1951年出版的一系列书籍，瓦茨出版公司是由查尔斯·阿尔伯特·瓦茨（Charles Albert Watts）所创立。这套文库共有140本，采用小开精装本，入选的书籍包括各种经典和当代人文主义者、理性主义者的论文、文学等作品，继续延续着文艺复兴的传统。——译者注

来的。也就是说，在两百个成年人中差不多就有一个参与了进来。“工人教育协会”有将近九万名学生[8]，其中，除了那个对口“家务和护理”的群组外，最大的单一群组(1.6万人)便是手工工人的那个组。总人数不大，但自战前以来已经有了大幅增加；几乎可以肯定的是，只要钱到位，人数必然进一步增加。但也不会以任何惊人的程度来提升。更根本的问题——尤其是因为这些问题影响到了“工人教育协会”——可能几乎都是从本书的前面几章所推导出来的。这些问题是：增加那些上久一点的和寻找个别辅导课程的学生比例，增加工人阶级学生的比例。今天，个人和社会对自习教育的需求看上去一点也不明显，也不急切。与50年前刚开始对工人阶级人民进行成人通识教育之时相比，当红时事评论员的作品更是汗牛充栋。目前的困难并不在于缺乏劳动人民的素材，而在于提供了过多的同一类素材。获得知识的经济障碍大体上被移除了，但仍有一件费劲的事——忽略由琐碎的虚假报警器发出的大量声响。“工人教育协会”一直有义务去思考着手处理工人阶级学生的正确方法，这些学生之前几乎完全没有接受过训练。但在其工作重心上，它必须向学生提出一项纪律，这种纪律与深受欢迎的提供者所鼓励的那种琐碎化、碎片化和固执己见截然相反。按照目前“工人教育协会”的组织情况看，找机会为那些智力平平的大多数人的状况说句公道话，这不是它的本职工作。

我们看得出当红的时事评论员是如何试图鼓励大多数工人阶级人民去低估“真诚少数派”的，因为他们的存在——他们不吃大锅饭而是去寻找更有营养的食物——正是对时事评论员自身的一种含蓄评判。好学严肃的工人阶级学生被他们玩于股掌之中；那些坚持通过获得知识来对抗逆境的人——无论逆境是有形的还是不那么有形的——容易显得古板和太过认真。在我看来，似乎很难过分强调诸如这样的人对于社会 263
的重要性，这些人通常在一天工作结束后、通常是在不顺利的条件下来准备应对学习的，那种知识的权力和美德之意识鼓舞着他们，然而有时候这种意识似乎被掩饰了起来。

因此，特别遗憾的是，几乎没有固定周期性地提供这样的人所需的那种讨论。我的意思是，我们需要更多的并不是那种在我所描述的任何形式上的大众杂志，而是充满智慧和探究性的杂志，而且是从其读者所具有的那种背景开始的。这是一个特别复杂的问题，我提出这个问题只是因为它与前面几章所讨论的很多事情直接相关。对于追求文化和知识分子背景的“真诚少数派”而言，他们现在经常转向这样的期刊——它们在其他(要是更加细微的话)形式上(“自由”概念的误用，“固执己见”代替了“碎片化”，彰显出一种“心照不宣”的犬儒主义)具有大众出版物世界的缺点；或者转向这样的期刊——它们满足了一种时髦的“文化狂热”之愿望，这种愿望是那种爱好迎合比较优雅的时尚杂志上的衣着打扮在文化上的等同物；或者转向这样的期刊——它们的语气对于除了一小部分读者之外的任何人来讲都是太过拐弯抹角。对严肃期刊进行“恭敬”阅读的比例既不是可以回避的，也不是自然而然受到谴责的：它可以是通往有鉴赏力阅读的一个台阶。但是，在它大量存在之时，正如我所认为的在今天所存在的情况，情况似乎可能是这样的，也即一些需求没有得到满足，这个重要的机会正在被滥用。我不知道这种缺失在多大程度上是由于无法理解普通民众当中的知识分子少数人的状况所导致的结果；不知道那些参与观念传播的很多人在多大程度上认识到了这个向他们寻求帮助的少数派的迫切和有价值的需求。试图解决这一问题会引起很多错误的立场；找到一种不会偶尔变得自命不凡、装腔作势的适宜平台，这不是一件容易的事情。但是，当前的形势几乎没有给出令人满意的理由。[9]

冒着听起来本人就像是个进行褒贬的高级分销商之风险，我要补充的是，“仅存的拯救者”之成员，仅就他们作为“工人阶级运动”的一部分直接参与社会活动而言，他们并非经常看起来都有足够的准备去重新考虑他们的目标。我回想起他们为社会改革所做的工作，并强调指出，这并非主要受到一种对物质商品的寻求所鼓舞，而是受到一种劳动人民所需的更高级满足的意识所鼓舞，一旦物质方面得以改善，人们会更加容易获得这些满足。对于这个少数派[10]来说，现如今其最需求的便是去重新评估其处境，去认识到：他们的先辈们所效力的观念有消 264
失的风险，物质进步可以被拿来使用，以便让广大劳动人民承认物质主义的有效形态就是一种社会哲学。如果积极的少数派继续允许他们自己太过排外性地去思考当前的政治和经济目标的话，在文化上，私底下，这会行不通。在某种程度上，这个问题甚至比其先辈们所面对的问题更加棘手。在想象力上，它更难认识到精神堕落的风险。这些风险更难与那些鼓舞勇气和促进决定的无形之物——就像谣传中的对手一样——进行对抗。正是那类人们相信反而会被其影响的人享受着这些事情带来的乐趣。对于一些人而言，增进大多数人的物质条件比去唤醒很多处在幼稚的情感满足的催眠状态之人更容易些。不管怎样，在这种形势下，人们必须学会如何自救。

"真诚少数派"是非常重要的，但以对他们状况的讨论来结束一本主要关注多数人态度的著作，这会犯错误。我已说过，大多数人可能获得的成熟状态未必一定被继续教育所滋养成长，未必在政治活动中展现自我。使人想起那些在大多数人身上发现的新式方法的适应力也很重要，这是一种它们自身的适应力，像往常一样，它运用个人的和具体的方式来展现自我。必须要强调这样的力量，有了它，"老"态度中有价值的东西大都能得以保留，有了它，那种新的、乍一看似乎纯粹是有害的东西大都被消化吸收和得以适应。

毕竟，在这类文章中，存在着一种夸大其词的内在危险。存在着一种逐渐远离我们对人性的多变和复杂的日常感受之危险。在这种特定的情况下，正如我在一开始就指出的那样，存在着这样一种危险，也即完全不顾及旧有影响力的缓和，忽视"老"态度的那些很少让人佩服的方面和新态度的那些愈加让人佩服的方面。就像我们研究大众出版物那样，我们往往会毫无觉察地在人们经验的整体模式中赋予它们——它们的绝对体量非常大——一种比它们实际所占据的还要更加突出的地位。在它们发挥其最强烈效应的领域中，那种效应在一些更加宽泛的经验层面上可能是有害的，而这些经验层面也可能产生一些反作用；只
265 不过，人们感受到这种效应是非常缓慢的，而且其他力量一再抑制和中和这种效应。人们并没有生活在就像是纯粹阅读他们的文学作品所揭示的缺乏想象的生活之中。仅仅从日常经验中，我们便知道了这一点。大多数当前流行的娱乐活动鼓励人们对生活持一种柔性态度，但大部分生活几乎和这种态度没有直接关联。那里有战争和对战争的恐惧；那里是工作的世界，是关系的世界，存在着忠诚与张力；那里有家庭义务和资金管理；那里有邻里间的关系和需求；那里有生老病死；那里全都是当地娱乐的世界。这便是我为什么会这样做的原因；我在很早的时候就试图描述工人阶级的日常生活品质，以便对出版物的进一步分析能够设定在一种有山有水的风景中。

那么，在工人阶级人民中间，那种当地的、个人的和共享的体面生活方式在多大程度上保留了下来。在演讲中，在文化形式（工人俱乐部，唱歌的风格，铜管乐队，老派杂志，像飞镖和多米诺骨牌这样的亲密团体游戏）中，在日常生活彰显出来的态度中，这种生活方式继续存在。婚姻和家庭保留着其重要性，这种重要性要比我们经常倾向于认为的要更加强烈。宽容的观念常常超出了任何歧视的重点之外，但它仍然在很多方面非常有价值地运行着，它被当做是强烈的仁爱之情而非弱点。对个人的强调经常被人们滥用，但它依然能够赋予一种让人钦佩的紧张局面，而且当生活往往变得更加公开和整齐划一之时，这种对个人的强调尤为必要。怀疑主义和对主流思想的不认同经常被拉扯得变了形，直到它们变成一种犬儒主义，可是它们拥有很有价值的形式，特别是在人们的巨大能力中默默地忽视了它们，只是看起来像是受到了它们的影响，让事情“从他们的背后滑落下去”。类似的品质有助于他们去感受以及经常拒绝否认生活在明显的善意和显然的自私自利中；有助于去感受——甚至在那些他们基本上茫然无知的事情上——缺乏他们所相信和羡慕的那种活力。与此相关的便是领会他们向往之处的能

力，以及在其他方面仍然继续抓住（私底下则毫无关涉的）一种很有价值的道德舵绳——以至于几乎所有新材料有待呈现出至少看似是一种道德诉求之物。存在着那种继续“万事忍让”的能力，这种能力并非单单源自一种被动性，而是因为这是人们开始的地方，这种能力源自人们会不得不忍受很多东西的预期，源自维持这种传统的必然结果，去快乐地容忍一切。此外，这种经常遭到暗中破坏的快乐造就了其本身的一种自我意识之阴影，但在某种程度上它仍有活力。捧起像诺曼·威斯登 266
（Norman Wisdom）①这样的滑稽演员之力量便是这种情况的一种例证。那种快乐地去揭穿真相的活动也是如此；特别是在回应那些远远超过现行品味的诉求中可以听得出来；例如，在由剧本或由一些广告短片和电影院播放的新闻短片所引起的这种笑声中就能听出。所有这些态度都建立在一种强烈的自尊之上，在大多数情况下，这种自尊只是用来描写工人阶级人民的那些仍旧非常重要的道德资源的另一种方式。总之，这些资源让他们忽视了很多东西，让其他事物比其真实的情况要好得多，让他们继续把目光放在那些其实并不值得的东西上，就像几十年来他们在商业性的歌曲和小说上经常所做的那样。结果，与可能所受到的影响相比，他们实际上所受的影响非常之少。当然，问题在于道德资本的储备能坚持多久，它是否正在最大限度地进行更新。但是，我们必须要小心慎重，目前不要低估它的效应。

如果我们只是把目光放在很多年轻人身上，上面这段话可能看起来过于乐观了。然后，我们还记得工人阶级人民在度过了青春期、恋爱期和婚姻早期的岁月后多大程度上又重新回到了他们的老态度上来；尽管一代代人都把一些新的行为给磨炼成熟，但他们在多大程度上摆脱了更加微不足道的变革诱惑之泥潭。我经常从我的那些中年姑母们那里听到、我曾经尝试着相信每个工人阶级妇女在四五十岁的某个时候所说的那句话：“啊，开始天天像我母亲那样思考问题了。”这是思想上的自

① 诺曼·威斯登（Norman Wisdom，1915—2010年），英国滑稽演员、自己作词谱曲的流行歌手。其主要作品有《沙子精灵》、《我爱圣诞节》等。——译者注

我粉饰，有时候它被拿来为愚蠢行为和拒绝独立思考进行开脱。但它预示着那些老态度通常所具有的力量；总而言之，越多来自外部的喧嚣之声被当作是他们的声音，它便行之有效。

尽管一切都是预先录制的娱乐活动和打包起来的供应品，那种通过修补和创造来个别地、自由地展现自己的驱策力在多大程度上继续存在。那种“杂活类事务”——“做些有关家庭的事情”——是多么顽强地存留了下来[11]，甚至在其他习惯上不见得就是个“好男人”的丈夫身上也一样。在某种程度上，预计他会碰到这类事情，因为那不是为了赚钱，或者也没有找个当地的技工、木工、管道工或油漆工的习惯。而且，人们仍然感到这种行为是家庭生活固有的一部分；爸爸可能不是下手做个地毯或为孩子们造个玩具的那种人；但他可能去看看水龙头，
267 或者在厨房额外装个架子，或者为孩子的自行车换换链条。特别是在冬天，很多好丈夫似乎经常在晚上慢条斯理地干些零碎活儿。

由此开始便很容易迈向真正的“杂活工状态”，很容易步入严格意义上的爱好。快到周末之时，工人阶级报摊的柜台上堆满了各种各样的、同行称之为“业余爱好的报刊”的此类东西，比如像这样的刊物，《垂钓者新闻》（*Angler's News*）、《笼鸟》（*Cage Birds*）、《鸟迷》（*Bird Fancy*）、《小农场主》（*Smallholder*）、《流行园艺》（*Popular Gardening*）、《实践力学》（*Practical Mechanics*）、《木工》（*The Woodworker*）、《自行车运动》（*Cycling*）等。总共大约有二百五十种期刊致力于体育、业余爱好和娱乐活动。有两种是关于观赏鱼育种的，有七种是关于家庭宠物和笼鸟的，有十种是关于钓鱼方面的，有几种是关于自行车运动的报纸和养狗的报纸，差不多有二十余种是关于业余爱好和手工艺品的总体情况的。对于工人阶级读者或者对于与他们一道的下层中产阶级读者来说，这些大量的报纸杂志有着一种特殊的吸引力。正如有时候所指出的那样，在这些活动中，工人阶级人民依然践行着个人选择，自由自愿地行动。他们的常规工作通常要求不高、没有差别，但在此，凭借着他们对工艺的满腔热血，尽管有些工艺可能看起来非同寻常，他们可

以成为专家。

在此值得一提的是人们希望种些东西的毅力，这些东西被种在窗口花坛上，被种在后院一片片的酸性土壤上，它们经常受到精心照料；被种在小块土地上——在主要街道上的或者永久性道路边上的大幅广告牌背后，或者被种在以极低廉的租金根据1922年《份地法案》（Allotment Act）①的规定（“每一个有能力、有意愿去栽种份地花园的人在法律上都有获得份地花园的资格”）租来的250平方米的狭长地带上。我已经说过，工人阶级人民刚搬到新住宅区之时，他们通常不去理会那片巨大的花园自用地；他们习惯于使用很多城市建筑的房前屋后的一块块小脏地，他们发现自己一开始被一片甚至比份地还大的未开发之地所吓倒，接着把同样是原始和荒芜的一片又一片土地划出界线。事实上，栽培植物的强烈欲望所影响到的不过是少数人；就像在钓鱼上的兴趣一样，对份地的兴趣如今似乎正在衰退。可是全国仍有150万人在份地上劳作。[12]

另一方面，对饲养动物和鸟类的兴趣不仅继续存在着，而且在某些枝节上正在增强。除了在个别采矿区或出于商业目的，饲养惠比特犬和灵猩看起来几乎绝迹了；饲养金丝雀并未在增加，但饲养其他种类笼鸟的兴趣增强了，尤其是饲养虎皮鹦鹉。赫尔顿民意调查（Hulton 268
Survey）表明，养鸟爱好在工人阶级人民中间要比在其他任何人中间更受欢迎。在大不列颠，大约有50万名鸽子爱好者，他们组织了大约1 000个回巢俱乐部（Homing Clubs）。俱乐部通常在当地一家酒馆中设立总部；每位成员缴纳大约每年一镑的年费，他带来参加计分赛的每只鸟要缴纳一先令。每逢周六，在宁静的站台尽头，铁路搬运工从藤篮中把鸟儿们放飞；主人们则戴着低顶圆帽，翘首以盼，手拿预先准备好

① 1922年《份地法案》（Allotment Act）是1922年英国颁布的关于份地花园（Allotment Garden）的补偿、租赁等权利的法案。英国的份地花园由来已久，主要是分配小块土地用于农艺和园艺。1922年的《份地法案》把份地花园定义为“不超过40平方杆（约1 000平方米）的范围，全部或主要用于耕地生产蔬菜和水果作物，以满足本人及家庭消费”。该法案还规定：人口超过一万人的城市，份地花园面积不能超过20平方杆（约500平方米）。——译者注

的秒表，等待着他们的鸽子在星期六的暮色中翩然而至。[13]

上述很多情况可能会预示着那不过是一种抵制，而不再是积极的适应。但在年轻人中间，同样有非常之多且花样百出的社群活动，这些活动建立在不只是街道组织之上：青年俱乐部，年轻人学会，基督教男青年会(Y.M.C.A.s)和基督教女青年会(Y.W.C.A.s)，社区中心，工厂的体育活动和业余爱好俱乐部，足球、橄榄球、板球俱乐部(在后面的这些俱乐部中，有些仍然建立在行政区之上，而且没有官方支持)，还有很多关于这些活动和其他体育运动的地方联赛。在这些活动中，有很多是由“他者”赞助的，但要是没有来自劳动人民身上的那份强烈的和真正的热情的话，它们不会存在下来。其他一些非官方赞助的案例可以加入它们的行列中去，比如用“旅游车”去旅行，自发进行城市适应的显著案例。或者我们会想到城市工人阶级人民仍然会使用公共浴室。在上学期间的四点钟之后或者在星期六进到浴室里去。它们闻起来有股清洁用的化学药品的气味，边上有一些让人毛骨悚然的棱角和滑溜溜的沫子。浴室里非常响亮地回响着工人阶级的孩子们和他们的朋友们反复跳水的声音，他们在水中成群地打闹着，身上冻得青一块紫一块的，因为他们几乎全部都在里面待太长时间了。

“到乡下去”也依然非常吃香，特别是在春季重大节日期间。在20世纪30年代，徒步旅行曾风靡一时，尽管在我看来它对下层中产阶级的影响要比对其他人的影响更多一些，但工人阶级也会去，他们去过山谷，爬上小山，来到荒原，很幸运的是，这些地方都离大多数大型城镇并不遥远。如果徒步并不是工人阶级人民的显著典型特征的话，那么骑自行车便是了。[14]到达真正青春期的标志便是，一个人的父母同意
269 为其通过分期付款买辆自行车，从每周的工资里出钱支付。于是，这个人在周末便骑上自行车到外面去，和与此同时也买了自行车的一位朋友结伴而行，或者和那些混合型俱乐部中的一个人一起出行，这些俱乐部里的人每逢周日都穿越城市，经过静静的有轨电车终点站向外而去。

很多年轻的人们坚持认为他们在星期日早上“喜欢赖床”，但是很多人以这种方式外出了。最重要的两家自行车俱乐部的成员人数并未真正显示出外出之人的数量，反而却预示着那些更加严肃认真地加入骑自行车队伍之人的数量；迄今为止，它们有25万名成员。对于那些想要俱乐部的联谊、锻炼、“好好外出一天”的人而言，现在有骑自行车者旅行俱乐部(Cyclists' Touring Club)(也有很多其成员并未加入骑自行车者旅行俱乐部的地方俱乐部)；对于为参加比赛的那些人而言，有全国骑自行车者联盟(National Cyclists' Union)，他们参加比赛使用的是特别挑选的管料、车轮和车座，在向下倾斜的把手上的架子里还有一个铝制瓶子。全国骑自行车者联盟的成员可能经常看起来似乎很少知道一条路是否穿越城镇或者国家公园；但是，观光旅游并不是他们的目的。骑自行车者旅行俱乐部的成员一骑上自行车就开始交谈，或者在草地上玩球，他们看起来很少注意到乡间或他们参观的古迹。但是，他们得到了他们来此想要的东西——联谊、艰苦锻炼和新鲜空气。这两类俱乐部都成立于1878年，因为当时骑自行车作为工人阶级的一项业余爱好，在受欢迎的程度上已经大大增加了。城市工人阶级人民仍旧能够积极地对他们环境的挑战和廉价批量生产的有效潜在价值作出反应，这便是很重要的证据。

或许，这些条目会看起来不足以拿来与上述所有的力量来抗衡，但是我认为，它们暗示着巨大的优势。工人阶级人民从乡村生活到城市生活的转变中存活了下来，而没有变成沉闷无聊的流氓无产阶级：在过去半个世纪里，他们挺了过来，现如今在很大程度上仍艰难地过着，也面临着同样大的危险。回想起他们被要求去忍受着所有的一切，你发现自己改编了《李尔王》里的台词——“奇怪的是，他们都已忍受了这么久了。”惊叹着所有“万事忍让”实例中的这种最为深刻的印象，回想起所有在此已经讲到的有关积极方式——人们在这种积极方式中有时候会遇到这些挑战，你再次认识到，这不单单是忍受的问题，而是更积极地去回应的问题。让人奇怪的，并不是遗留下来的东西是如此之多，而是随着每代人产生出来的新东西是如此之多。

270 ## 第二节　大众文化当前趋势之概览

在个体中和地方团体中所发现的适应力是健康且重要的。但显然会有另外一种形式的民主式的自我放纵：以至于过分强调这种适应力；以至于通过参考人与生俱来的正确头脑来漠视任何对于不断增强的危险压力之暗示；以至于指出人民的确依然会坚持过生活，决不像新影响力看似会导致的那样毫无根基和肤浅，从这点出发进而想当然地认为，这通常都是这个样子，“人类本性都会自救”，“你可以相信日常礼仪”，它会把人民从最坏的影响中解救出来，人性的适应力会确保，“人民始终是人民”。

现在剩下的便是总结出大众文化目前似乎正在发展的总体路线。就像贯穿全文的那样，我会从出版物中抽调出大部分例证。但随着对细节的适当修改，所得出的结论同样会适用于由电影、声音广播和电视(特别是当这些都是商业性赞助之时)、以及大规模广告所助长的趋势。

特别是在过去几十年里，对于设计出来用于娱乐的很多种原料所进行的消费有了显著增长；这是一种绝对的增长，不只是与人口增长成比例的一种增长。[15]在某种程度上，这是不可避免的，因为大规模提供娱乐的技术能力和大多数人民购买东西可用的钱财都在增长。增长本身并不必然遭到强烈反对，空间位置是有的。但在某种程度上，增长的规模似乎与其说由那种满足先前未满足欲望的需要来决定，倒不如说是由提供娱乐之人的更为强大的说服力来决定的。

因此，在过去一百年里，大不列颠各式各样出版物的总数从大约1 000种上升到5 000种以上。[16]毋庸置疑，在一个世纪里，明显增长是不可避免的，在这个世纪里，一个庞大的国家变成了有文化修养和高度工业化的国家。但是，这种增长的主要原因是相比较而言近来杂志和期刊在数量上的增加。或者，就拿最近十来年的变化来说：在1937年到1947年间，全国性的和省一级的日报，其总发行量增长了50%。[17]同 271
一时期，星期日报纸的总发行量自身几乎翻了一番。杂志和期刊的发行量在1938年之时大约为2 600万份，到1952年可能有4 000万份以上。[18]在1947年至1952年间，全国早报的总发行量上升到了50万份，星期日报纸的总发行量接近250万份。[19]日报现在以全国每个家庭两份的速度在生产。[20]从对1953年所进行的赫尔顿民意调查中可见，在成年人中，似乎在三个中有两个便会阅读一份以上的星期日报纸，在四个人中，有一个以上阅读三份以上的星期日报纸。据估计，日报在每千人中所发行的数量在英国要比在世界上其他任何国家都要高。[21]

与此同时，在我所说的严肃读物方面也有增长，就像广泛追求一些更加严肃爱好的读者有所增长的那样。图书产量在英国比在任何其他国家都要高。[22]一大批是小说作品，但书名是关于科技和教育的书籍在最近几年里有了实质性增多。我们都知道自20世纪30年代以来企鹅出版社和塘鹅出版社系列丛书所获得的成功。特别是在过去25年间，从公共图书馆发行的图书数量也有非常大的增长。[23]在1950年进行的一项盖洛普民意测验(Gallup Poll)①期间，55%的受访者说道，他们目前正在读一本书[24]，这个比例比像美国或瑞典这样的国家中所发现的比例要高。几种高雅期刊的销售量也已增长。[25]

这些比较扎实读物的详细情况是让人精神振奋的，但需要是具备资格的。那种毫无价值的小说或者非小说类作品——这种非小说类作品实际上只是具有“真实生活故事”所附带的乐趣这样的小说类型，它们在

① 盖洛普民意测验(Gallup Poll)是由美国统计学家乔治·盖洛普(George Horace Gallup，1901—1984年)创建的民意抽样调查，盖洛普还创建了美国民意学会和不列颠民意学会。——译者注

公共图书馆所发行的图书中占了多大比例？ 在统计学上无法给出答案，因为这个问题牵涉价值差别。《德比民意调查》（Derby Survey）表明，这种小说或另外一种小说占了公共图书馆发行量的 75%～80%[26]；我想，大多数图书管理员会说，在很大程度上，这种小说是非常差劲儿的那种。 从阅读本身的习惯上讲，不存在道德问题；然而，阅读的主题和内容展示可能是无可挑剔的，但它会像阅读一些我之前已描述过的多半是应景性的文学作品那样入迷成瘾、那样与现实生活相分离。 商业
272 性图书馆每年的发行量可能在 1.5 亿到 2 亿册之间。[27]在两个最大的图书馆所发行的作品中，可能将近 90%的都是小说；至于定价 2 便士到 4 便士的图书馆系列所发行的作品，可能几乎 100%都是小说。 在公共图书馆中，“历史、传记、旅行” 这类作品的发行量构成了最大的单个非小说类群组，目前可能占了全部非小说类文学作品的 1/4 到 2/3。 此外，我相信，很多图书管理员会说，包括那种通用标题在内的图书通常是几乎没有价值的。 这类图书的资格标准在很长一段时间内会被提升上来。 我提到这些并非要降低从系列丛书读物中真正获得的价值，而是要确保人们并没有认为那些收获比这些书籍本身要大得多。

情况似乎是这样的：一小部分热心读者正在充分利用他们机会，他们的数量某种程度上正在增长，但大部分人不仅没有受到这种变化的影响，而且受到非常不同的趋势之影响。[28]在严肃读者中看上去几乎没有实质性增长的可能性，部分原因是严肃读物和大众读物往往会吸引不同类型的人（我会再返回到这一点上来），部分原因是一大批通俗读者与严肃读者相比更容易受制于一种不同类型的压力。 存在着很多朝着扩大和改进少数人群而前行的势态；存在着更大且总体来说更成功的、朝着增强一些主要的大众出版物对主流人群进行控制而前行的势态。

我可能在前面几章中已经充分表明，对于真正大众化的出版物来讲，必须持续不断地努力去扩张，去寻求非常巨大的销售量。 因此，仿佛就像是全国性报纸在最低限度内能获利的发行量一年比一年高，仿

佛就像是每次成功都提升了为其他任何人设定的最低限度。早在1946年之时，弗朗西斯·威廉斯(Francis Williams)①便认为这种情况可能：

> 存在，在英国，一份新式全国性报纸必须保证发行量最低也要接近150万份，最好是超过200万份(这意味着它必须定期吸引225万到700万的人)。[29]

这种进程的结果看起来似乎是越来越多地向大众读物集中或集聚，与此同时，真正对大众报纸的阅读则继续显著增长。简而言之，我们 273
似乎正在阅读的不同种类的报纸越来越少，但正在阅读的数量越来越多；也就是说，相互之间正在阅读的往往是相同的报纸。尽管每日报刊的发行量已经大幅增加，但在这个国家发行的报纸总量在过去30年里已经下滑了。[30]今天，在大众出版物的绝大多数形式中，有一小撮机关报实际上正在获得非常大的销量；通常，那种形式的所有其他机关报的销量随之急剧下降。在典型的案例中，这种低层群组的出版物之数量会比高层分组的数量要大；数量不多的上层出版物的总体销量会比所有低层群组加在一起的销量还要大。于是，在一个案例中，两种出版物占据了在其领域内所有销量的一半以上，其他六种或八种占了剩下的部分。就目前来看，这种进程本身尚未衰竭；一些机关报正在逐步获得比此前在其领域中全部读者的占比更大的比例。这种进程让那些在“优质”出版物方面的增长看上去与消费增长和一些非常大众化的出版物越来越中心化所带来的更大问题几乎毫不相干。根据偶尔所宣布的数据，且这种声称通常看起来稍微有点儿不诚实：一年之内，“优质”出版物在发行量上增长了比如说15%，而且没有任何一种大众出版物能够呈现出3%或4%以上的增长。但毫无疑问的是，在发行量上和

① 弗朗西斯·威廉斯(Francis Williams，1903—1970年)，英国报纸主编、政治顾问和研究者。1936—1940年，威廉斯担任《每日先驱报》(*Daily Herald*)的主编。他还曾担任工党首相艾德礼的公关顾问。从1951年到1952年，他担任了英国广播公司主管。他还是一位大学教授。——译者注

比较知名的大众期刊的发行量一样大，这便没有大比例增长的巨大空间了。最近一年中由同一类“优质”出版物中的两个最佳案例所创造的组合增长——尽管它们在用百分比来表示时是相当大的——仅仅相当于在同一时期由单个大众出版物在相同领域中所记录的增长销量的1/3。这种案例是有代表性的；“优质”期刊所带来的提升是有用的，但它并未抵消向大众化期刊的日益集中。[31]

实际上，在维持发行量上的特殊困难与其说是“优质”报纸遇到的困难，倒不如说是那些试图在报道、评论和版面设计方面保留比较适度标准的大众报纸遇到的困难。报业总会(The General Council of Press)道出了这一点，但它是通过把责任的义务置于“公众”身上来进行说明的；在此，就像在别处一样，报业总会似乎更乐意去指出读者要为目前报刊新闻界的量变与质变所负的责任，而不愿去分析报刊新闻界的责任之性质：

> 作为在自由的、高度竞争的市场中公共品味变化趋势的迹
> 274 象，耐人寻味的是，在过去一年里，《每日电讯报》(*Daily*
> *Telegraph*)每额外增加一份，小报便增加三份。此外，小报所获增的销量几乎正好抵消了《每日邮报》(*Daily Mail*)、《每日先驱报》、《新闻纪事报》(*News Chronicle*)合起来所失去的销量——《每日快报》(*Daily Express*)则一直保持稳定。[32]

鉴于在现有出版物之上进一步大规模扩张的可能性变得越来越有限，大众出版机构应当转向其他出版物，这是不可避免的事情。1954年出现了一些大众日报的青少年版本(Junior Editions)，在逻辑上讲是这种进程的下一个步骤，尽管这种独特经验看上去已经失败了。想必人们希望它们不仅会提供一个用于扩张的新场地，而且会提供这样一个场地，也即，在这一场地中，培养读者是为了最终让他们转向成人版本。

尽管一些比较严肃的出版物在销量上有了增长，但这似乎会预示着，更多地朝着大众出版物集聚让发行量较小的报纸更加难以生存，除非它们有忠实读者，愿意用足够的钱来支付它们，或者接受补贴。新近成立的两份文化期刊——《交锋》和《伦敦杂志》(*London Magazine*)，它们有一些财政支持，后者的支持来自《每日镜报》这一机构。我在上面已经说过，集聚把报纸能够生产的可以获利的最低限度给拔高了。因此，即使报纸的实际发行量没有下滑也可能会存在财政问题。《约翰·奥伦敦周刊》(*John O'London's Weekly*)在1954年停刊了，当时据说并没有明显失去读者，这可能是个恰当的例子。

在素材的数量上出现了非常大的绝对增长——而向机关报逐渐集中提供了素材，这种增长给少数派造就了相应的、更大的困难：这些似乎是大众娱乐和出版物有组织地发展所呈现的主要特点。同样在简要总结中，它们的效果可能会是什么呢？

显然，比较大众化的报纸的读者不只是工人阶级人民，尽管工人阶级人民可能占据了大多数，只不过是因为他们是整个人口中的多数派。毫无疑问，这些期刊认识到，它们能够对其讲话的最大单一群体就是在这样一类人中占3/4的人群，这类人是指今天最终都在15岁时离开学校的那些人。在这种关联中，多说一些关于我此前暗示过的那件事情可能会有所帮助，那件事是关于奖学金制度的可能效果的。关于工人 275
阶级中有才智的少数派与作为一个整体的工人阶级之关系这个非常复杂的主题，我只能试探性地加以探讨。显然，重要的是不要把有才智的少数派与“真诚的”少数派混淆起来：一个人的社会使命感并不必然伴随着他很有头脑而同时发生。也并不是说所有享有高等教育的人都在感情上或肉体上离开了他们的阶级。然而，随着19世纪后半叶所形成的特殊效应，有才智的少数派以前通常留在工人阶级之中，这与今天相比有过之而无不及。其成员在群体中造就了一些活力元素，他们是“工人阶级运动”的重要组成部分，正如我已指出的那样，“工人阶级运动”有助于实现所有工人阶级人民在物质状况和地位上的巨大提升。他们能够有助于改善境况，部分原因在于他们能够使用自身的武器、运用那些才智来迎合和雇佣其他阶级的管理人员。

今天，他们中的很多人在11岁的时候就被选中，而且通常经过教育程序被转化为其他阶级的成员。目前，在所有阶级的孩子中，差不多五个中有一个上了文法学校。[33]一些下层中产阶级或中产阶级孩子的家庭背景会让他们获得奖学金更加容易些[34]；为数不多的工人阶级孩子依然无法拿到奖学金，或者因为经济压力的缘故，他们一早就离开了文法学校。但是，我是我那个阶级中最穷的孩子，和隔壁家最穷的男孩以及几个其他孩子一道上了文法学校；今天补助金更高了，工人阶级人民总体上富裕了，教育仍然被工人阶级人民所看重。因此，谈论“最优秀的工人阶级小伙子”似乎太过于夸大其词了，正如罗斯金学院(Ruskin College)的副校长最近所说的那样，“大多数人依然受到经济压力的驱动尽可能快地去增添家庭收入”。[35]至于上了文法学校的那些人，并非全都离开了他们的阶级，而是有相当一部分人这样做了。

小学升学考试(eleven-plus)①可能在很多方面显得死板，但它的确通过一种以成功作为衡量的公平标准选出了在才智上机智灵敏的孩子。难道这就不可能因此造成了现在的工人阶级丧失了他们多年以前还拥有的很多至关重要的触角了吗？这很难有助于得出这样的结论：这只是证实了我们必须停止用“阶级”特有的字眼来讲话和思考；现如今每个人都做着非常适合他的工作；穷父母家的聪明儿子在民主社会的那个部位上占据了他的职位，而正是在这个民主社会中他可以成为最有价值之
276 人。工人阶级中的聪明孩子现在有了更大的机会去赢得适合他们能力的岗位，几乎没有人可能会对这种情况感到惋惜。但是，即使“工人阶级”的名头不用了，仍然存在着一大批这样的人，他们不得不从事少有趣味的、更加机械性的工作。他们可能所包含的具有批判性思维之

① 小学升学考试(eleven-plus)是英国小学对十一二岁的小学毕业生进行的考试，以决定其进入普通中学或职业学校，现已被废除。——译者注

人的比例要比迄今为止所含有的比例要小，这是个重要的问题。因为这个问题发生的同时，正是那些追求金钱和寻求劳动人民支持的很多人不断地沿着劳动人民最易接受的和所接触到的路线去接近他们之时，而且实际上这些路线的效应可能正在遭到削弱。在这两个当代生活中的重要因素之相互作用下，我们最终可能会发现，我们自己正在迈向一种崭新的等级制度，这种制度至少像旧制度那样结实稳固。[36]

我很早就讲过，把现如今仍在进行的文化斗争当作是比如说《泰晤士报》和图画日报各自代表的文化之间的直接较量，那会犯下错误。希望大多数人总会读读《泰晤士报》就是希望人类在本质上是不同的，而且那会陷入一种才智上的势利行为。阅读高雅周刊的能力并不是美好生活的先决条件。任何一个阶级中的大多数人会在才智上有着强烈追求，这种情况似乎在任何时候都不可能发生，当然在我们这些现在活着的人可能知道的任何时期中也不可能存在。存在着成为真相的其他路径。对更加稀松平常的大众娱乐的最强烈的反对理由并不是它们妨碍了读者变成高级文化品位之人，而是因为它们以其自身路径更难以让那些没有才智天赋之人变得聪明睿智起来。

过去五十多年来在英国社会发生的变革大大增加了继续教育的机会，一些寻找继续教育之人可以利用这些机会，这样的事实与下列事实几乎没有直接的补偿关系，也即，与此同时发生的变革正在那些面向大多数人的出版物中造成一种与日俱增的庸俗化。大众现代报纸/杂志的大多数读者不可能总是阅读“优质”报纸，但他们过去经常阅读在某些方面比他们的报纸/杂志要好的旧式周刊。新式大众出版物失败的原因并不是它们是《泰晤士报》的劣质替代品，而是因为它们只是其所标榜的那些东西的毫无生机的仿制品，因为它们甚至是19世纪追求轰动效应的延伸，乏味无聊却装扮一新，而且是一种从伊丽莎白女王时代乡土作家那强劲有力的轰动效应开始出现的重大衰退。它们并没有被指责成（正如它们所支持的其他所有东西被人们指责的那样，诸如在很多电 277

视节目、大众电影、商业性广播的很多地方所表现出来的那种浅陋无趣的欢乐气氛)转向高级文化品味失败了，而是被指责成没有真正具体化和个性化。生活的质量、回应的类型、深深扎根于大众化的非高雅艺术所能具有的那种智慧和成熟，在他们自己的行为方式中，这些可能会像高雅艺术所具备的那些一样有价值。这些产品并未有助于形成一种更雅致的大众艺术，而是阻碍了它。它们使读者不太可能到达这样的智慧，这种智慧源自在它们对人民的认识和对经验的态度上所拥有的那种内在的、可感受到的辨别力。这更加容易去把旧式的东西连根拔起，而不是拿任何类似的东西去替代它们。当红时事评论员通常告诉读者：他们不必为没有变成高级文化品位之人而感到惭愧，他们有自己的那种成熟。这便是事实，但就在这种人说出来的那一刻也就变成了错误的了，因为他们的说话方式使然；也就是说，因为他们所运用方法的风格严重歪曲了假定。

在某些类型的广播中——特别是在那些带有商业性联系的广播，人们会发现我在大众出版物中所分析的各种趋势，而且这些趋势在某些方面会比在出版物中更加明显。存在着对旧式行为准则的呼吁，就像在诸如“因为你那富有感情的心”(For Your Feeling Heart)这样题目的节目里那样；存在着新的对贪婪和新颖的突出强调——“因为你那富有感情的心——在本节目中你可能赚很多钱”。也存在着把这两者时髦地进行强行结合起来，在节目中，把有关个人隐私的私密问题公开摆在大庭广众面前，个人忍受着“赢”钱的折磨来参与其中。存在着一些唱片专题节目所具有的那种乡巴佬精神(lowbrow-gang-spirit)，在这些节目中，由年轻人来提供节目，伴随他们报道的是一连串套近乎的行话，他们的整个作品格调认为，凡是像大多数人那样的最大数量的东西都是最好的，其余的全都是“书呆子”的反常现象。一直以来，为这些节目进行辩解的人建立了这样的惯常防线——它们“很有品味——家常便饭——充满了感染力以及日常生活的喜悦”；它们还是，“崭新的——引人注目的——令人震惊的——引起轰动的——充满了热情——以及气派大度地赋予了奖品”。

大多数大众娱乐到头来都是D·H·劳伦斯所描述的“厌恶生活”的东西。它们到处都是腐化堕落的光鲜，全都是些不正当的诉求和道德借口。回想一下这样的情况：他们倾向于这样一种世界观，其中，进步被认为是对物质财产的追求，平等被认为是一种道德上的调平，自由被认为是永无止境的不负责任的享乐。这些产品属于一个间接感受到的、旁观者的世界；它们丝毫没有提供能够真正扣人心弦的东西。278
它们帮助那些更加积极、更加丰富、更具合作精神的享乐逐渐枯竭干涸，其中，人们付出更多以谋得更多。它们具有让人难以忍受的装模作样；它们迎合那种做事左右逢源的愿望：像我们所希望的去做事但不接受任何后果。一小撮这样的产品每天都到达绝大多数人们的手里：它们的影响既分布广泛又整齐划一。[37]

它们倾向于整齐划一而非毫无特色。我已指出，劳动人民与其说被一种无名的感觉所侵扰，倒不如说他们可能看上去像是从外部来看待他们的那些人。我并不认为劳动人民还具有整齐划一的强烈意识：然而在鼓励之下，他们正在不断地被描述成一种下意识的整齐划一。大部分人尚未发现这是多么空洞无物，因为在绝大多数情况下它被表述成为在一种亲密友善之中受邀来进行分享，即使那种亲密友善是一种庞大且集中化的。大多数人会比较容易地对这样一种呼吁作出反应，因为它看上去与以往工人阶级的态度有很多共同之处。结果便是一种高度的被动接受，这种接受通常只是表面上的，目前通常是有所保留的，但它却成了更危险的延伸之依据。从这点来看，有时候似乎是，这种浮现出来的普通人会是这样的人：他通过三种简单手势来操作一台极其复杂的机器，他在一个集中供暖的储物柜里存放了一本最近批量生产的性与暴力小说——比如说造就出这样一个典型的标题：“有些女人轻易不脱衣”，以便在那些规定的工间休息时间里、在他不收听“童子军音乐表演”广播节目之时拿来阅读。

人们正常情况下所判定的文盲很大程度上已经被消除了，这种事实只是指向了下一个可能更加困难的问题。对于由我已探讨过的流行节目的请求所进行的回应，要描述其本质则需要一个新的词语，这个新词要揭示出一种社会变革，这种社会变革则利用了基本的识字能力并在此基础上而蓬勃发展。所有这些都需要与今天特殊的迫切性一起加以考虑，因为这些都处在连续的和愈加迅猛的发展之中。分析过去三四十年里在一些大众出版物上发生的变化，这会解释这些东西所提高的那种令人生疑的生活品质，会解释它们大大增强了的传播力量，会解释它们向前发展的加速度。电视的出现只是大众出版物最新的赶牛棒；如果
279 这些问题留下来归入到正常商业性路线的话，不可能会出现任何中断。报业总会对其所称的对大众报刊的“过度谴责”感到遗憾，在谈到总体局势之时，它接着说：

> 为维持其赖以生存的发行量，报纸不得不根据民众需求来自我调味，不得不时时刻刻与其他报纸进行竞争，以迎合类似的民众……现如今，这个国家里缺乏教养的数百万人正在购买报纸。对于那种大言不断被称为庸俗报刊的报纸来说，有其合适的、重要的存在空间。[38]

这种给人印象深刻的概括归纳旨在对本书中所描述的大部分进程作出部分解释，它的确应该被称为“极端辩惑学”。

我继续来强调这样的方式，在这种方式中，新的力量正在适应和改变那个非常独特的工人阶级文化中的元素。新的产品吸引的不止是工人阶级人民，仅仅是出于这样的原因，一些类似的东西毫无疑问会在其他阶级的文化中得到证实。这进一步阐明了我在本书开篇之时就提出的对于呈现出来的无阶级性之主张。我们现在可能意识到，至少在一种意义上，我们的确正在变得不属于任何阶级了——也就是说，我们中

的绝大多数人正在融合为一个阶级。我们在文化上正在变得不属于任何阶级了。在这种意义上，新式妇女杂志也是“无阶级的”，尽管老式妇女杂志属于特定的社会群体。除了冲破阶级之界限，大众出版物是无法到达它们所需规模的读者手中。毋庸置疑，很多出版物对于“小老百姓”——工人阶级和下层中产阶级——来说都带有一种特殊的温暖。这并非是因为它们在老式工人阶级出版物通常所采用的方式上归属于它们的读者，也并非仅仅是因为它们的出版商赞同那种更会讨好人的民主假定，而是因为那批读者占了其潜在读者的大多数，因为它们必须抓住这个群体作为其销量之本，尽管它们可能吸引了很多其他的人。

从某种视角看，过去对社会阶层的区分仍然有着某种力量。人们可能会说，新的大众读者差不多总计有两千万人，或者他们都是阅读最流行日报的成年人：然后指出，尽管这些报纸在某些方面是与众不同的，但它们大致上可以算作要么是工人阶级或下层中产阶级的，要么是中产阶级的。尽管这种情况可能是真实的，但它只能用来强调这种普遍趋势。在战前，人们差不多能够说出六到八种大众报纸，仿佛它们 280
在效果上差不多全都处在同等水平。如果当前这种趋势继续下去的话，很快，我们便会只能讲出两到三种了。集中化已经走过了一段漫漫长路，但在当前最重要的社会阶层——在工人阶级和中产阶级之间——的大致界限面前，它不得不暂时止步。但从阅读这些报纸来看，很显然它们的差异在很大程度上是表面的，它们主要是语气和“属性”上的差异。不容置疑，这些差异对于读者而言很重要；至于报纸将会产生的更为广泛的影响，差异性的重要程度比不上相似性，也比不上这样的事实：每份报纸所体现的文化类型、基本假设和感染力大体上都是相同的。不属于任何阶级的新兴阶级[39]可能由这两类读者群所构成；目前，该阶级处在一种隔离状态中，多年来，这种隔离正在失去意义。许多因素正在让它变得不那么重要。另外一情况可能会被列入那些已经讨论过的情况之行列，再举一个关于物质进步和文化缺失之间可能会产生相互作用的例子：工人阶级人民不再有如此强烈的经济压力以让他们感到其公认群体的忠实成员身份之极其重要性，此时可能更加容易把他们归入到一个更大的、在文化上毫无特色的阶级中去。毫无疑问，应该打破过去阶级的很多藩篱。但在当前情况下，出于对大众舆论、大众娱乐产品和普遍化情绪反应的偏爱，那种更加古老且比较狭隘但更为真实的阶级文化正在遭到削弱。俱乐部唱歌的世界正在逐渐被典型的广播电台舞曲和低声哼唱、电视歌舞表演以及商业广播综艺节目的世界所替代。流行报纸所产生的那种全国统一模式越来越多地表现在好莱坞电影制片厂所展现出来的那种国际统一模式上。阶级文化的古老形式存在着被那种更加糟糕的无阶级性所取代的危险，或者存在着被我很早便开始描述的那种“缺乏个性的”文化所取代的危险，这会是一件让人遗憾的事情。

最后，纵观全书，对我来讲已经一目了然的是，就像对于读者而言必需清楚明白的是，我们正在触及那些比我直接讨论过的问题更加费解的问题——就举一个例子，比如说在哲学方面的问题。这些都是我没有资格继续去讨论的问题。为了能够在我自己的那片研究领域进行耕耘，我觉得我有理由认为在某些假定上达成普遍共识是理所当然之事，
281 这种共识对我来说足够用了，与那种在详细举例说明中所出现的定义相比不需要有更加准确的定义，比如说像这样的词语，“体面”、“健康”、“严肃”、“有价值”、“贫困”、“削弱”、“空洞”和“琐碎”。这是针对当前文化状况的一些趋势发表的个人见解，它一定程度上是基于个人经验，一定程度上是基于专业兴趣，它只是对更为广泛的讨论尽了一份力，只是为了仔细检查而提供的一种单方面诊断。

同样也产生了很多比较具体的问题，引起了很多关于在当前形势下可能直接采取行动的问题：比如说，关于在民主国家中允许官方干涉文化事务的程度和性质，诸如此类。这些都是不太容易回答的问题，当不得不时常做出这类决定(就像商业电视的情况一样)之时，或许最好是从实用主义的视角来进行探讨。在我看来，试图在此阐明普遍原则是

毫无意义的。但是，针对今天这些问题的共同态度提出两点思考可能会有些意义。

通常情况下在我看来，那些确确实实对这里描述的进程有所了解的很多人，他们很容易对其报以宽容之心。有很多人感到，他们“知道关于文化堕落的全部争论”，可是他们格外就轻易接受了。有时候，他们承认非常乐意能够在文化上去体验贫民窟生活，“时不时地享受着观看的乐趣”。我不知道从下列事实中产生出来的这种悠闲舒适多久会有一次，这种事实是：尽管他们可能知道所有的争论，但他们确实不知道实际素材，他们并未仔细详尽地、持续不断地了解那些大量生产的、大多数人天天都会接触到的娱乐活动。从这种意义上讲，人们可能生活在一种聪明人的天堂里，丝毫没有真正感知到来自外部的袭击力量。

此外，我已承认，在任何单一案例中去定义自由的限度都是极其困难的。但是，我们中的很多人似乎急于避免对威权主义的指控，以至于我们几乎根本就想不到定义的问题。与此同时，免于官方干涉的自由在这种社会里尽情享受，加上我们自己非常乐意去展示的那种宽容，这看上去似乎是正在允许文化发展按照其自身方式危险地走下去，就像在极权主义社会中我们感到震惊的那些危险的文化发展一样。

似乎最好是以自始至终所出现的调子来结束，最好是以这场危机的内在的、个体的独特本质而结束。在反复不断的观察中，阐明这样一种观点是最简单不过的事情了：尽管今天工人阶级人民在某种意义上正在受到剥削，但为了得到他们的同意，现如今至少必须与他们进行接触。环境的影响和说服的力量非常重要，但并非无法抗拒，而且存在着很多关于自由行动之力量的很多例子。劳动人民在很大程度上会轻 282
而易举地表示同意，但这通常是因为，他们认为自己所赞成的某些核心观念就是传统上被他们当作是社会和精神进步的熟悉观念。这些观念有一种道德根源，它们的这一部分仍然没有完全死掉。民主平等主义在前提假定中存在着这样一个出发点：从某种更具价值的意义上来讲，一切都是价值均等的；过分夸张的自由很大程度上归因于这样的观念：

我们必须想方设法为我们自己的命运和决定负责；永远打开心扉显然毫无价值，这在某种程度上是建立在拒绝变得狂热、拒绝让心灵（“富有感情之心”）变得“痴迷于铁石心肠”的基础之上。因此，可供选择的范围在今天应该比过去更加清晰明了：它在稍微更加自由的土壤开始起步，人们很少被物质上的羁绊搞得一团糟。

有太多东西正在深深地鼓舞着人们。情况可能是这样的：一个民主国家年复一年地在技术上变得更有能力且更加集中化，可是它试图保持着一个自由且“开放的”社会，在这个民主国家中，处在这一发展阶段上，错误信息的集聚是在所难免之事。然而，问题却尖锐而且紧迫——当集中化进程和技术发展继续前行，那种自由怎样才能被看作无论如何都是一种有意义的东西。这是一种特别复杂的挑战，因为即便丧失了大量的内在自由，那个伟大的、崭新的、不属于任何阶级的阶级不可能会对此有所了解：其成员仍然会把他们自己看作是自由的，仍然会被告知他们是自由的。

注释：

[1] 华兹华斯：《抒情歌谣集：1798—1805年》，序言。

缪尔：“战斗”，费伯出版社[格罗夫出版社，美国(Grove Press，U.S.A.)]。

[2] 玛格丽特·麦卡锡(Margaret McCarthy)的《反叛的一代》(*Generation in Revolt*)是一本很好的自传体作品，它描述了20世纪二三十年代这种类型的生活，主要是在兰开夏郡的生活。

[3] 到1861年，英格兰有超过1 000个讲习所，会员有20万人之众。

[4] 麦考莱的《英国史》，销售数据来自戴维·汤普森(David Thompson)的《19世纪的英国(1815—1914年)》(*England in the Nineteenth Century，1815—1914*)。

[5] 《世界史纲》：1920年。

《生命科学》：1931年，赫胥黎(J.S.Huxley)和威尔斯(G.P.Wells)教授著。

《人类的工作、财富和幸福》：1932年。

[6] “思想家文库”，这套书卖出了300万本以上。我的理解是，在殖民地走向自治政府的运动中，对于这些书的需求正在增加。

[7] 在大不列颠，在1952年，全国人口当中，大约45个人中就有1个参加了某种形式的非职业性的继续教育(虽然没有必要对那些被归入到“自由”课程的东西进行研究)(《德比民意调查》，第34—37页)。

[8] 出自《成人教育的组织机构与财务》(*The Organisation and Finance of Adult Education*)[“阿什比报告”(The Ashby Report)]，第14页(经授权使用)。

[9] 也有一些振奋人心的特征；例如，在《倾听者》中，或者在这样的事实里：几份相当不错的周刊或者星期日报纸各自都有一两位评论家，他们的方法非常适合我进行概述的需要，或者在一些涉及社会和政治事务的电台和电视广播中，它们的特征大多数都是振奋人心的。

［10］太过专门地去思考当前政治和经济目标的“真诚少数派”，最近两个例子浮现在脑海里：

（1）拒绝把在暑期班学习文学的一小笔奖学金给予一名工人教育协会的学生，因为这位学生的工会教育委员会认为，该课程与工会的利益毫不相干。

（2）向码头工人推荐的关于哲学的课程在当地引起了人们的兴趣，但被伦敦的相关机构给拒绝了，因为“这一课程不会对码头工人有所帮助”。

［11］最近在“自己动手”的材料和装备的供应方面有了明显增长，改善的技术和集中化导致了这种增长，目前为止，这种增长看起来主要是由下层中产阶级之人和熟练的工人来推动的，但它并未对大多数工人产生太多影响。

［12］参见《1952 年赫尔顿读者调查》，第 42 页。

［13］这些俱乐部包括“全国回巢联合会”（National Homing Union）和“全国飞行俱乐部”（National Flying Club）；也有苏格兰的联合会和威尔士的联合会，以及一个英格兰北部地区联合会。《赛鸽》（*The Racing Prgeon*）杂志的净销售量为 43 500 册［《1956 年登广告者年鉴》（*1956 Advertisers' Annual*）］。在大不列颠，每年有超过 200 万镑的钱花在这种“爱好”上。《赛鸽》杂志的编辑告诉我说，一本说明书就卖了大约 110 000 本。［有些细节引自“有翅膀的爱好”（The Winged Fancy），作者是埃德加·安斯沃思（Edgar Ainsworth），《图画邮报》，1953 年 11 月 21 日］

［14］《1952—1955 年赫尔顿读者调查》表明，在过去几年内，在所有阶级中，骑自行车的受欢迎度略有下降。第四类和第五类中的人是所有阶级中最常使用自行车的人（占 40%）；第四类和第五类中的女人在使用自行车方面要比其他阶级的女人略微少一些。

［15］*电影院*：在这个国家，1952 年，全国人口的观影平均次数为 27 次，这比美国的平均水平还要高。1952 年，全国范围内每个家庭在去电影院上的开支每周差不多 3 先令。大不列颠大约有 4 600 家电影院。最经常去电影院的群体是由年龄在 16—24 岁的工人阶级人民所构成（参见《德比民意调查》，第 121—123 页）。

［16］《德比民意调查》，第 164 页。

［17］1937—1947 年间的增长：

全国性的和省一级的日报：从 17 800 000 份增长到 28 503 000 份。

星期日报纸：从 15 500 000 份增长到 29 300 000 份。

数据引自《皇家委员会关于报刊的报告(1947—1949 年)》（*Report of the Royal Commission on the Press，1947—1949*），第 5—6 页（经授权使用）。特殊的战时状态可能部分解释了这些增长的原因。但是，战争现在已经结束十多年了，整个读者群并没有开始出现明显下滑。

［18］1938—1952 年间的杂志和期刊，政治和经济规划，《规划》，第 21 卷，第 384 期。

［19］1947—1952 年间的增长：

全国性早报：从 15 600 000 份增长到 16 100 000 份。

星期日报纸在 1952 年增长到 31 700 000 份。

《德比民意调查》，表 51，第 168 页。作者们评论说（第 163 页），“甚至在对价格上涨进行补贴之时，我们在 1952 年购买的阅读材料也比 1948 年的要多（当时的开支几乎正好是十年前的两倍)”。总体来看，1937—1947 年的增长率看起来似乎在 1947—1955 年间没有继续下去。但是，再一次从总体上来看，1947 年所创的新高被保持了下来（参见政治和经济规划，《规划》，第 21 卷，第 388 期）。

［20］《德比民意调查》，第 166 页。三个成年人中有两个阅读一份以上的星期日报纸：转引自《德比民意调查》，第 170 页。

［21］每千人的日报数量：

全国人口中，每千人阅读日报的份数的预估数值如下：

英国 611 份	法国 239 份	墨西哥 48 份
瑞典 490 份	意大利 107 份	土耳其 32 份
美国 353 份	阿根廷 100 份	

参见《每日新闻》（*The Daily Press*），联合国教科文组织。

［22］1953 年，英国出版发行了超过 18 000 个标题的书籍，相比之下，美国大约发行了 12 000 个标题的书籍，而美国的人口是英国的三倍之多。应该再补充一点，我们在图书方面有大量的出口贸易，而且每年列入名单的所有标题并非都是新书。因此，在 1953

年出版的标题中，大约有 12 750 本是新书(美国有 9 000 本新书)。 在英格兰出版的新书中，五本中有一本是小说作品。 数据引自《德比民意调查》，第 182—183 页，以及《基本事实与数据》(*Basic Facts and Figures*)，联合国教科文组织。

[23] 在 1952—1953 年间，所发行的图书是人均 7 本，相比之下，1939 年是人均 5 本。《德比民意调查》表明，在德比，在工人阶级和接受过小学教育的人中，6 个中有 1 个人每周从公共图书馆借阅一本书；在中产阶级和接受过中等教育和继续教育的人中，4 个中有 1 个人每周从公共图书馆借阅一本书(《德比民意调查》，第 165 页和第 198 页)。 至于购买图书，包括平装本丛书，每年所卖出的量大约在 1.25 亿到 1.9 亿卷(《德比民意调查》，第 185 页)。

[24] 转引自《德比民意调查》，第 184 页。 在那次民意调查中(第 190 页)，有 1/3 的受访者称他们目前正在阅读一本书。 在托特纳姆进行的一次“大众观察”(Mass Obervation)的民意调查——这次调查代表的是英国公众舆论机构(British Institute of Public Opinion)——所提供的数据与上面援引的盖洛普民意测验之结果大致相同。

[25] 在大多数情况下，增长并没有一直持续下去。 相反，在战后的几年里实现了增长，之后略微有所下降或者保持平稳发展。 但是，在战前或目前战后的数据上，最“优质”期刊呈现出一种增长态势[参见沃兹沃斯(Wadsworth)，《报纸发行量》(*Newspaper Circulations*)]。

下面的发行量审计局之数据是来自《报纸出版趋势》(*Newspaper Press Direction*)，1955 年：

《观察者报》	534 752 份	《星期日泰晤士报》	577 869 份
《泰晤士报》	220 834 份	(经审计的而非发行量审计局的数据)	
《新政治家》	70 598 份	《旁观者》	38 353 份

以最近的增长为例：《曼彻斯特卫报》在 1953 年是 127 083 份，1955 年则是 146 146 份。《倾听者》自从战争以来发行量基本上翻了一番。 在 1956 年 1—6 月份，发行量审计局公布的关于《观察者报》的数据是 601 402 份。

文学评论：

《交锋》在 1954 年年中的发行量大约是 15 000 份，几乎在同一时间开始发行的《伦敦杂志》，其发行量大约是 18 000 份(《观察者报》，1954 年 7 月 18 日)。 到了 1956 年年中，每份杂志的发行量呈现大幅下滑，据悉，《伦敦杂志》可能会丧失财政支持。

[26] 《德比民意调查》：第 186—187 页。

[27] 《德比民意调查》：第 185 页。

[28] 《德比民意调查》对于这一观点给予了一些支持，而且还不止一次地提到“热心图书阅读者这些可观少数派”。 要是谁遗漏了这些人的数量——他们的阅读几乎完全是无足轻重的，那么我觉得，此人只不过是与“少数派”为伍了。

[29] 威廉斯：《报刊、议会与人民》，第 175 页。

[30] 报纸总体数量的下降：

我们有	122 份日报	供应	5 100 万人
美国有	1 865 份日报	供应	1.57 亿人
瑞典有	160 份日报	供应	700 万人
瑞士有	127 份日报	供应	500 万人
墨西哥有	162 份日报	供应	2 700 万人
阿根廷有	140 份日报	供应	1 800 万人
土耳其有	116 份日报	供应	2 200 万人
法国有	151 份日报	供应	4 250 万人
意大利有	107 份日报	供应	4 700 万人

(数据来源：《每日新闻》，联合国教科文组织)

如今，在英国所出版的各种报纸的总数量，按照比例来看在大多数情况下，以及毫无疑问地讲在大多数情况下，都比其他有文化素养的民族的报纸数量要更小些。 稿件辛迪加化会削减某种差异的力量，但不足以让普遍的观点站不住脚。 当然，各种报纸总数量的下降并不是英国特有的现象：在美国，在 1909—1954 年间，报纸总量下跌了近 1/3。

[31] 阅读的集中化：在阅读全国性报纸(因为明显有别于地方性报纸)上的集中化最为明显地发生在早报和星期日报纸上。 在晚报上，地方性报刊依然更多地保持着力量。大多数人会留意到，当前趋势的结果之一便是一些地方报纸的堕落退化。 它们用稿件辛

迪加式的材料试图模仿报馆街(Fleet Street)的聪明之举，中间还夹杂着它们的那些无法令人信服的地方性参考对象。这样的报纸具有流行的伦敦报刊之缺陷，带着完全属于它们自己的那种了无生气。人们在《皇家委员会关于报刊的报告》、凯泽(Kayser)的《一周新闻》(*One Week's News*)和沃兹沃斯的《报纸发行量》中可能会发现集中化的具体细节。

[32]《报刊与人民》(*The Press and the People*)，第12—13页。该报告还补充说，严肃报纸仍然只是反映了大约3%的星期日报纸的总体销量。

[33] 参见亚历山大(W.P.Alexander)的《中学教育的结构体制》(*The Organisation of Secondary Education*)，以及琼·汤普森(Joan Thompson)的《中学教育调查》(*Secondary Education Survey*)，费边研究丛书(Fabian Research Series)[戈兰茨出版社(Gollancz)，1952年]。

[34] "总的来说，尽管近年来发生了教育和社会变革，上文法学校的机会随着社会水准的提高而增加了。"引自"四所文法学校中的中学教育选拔和成就"，哈尔西(A.H. Halsey)和加德纳(L.Gardner)著，载《英国社会学杂志》(*British Journal of Sociology*)，第4卷，第1期，1953年3月，第60—75页(也参见《过早失学》)。

[35] 致《观察者报》(*Observer*)的信，1954年6月6日。

[36] 在写下了这一点之后，让我颇感兴趣的是，我看到了一种有些类似的观点，这种观点由格兰斯教授(Glass)在《英国的社会流动性》(*Social Mobility in Britain*)的序言中(第25—27页)所提出。他指出，他在那里正在表达"具有价值准则"的个人观点。

[37] "来自收音机和电视的日益增强的竞争正在影响报刊的特点"(《报刊与人民》，第9页)。想到电影、有声广播、电视和连环漫画的普及，你有时候会斗胆提出这样的遐想，也即，到20世纪结束之时，书面文字对大多数人的影响将会成为一种简短的、几乎可以忽略的插曲：到那时，那种在19世纪下半叶之前占主导地位的、大部分是口头的和地方的文化将会被这样一种文化所取代：这种文化再次回到口述上来，但它也是视觉文化，很大程度上是公共文化。

[38]《报刊与人民》，第5页。

[39] 不属于任何阶级的新兴阶级，很可能，时事评论员能看到的庞大的中心群组基本上是《赫尔顿读者调查》所说的第四类和第五类群组，有时还加上第三类。第四类和第五类占了整个人口的71%；加上第三类，则占88%。

部分参考书目

下列书籍均在伦敦出版发行，个别作出说明的除外。

一、在历史学、经济学、社会学、心理学、教育学领域的研究

Marshall, Dorothy. *The English Poor in the Eighteenth Century*, Routledge, 1926.

Hammond, J.L., and Barbara. *The Town Labourer 1760—1832*, Longmans Green, 1932(first pub.1917).

Hammond, J.L., and Barbara. *The Skilled Labourer 1760—1832*, Longmans Green, 1919.

Hammond, J.L., and Barbara. *The Bleak Age*, rev. ed., Penguin Books, Harmondsworth, 1947(first published 1934).

Cole, G.D.H. *A Short History of the British Working-Class Movement 1787—1947*, G.Allen and Unwin, ed. of 1947.

Cole, G.D.H. *British Working-Class Politics 1832—1914*, Routledge, 1941.

Cole, G.D.H., and Postgate, R. *The Common People 1746—1946*, Methuen, ed. of 1949(first pub. 1938).

Lynd, H.M. *England in the Eighteen-Eighties*, O.U.P., 1945.

Thompson, David. *England in the Nineteenth Century, 1815—1914*, Pelican History of England, Vol.8, Penguin Books, Harmondsworth, 1950.

Webb, R.K., *The British Working-Class Reader, 1790—1848*, G.Allen and Unwin, 1955.

Royal Commission Report on *Betting, Lotteries and Gaming, 1949—1951*, Cmd. 8190, H.M.S.O., 1951.

Prest, A.R., with Adams, A.A. *Consumers' Expenditure in the United Kingdom*

1900—1919, Studies in the National Income and Expenditure of the United Kingdom, Cambridge University Press, 1954.

Carr-Saunders, A.M., and Caradog Jones, D. *A Survey of the Social Structure of England and Wales*, Oxford University Press, 2nd ed. 1937(first pub. 1927).

Kuper, Leo(Ed.). *Living in Towns*, Cresset, 1953.

Cauter, T., and Downham, J.S. *The Communication of Ideas, a Study of Contemporary Influences on Urban Life*, Chatto and Windus, for The Reader's Digest Association, Ltd., 1954.

Hulton Research, *Patterns of British Life*, Hulton Press, 1950.

Abrams, Mark. *The Condition of the British People, 1911—1945*, Gollancz, for the Fabian Society, 1946.

Glass, D.V.(Ed.). *Social Mobility in Britain*, International Library of Sociology and Social Reconstruction, Routledge and Kegan Paul, 1954.

Brennan, T., Cooney, E. W., and Pollins, H. *Social Change in South-West Wales*, Watts, 1954.

Mass Observation. *The Pub and The People, A Worktown Study*, Gollancz, 1943.

Mass Observation. *Puzzled People*, Gollancz, 1947.

Rowntree, B.Seebohm and Lavers, G.R. *English Life and Leisure*, Longmans Green, 1951.

Gorer, G. *Exploring English Character*, Cresset Press, 1955.(该书由于出版太晚而在本书写作过程中无法进行参考，但因其特殊的相关性在参考书目中值得一提)

Rice, Margery Spring. *Working-Class Wives*, Penguin Books, Harmondsworth, 1939.

Zweig, F. *Labour, Life and Poverty*, Gollancz, 1948.

Zweig, F. *Men in the Pits*, Gollancz, 1948.

Zweig, F. *Women's Life and Labour*, Gollancz, 1952.

Zweig, F. *The British Worker*, Penguin Books, Harmondsworth, 1952.

Reaveley, G., and Winnington, J. *Democracy and Industry*, Chatto and Windus, 1947(O.U.P., Toronto).

Sargaison, E.Miriam. *Growing Old in Common Lodgings*, Nuffield Provincial Hospitals Trust, 1954.

Slater, Eliot, and Woodside, Moya. *Patterns of Marriage, a Study of Marriage Relationships in the Urban Working-Classes*, Cassell, 1951.

Sport, W.J.H. *Social Psychology*, Manuals of Modern Psychology, Methuen, 1952.

Spinley, B.M. *The Deprived and the Privileged*, Routledge and Kegan Paul, 1952.

Pear, T.H. *Voice and Personality*, Chapman Hall, 1931.

Lewis, M.M. *The Importance of Illiteracy*, Harrap, 1953.

Klingender, F.D. *Students in a Changing World, 1951—1952*, Yorkshire Bulletin of Economic and Social Research, vol.6, Nos.1 and 2, Feb. and Sept. 1954, University of Hull.

Ministry of Education. *The Organisation and Finance of Adult Education*, H.M.S.O.,

1954.

Ministry of Education. *Early Leaving*, a report of the Central Advisory Council for Education(England), H.M.S.O., 1954.

二、关于工人阶级生活面貌的研究

Bourne, George. *Change in the Village*, Duckworth, 1912.

Bourne, George. *A Small Boy in the Sixties*, Cambridge University Press, 1927.

Quennell, J.P. *Mayhew's Characters*, Kimber, 1951(Mayhew pub., 1864).

Escott, T.H.S. *England, Its People, Polity and Pursuits*, 2 vols., Cassell, 1883.

Escott, T.H.S. *Social Transformations of the Victorian Age*, Seeley, 1897.

Bell, Lady. *At the Works*, Arnold, 1907.

Loane, M. *The Next Street But One*, Arnold, 1907.

Loane, M. *From their Point of View*, Arnold, 1908.

Reynolds, Stephen. *A Poor Man's House*, Macmillan, 1911(first pub. 1908).

Freeman, Gwendolen. *The Houses Behind*, G. Allen and Unwin, 1947.

Orwell, George. *Shooting an Elephant*, Secker and Warburg, 1950.

Orwell, Geroge. *The Road to Wigan Pier*, Gollancz, 1937.

Common, Jack. *Kiddar's Luck*, Turnstile, 1951.

McCarthy, Margaret. *Generation in Revolt*, Heinemann, 1953.

Sharp, Cecil. *English Folksong—Some Conclusions*, 3rd ed., revised by Maud Karpeles, Methuen, 1954(first pub. 1907)(H.W. Gray Co., N.Y., U.S.A.).

Ballads and Broadsides, a folio collection from the Manchester district, Central Reference Library, Manchester.

Henderson, W.(Ed.). *Victorian Street Ballads*, Country Life, 1937.

Curiosities of Street Literature, Reeves and Turner, 1871.

Nettel, R. *Music in the Five Towns, 1840—1914*, Oxford University Press, 1944.

Nettel, R. *Seven Centuries of Popular Song*, Phoenix, 1956.

Pulling, Christopher. *They were Singing*, Harrap, 1952.

Jones, Barbara. *The Unsophisticated Arts*, Architectural Press, 1951.

Lambert, M., and Marx, Enid. *English Popular Art*, Batsford, 1951.

三、关于新闻报刊、大众出版物和广告的研究

Hulton Research, *Hulton Readership Survey, 1952—1955*, Hulton Press.

Newspaper Press Directory, 1955. Benn Brothers.

Willing's Press Guide, 80th annual issue, Willing's Press Service, Ltd., 1954.

Unesco. *Basic Facts and Figures*, 1952.(H.M.S.O.)

Unesco. *The Daily Press, A Survey of the World Situation in 1952*, No.7 of Reports and Papers on Mass Communication, 1953.(H.M.S.O.)

Kayser, Jacques. *One Week's News*, Unesco, 1953.(H.M.S.O.)

Report of the Royal Commission on the Press, 1947—1949. Cmd. 7700, H.M.S.O., 1949.

P.E.P. *Planning*, XXI, issues 384('Balance Sheet of the Press') and 388('Ownership of the Press'), 1955.

General Council of the Press. *The Press and the People*, 1st Annual Report, 1954.

Wadsworth, A.P. *Newspaper Circulations, 1800—1954* (pamphlet), Manchester Statistical Society, 1955.

Angell, Norman. *The Press and the Organisation of Society*, Labour Publishing Co., 1922.

Angell, Norman. *The Public Mind*, Douglas, 1926.

Soames, Jane. *The English Press*, Lindsay Drummond, 1936.

Williams, Francis. *Press, Parliament and People*, Heinemann, 1946(Ryerson Press, Toronto).

Ryan, A.P. *Lord Northcliffe*, Collins, 1953(Macmillan Co., N.Y., U.S.A.).

Cudlipp, Hugh. *Publish and Be Damned*, Dakers, 1953.

Minney, R.J. *Viscount Southwood*, Odhams, 1954.

British Council Staff Association. *The Beaverbrook Press and the British Council*, 1954.

Fenwick, L. 'Periodicals and Adolescent Girls', *Studies in Education*, vol.II, No.1, University College, Hull, 1953.

Leavis, Q.D. *Fiction and the Reading Public*, Chatto and Windus, 1932.

Stevens, G., Unwin, S., and Swinnerton, F. *Best Sellers—are they Born or Made*? G.Allen and Unwin, 1939.

Mellers, W. H. 'Searchlight on Tin Pan Alley', *Scurtiny*, vol.8, 1939—1940, pp.390—405. Deighton, Bell, Cambridge.

Advertisers' Annual, 1956. Business Publications Ltd.

McLuhan, H.M. *The Mechanical Bride*, Vanguard, New York, 1951.

Wertham, Fredric. *The Seduction of the Innocent*, Museum Press, 1955.

Wagner, Geoffrey. *Parade of Pleasure*, Verschoyle, 1954.

四、关于哲学、文化面貌的总体研究

De Tocqueville, Alexis. *Democracy in America*, World's Classics ed., Oxford University Press，1946(first pub. 1935).

Arnold，Matthew. *Culture and Anarchy*，1869.

Bury，J.B. *The Idea of Progress*，Macmillan，1920.

Lewis，Wyndham. *Time and Western Man*，Chatto and Windus，1928.

Dawson，Christopher. *Progress and Religion*，Sheed and Ward，1929.

Woolf，Leonard. *After the Deluge*，*A Study of Communal Psychology*，vol.I(1931)；vol.II(1939)，Hogarth，reprint of 1953.

Woolf，Leonard. *Principia Politica*，vol.3 of *After the Deluge*，Hogarth，1953.

Woolf，Leonard. *Quack*，*Quack*，Hogarth，1935.

Leavis，F.R.，and Thompson，Denys. *Culture and Environment*，Chatto and Windus，1933.

Stovin，Harold. *Totem—the Exploitation of Youth*，Methuen，1935.

De Rougemont，Denis. *Passion and Society*，trans. Montgomery Belgion，Faber，1940 (Pantheon Books，Inc.，N.Y.，U.S.A.).

Horhouse Memorial Lectures，1930—1940. Oxford University Press，1948.

Way，Lewis. *Man's Quest for Significance*，G.Allen and Unwin，1948.

Churchill，R.C. *Disagreements*，Secker and Warburg，1950.

Churchill，R.C. *The English Sunday*，Watts，1954.

Weil，Simone. *The Need for Roots*，Routledge and Kegan Paul，1952.

Pieper，Josef. *Leisure*：*the Basis of Culture*，Faber，1952(Pantheon Books，Inc.，N.Y.，U.S.A.).

Harding，Gilbert. *Along My Line*，Putnam，1953.

Rolt，L.T.C. *Winterstoke*，Constable，1954.

索　　引

（页码为本书正文的边码）

在一个页码或者一组页码后插入“注”（n）或者“以及注释”（and note）这样插入词语是在表示，该主题既在页面上也在这些页面的“注释与引文”中提到。“之注释”（Notes to）是表示，该主题在页面的“注释与引文”中提到而没有在页面本身中提到。

除非另外进行了描述，否则“工人阶级”的资格标准应该被看作是在编入索引的主题和态度之前的标准。

译 后 记

《识字的用途》是理查德·霍加特的成名作，首版于1957年。斯图尔特·霍尔认为，该书与雷蒙德·威廉斯[1]的《文化与社会》和《漫长的革命》是文化研究的三本奠基作[2]。此外，人们还普遍认为霍加特、威廉斯和E·P·汤普森[3]是文化研究的奠基人。2014年霍加特去世后，《卫报》在讣告中称霍加特是文化研究的先驱，《识字的用途》是本开创性的著作[4]，《每日电讯报》则认为该书悲叹大众文化对工人阶级传统生活的冲击。[5]由此可见，霍加特及其《识字的用途》被赋予了很高的地位。实际上，《识字的用途》不仅让霍加特在文化研究上占有不可或缺的地位，其更直接的作用是为霍加特后来创办伯明翰大学当代文化研究中心[6]奠定了基础。

霍加特和他生活的时代

要想深入理解《识字的用途》这本名著，就必须对霍加特及其生活的时代有更为直观的了解。事实上，霍加特已在这本书中花了大量笔墨记述了自身的生活经历，不过简要梳理一下似乎更加有益一些。

霍加特于1918年9月24日出生在英国工业城市利兹东北部的市郊。此时的利兹已完成城市化进程，原先的农村居民被吸引到城市中去，并被转变成城市居民。因此，霍加特一出生便是个地地道道的城市居民。

不过，霍加特的祖辈们亲身经历了从农村到城市这个转型过程中的各种艰辛。他的祖父母是从农村搬到城市居住的第一代人，大约在19世纪70年代，他们便从利兹附近的村庄搬进利兹市郊，祖父在炼钢厂工作，祖母则生儿育女、打理家务。当时英国虽然是工业化走在前列的国家，但无法提供充足的医疗、教育和社会设施，糟糕的环境和流行病的肆虐让霍加特祖父母所生的十个孩子夭折了好几个。此外，贫困依然是这些家庭经常遇到的难题。因为是第一代城市居民，霍加特的祖父母不得不每周缴纳房租，省吃俭用，合理规划。他们最大的愿望可能只是把儿女养大成人，成家立业，去过自己的生活。

在这样一种环境下，男人一旦过早死亡或失去劳动能力，日子过起来甚是难熬，庞大的家庭负担便落到女人的肩上。在霍加特的记述中，我们几乎看不到对其祖父和父亲的描写，原因可能在于其祖父很早就去世了，他的父亲是一名士兵，参加过布尔战争和第一次世界大战，在霍加特一岁时得"布病"而死。霍加特的母亲带着三个孩子艰难度日，但她患有严重的支气管病，无法去做户外的活儿，只能每周靠着从"监护委员会"获得的少量钱财维持生活，而且还要忍受着街坊邻居对其家庭境况的说三道四。

然而即便这样的生活似乎也成了一种恩赐，因为在霍加特八岁的时候，他的母亲病逝，霍加特失去了双亲，变成了孤儿。随后霍加特兄弟被家族成员分开抚养，他的一位姑母曾建议把他们送进孤儿院，但在工人阶级人民的观念中，把孩子送去孤儿院或把老人塞进养老院都是无法接受之事，因为亲情是维系这个群体最重要的东西。后来，霍加特由其祖母和一个姑母来履行抚养职责。

霍加特到了能够"打酱油"的年龄，可以帮忙处理些家务，他对家庭开支有比较深刻的感知和体验，可能因为实在是太穷了，零用钱几乎没有几个。读者可以在书中读到霍加特赊账时的心情。好在周围的人普遍都很穷，大家都喜欢赊账，其他稍富裕一点的人也常有吃不起肉的时候。霍加特生活在这样的环境中，他对工人阶级人民的生活习俗了解甚深。或许霍加特的哥哥汤姆为他做了个好榜样，汤姆率先考入了文法学校，霍加特紧随其后。要不是霍加特考入文法学校改变了其阶级属性的话，他只能过着书中描述的那种工人阶级生活。

1936年，霍加特成功拿到了利兹大学47个奖学金名额中的一个。霍加特也利用大学假期在工地上搬过砖，干过体力活。他还做过夜间派送员的工作。后来二战爆发，霍加特于1940—1946年间在北非和意大利为皇家炮兵队服役，并在1942年与玛丽结婚。战争结束时，他成了一名下级军官。战争给霍加特带来了丰富的研究素材，在这本书中真实地记述了工人阶级出身的年轻军人在阅读、家庭、参军和婚姻等领域的观念和态度。

二战结束后，英国着手建设福利国家。英国工党在1945年大选中获胜，它坚持国有化，关注劳工状况，努力建设社会服务型国家。霍加特的学术研究生涯便在这个福利社会建设时代背景下展开。1946—1959年，霍加特在赫尔大学担任校外教师，主要关注成人教育。在此期间，他深刻认识到了工人阶级人民在成人教育上面临的难题，在1957年出版了他最负盛名的著作《识字的用途》。霍加特凭借这本书成为莱斯特大学的高级讲师，于1959—1962年在该校工作。1962—1973年，霍加特成了伯明翰大学的教授，并于1964年建立当代文化研究中心，他本人担任中心主任至1969年。此外，霍加特还担任过联合国教科文组织总干事助理、《新政治家》杂志主席、艺术委员会副主席等职务。到了晚年，霍加特患上了痴呆症，于2014年4月10日辞世。

霍加特一生阅历丰富、文笔犀利、才思敏捷、著述甚丰，他向人们诉说着一个出身工人阶级之人攀升到中产阶级行列所取得的成就和面临的内心纠结，这种华丽转身所遇到的种种问题或许在《识字的用途》这本书中能够窥见一斑。

霍加特文化研究的使命

从某种程度上讲，出身影响了思维，出身决定着行动，出身能够说明一切。霍加特的工人阶级出身决定了他看待世界的出发点，决定了他的价值取向，决定了他的关注对象和研究兴趣。当然，霍加特是一个负有责任心的、饱含阶级乡愁的研究者。他虽然从中下层阶级跨入中产阶级，但他没有忘本、没有失根、没有遗弃。他始终在思考工人阶级的现状和未来，始终在关注工人阶级这个群体在大众化进程中所遇到的种种问题。

《识字的用途》是一部基于霍加特个人生活经验的分析批判作品，但书中处处彰显着一种强烈的社会关怀和责任感。霍加特的基本观点是，新式大众文化正在侵蚀原有的工人阶级文化，但这种新式大众文化在很多方面更不健康。

在迈向新大众文化的进程中，中下层人民是民主社会极力关注的对象。这个庞大的中间群体在政治上占据了大量选票，在经济上明显已有多余的钱来进行消费，在文化上属于亟待开发的未垦地。对于这个群体中的个体来讲，他可能只有一张选票，每周只花6便士去买报纸，确确实实只是个毫无特色的小男人，但他们加起来数量巨大，政客、商人、知识分子等不得不极力去迎合和“奉承”他们。在霍加特看来，这群人还没有成熟的批判性思维，他们还没有做好应对新事物的准备，他们被大众报刊引向整齐划一、同一品位的世界中去，每个人都阅读着同样的东西，听着同样的流行乐曲。“优质”期刊生存困难，多样性逐渐褪色，因为其抵挡不住大众化的潮流。因此，霍加特认为“大众化是一项危险的事业”。

大众化不仅消除了多样性，还把过去几个世纪人们追求的自由、平等、宽容、进步等价值观念庸俗化。在大众作品所宣扬的价值观念中，情况可能是这样的："进步被认为是对物质财产的追求，平等被认为是一种道德上的调平，自由被认为是永无止境的不负责任的享乐。"造成这种状况的主要原因在于各行业（比如说在报刊新闻界）的集权化，而相关行业部门倾向于撇清责任。更何况，大多数人也"似乎急于避免对威权主义指控"。因此，"免于官方干涉的自由在这种社会里尽情享受，加上我们自己非常乐意去展示的那种宽容，这看上去似乎是正在允许文化发展按照其自身方式危险地走下去"。一种力量是一味迎合的大众化，另一种力量是不负责任的集权化，两者顺其自然发展的结果就变成了霍加特所讲的"崭新的等级制度"。这才是让霍加特极为担忧的文化发展趋势。

虽然霍加特非常担忧在走向"崭新的等级制度"的进程中工人阶级人民的处境，但他认为新式大众文化对工人阶级的侵蚀并没有想象中那么大。霍加特非常了解工人阶级人民的思维观念和价值体系，认为这个群体的适应能力很强，"工人阶级具有一种很强的在变革中生存的天然能力，他们适应或接受新事物中他们想要的东西，忽略其余的东西"。此外，工人阶级这个群体比较封闭，而且"群体是用来反对变革思想的"，所以这种变革进程必然会非常缓慢。

话又说回来，问题并非没有，也并非不严重。最让霍加特担忧的是，工人阶级中的年轻一代被"奶品店"里的自动唱机、"淫秽"杂志和性与暴力小说那个梦幻世界所吸引，完全取代了过去的街头玩耍、俱乐部歌唱和像《佩格周刊》一样深受喜爱的精品杂志这个实在世界，这两种世界的品位就像是索然无味的掺水牛奶和有滋有味的炸鱼薯条之间的差别。此外，霍加特也担忧从工人阶级群体中脱颖而出进入中产阶级中的那些青年人，他们脱去了工人阶级的外衣，努力融入有品位的阶层，但他们常常底气不足，焦虑不安，自我怀疑，丧失自信。霍加特并没有开出灵丹妙药试图去治愈他们，而是旨在唤醒他们，让他们去自愈。

实际上，《识字的用途》这本书也起到了这样的治疗作用。正像理查德·霍加特之子西蒙·霍加特在2009年所称的那样:“像领退休金的工人阶级人民、中产阶级人民、文法学校的学生、媒体人员以及下院议员和政府部长等很多这样的人,他们都说这本书讲述的是他们自己的故事,照亮了他们的人生。”[7]“照亮他人的人生”,这或许是霍加特文化研究的终极使命。

霍加特的思想归属

在思想谱系上,人们往往把霍加特归于新左派思想家的行列中。在提到霍加特之时,人们总是把他和雷蒙德·威廉斯和E·P·汤普森放到一起。诚然,此三者都关注工人阶级的发展状况,但出发点并不相同。威廉斯是位马克思主义者,他撰写《文化与社会》意在寻找文化观念在英国的发展,撰写《漫长的革命》旨在探索文化革命的理论路线,这些都让他在新左派中占据坚实的位置。汤普森更是位坚定的马克思主义者,他加入了英国共产党,其著作《英国工人阶级的形成》便是运用马克思主义来探讨工业化进程中英国工人阶级的状况。相比而论,霍加特始终没有沿新左派路线在理论上形成自己的框架和特色,也没有大量使用马克思主义的相关理论进行研究。与威廉斯和汤普森为伍,霍加特显得不那么合群。

霍加特被划归新左派可能只因他写了研究英国工人阶级文化的书籍——《识字的用途》,而且这本书在1957年出版,正好是在1956年这个被人们看作是新左派勃发的关键年份之后。事实上,霍加特计划写这部著作的时间至少在1952年以前,这点从他为本书写的序言落款的时间上便能知晓。还有从序言内容看,霍加特在1952年就准备分两部分论述,而据斯图尔特·霍尔所言:“这本书起初计划只是对大众出版物的新形式进行分析,第一部分所描写的激烈革新只是后来补进来的。”[8]由此可见,霍加特构思这个主题比新左派的反思要早得多。

而且据霍加特自己讲，这本书写了五年半。[9]因此，我们不能凭借作品出版时间就简单把他划入新左派阵营。而且，霍加特撰写这本书“既非试图来宽慰20世纪50年代的‘新左派’，也非设法去慰藉那些一生从未接触过工人的工人活动家”[10]，他只是在自身生活经验之上详细生动地描述了工人阶级的态度和大众出版物的发展态势。

事实上，并非密切关注和致力于研究工人阶级的学者都是马克思主义者，相反有相当一批马克思主义者是从未接触过任何工人的人，他们不了解工人的生活状况、行为习惯和思想价值观念，很容易夸大或贬低工人阶级人民。霍加特在该书中对出身中产阶级的马克思主义者关于工人阶级的观点进行了批判，认为他们“超越了任何现实表象，成功地以半同情半屈尊俯就的态度对待工人阶级人民”。或许是因为霍加特工人阶级出身的缘故，他能真实地感受到针对工人阶级的一些流行看法中的错误认知。当然，霍加特知道自己本身也有认识偏见，但他在行文中“一直在抵制旧比新更好、新更该被谴责这样一种强烈的内心压力”，避免把身世浪漫化，从而本着一种工人阶级人民那种“揭穿真相”的艺术去探讨问题。

从霍加特内心深处强烈的“旧比新更好”的意识来看，他应该被算作是文化保守主义者的行列。这里无意把霍加特的思想划归到某类主义中去，因为他的思想（甚至每个人的思想）非常复杂，在此我们只需以某种主义来描述霍加特的思想。从《识字的用途》一书中，我们会强烈感受到霍加特对三四十年前那种工人阶级生活的怀恋，这种乡愁也会是任何一个漂泊他乡的游子所能感同身受的，从某种意义上，他超越了工人阶级的界限，唤起了人们心中共同的思乡情结。然而，霍加特对过去工人阶级生活的怀恋并非意在否定出现的各种社会变革。他承认劳动人民的居住条件、健康情况、购买力、教育机会上的改进是令人感到高兴的，但他认为“相伴而生的文化变革并非总是一种改进，在某些比较重要的情况下却是一种恶化”，这种恶化有诸多表现，比如大众报纸的兴起正在消除多样化、“淫秽”杂志和性与暴力小说正在侵蚀年轻一代的心灵等，这些都是霍加特能够亲身感知和体验到的东西。霍加特这种感受与其说是一种文化保守主义，倒不如说是一种对过去生活的怀恋，他属于那种且行且珍惜的多愁善感之人。

也许，霍加特心中真正去抵制的是美国流行元素对英国的侵蚀。在这本书中，我们可以感知到霍加特对美国文化的态度。美国的音乐、美国的电影、美国的连环漫画、美国的广告、美国的流行服饰、美国的半裸美女照和性小说等等，这些都被英国引进过来稍加改进便甩手送到了英国人民手中。英国被美国化了，它被美国流行的大众文化所冲击，原有的英式文化和传统遭受重大冲击。事实上，这种状况早被F·R·利维斯所认识到。[11]霍加特深受利维斯和利维斯夫人的影响，他承认从利维斯创办的期刊《细查》(*Scrutiny*)和利维斯派中学到了很多东西。[12]从某种意义上讲，霍加特也是利维斯的信徒，他把破坏工人阶级文化的源头指向了美国文化，因为英国国内的这些流行元素大都来自美国。在霍加特看来，美国文化毫无精致可言。如果说英国文化是“一个没有改进的炸鱼薯条店”，美国文化便是“一个华而不实的奶品店”。从这本书中，每当霍加特提到美国文化时，我们能从中感到他的厌恶和鄙视之情。霍加特反对美国文化，尤其反对美国文化对英国文化的侵蚀。

所以，我们并不能把霍加特明确归属到新左派思想家的行列中去。他的思想带有一种文化保守主义的色彩，他的内心有一种很强的反美意识，他能秉持一颗正直善良之心去进行文化批判。

霍加特的写作特色

《识字的用途》出版后受到人们好评，但没有想象中那么热烈。过了一年，塘鹅出版社（Pelican Books）再版了这本书，其名字也出现在很多阅读书目和考试大纲上，这才引起轰动。阅读这本书，很多人似乎都能从中找到和自己相像的人生经历，这都归因于霍加特那种煽情的叙事手法和细致入微的观察。在此，需要简要介绍一下本书的写作特色。

首先，精选素材，把个人生活经历融入叙事分析中。对于作家而言，素材历来都很重要。霍加特选中工人阶级这个庞大群体来叙事，就必须寻找丰富的材料作为支撑。既不能泛泛而论，又不能毫无代表性。霍加特正好要借助自己的双重身份，他既是工人阶级中的一员又与他们不同，既身在其中又能高屋建瓴。把自己的经历拿来举证，这提高了论述的真实性，有点口述史的韵味。此外，霍加特查阅众多出版物和娱乐节目等材料，借助很多音乐、饮食、服饰等习俗，选取大量日常用语、谚语、方言等话语，来描述工人阶级人民的生活态度和价值观念。因此，工人阶级的生活面貌能够清晰地、具有说服力地展现在读者面前。

其次，工于描写，为读者创造身临其境的场景和感受。《识字的用途》可读性强，它并不像其他学术书籍那样枯燥无味，这要归因于霍加特细腻的描写手法。霍加特出身英语专业，对于叙述描写很在行。他在这本书的架构安排上煞费苦心。全书分为两个部分，第一部分描写的“旧”秩序为第二部分更深入的分析设定了一种场景。在第一部分讲述工人阶级的生活状况时，霍加特深入描绘作为家庭主角的母亲和父亲的生活面貌，而邻居的加入构成了整个社会生活的大致脉络。这些人生活在“他们”和“我们”的世界里，快乐地生活在注重个人的和具体的“真实”世界里。霍加特尽量细化每一个案例，比如对一位女清洁工的描述、对人们到海边游玩的描述等，以便让读者通过文字就能想象出人物的形象或海边的状况。读者带着这种印象进入第二部分便能深刻体验到新旧世界的差异，使得第二部分的分析更加鲜活，就像一幕一幕的电影画面那样播放下去，给读者带来了强烈的震撼效果。

再次，犀利批判，在叙述中融入易于人们接受的观点。霍加特在全书中并未平铺直叙地描述下去，而是进行批判性分析，把对于诸如平等、自由、宽容、群体、民主等这样的抽象概念具体化到人们的生活中去，使读者能够深切感受到这些观念影响人们生活的实际效果。在此只举一两个例子说明之。比如人们都知道英国在二战后极力推进充分就业，率先建成福利国家，但效果如何呢？霍加特通过案例指出："改变并不像认为的那么多；旧习惯继续存在。"再比如人们总谈到英国的权利与民主，但实际情况怎样呢？霍加特哀叹道："我们是一个民主国家，而这个民主国家中的工人阶级人民正在用他们与生俱来的权利兑换一大堆半裸美女照。"诸如此类的观点表述在书中到处可以看到。这对于没有生活在英国社会中的那些人而言，通过文字描述便能切实了解英国中下层人民生活的全貌。霍加特的批判言辞犀利，但他既不夸大也不贬低，而是真实地诉说着英国的实情。

最后，寓意深刻，各类人群都能从中得到真实的收获。霍加特虽然在描述工人阶级的生活状况，但他涉及英国的各类人群。政客们、教育工作者、学生、时事评论员、新闻媒体人员、出版商、广告商、为人父母的人、军人等等，他们都能从中找到让自己宽慰的东西。或许，收益最大的当属那些通过努力改变自身处境去向上攀登的人们，尤其是那些白手起家改变命运的人。勇于攀登之人是社会向前发展的关键动力，他们各有各的奋斗史，他们有各自信心不足和情绪低落的时候，他们也有成功后的孤独感和焦虑感，这些共同感受都能从霍加特的只言片语中找到。从某种意义上讲，《识字的用途》是一本真正的大众读物，它面向的不只是中下阶级这个庞大的群体，而是全部的人群；它讲述的不只是英国工人阶级的生活面貌，而是世界上所有国家大多数人的生活状况。然而霍加特更深层次的人文关怀旨在启蒙和唤醒他人，因为时至今日，"需要被唤醒的人比需要安慰的人要多得多"。

本书的翻译和校对历时两年有余。翻译工作总是断断续续进行，有时一天只翻译一页，有时十余天全部束之高阁。不过，这本书每天都在我脑海中挥之不去，因为翻译一本这样的名著实在让我诚惶诚恐。

令人欣慰的是，我能从霍加特的描述分析中获得有趣的新鲜事物，能从中体会到中英两国人民生活之间的相同和差异。更夸张一点说，这本书中似乎也能找到我人生经历的影子。书中讲述的那种童趣游戏、读书升学、成家立业、亲情友情等虽有地域差异，但却有很多相通的地方。从霍加特那个无线电时代到当前的互联网时代和人工智能时代，大众化又向前推进了一步。今天，人们能够第一时间同时获得相同的信息，能够不断线地了解世界上发生的大事小情，可是大众化的结果似乎并没有霍加特想象的那样糟糕，世界仍然呈现出多样化发展的势头。也许每个时代都在诉说着狄更斯的那句话："这是最好的时代，也是最坏的时代。"每代人有每代人的忧愁和烦恼，但这些问题最后总能得以解决。

感谢我的导师华东师范大学的潘兴明教授，经先生推荐我才有机会翻译此书，非常感谢先生对我的关心和教导；感谢本书的责任编辑吴书勇先生，他指出了译文中的错误和不妥之处，并在必要的地方添加注释，以让译文更加通顺明白。当然，译文中的错误均由我本人承担责任。

李冠杰

2018年5月1日于上海外国语大学

注 释：

［1］雷蒙德·威廉斯（1921—1988年），英国马克思主义理论家、学者、小说家和批评家。其主要著作有《文化与社会》（1958年）、《漫长的革命》（1961年）等，《漫长的革命》的中译本已由上海人民出版社出版。

［2］Stuart Hall, "Cultural Studies and the Centre: Some Problematics and Problems", in Stuart Hall *et al*. eds., *Culture*, *Media*, *Language*: *Working Papers in Cultural Studies*, *1972—1979*, London: Routledge, 1980, p.3.

［3］E·P·汤普森（1924—1993年），英国历史学家。他终其一生都是坚定的马克思主义者和社会主义者，其最有名的作品是《英国工人阶级的形成》（1963年），该书主要对1780—1832年这段时期的英国工人阶级进行了研究。

［4］参见"Richard Hoggart obituary"，https://www.theguardian.com/books/2014/apr/10/richard-hoggart。

［5］参见"Richard Hoggart-obituary"，https://www.telegraph.co.uk/news/obituaries/10760334/Richard-Hoggart-obituary.html。

[6] 1964年，霍加特说服企鹅出版社的创始人艾伦·雷恩爵士（Allen Lane）出资在伯明翰大学成立当代文化研究中心。后来，该中心并入到文化研究与社会学系。让人遗憾的是，该系于2002年7月31日被关闭，霍加特的文化研究没有被发扬光大。参见Frank Webster，"Cultural studies and Sociology at，and after，the closure of the Birmingham school"，*Cultural Studies*，Vol.18，No.6，2004，pp.847—862.

[7] Simon Hoggart，"Foreword"，in Richard Hoggart，*The Uses of Literacy: Aspects of Working-Class Life*，London：Penguin Books，2009，p.viii.

[8] Stuart Hall，"Richard Hoggart，*The Uses of Literacy* and the Cultural Turn"，*International Journal of Cultural Studies*，Vol.10，No.1，2007，pp.39—40.

[9] John Corner，"Studying Culture：Reflections and Assessments. An Interview with Richard Hoggart"，*Media*，*Culture and Society*，Vol.13，No.2，1991，p.140.

[10] Lynsey Hanley，"Introduction"，in Richard Hoggart，*The Uses of Literacy: Aspects of Working-Class Life*，London：Penguin Books，2009，p.x.

[11] 关于英国的美国化问题，参见[美]吉纳维芙·阿布拉瓦内尔：《被美国化的英国：娱乐帝国时代现代主义的兴起》，蓝胤淇译，商务印书馆2015年版，第147—148页。

[12] John Corner，"Studying Culture：Reflections and Assessments. An Interview with Richard Hoggart"，*Media*，*Culture and Society*，Vol.13，No.2，1991，p.140.

图书在版编目(CIP)数据

识字的用途:工人阶级生活面貌/(英)理查德·霍加特(Richard Hoggart)著;李冠杰译.—上海:上海人民出版社,2018
(都市文化研究译丛)
书名原文:The Uses of Literacy: Aspects of Working-Class Life
ISBN 978-7-208-15123-9

Ⅰ.①识… Ⅱ.①理… ②李… Ⅲ.①文化史-研究-英国-20世纪 Ⅳ.①K561.03

中国版本图书馆CIP数据核字(2018)第077559号

责任编辑 吴书勇
封面设计 胡 枫

识字的用途
——工人阶级生活面貌
[英]理查德·霍加特 著
李冠杰 译

出　版 上海人民出版社
(200001 上海福建中路193号)
发　行 上海人民出版社发行中心
印　刷 常熟市新骅印刷有限公司
开　本 635×965 1/16
印　张 24.75
插　页 4
字　数 330,000
版　次 2018年8月第1版
印　次 2018年8月第1次印刷
ISBN 978-7-208-15123-9/G·1893
定　价 78.00元

First published as THE USES OF LITERACY by Chatto and Windus, an imprint of Vintage Publishing. Vintage Publishing is a part of the Penguin Random House group of companies.

都市文化研究译丛

《识字的用途:工人阶级生活面貌》

[英]理查德·霍加特

《当工作消失时:城市新穷人的世界》

[美]威廉·朱利叶斯·威尔逊

《裸城:原真性城市场所的生与死》

[美]莎伦·佐金

《漫长的革命》

[英]雷蒙德·威廉斯

《透过电视了解城市:电视剧里的城市特性》

[英]彼得·格林汉姆

《规划世界城市:全球化与城市政治》

[英]彼得·纽曼、安迪·索恩利

《没有郊区的城市》

[美]戴维·鲁斯克

《城市秩序:城市、文化与权力导论》

[英]约翰·伦尼·肖特

《正义、自然和差异地理学》

[美]戴维·哈维

《下城:1880—1950 年间的兴衰》

[美]罗伯特·M·福格尔森

《水晶之城:窥探洛杉矶的未来》

[美]迈克·戴维斯

《一种最佳体制:美国城市教育史》

[美]戴维·B·泰亚克

《文学中的城市:知识与文化的历史》

[美]理查德·利罕

《空间与政治》

[法]亨利·列斐伏尔

《真正的穷人:内城区、底层阶级和公共政策》

[美]威廉·朱利叶斯·威尔逊

《布尔乔亚的恶梦:1870—1930 年的美国城市郊区》

[美]罗伯特·M·福格尔森

《巴黎,19 世纪的首都》

[德]瓦尔特·本雅明